Palabras de VIDA

[maestro]

año 3

Una publicación para maestros de niños primarios de 9 a 11 años de edad.
Corresponde al año 3 del ciclo de tres años de primarios.

Casa Nazarena de Publicaciones

Estas lecciones se tradujeron y adaptaron del material publicado originalmente en inglés con el título Kindergarten - Teachers (Volumen 2, Números 1,2,3,4) por WordAction Publications.

Publicado con permiso de Nazarene Publishing House, Kansas City, Missouri.

© 2009 Todos los derechos reservados.

Publicado por
Casa Nazarena de Publicaciones
17001 Praire Star Parkway
Lenexa, KS 66220 EUA.

informacion@editorialcnp.com • www.editorialcnp.com

David Hayse, Director
Publicaciones Nazarenas Global

Germán Picavea, Editor General
Casa Nazarena de Publicaciones

Patrica Picavea, Editora
Publicaciones Ministeriales

Traducción, adaptación y editorial: Florencia Himitián, Marcelo Laffitte, Daniel Pesado
Robin Radi, Margit Sarmiento, Javier Sottini, Ana M. Zani
Diseño de la portada: Región MAC

ISBN 978-1-56344-511-8

Categoría: Educación cristiana

Excepto para breves citas, ninguna parte de este libro puede ser reproducida, almacenada o transmitida en cualquier forma o por cualquier medio sin la previa autorización escrita de la editorial.

CONTENIDO

QUERIDO MAESTRO DE PRIMARIOS		5
RECURSOS DIDÁCTICOS		6
UNIDAD I:	**EL MEJOR LIBRO DEL MUNDO**	**8**
Lección 1:	El mejor libro proviene de Dios	9
Lección 2:	El mejor libro nos ayuda a conocer a Dios	12
Lección 3:	El mejor libro nos habla de Jesús	15
Lección 4:	El mejor libro nos guía	18
UNIDAD II:	**VOCEROS DE DIOS**	**21**
Lección 5:	Isaías	22
Lección 6:	Jeremías	25
Lección 7:	Ezequiel	28
Lección 8:	Amós	31
UNIDAD III:	**JESÚS ES ÚNICO**	**34**
Lección 9:	Jesús: Dios y hombre	35
Lección 10:	Jesús: Un sacerdote que nos comprende	39
Lección 11:	Jesús: Hacedor de milagros	43
Lección 12:	Jesús muestra su autoridad	46
UNIDAD IV:	**JESÚS NUESTRO REY**	**49**
Lección 13:	Jesús, un Rey especial	50
Lección 14:	¡Jesús resucitó!	53
Lección 15:	¡Jesús vive!	56
Lección 16:	Jesús promete regresar	59
UNIDAD V:	**PACTOS DE AMOR**	**62**
Lección 17:	El pacto con Noé	63
Lección 18:	El pacto con Abraham	66
Lección 19:	El pacto con Moisés	69
Lección 20:	El pacto con David	73
Lección 21:	Un pacto para todos	76
UNIDAD VI:	**JESÚS NOS ENSEÑA A ORAR**	**79**
Lección 22:	¿Por qué debemos orar?	80
Lección 23:	Jesús ora por sí mismo	84
Lección 24:	Jesús ora por sus discípulos	87
Lección 25:	Jesús ora por todos los creyentes	90

UNIDAD VII:	**SACRIFICIO POR EL PECADO**	**93**
Lección 26:	El pecado es algo serio	94
Lección 27:	¿Qué es un sacrificio?	97
Lección 28:	¿Es suficiente el sacrificio?	100
Lección 29:	Jesús, el sacrificio perfecto	104
Lección 30:	Jesús, el sacerdote perfecto	107
UNIDAD VIII:	**VIDAS TRANSFORMADAS POR JESÚS**	**111**
Lección 31:	La mujer con un pasado	112
Lección 32:	Un hombre ciego de nacimiento	116
Lección 33:	Una víctima del mal	119
Lección 34:	Un maestro quiere saber	122
UNIDAD IX:	**LA IGLESIA NACIENTE**	**125**
Lección 35:	La Iglesia: nacimiento glorioso	126
Lección 36:	La Iglesia: aprende a caminar	130
Lección 37:	La Iglesia: comunidad de amor	133
Lección 38:	La Iglesia: frente a los desafíos	137
UNIDAD X:	**PONTE LA ARMADURA DE DIOS**	**140**
Lección 39:	Usa el cinto y la coraza	141
Lección 40:	Usa las sandalias y el escudo	144
Lección 41:	Usa el casco y la espada	148
Lección 42:	¡Armados y listos para la acción!	150
UNIDAD XI:	**EL CAMINO AL GOZO**	**153**
Lección 43:	El camino a la humildad y la generosidad	154
Lección 44:	El camino a la justicia	157
Lección 45:	Caminos de misericordia y paz	161
Lección 46:	El camino de un corazón puro	164
Lección 47:	El camino de la persecución	167
UNIDAD XII:	**LA VERDADERA CELEBRACIÓN**	**170**
Lección 48:	Celebremos el plan de Dios	171
Lección 49:	Celebremos la encarnación	175
Lección 50:	Celebremos el nacimiento del Salvador	179
Lección 51:	Celebremos la fidelidad de Dios	183

Querido maestro de primarios,

Prepare su salón con varios minutos de anticipación para que esté todo listo antes que lleguen sus alumnos. ¿Las sillas están en orden? ¿Las mesas están libres de polvo? ¿El plato de la ofrenda está listo? ¿Sus materiales están preparados? ¿El salón se ve bonito? Y por favor no olvide el pegamento, las tijeras, los colores, crayones y marcadores; si los coloca en una caja será más fácil encontrarlos y también guardarlos.

Ahora sonría, sus niños están por llegar. Dios la/lo tiene al frente de esta clase para que usted haga la diferencia en la vida de los primarios. Siéntase feliz, usted oró, preparó la lección, tiene todo listo y entregó en oración a sus niños al Señor. ¡Adelante con confianza, su mejor aliado es el Señor! ¡Tiene 51 clases por delante, para gozar, para dejar lo mejor de usted y el mensaje sublime del evangelio en los corazones y mentes de sus niños!

Piense que al llegar al final de estas 51 lecciones, usted habrá ministrado e invertido en sus vidas por todo un año. Aproveche cada oportunidad para estar con ellos, para reír y disfrutar. Y recuerde, este libro es solo una herramienta con sugerencias. Usted está en plena libertad de usar su propia creatividad, cambie, adapte, agregue, quite... pero siempre enseñe la *Palabra de Dios*.

¡Felicitaciones por su compromiso con el Señor y por ser la clase de maestro que Dios llamó! ¡Siéntase bendecido y desafiado! ¡Usted, junto con nosotros, estamos invirtiendo para la eternidad en la vida de nuestros niños!

Maestro... gracias por dejarnos ser parte de su ministerio y permitirnos entrar a su aula de clases. Y... ¿le puedo pedir un favor?, junto con sus niños, recuérdenos en sus oraciones.

¡Bendiciones, es un honor servirlo por este medio!

En Cristo y su ministerio,
Rev. Ana M. Zani y todo el equipo de CNP

RECURSOS DIDÁCTICOS

Estimado maestro:
Hemos preparado esta serie de recursos didácticos que le ayudarán a enriquecer la dinámica de su clase.

En algunas lecciones, en la sección de actividades, se recomienda el uso de estos materiales para estimular al niño y encaminarlos hacia un aprendizaje más significativo.

CARACTERÍSTICAS DE LOS PRIMARIOS

Los primarios se encuentran en una edad de descubrimiento y de expresión de sus ideas. Son lo suficientemente "maduros" física y mentalmente como para hacer muchas cosas nuevas –tales como discusiones que requieren respuestas completas y no sólo monosílabas. Les gusta trabajar en equipo y les encanta escuchar historias de Jesús. El currículo para primarios les ayudará a entender que la vida en Cristo es una experiencia diaria.

RECETAS DE PLASTILINA O MASA PARA MODELAR

MASA DE HARINA Y SAL

Ingredientes:
- 2 ó 3 tazas de harina común
- 3/4 taza de sal fina
- 1/2 taza de agua tibia
- Colorante vegetal

Instrucciones:
Mezcle la harina con la sal e incorpore poco a poco el agua tibia mientras revuelve. Si desea añadirle color, agregue unas gotas de colorante vegetal mientras amasa. La consistencia de la masa dependerá de la cantidad de agua que agregue. Guarde la masa terminada en un recipiente cerrado dentro del refrigerador.

MASA COCIDA

Ingredientes:
- 2 tazas de harina
- 1 taza de sal
- 1 cucharada de aceite vegetal
- 2 cucharaditas de crémor tártaro
- 1/2 taza de agua
- Colorante vegetal

Instrucciones:
Mezcle los ingredientes secos; después agregue el agua y el aceite vegetal. Ponga la mezcla a fuego mínimo hasta que la preparación espese, revolviendo constantemente.

Retírela del fuego y déjela enfriar. Para lograr el color deseado, agregue unas gotas de colorante vegetal mientras amasa la mezcla. Se conserva más de un mes guardada en un recipiente cerrado.

MASA DE BARRO

Ingredientes:
- 2 tazas de tierra
- 2 tazas de arena
- 1/2 taza de sal
- Agua

Instrucciones:
Mezcle la tierra, la arena y la sal; después agregue el agua poco a poco hasta obtener la consistencia deseada para modelar.

PINTURAS DACTILARES (DACTILOGRÁFICAS O DACTÍLICAS)

Ingredientes:
- 1 1/4 de taza de almidón
- 1/2 taza de jabón en polvo
- 3 tazas de agua hirviendo
- 1 cucharada de glicerina
- Colorantes vegetales o témpera

Instrucciones:
Disuelva el almidón en agua fría; después vacíelo lentamente en el agua hirviendo mientras revuelve en forma constante para evitar que se formen grumos. Agregue el jabón y por último añada la glicerina. Para darle color, agregue colorantes vegetales o témpera. Se obtiene una preparación gelatinosa que no es tóxica. Si envasa esta pintura en frascos de plástico, se conservará por varios días.

PEGAMENTO BLANCO

Ingredientes:
- 4 tazas de agua
- 1 taza de harina de trigo
- 1/2 taza de azúcar
- 1/2 taza de vinagre

Instrucciones:
Hierva tres tazas de agua. Mientras tanto, en un recipiente mezcle una taza de agua, la harina, el azúcar y el vinagre. Cuando el agua esté hirviendo, agregue la mezcla y revuelva lentamente sobre el fuego hasta que suelte el primer hervor. Si quedan grumos, puede licuar la mezcla. Si está muy espeso, agréguele agua; si queda aguado, hiérvalo más tiempo. Guarde el pegamento en un frasco tapado.

PAPEL PARA TARJETAS Y MANUALIDADES

1. Remoje en agua caliente 6 hojas de papel o de revistas cortadas en pedacitos.
2. Muela en la licuadora el papel con media taza de avena, o de flores, o residuos de frutas o verduras como zanahoria, apio, etc.
3. Cuele la mezcla y agregue cuatro cucharadas de glicerina y 6 cucharadas de pegamento blanco.
4. Extienda la pasta sobre un plástico con un rodillo o palo de amasar hasta que quede delgada y pareja.
5. Déjela secar al sol durante dos días.
5. Con el papel puede hacer tarjetas, separadores de libros, cartas, etc.

Año 3

Introducción • Unidad I

EL MEJOR LIBRO DEL MUNDO

Bases bíblicas: Jeremías 1:1-9; 25:1-14; 39:1-10; Esdras 1:1-5; Nehemías 8:1–9:3; 9:38–10:39; Lucas 4:14-32; Juan 3:16; 1 Juan 4:9-10; Hechos 17:1-12; Santiago 1:22
Verdad bíblica: La Biblia nos revela quién es Dios y cómo debemos vivir para él.
Texto de la unidad: "Toda la Escritura es inspirada por Dios y útil para enseñar, para redargüir, para corregir, para instruir en justicia..." (2 Timoteo 3:16a).

Propósitos de la unidad

Esta unidad ayudará a los primarios a:
- Descubrir que la Biblia es diferente de todos los demás libros, ya que Dios la inspiró.
- Entender que el mensaje central de la Biblia es que Dios nos ama y proveyó todo lo necesario para nuestra salvación.
- Saber que el deseo de Dios es que la leamos y la obedezcamos.

Lecciones de la unidad
Lección 1: El mejor libro proviene de Dios
Lección 2: El mejor libro nos ayuda a conocer a Dios
Lección 3: El mejor libro nos habla de Jesús
Lección 4: El mejor libro nos guía

Por qué los primarios necesitan la enseñanza de esta unidad
Los niños tendrán mayor interés en las Escrituras en la medida en que su conocimiento de la Biblia se incremente. Ellos necesitan entender que la Biblia, en muchos aspectos, es un libro único. Dios la inspiró y su mensaje es la verdad. Los niños deben comprender que las Escrituras los ayudarán a conocer mejor a Dios y que, a través de sus páginas, el Espíritu Santo puede guiar sus vidas.
Los primarios disfrutan usando su creciente capacidad de lectura. Este es el momento ideal para enseñarles a encontrar versículos de la Biblia.
Para los alumnos de tercer y cuarto grado muchos pasajes pueden resultar difíciles de entender y aplicar a sus vidas. Esta unidad les brinda sugerencias realistas y prácticas para que la Palabra de Dios llegue a ser una parte importante de ellos. Entre otras cosas, la lectura de pequeñas porciones de la Escritura y sugerencias para pedir ayuda a los adultos, para que puedan comprenderla y emplearla en su andar diario. Este éxito inicial en la lectura de la Biblia los animará a continuar leyéndola y estudiándola.
También esta unidad estimula a los estudiantes a memorizar los libros del Nuevo Testamento.

LECCIÓN 1

El mejor libro proviene de Dios

Base bíblica: Jeremías 1:1-9; 25:1-14; 39:1-10; Esdras 1:1-5
Objetivo de la lección: Que los primarios comprendan que la Biblia es un libro diferente de los demás porque fue inspirada por Dios. Que ellos puedan entender cómo Dios la inspiró.
Texto para memorizar: "Toda la Escritura es inspirada por Dios y útil para enseñar, para redargüir, para corregir, para instruir en justicia..." (2 Timoteo 3:16a).

¡PREPÁRESE PARA ENSEÑAR!

En nuestra sociedad, las enseñanzas no cristianas compiten con la Biblia para influir en la forma en la que piensan los niños. Hoy más que nunca, los primarios necesitan comprender que la Biblia es diferente de cualquier otro libro. Los alumnos son lo suficiente maduros para comprender que es mucho más que un libro de historias interesantes. Es la palabra de Dios. ¡Es única! La Biblia puede guiar sus vidas, ayudarlos a tomar decisiones y llevarlos a conocer al Señor.

Ahora que tienen los rudimentos básicos de lectura, sus alumnos podrán comenzar a explorar la Biblia por ellos mismos. Cada uno deberá tener la suya propia. El programa de estudio de los primarios los guiará en el conocimiento básico para que puedan usar la Biblia con efectividad.

Para estudiarla se requiere la habilidad de leer. Como maestro, sea sensible a los diferentes niveles de lectura de los alumnos. Anímelos a leer pero no los obligue. Los que leen poco, si su incapacidad para hacerlo los avergüenza frente a la clase, posiblemente vean con disgusto la Biblia. En ese caso, permita que se ofrezcan voluntarios para leer. Esto le dará mayor conocimiento sobre las habilidades de los alumnos en cuanto a la lectura, y usted sabrá quiénes se sienten incómodos para leer en voz alta. Si el tiempo lo permite, practique con anticipación la lectura con aquellos que no desean hacerlo. Facilite la lectura a medida que los niños se sientan cómodos para leer en clase.

COMENTARIO BÍBLICO

La Biblia es el registro de la revelación de Dios a su pueblo escogido. Hay muchos antecedentes de sus encuentros con su pueblo. Aun así, la Biblia se erige por encima de todo. Desde épocas antiguas, la gente de fe reconocía que los escritos de la Biblia eran únicos. En comparación con otros escritos religiosos, esta fue inspirada por Dios. Eso significa que Dios trabajó por medio de individuos especiales y les dio el mensaje que deseaba comunicar.

Dios escogió a Jeremías para una tarea especial, aun antes de nacer. Fue escogido para ser profeta. Y aún más, Dios le dio su presencia, dirección y protección.

El Señor grabó muchas palabras en la mente del profeta Jeremías, durante un período que abarcó varios años. La expresión: "palabra de Jehová que vino a Jeremías" aparece 32 veces en las Escrituras.

Jeremías continuó proclamando la palabra de Dios por 23 años más. Y a pesar de que la gente no respondía, el profeta no se detuvo. Sabía que su mensaje había sido inspirado y no dependía de la aceptación de la gente. Podemos dar gracias a Dios de que él nunca nos abandona. Constantemente nos busca para revelarse a nosotros. Nunca deja de amarnos. Debemos comprometernos, como hizo Jeremías, a hablarle a la gente de su amor, y a permanecer fieles a él sin importar cómo respondan al mensaje que proclamamos.

Jeremías vivió y profetizó durante el reinado de los últimos cinco reyes de Judá, un tiempo de mucha inestabilidad, y anunció el juicio que se aproximaba. Sus advertencias fueron desoídas. Pero la prueba no consistía en ver si la gente aceptaba el mensaje del profeta; sino que se juzgaba si las palabras de los profetas se cumplían o no (Deuteronomio 18:21-22).

Jeremías le dijo al pueblo, una y otra vez, que se volvieran de sus malos caminos y ellos nunca lo escucharon. Esa es la realidad de la libertad humana o libre albedrío. Hombres y mujeres que, a pesar de las advertencias de Dios, eligen hacer lo malo y darle la espalda. Deciden por ellos mismos aceptar o rechazar el mensaje redentor de Dios. Jeremías le dijo a la gente que llegaría el tiempo en el que los poderosos babilonios, bajo el liderazgo del rey Nabucodonosor, invadirían Judá. Estos junto con su rey, llevarían a la gente al exilio por 70 años.

Babilonia invadió Judá. Llevaron a todos sus líderes al exilio. La política de Babilonia era llevarse a los ricos y poderosos como esclavos y dejar a los pobres a cargo del país. De esa manera se aseguraban su constante gratitud y lealtad.

Babilonia simplemente fue la herramienta que Dios usó. Sin embargo, no permaneció en el poder por mucho tiempo. Tal como lo profetizó Jeremías, al final del tiempo marcado por Dios, fue derrotada por Persia. El Señor usó al rey Ciro para cumplir su plan: que la gente regresara a Jerusalén. Leemos en Esdras que Ciro los envió de regreso a construir el templo de Dios. Este rey estableció la política de calmar a los dioses de los pueblos que conquistaba, en vez de llevarse las imágenes, como hicieran los babilonios. Por ello, los israelitas pudieron regresar a su tierra, y llevar al templo todo lo que había sido tomado por Babilonia.

De esa manera se cumplió la profecía de Jeremías sobre los 70 años de cautividad, con el subsiguiente retorno a Jerusalén. Dios cumplió su promesa de juicio y redención para los israelitas. Una vez más demostró que lo que dice es verdad, y que él es un Dios justo y perdonador.

DESARROLLO DE LA LECCIÓN

1. Dé la bienvenida a los primarios.

2. Bríndeles tiempo y la oportunidad para que se saluden y se conozcan.

3. Permítales que se hagan preguntas entre ellos, como: cuántos años tienen, quiénes son sus padres, si tienen hermanos, el nombre de la escuela, etc.

4. Haga que la conozcan a usted. Dígales su nombre, el de los miembros de su familia, etc.

5. Si hay niños nuevos, colóqueles un distintivo con su nombre.

6. Dé la oportunidad para que cuenten cómo fueron sus días de descanso.

Elija alguna de las siguientes actividades para captar la atención de los primarios, y prepararlos para que aprendan las verdades bíblicas de esta lección:

Reglas de la clase

Con la ayuda de los niños, piensen en reglas que los acompañarán durante todo el año. Pregunte qué reglas tienen ellos en su casa. Recuérdeles que en la mayoría de los hogares hay reglas, pero que en algunos no se sabe cuáles son y por eso los niños hacen lo que les parece. Aclare que entre todos escribirán las reglas que los guiarán en la clase. De esa manera, ellos no las verán como una imposición, sino que les será fácil cumplirlas. Escríbalas en una cartulina para que todos las puedan ver y leer cada vez que se reúnen. Sea positivo al escribir. En vez de decir: "No hablar cuando la maestra enseña", escriba: "Evita hablar cuando la maestra enseña".

Esta es la primera vez que los primarios verán su libro de actividades. Le recomendamos que lo guarden en la clase. Mencione la importancia de cuidarlo y de trabajar con prolijidad. Dé tiempo para que escriban sus nombres en la primera página, y que lo miren por algunos minutos.

Ser escriba por un día

Necesitará: Biblias, papel y lápices o lapiceras.

Diga: "En los tiempos bíblicos, a la gente que realizaba cierto tipo de trabajo se la llamaba escriba". Pregunte: "¿Qué clase de trabajo creen que realizaba un escriba? Los escribas realizaban un trabajo parecido al que hoy hacen las secretarias. No existía la computadora, el fax, ni la fotocopiadora. Ni siquiera tenían lápices ni lapiceras. Usaban instrumentos sencillos, hechos de juncos, y escribían en rollos. Para escribir, el junco se mojaba en tinta.

A algunos escribas confiables se les asignó la tarea de copiar las Escrituras, palabra por palabra. Debían ser cuidadosos de no cometer errores. Cuando un escriba terminaba de copiar, debía contar todas las palabras del texto original y compararlas con el número de palabras que había en la copia. Luego, debía asegurarse de que la palabra que se encontraba en el centro del nuevo documento fuera similar a la del documento original".

Permita que los alumnos sean escribas por un día. Entregue a cada uno una hoja, una lapicera o lápiz y una Biblia. Ayúdelos a encontrar el versículo de 2 Timoteo 3:16. Léanlo todos juntos. Permita que los alumnos lo copien a medida que usted lo recita. Trabaje con ellos para corroborar si lo que copiaron es lo mismo que se encuentra en la Biblia. Busquen la palabra del centro. Diga que encuentren la letra del medio (este es un buen ejercicio, tanto para el alumno como para el maestro).

Aclare: "Nuestra historia bíblica de hoy nos habla de alguien que recibió e hizo conocer la palabra de Dios durante los tiempos del Antiguo Testamento. Veamos lo que esta persona hizo y cómo Dios lo ayudó".

¿Dónde buscarás?

Necesitará: Varios libros, lapiceras o lápices.

Antes de la clase, busque varios libros para mostrar a los primarios. Trate de que sean variados, incluyendo: libros de cocina, diccionarios, algún libro de historietas, un libro de historia, una enciclopedia, y una Biblia.

En clase, coloque los libros sobre una mesa donde todos los alumnos los puedan ver. Levante uno de los libros y diga: "¿Para qué usarían este libro?" Permita que ellos contesten. Y así, repítalo con los diferentes libros. Por último, muestre la Biblia. Diga: "¿Qué clase de información provee este libro? ¿Qué hace que la Biblia sea diferente de todos los demás libros?" (Enfatice que la Biblia es el mensaje de Dios escrito para la gente. Es un libro de historia, de poesía, y de profecías. La Biblia nos cuenta la historia de Dios y lo que hizo Jesucristo, su Hijo, para que podamos desarrollar una relación con él. Nos muestra cómo podemos tener vida eterna por medio de Jesús).

¿En qué libro buscarás?

Permita que los alumnos completen la hoja de actividad de la lección 1 del libro del Alumno. Debatan sobre la información e ilustraciones que aparece en la tapa de cada libro. Pida que escriban en los espacios en blanco al lado de cada expresión la letra correspondiente al libro que ellos creen que es el correcto. (Respuestas: 1. B - 2. A - 3. B - 4. B - 5. B - 6. D - 7. C - 8. B. Debatan sobre la pregunta: "¿Por qué creen que la Biblia es importante?" Permita que los alumnos manifiesten sus ideas.

Diga: "Durante las próximas cuatro semanas veremos cómo nos llegó la Biblia. Estas lecciones nos ayudarán a entender que Dios inspiró a los escritores de la Biblia, y que contiene la verdad".

HISTORIA BÍBLICA

Antes de la clase, escriba en la pizarra los nombres de: "Jeremías, Sedequías–Judá, Nabucodonosor–Babilonia, Ciro–Persia".

En clase, lea los nombres a sus alumnos. Permita que ellos los repitan. Identifique a Jeremías como el profeta de Dios. Pregunte: "¿Qué es un profeta?" Deje que los alumnos contesten. Dígales que escriban la palabra 'profeta' al lado del nombre 'Jeremías'. "Los otros son los nombres de los reyes y sus reinos". Diga: "La historia de hoy incluye todos estos nombres y lugares. Jeremías era el profeta de Dios, que vivió durante el tiempo de los reyes Sedequías y Nabucodonosor".

Lea junto con los alumnos la historia bíblica del libro del Alumno. Explique los pasajes que no son comprensibles para ellos. Haga que la lectura sea amena. Pueden leer por grupos, todos juntos, un niño, luego una niña, etc. Haga énfasis cuando Dios habla o da el mensaje al profeta. La lectura nunca debe ser aburrida o monótona.

ACTIVIDADES

Necesitará: cartulina, tijeras, pegamento y lápices de colores. Entregue a los niños la última hoja de actividad de la lección 1 del libro del Alumno. Pídales que recorten los nombres de los libros del Nuevo Testamento, los peguen sobre cartulina para que queden más firmes (si desean, pueden plastificarlos con cinta adhesiva ancha), y luego los recorten. Reparta una bolsita plástica para guardar sus tarjetas. Diga que estudien de memoria los libros del Nuevo Testamento.

Memorización

Busquen juntos en el diccionario las palabras de 2 Timoteo 3:16 que no sean conocidas por ellos, como: "inspirada", "redargüir", "corregir", "instruir", "justicia", y muestre la relación que tienen con la lección de hoy. Explique para que no les queden dudas.

Luego escriba en dos juegos de tarjetas el versículo a memorizar, poniendo una palabra en cada tarjeta. Repítanlo todos juntos.

Divida la clase en dos grupos: niños y niñas. Entregue un juego de tarjetas a cada equipo. Los grupos se pueden sentar alrededor de la mesa, o en un círculo en el piso. Indique el momento de comenzar la competencia. El equipo que coloque el versículo en el orden correcto en el menor tiempo, será el ganador. Puede darles un dulce o un lápiz como premio a cada niño del equipo ganador.

Para terminar

Ore para que los niños sientan que usted se preocupa por ellos, y desea que sepan y confíen en que la Biblia es la palabra de Dios, en la cual debemos creer y de la que debemos depender, para ser mejores y más obedientes hijos de Dios.

Invítelos a regresar la próxima clase.

LECCIÓN 2

El mejor libro nos ayuda a conocer a Dios

Base bíblica: Nehemías 8:1–9:3; 9:38–10:39
Objetivo de la lección: Que los niños comprendan que la palabra de Dios nos muestra quién es Dios y cómo es. Que entiendan qué es lo que él espera de ellos.
Texto para memorizar: "Toda la Escritura es inspirada por Dios y útil para enseñar, para redargüir, para corregir, para instruir en justicia..." (2 Timoteo 3:16).

¡PREPÁRESE PARA ENSEÑAR!

Cuando los israelitas reconstruyeron los muros de Jerusalén, la gente se burló de ellos. Cuando el pueblo de Dios comenzó a guardar el día de reposo, la gente se burló otra vez. Los llamaban ridículos y vagos, y los tentaban para que eligieran estilos de vida que no agradaban a Dios.

Influencias mundanas y burlas rodean al cristiano de hoy. Es posible que los primarios aprendan en la escuela que creer en Dios como el Creador es una idea anticuada. Escuchan en las publicidades que si algo los hace sentir bien pueden hacerlo. Recibir esta mezcla de mensajes confunde a los niños. Para ayudarlos a evitar esta confusión, la palabra de Dios debe saturar sus vidas. Ayude al niño a entender que Dios nunca cambia, ni se agotará jamás su gran amor por ellos; y que seguir sus instrucciones es la mejor opción en la vida.

Esta lección los ayudará a que las decisiones que tomen se basen en la palabra de Dios y la oración. Los israelitas escucharon la Palabra, y luego tomaron decisiones.

Los primarios se darán cuenta de que Dios quiere que ellos vivan en obediencia y bajo los principios bíblicos. A medida que desarrollan sus habilidades en la lectura de la Biblia, desafíelos a aplicar esos principios a sus vidas.

COMENTARIO BÍBLICO

Después de haber estado 70 años en el exilio, los israelitas regresaron a Judá. Persia había conquistado Babilonia, y los exiliados regresaron a sus tierras. Los israelitas vivían en condiciones de pobreza, rodeados de una nación en ruinas.

Nehemías, el copero del rey de Persia, había escuchado sobre la pobreza de su nación, y apeló al rey para que le permitiera regresar a Judá. Ciro envió a Nehemías a Jerusalén con oficiales y provisiones.

Cuando Nehemías llegó, organizó a la gente para que trabajara en los muros de Jerusalén. Hasta que las murallas fueran levantadas, el pueblo sería vulnerable a los ataques del enemigo. Nehemías los organizó para que trabajaran en áreas específicas. En solo 52 días los muros fueron reedificados. En Nehemías 6:16 leemos: "Cuando lo oyeron todos nuestros enemigos, temieron todas las naciones que estaban alrededor... y reconocieron que por nuestro Dios había sido hecha esta obra".

Los israelitas estaban animados por la reconstrucción de los muros de Jerusalén, y ahora su atención se comenzaba a centrar en la reconstrucción de su vida espiritual.

Los hombres, mujeres, y niños mayores, se reunieron en un área abierta cerca de la Puerta de las Aguas (8:1) para escuchar la lectura de la palabra de Dios. Esdras comenzó a leer el "libro de la ley de Moisés". Todos permanecieron de pie desde el alba hasta el mediodía, mientras Esdras leía. ¿Pueden imaginar lo que sería estar seis horas de pie? Evidentemente la gente estaba hambrienta de escuchar la palabra de Dios y de que alguien se las explicara.

A medida que entendían lo que escuchaban, se dieron cuenta de su propia desobediencia. Pronto todos comenzaron a llorar. Los líderes les decían que no se entristecieran, que estaban allí para celebrar con gran gozo.

Luego de la fiesta de los tabernáculos, el pueblo realizó tres acciones, por medio de las cuales expresaron su dolor: (1) ayunaron, (2) se vistieron con ropas toscas, y (3) se cubrieron de polvo (9:1). Escucharon la palabra de Dios, confesaron sus pecados, confesaron la fidelidad de Dios, y lo adoraron.

Los israelitas habían dado un giro completo.

Pasaron de ser quienes le habían dado la espalda a la palabra de Dios, a ser ahora quienes, con arrepentimiento, se presentaban delante de Dios y lo adoraban.

En el pasado, muchas veces los israelitas se habían arrepentido delante de Dios y habían prometido seguirlo, pero gradualmente volvían a sus viejos hábitos. Sin embargo ahora, los exiliados tomaron conciencia de su desobediencia del pasado. En Nehemías 9:38 vemos cómo hicieron un acuerdo -pacto- con Dios. Los gobernantes lo firmaron y colocaron su sello legal, haciendo la promesa de que serían gente de Dios, separada, para vivir bajo sus leyes, y guardar el día de descanso. Hicieron planes de sostener a sus sacerdotes, reparar el templo, y asumir toda la responsabilidad de mantenerlo.

Esta promesa mostraba un gran contraste con su conducta anterior. ¡Qué diferencia cuando la gente escucha la palabra de Dios con un corazón obediente! Porque la aprenden y la aplican a las situaciones que les tocan vivir. De la misma manera, nosotros tenemos la responsabilidad de poner en práctica la palabra de Dios en nuestra vida. La postura de Dios nunca cambia. El llamado fundamental a su pueblo es el mismo. Debemos amar a Dios, aprender su Palabra, y vivir en obediencia a sus mandamientos.

DESARROLLO DE LA LECCIÓN

Elija alguna de las siguientes actividades para centrar la atención de sus alumnos en la verdad bíblica de hoy.

Repaso de los libros del Nuevo Testamento

Durante la clase, pida que algunos voluntarios reciten los nombres de los cuatro primeros libros del Nuevo Testamento. Felicite y anime a los que sepan la mayor cantidad de libros de memoria. Muestre las tarjetas que digan: "Mateo, Marcos, Lucas y Juan". Pregunte: "¿Por qué estos libros se llaman 'los Evangelios'?" (Los cuatro primeros libros se llaman Evangelios porque nos cuentan las buenas noticias de la vida de Jesucristo). Muestre la tarjeta con el nombre de "Hechos". Explique que Hechos es un libro de historia. Habla de la iglesia primitiva -formada por los creyentes que decidieron amar y seguir a Jesucristo-su comienzo y crecimiento.

Muestre las 13 tarjetas con los nombres de las 13 cartas de Pablo: Romanos, 1 y 2 Corintios, Gálatas, Efesios, Filipenses, Colosenses, 1 y 2 Tesalonicenses, 1 y 2 Timoteo, Tito y Filemón. Diga: "Llamamos a estos 13 libros del Nuevo Testamento las cartas de Pablo, porque los escribió él. De Romanos a Tesalonicenses son cartas que escribió a las primeras iglesias para aconsejarlas sobre necesidades específicas. 1 y 2 Timoteo y Tito son cartas que escribió a pastores jóvenes. Filemón es una carta que Pablo le escribió a un hombre llamado así, sobre su esclavo Onésimo".

Reparta las tarjetas a los alumnos. Luego haga que las coloquen en el orden correcto en la pizarra. Pregunte: "¿Por qué es importante memorizar los libros del Nuevo Testamento en orden?" (esto ayudará a que con mayor facilidad encontremos los libros en la Biblia y los pasajes bíblicos).

La Biblia nos ayuda a conocer a Dios y a saber cómo él quiere que vivamos. La historia bíblica de hoy nos enseñará lo que la gente aprendió cuando escuchó la lectura de las Escrituras.

¿Quién es Dios?

Antes de la clase, reúna algunos elementos que hablen de usted. Puede ser una foto suya de cuando era niño/a, un cuaderno de cuando iba a la escuela, un trofeo de algún concurso bíblico, etc.

En la clase, pregunte: "¿Saben quién soy yo? ¿Qué saben de mí?" (Los niños podrán decir que usted es maestro o que le gustan los niños). Pregunte: "¿Qué pueden hacer para saber más de mí?" (Permita que los niños respondan. Posibles respuestas: pasando más tiempo con usted, conociendo más de su vida, o hablando más con usted). Muestre una foto de cuando era bebé, una foto actual de usted con su familia, un libro de lectura o cuaderno de cuando usted iba a la escuela, y otros objetos que muestren sus gustos o intereses. Pregunte: "¿Qué tienen en común estos objetos?" (nos ayudan a conocerla más a usted).

Dirija a sus alumnos a la primera actividad de la lección 2 del libro del Alumno. Pídales que contesten la primera pregunta dibujando o escribiendo: "¿Quién es Dios? ¿Qué cosas saben acerca de Dios?" Pida que algunos voluntarios comenten lo que respondieron. Lea la segunda pregunta de la hoja de actividad de la misma página: "¿Qué cosas te gustaría saber acerca de Dios?" De igual forma, deje que sus alumnos escriban o hagan un dibujo en el espacio provisto. Pida que algunos voluntarios comenten sus respuestas. Pregunte: "¿Dónde podemos encontrar las respuestas a las preguntas acerca de Dios?" (La Biblia es el mejor lugar). "La lección de hoy nos ayudará a conocer más de Dios".

HISTORIA BÍBLICA

La historia bíblica de hoy se encuentra cronológicamente después de la lección anterior. Haga énfasis en los muros reedificados. "En esta historia, los israelitas estuvieron parados durante seis horas, mientras Esdras leía la palabra de Dios. Hoy nos pondremos de pie para la lectura de la palabra de Dios. Por favor permanezcan de pie y en silencio hasta que yo termine de leer la historia". Si le preguntan por qué deben estar de pie, dígales: "Los israelitas permanecieron de pie desde el amanecer hasta el mediodía para escuchar la palabra de Dios que Esdras leía. Eso significa que estuvieron parados por seis horas. Nosotros también nos pondremos de pie para escuchar la historia bíblica de hoy. Nos ayudará a conocer mejor la experiencia de los israelitas, ¡aunque nosotros no estaremos seis horas de pie!" Lea o cuente la historia.

ACTIVIDADES

La palabra de Dios nos enseña

Diga: "Los israelitas aprendieron la palabra de Dios. La escucharon y prometieron obedecer lo que decía que hicieran. ¿Qué podemos aprender sobre la palabra de Dios?" Pida a los niños que abran el libro del Alumno en la segunda hoja de actividad de la lección 2. Cada alumno debe tener su Biblia. Permita que trabajen de a dos o de a tres para buscar los versículos y llenar los espacios en blanco.

Respuestas:

Génesis 1:1 – "En el principio (creó) Dios los cielos y la tierra".

Deuteronomio 4:7 – "(está) Jehová, nuestro Dios, en todo cuanto le pedimos".

Deuteronomio 10:17 – "Porque Jehová, vuestro Dios, es Dios de dioses y Señor de señores, Dios (grande, poderoso y temible)".

Salmo 37:3 – "(confía) en Jehová y haz el (bien)".

Daniel 9:9 – "De Jehová, nuestro Dios, es el tener (misericordia) y el (perdonar)".

Salmo 145:13 – "Tu reino es (reino) de todos los siglos y tu señorío por todas las (generaciones)".

Lucas 10:27 – "(Amarás) al Señor tu Dios con todo tu (corazón), con toda tu alma, con todas tus (fuerzas) y con toda tu mente; y a tu (prójimo) como a ti mismo".

¿Cómo puedo conocer mejor a Dios?

Dirija a sus alumnos a la última actividad del libro del Alumno (lección 2). Pregunte: "¿Para qué usamos las llaves?" (para abrir las puertas). "¿Qué pueden abrir estas llaves o ayudarnos a descubrir acerca de Dios?" Permita que los alumnos expresen sus ideas (asegúrese de que mencionen la Biblia). Pida que escriban sus ideas en los espacios en blanco dentro de las llaves.

Pregunte: "¿Cómo pueden conocer más sobre una persona famosa?" (leyendo un libro sobre esa persona). "¿De qué manera puedes conocer más de Dios?" (leyendo la Biblia). "Cuando amas a alguien, deseas conocer mejor a esa persona. Cuando amamos a Dios, deseamos conocerlo mejor. La Biblia nos ayuda a conocer mejor a Dios". Permita que los alumnos completen las oraciones que aparecen luego de las llaves en esa misma hoja, cuya consigna es: "Escribe una oración para alabar a Dios y otra para agradecerle por su Palabra".

Memorización

Escriba el texto bíblico en la pizarra. Que todos lo repitan. Borre una palabra a la vez cuando ya lo sepan de memoria. Haga un concurso entre varones y mujeres para ver quién gana. Puede regalarles un señalador para su Biblia a los que digan el versículo completo sin ninguna equivocación.

Para terminar

Ore por los alumnos, rogando que amen la palabra de Dios y que la atesoren en sus mentes y corazones. Pida que algunos oren por los niños que tienen necesidades, o problemas de salud.

Mis notas:

LECCIÓN 3

El mejor libro nos habla de Jesús

Base bíblica: Lucas 4:14-32; Juan 3:16; 1 Juan 4:9-10
Objetivo de la lección: Ayudar a los primarios a que sepan que la Biblia nos habla de Jesús, quien vino a mostrarnos el amor de Dios.
Texto para memorizar: "Toda la Escritura es inspirada por Dios y útil para enseñar, para redargüir, para corregir, para instruir en justicia..." (2 Timoteo 3:16).

¡PREPÁRESE PARA ENSEÑAR!

Los primarios provienen de diversos trasfondos y situaciones. Tal vez algunos no reciben el amor adecuado en sus hogares. Otros tienen familias amorosas que les dan la atención y guía que ellos necesitan. Cualquiera sea la situación, cada niño necesita saber que el amor de Dios no cambia. Necesitan comprender que Dios los ama y valora a cada uno en especial.

Una manera de conocer a Dios es ver cómo él actuaba con la gente. La Biblia nos habla de ello. Los alumnos aprenderán que la Biblia es el libro que habla sobre el amor de Dios por su pueblo. ¡Y más aún! También descubrirán que la Biblia nos muestra cómo Jesús hizo posible que todos pudieran experimentar su amor, a través de una relación personal con él.

Ore para que, a través de esta lección, los primarios se sientan desafiados a darle una respuesta de amor a Dios. Si ya aceptaron a Jesús como su Salvador, anímelos a desarrollar su relación con él estudiando su Palabra. Si hay algunos que aún no aceptaron a Jesús, esta lección le dará una excelente oportunidad para invitarlos a que lo hagan.

COMENTARIO BÍBLICO

La historia bíblica de hoy está centrada en la sinagoga. Durante el tiempo que Jesús vivió en la tierra, estas eran una parte importante dentro de la comunidad judía. Esto sucedió luego de la destrucción de Jerusalén. Los babilonios habían conquistado Judá, destruido su templo, y llevado cautivas a las personas. Ahora estaban en tierras extranjeras, rodeados de prácticas religiosas gentiles. Para preservar su fe, los judíos se juntaban para adorar y enseñar la Palabra. Al principio se reunían en las casas. Luego construyeron las sinagogas. El significado literal de la palabra sinagoga es "reunión" o "lugar de reunión". Las sinagogas llegaron a ser el centro de la vida y comunidad judía mientras vivían en Babilonia. (Los niños pueden dibujar una sinagoga de adobe o ladrillos, colocarle ventanas, asientos, etc. para decorar una de las paredes del salón, o pueden hacer una maqueta con una caja de cartón).

Durante la época de Jesús, en cualquier ciudad donde vivieran 10 o más judíos se podía construir una sinagoga. Mientras Jesús viajaba de un lugar a otro enseñando y predicando el reino de Dios, siempre asistía a las sinagogas. La sinagoga se constituyó en el lugar ideal para el comienzo del ministerio de Jesús en la comunidad. Los servicios que en ellas se brindaban tenían tres partes: la oración, la lectura de la Ley y los profetas, y una explicación de las Escrituras. Era la costumbre de la época solicitar a algún rabí (maestro) visitante que leyera las Escrituras y las explicara. Esto era seguido de preguntas y debates.

Jesús era considerado un rabí o maestro. Así que cuando visitó Nazaret, su pueblo natal, le pidieron que leyera las Escrituras en la sinagoga. La gente había escuchado que en otros pueblos él enseñaba y realizaba sanidades milagrosas. Posiblemente tenían curiosidad por ver lo que Jesús hacía.

Como era la costumbre de la época, cuando el asistente le pasó los rollos escritos, Jesús se puso de pie y comenzó a leer los escritos de Isaías. Eran las profecías sobre el Mesías prometido. Cuando Jesús terminó de leer, se sentó (los maestros normalmente se sentaban para enseñar). Luego, dijo estas maravillosas palabras: "Hoy se ha cumplido esta Escritura delante de vosotros".

¿Puede imaginar la conmoción que habría entre la gente? ¿Podría el hijo de José declararse a sí mismo el Salvador prometido? ¿Era posible escuchar algo así? La gente de Nazaret no estaba lista para aceptar esa verdad sobre Jesús. Por el contrario, la declaración que él hizo los confundió e hizo enojar. La gente de Nazaret rechazó su mensaje.

Jesús dijo que si ellos lo rechazaban, otros no

lo harían. Así como los profetas del Antiguo Testamento iban a los gentiles cuando Israel no los escuchaba, de la misma manera Jesús llevaría la salvación de Dios a todas las naciones, tanto a gentiles como a judíos.

Los judíos en Nazaret no podían creer lo que estaban escuchando. Aunque la gente estaba esperando al Mesías prometido, ellos esperaban a un rey, no al hijo de un conocido carpintero. Aunque la gente de Nazaret estaba lista para rechazarlo, había otros que estaban deseosos de escucharlo. En Capernaúm la gente estaba admirada de sus enseñanzas y de la autoridad con la que hablaba. Él les habló con toda la autoridad que Dios le había concedido. ¿Y cuál era su mensaje? El mismo que estamos llamados a creer hoy: que Dios es amor y ofrece la salvación a todo aquel que decide creer en su Hijo Jesucristo.

Usted ya decidió seguirlo. ¿Y los alumnos de su clase? Ore para que aquellos que necesitan conocerlo, se acerquen a Jesús por medio de sus palabras y acciones como maestro de la clase.

DESARROLLO DE LA LECCIÓN

Elija alguna de las siguientes actividades para guiar la atención de los niños a la verdad bíblica de hoy:

Biblioteca del Nuevo Testamento

Prepare cartulinas para que cada niño dibuje o arme su propia biblioteca, con las tarjetas de los nombres de los libros de la Biblia. Si desean, pueden usar las tarjetas que prepararon la clase anterior. Muestre a los niños sus propias tarjetas con los nombres de los libros de: Mateo, Marcos, Lucas y Juan. Diga: "La palabra 'Evangelio' significa 'buenas noticias'. ¿Por qué se llama a estos cuatro libros 'los Evangelios' o 'buenas noticias'?" (Los Evangelios explican que las buenas noticias de salvación están disponibles para todas las personas por medio de Jesucristo, el Hijo de Dios). A medida que conversen sobre cada tarjeta durante esta actividad, permita que los niños las coloquen en orden en la pizarra con cinta de pegar o imanes.

Luego muestre su tarjeta de Hechos. Pregunte: "¿De qué trata el libro de los Hechos?" (Cómo comenzó y creció la iglesia primitiva).

Muestre las tarjetas con los nombres de las cartas de Pablo. Pregunte: "¿Recuerdan el nombre de la persona que los escribió?" (Pablo, apóstol de Jesucristo). "Cuando Pablo los escribió, ¿qué eran?" (Cartas). "Algunas de estas cartas fueron escritas a individuos, y otras a iglesias. ¿Pueden recordar cuáles fueron escritas a personas y cuales a las iglesias?" (Pablo escribió desde Romanos hasta Tesalonicenses para las primeras iglesias. 1 y 2 Timoteo y Tito fueron cartas para Timoteo y Tito, y Filemón fue una carta de Pablo para un hombre que tenía ese nombre).

Ahora muestre las tarjetas de Hebreos, Santiago, 1 y 2 Pedro, 1, 2, y 3 Juan y Judas. Diga: "Estos libros son las 'epístolas generales'. No fueron escritas para una iglesia en particular, sino para los cristianos en general. Hebreos fue escrita para los cristianos judíos que deseaban dejar su fe a causa de la persecución. Esta carta los animó a seguir firmes en su creencia en Jesús. No sabemos quién fue el escritor. Santiago fue escrita por el hermano de Jesús. Enseña y anima a los cristianos en tiempos de pruebas. Pedro, el apóstol, escribió 1 y 2 Pedro. 1 Pedro enseña sobre la vida cristiana. 2 Pedro advierte sobre los falsos maestros de la Iglesia. El apóstol Juan escribió 1, 2 y 3 Juan, y los libros de Juan y Apocalipsis o Revelación. 1 Juan habla sobre los falsos maestros y da a los cristianos la seguridad de la salvación. 2 Juan enseña sobre el amor cristiano. 3 Juan es una carta de agradecimiento y ánimo. Judas fue escrita por un hermano de Jesús llamado con ese nombre, y advierte sobre los falsos maestros.

Pregunte: "¿Cuál es el último libro de la Biblia?" (Apocalipsis). Mantenga en alto la tarjeta. Diga: "Apocalipsis fue escrita a los cristianos que eran perseguidos por su fe. Es un libro de profecías. Describe acciones que los cristianos realizaron y asuntos a los que tendrán que enfrentarse antes de la segunda venida de Cristo".

Quite las tarjetas de la pizarra. Luego colóquelas sobre la mesa, con el lado escrito hacia abajo. Permita que los alumnos pasen, tomen una tarjeta y la coloquen en la pizarra en orden. Cuando todas las tarjetas estén puestas en la pizarra, pida a los niños que digan los nombres de los libros en el orden correcto.

Diga: "Aprender los libros de la Biblia nos ayudará a encontrar los capítulos y versículos con facilidad. La lección de hoy está en el libro de Lucas. ¿Este es un libro del Antiguo o del Nuevo Testamento?" (Nuevo Testamento). "¿Dónde se encuentra ese libro?" (Lucas es el tercer libro). "Escuchemos lo que Jesús nos enseña en la lección de hoy".

¿Cómo es el amor?

Permita que sus alumnos abran la hoja de la primera actividad de la lección 3 del libro del Alumno. Pida que miren y debatan sobre las figuras que allí se encuentran, y que comenten cómo la gente demuestra su amor. Pregunte: "¿Qué figuras muestran el amor de Jesús a los demás?" (Todas. Jesús muestra su amor al compartir sus alimentos con los demás, hablándoles y alzando a los niños, sanando a los enfermos, enseñando a las personas, y perdonándolos de muchas maneras. Y aun pidió perdón por aquellos que lo crucificaron en la cruz del Calvario). Diga: "Hagan una cruz al lado de cada figura que muestra una manera en la que Jesús expresaba su amor por las personas".

"Jesús mostró su amor de muchas maneras. Podemos aprender a mostrar amor por los demás al leer las historias de Jesús en la Biblia. Veamos qué hizo él en la historia de hoy".

HISTORIA BÍBLICA

Lean juntos la historia bíblica del libro de actividades del Alumno, lección 3. Puede dividir la lectura entre varios niños que deseen hacerlo. Detenga la lectura para hacer preguntas cortas y de repaso para ver si todos siguen lo que usted dice. Averigüe si los niños tienen preguntas.

ACTIVIDADES

Termina las oraciones

Diga a sus alumnos: "Completen las cinco oraciones de la actividad del libro del Alumno. Tendrán que buscar las palabras en la historia bíblica".

La Biblia nos dice

Diga: "Miremos lo que nos dice la Biblia acerca de conocer a Dios personalmente". Permita que los alumnos trabajen en pequeños grupos para leer y completar las 5 oraciones de la última hoja de actividad de la lección 3 del libro del Alumno.

Diga: "A veces hay personas que saben mucho acerca de Dios pero igual no tienen una relación con él. Usen sus Biblias para saber cómo tener una relación personal con Dios. Busquen los versículos y ordenen las letras para completar las oraciones". (Entre paréntesis damos las respuestas del libro del Alumno para usted).

1. Romanos 3:23; ADMITE que has (pecado). Esto significa que desobedeciste a Dios.

2. 1 Pedro 3:18; CREE que Dios te ama. El envió a su Hijo (Jesucristo) para morir en la cruz, para que puedas tener el perdón de tus pecados y ser amigo de Dios.

3. 1 Juan 1:9; ORA y (confiesa) tus pecados. Dile que no quieres desobedecerlo más. Pídele que te perdone.

4. Efesios 2:8-9; Ten (fe) en que Dios cumplirá su promesa de perdonar tus pecados y hacerte su hijo.

5. Juan 1:12; (Recibe) a Jesús como tu Salvador. Cuenta a otros lo que Dios hizo por ti. Ama a Dios y sigue a Jesús.

Al terminar el trabajo, diga: "Tendremos un momento de oración. Si alguien aceptó a Jesús como su Salvador, alabe a Dios por su Hijo Jesucristo. Si desean aceptar a Jesús como su Salvador, oren y digan al Señor que están arrepentidos por haberlo desobedecido. Pídanle que los perdone, y den gracias por su perdón. Prometan amarlo y seguirlo".

Pida a los que aceptaron a Jesús que hablen con usted después de la clase.

Memorización

Este debe ser un momento especial en el que los alumnos practiquen el texto a memorizar. Hágalo ameno, sencillo y divertido. Forme dos equipos: niñas y niños. En primer lugar, dos niños pasarán y escribirán en la pizarra las primeras dos palabras del versículo; después pasarán dos niñas y escribirán los dos palabras que siguen, y así sucesivamente hasta completar el versículo. Si un niño no recuerda las palabras, la pareja saldrá del juego. El equipo que termine con más participantes será el ganador. El versículo tiene 22 palabras, incluyendo la cita Bíblica. ¡Ideal para competir!

Para terminar

Diga a los niños que aceptaron a Jesús que usted desea hablar con ellos y sus padres esa misma semana. Anime a los padres a seguir orando y alentando a sus hijos. Visítelos durante la semana y ore por ellos. A los que ya habían aceptado a Jesús como su Salvador, anímelos a seguir fieles y obedientes a Jesús. ¡Es la mejor y más importante decisión de sus vidas, la cual tendrá repercusión eterna!

Como maestro, siéntase privilegiado por haber sido portador del mensaje más maravilloso: el de presentar las "buenas noticias" de salvación a un niño. Ore por ellos y muéstreles lo feliz que se siente por la decisión que tomaron hoy.

LECCIÓN 4

El mejor libro nos guía

Base bíblica: Hechos 17:1-12; Santiago 1:22
Objetivo de la lección: Que los primarios sepan que es su responsabilidad personal aprender la palabra de Dios y obedecerla.
Texto para memorizar: "Toda la Escritura es inspirada por Dios y útil para enseñar, para redargüir, para corregir, para instruir en justicia..." (2 Timoteo 3:16).

¡PREPÁRESE PARA ENSEÑAR!

El mensaje de la palabra de Dios es importante para cada primario. Aquellos que no conocen a Jesús deben estudiar su Palabra y aprender lo que significa desarrollar una relación personal con él. Y aquellos que ya conocen al Señor deben estudiarla para hacer que su fe crezca. Solamente si estudian la Biblia podrán aprender de ella.

Su responsabilidad como maestro es elaborar planes de lectura de las historias de la Biblia. Puede incluir proyectos de lectura amena con representaciones, disfraces, títeres, juegos, rompecabezas, competencias, galletitas, bebidas, etc., para animar y desafiar a los niños a la lectura y al conocimiento de la palabra de Dios. Tal vez muchas de estas actividades se puedan desarrollar fuera del horario de clase. A medida que usted involucre a los alumnos en la lectura y la presentación de las historias, ellos se acostumbrarán y confiarán en su propia habilidad para leer, además de profundizar en la palabra de Dios.

COMENTARIO BÍBLICO

El segundo viaje misionero de Pablo incluyó Macedonia, o lo que hoy se conoce como el norte de Grecia. Pablo, Silas, Timoteo y Lucas viajaron desde Filipos a Tesalónica por la ruta llamada vía Egnatia. Hay varios lugares, incluyendo la antigua Neápolis, donde la ruta todavía es visible. Tesalónica quedaba a una distancia de 67 kilómetros de Filipos. Los hombres se detuvieron en Anfípolis y Apolonia. Tesalónica era la capital de Macedonia, con una población aproximada de 200,000 habitantes. Tenía una gran población de judíos y había allí una sinagoga. Por lo cual, posiblemente esos factores contribuían a que Tesalónica fuera un lugar al que, lógicamente, Pablo deseaba visitar.

Cuando Pablo comenzó a predicar y a enseñar en la sinagoga, algunos judíos y muchos griegos, incluyendo a una mujer pudiente, aceptaron la verdad de que Jesús era el Mesías prometido. Pero en Tesalónica también había otros judíos que no estaban felices por la gran acogida a la predicación de Pablo, los cuales comenzaron a conspirar contra él y su gente. Estos judíos planearon una terrible acusación contra Pablo. Como no pudieron encontrarlo, arrestaron a Jasón, dueño de la casa donde él se hospedaba. A fin de que lo dejaran en libertad, Jasón tuvo que pagar una fianza y garantizarles que no habría más problemas. Eso significaba que su propiedad podría ser confiscada, y que tendría que enfrentar la cárcel y aun la misma muerte.

Pablo y Silas escaparon de Tesalónica con la ayuda de otros creyentes y se encaminaron hacia Berea. Esta es la moderna Verria, que se encuentra a unos 33 kilómetros de Tesalónica, al pie de una montaña. En Berea vivían bastantes familias judías, allí también había una sinagoga. En ese lugar fue donde Pablo predicó las Escrituras, posiblemente sobre el pasaje de Isaías 53, explicando que Jesús era el Hijo de Dios.

Los habitantes de Berea nos muestran la manera en la que Dios quiere que respondamos a su Palabra. Es interesante que, aunque Pablo también había hablado en la sinagoga de Tesalónica durante tres días de descanso, la Biblia no menciona que la gente de ese lugar hubiera hecho ningún tipo de estudio personal. Contrariamente, los habitantes de Berea escudriñaban diariamente las Escrituras "para ver si esas cosas eran así", o sea: si lo que Pablo predicaba era la verdad.

Lucas caracterizó a los de Berea como personas "más nobles" que los tesalonicenses. Escuchaban la palabra de Dios con una mente abierta. No tenían prejuicios religiosos, ni orgullo. Sus corazones y mentes estaban hambrientos y prontos para recibir el Evangelio. Así también nosotros, debemos responder de la misma forma a la palabra de Dios.

En la medida en la que nos involucremos personalmente con ella, se producirán cambios en nuestras vidas.

Los resultados inmediatos en Berea fueron mayores que los que hubo en Tesalónica, porque la gente de allí tenía interés en conocer la palabra de Dios.

DESARROLLO DE LA LECCIÓN

Elija alguna de las siguientes actividades para preparar a sus alumnos y captar su atención para la lección de hoy.

Competencia sobre el Nuevo Testamento

Coloque en orden las tarjetas con los nombres de los libros del Nuevo Testamento en la pizarra. Luego haga que los niños practiquen diciendo los nombres de los libros. Quite las tarjetas y pídales que se sienten. Entregue a cada niño una Biblia. Diga: "Ahora haremos una competencia para ver quién encuentra más rápidamente los libros del Nuevo Testamento en su Biblia. Yo escogeré una tarjeta, leeré el nombre del libro y diré: 'Ya'. Rápidamente ustedes buscarán en su Biblia ese libro del Nuevo Testamento. Cuando lo encuentren, pónganse de pie inmediatamente".

Mezcle las tarjetas con los nombres de los libros, y colóquelas sobre la mesa con el nombre hacia abajo. Escoja una tarjeta y lea el nombre en voz alta. Dígales que busquen rápidamente ese libro en sus Biblias. Cuando hayan encontrado la primera página de ese libro, deben ponerse de pie. Puede designar un secretario y una secretaria para ver cuántos niños y cuántas niñas participaron, y quiénes ganaron (si fueron los varones o las mujeres).

Diga: "Los felicito por haber aprendido los libros del Nuevo Testamento. Esto los ayudará a estudiar y aprender la palabra de Dios. La historia de hoy nos cuenta sobre algunas personas del Nuevo Testamento. Se encuentra en el libro de los Hechos. ¿Qué clase de libro es?" (Cuenta una historia). "¿Qué historia contiene Hechos?" (La de la iglesia primitiva). "Escuchen lo que sucedió en la historia bíblica de hoy".

¿Qué falta?

Antes de la clase, busque o compre un rompecabezas y un modelo de auto o avión de plástico o madera para armar. Saque y esconda las instrucciones para armar el auto o avión y la figura que se formará al armar el rompecabezas (seguramente estará en la tapa, por lo cual si es así escóndala). Busque uno que sea sencillo y con pocas piezas.

En clase, coloque las piezas del rompecabezas en una mesa. Permita que los alumnos las observen. Pregunte: "¿Alguno de ustedes sabe qué figura se formará al armar este rompecabezas?" Haga lo mismo con las piezas del auto o avión. Póngalas sobre la mesa, habiendo quitado las instrucciones sobre cómo armarlo. Dé tiempo para que los alumnos puedan observarla bien y tratar de descubrir qué es.

Guíelos a que miren la primera página de actividades de la lección 4 del libro del Alumno.

Diga: "Si ustedes quieren hacer una torta/pastel deberán usar ciertos ingredientes". Luego permítales que miren el dibujo del rompecabezas, el de las piezas del modelo del automóvil o avión, y el de los ingredientes para la torta/pastel. Pregúnteles: "¿Qué es lo que les falta a estas tres cosas?" (Las instrucciones para armar el modelo del auto o avión, la receta, y la foto del rompecabezas). "¿Por qué es importante la receta para hacer la torta/pastel?" (Es imposible hacerla sin las instrucciones). "¿Por qué es importante tener la foto final para armar el rompecabezas y las instrucciones para armar el modelo del auto o avión? (No sabemos cuál es la figura o el objeto a armar sin las instrucciones o las fotos).

Pregunte: "¿En qué se parece la Biblia a un libro de recetas o instrucciones para la vida?" (La Biblia nos ayuda a saber cómo quiere Dios que vivamos. También nos ayuda a saber cómo amar a Dios y a aceptarlo como nuestro Salvador).

Pregunte: "¿Qué sucedería si tienes la receta para hacer la torta/pastel y no sigues las instrucciones?" (No saldrá bien y no tendrá buen sabor). "¿Creen que es importante escuchar la voz de Dios?" (Deje que respondan y digan por qué) "Veamos lo que hicieron algunas personas del Nuevo Testamento cuando Pablo les leyó la palabra de Dios".

HISTORIA BÍBLICA

Pida a tres niñas y a tres niños que lean la historia bíblica de Pablo y Silas del libro del Alumno. Usted busque la historia en la Biblia; los niños verán que la historia fue sacada de la misma Biblia. Indague si tienen preguntas, o explique si hay detalles difíciles para los niños.

ACTIVIDADES

La búsqueda de Berea

Que los alumnos lean de sus Biblias la historia de Berea. Dígales que contesten la pregunta

1, y luego sigan las instrucciones de esta actividad, correspondiente a la lección 4 del libro del Alumno, para ir avanzando todos los casilleros. Deje que los alumnos sigan leyendo la historia a su ritmo. Si necesitan ayuda, usted los podrá guiar. Todos deben contestar las preguntas hasta llegar a la casilla 23.

Diga: "Debemos ser como los de Berea. Cuando alguien nos enseña la Biblia, debemos escucharlo y leer los pasajes bíblicos para aprender más".

Agregue: "Si alguien dice algo sobre la Biblia que ustedes no entienden, ¿qué pueden hacer?" (Preguntar, leer otra vez el pasaje). "¿Quién te puede ayudar a estudiar la Biblia?" (Padres, maestros, pastor, amigos y Dios). "¿Cómo te puede ayudar Dios a estudiar la Biblia?" (Orando, pidiéndole que te ayude a entender lo que lees). "La Biblia es una gran herramienta que Dios nos ha dado. Pero si no la usamos, no nos podrá ayudar".

Aprende la palabra de Dios

Permita que un voluntario lea las instrucciones de la última actividad de la lección 4 del libro del Alumno. Diga: "La palabra de Dios nos dice en Santiago 1:22 que no solo debemos leer la Biblia, también debemos ponerla por obra, o sea: hacer lo que nos dice. ¿De qué forma podemos hacerlo?" (Permita que los alumnos contesten). Guíelos a que completen esta actividad, uniendo cada oración con la que corresponde. Cuando hayan terminado, pida que algunos voluntarios lean las oraciones. Al final deberán marcar con una estrella la que ellos pondrán en práctica durante la semana.

Pregúnteles: "¿Qué oración marcaron con una estrella? Eso significa que ustedes lo deben hacer durante esta semana".

Memorización

A esta altura los alumnos ya sabrán el versículo de la unidad. Realice competencias entre: mujeres y varones, equipos mixtos, grupos pequeños o carreras individuales para ver quién sabe el versículo de memoria. Haga que este sea un momento divertido y ameno para recordar y practicar el versículo de esta unidad.

Para terminar

Oren juntos. Pida que algunos voluntarios oren y le agradezcan al Señor por su Palabra Que todos podamos ser lectores y estudiosos de la Palabra.

Invite a los niños a venir a la próxima clase, en la cual comenzarán otra unidad interesante. Terminen cantando un himno o coro apropiado sobre la palabra de Dios.

Mis notas:

Año 3

Introducción • Unidad II

VOCEROS DE DIOS

Bases bíblicas: Isaías 6:1-13; Jeremías 18:1-12; Ezequiel 18:1-4, 19-24; Amós 8:1-8
Verdad bíblica: El mensaje de Dios dado a los profetas, todavía está vigente.
Texto de la unidad: "...Escuchad mi voz, y yo seré vuestro Dios y vosotros seréis mi pueblo; y andad en todo camino que os mande, para que os vaya bien" (Jeremías 7:23).

Propósitos de la unidad

Esta unidad ayudará a los primarios a:
- Comprender el papel que desempeñaban los profetas y los métodos que usaban para proclamar el mensaje de Dios a su pueblo.
- Conocer el mensaje de algunos de los profetas.
- Advertir la importancia que tiene el mensaje de los profetas para el pueblo de Dios en la actualidad.
- Obedecer las enseñanzas de los profetas.
- Pedir a Dios que los ayude a proclamar su mensaje a otras personas.

Lecciones de la unidad
Lección 5: Isaías
Lección 6: Jeremías
Lección 7: Ezequiel
Lección 8: Amós

Por qué los primarios necesitan la enseñanza de esta unidad
En el monte Sinaí, Dios hizo un pacto con su pueblo. Mediante ese pacto, la gente amaría a Dios y lo adoraría solo a él. También tratarían a los demás con amor y respeto.
Los profetas debían advertirle al pueblo que estaba violando el pacto con Dios. Aunque él es soberano, permite a las personas tomar sus propias decisiones. El pueblo decidió venerar a los ídolos de sus vecinos, como parte de sus prácticas de adoración. Dios obró por medio de sus profetas para advertir a su pueblo que debía dejar de hacerlo y ponerlo a él en el primer lugar de sus vidas.
Los israelitas acostumbraban a culpar a las generaciones pasadas por los errores que habían cometido. Pero Dios les advirtió que cada uno era responsable de sus propios actos y pecados. El pueblo escuchó las advertencias, pero no obedeció a Dios. Como resultado, los profetas trajeron mensajes de juicio y condenación. Los primarios aprenderán en estas lecciones la forma en que la gente responde a Dios y a su mensaje. Esto les recordará que deben poner a Dios en primer lugar, y mostrar amor y respeto por sus semejantes. Es importante que sepan que no pueden culpar a los demás por sus equivocaciones. Cada uno es responsable ante Dios. Las advertencias han demostrado la paciencia que tiene el Señor, su misericordia, y la voluntad de aplacar su ira cuando la gente se arrepiente. Utilice esta unidad para que los primarios examinen su relación con Dios.

LECCIÓN 5

Isaías

Base bíblica: Isaías 6:1-13
Objetivo de la lección: Que los primarios comprendan que así como Dios llamó a los profetas a dar su mensaje a la gente, ellos también deben hacerlo con las personas que los rodean.
Texto para memorizar: "... Escuchad mi voz, y yo seré vuestro Dios y vosotros seréis mi pueblo; y andad en todo camino que os mande, para que os vaya bien" (Jeremías 7:23).

¡PREPÁRESE PARA ENSEÑAR!

Los años previos a la adolescencia traen muchos cambios. Especialmente los varones tienden a alejarse de los abrazos y señales de afecto en público. Luchan entre sentirse amados y mostrar afecto ante las demás personas. Es importante que los primarios se den cuenta de que Dios los ama. Él siempre encuentra la forma de comunicarle a la gente su amor y lo que desea para ellos.

Una forma a través de la cual Dios le habló al pueblo de Israel fue por medio de los profetas.

A medida que los niños estudien la vida de Isaías, aprenderán sobre el amor de Dios, su santidad y la necesidad que ellos tienen de recibir el perdón por sus pecados. Es bueno que sepan que Isaías se sentía inadecuado y sin valor alguno cuando estaba frente a la presencia del Señor. Dios escuchó su clamor y lo limpió de sus pecados. Luego lo llamó para que fuera quien le llevara su mensaje al pueblo de Judá. La respuesta de Isaías a Dios fue instantánea y positiva.

Nuestro deseo es que los primarios desarrollen ese mismo entusiasmo. Es importante que sepan que hoy, la gente necesita escuchar el mensaje del amor y del perdón de Dios. Ore por el resultado de esta lección, para que los niños puedan transmitirlo a la gente este mensaje; permitiendo que él tome sus incapacidades y les dé sus recursos espirituales para ser los "megáfonos de Dios" en el mundo de hoy.

COMENTARIO BÍBLICO

Isaías fue profeta de Jerusalén desde el 740-700 a.C. Durante su ministerio, en repetidas ocasiones advirtió a su gente que Jerusalén -y Judá- sería juzgada por sus flaquezas.

La experiencia espiritual de Isaías fue la visión del templo de Dios (Isaías 6). La visión definió y clarificó la tarea que él estaba realizando.

Esta conocida historia comenzó con una "visión esplendorosa", continuó con la aceptación de su incapacidad, y terminó cuando estaba listo para ser enviado.

Una visión esplendorosa

La historia de Isaías comenzó con una visión inspiradora del trono de Dios. La presencia de Dios llenaba ese lugar. Y los seres que alababan a Dios repetían: "Santo, Santo, Santo" (v.3). En las Escrituras, la repetición marca la importancia y la intensidad de una verdad. La repetición de la palabra "Santo" revela una profunda comprensión de Dios, y se considera el corazón de toda experiencia religiosa humana.

Aceptación de su incapacidad

En la presencia del Dios santo, Isaías tomó conciencia de su poco valor y del poco valor de la gente por la que él había venido. Se rehusaba a pensar que él podía hacer alguna cosa por Dios. Pero no era el único que pensaba así, ya que también otros, como Moisés, Gedeón, Jeremías, y Ezequiel, en un principio se resistieron al llamado de Dios.

La resistencia al llamado no se relaciona con la personalidad del individuo sino con el hecho de estar frente a la misma presencia de Dios. Sí, para los profetas bíblicos no era suficiente el hecho de estar frente a la presencia de Dios, ellos creían que sus palabras tenían poder genuino. Son la expresión humana de la palabra de Dios y lo que ellas expresaban cambiaba el curso de los acontecimientos. ¿Qué cosa puede intimidar más al mensajero?

Listo para ser enviado

Uno de los seres que rodeaban el trono de Dios ayudó a Isaías a sobreponerse de su vacilación. Un serafín tomó un carbón encendido del altar y tocó con él la boca de Isaías. En vez de herirlo para que no hablara, esta acción quitó su culpa y fue expiado su pecado (v. 7). A través de este incidente, Isaías recibió limpieza y purificación. Esto lo calificó para llevar adelante la tarea que Dios había preparado para él.

Limpiado y capacitado, Isaías pudo responder al llamado de Dios diciéndole: "Heme aquí, envíame a mí" (v. 8).

El libro de Isaías ha sido importante para los cristianos de todas las épocas. El incluir temas como: el nacimiento virgíneo, el Siervo Sufriente, y el Mesías, ha ayudado a los cristianos a expresar su fe en Jesús. Algunos eruditos de la iglesia concluyen que, junto a los cuatro Evangelios, Isaías es el "evangelio" que contiene en su totalidad las enseñanzas de la fe cristiana.

DESARROLLO DE LA LECCIÓN

Elija algunas de estas actividades para captar la atención de los primarios y profundizar en la lección de hoy:

Estación de comunicación

Pida a los primarios que identifiquen las formas de comunicación que muestra la primera hoja de actividad de la lección 5, del libro del Alumno. Pida que se pongan en pareja con el compañero que está sentado a su lado. Asígnele una o más preguntas a cada pareja.

Cuando los alumnos hayan terminado, pídales que comenten sus respuestas con toda la clase.
- ¿Qué es la comunicación? (Hablar, compartir ideas con otros, escuchar lo que otros nos dicen).
- ¿Por qué nos comunicamos? (Deseamos conectarnos con otros y manifestarles nuestros pensamientos y sentimientos).
- ¿Con quién nos comunicamos comúnmente? (Amigos, familia, maestros, Dios).
- ¿Qué clase de información les hacemos llegar a los demás? (Ideas, creencias, sentimientos, opiniones, emociones, etc.).
- ¿Qué habilidades utilizamos para comunicarnos? (Pensamiento, hablar, escuchar, el idioma, responder).

Al terminar el debate pregunte: "¿De qué formas Dios se comunica con nosotros?" (Por medio de la Biblia, a través de la oración, por medio de ministros y maestros).

Hoy hablaremos acerca de cómo Dios le habló a su pueblo durante los tiempos del Antiguo Testamento. Esto nos ayudará a saber que somos responsables de comunicar el mensaje del amor de Dios a nuestros amigos, vecinos y familiares. No tenemos excusas para no hablarles del Señor a los demás.

Mural: Voceros de Dios

Necesitará un gran pliego de cartulina o papel afiche para forrar el mural, pegamento, cartulinas, figuras, lápices de colores o crayones, marcadores y tijeras.

Diga: "Una de las cosas más importantes que remarca esta unidad es que Dios nos llamó a ser sus voceros, sus anunciadores, como lo hizo con los profetas Isaías, Jeremías, Ezequiel y Amós". Dibuje o corte la figura de un profeta con turbante y barba para pegar en el mural (puede dibujar solo su silueta). Pida a los niños que alrededor de esa figura dibujen y/o recorten y peguen diferentes medios de comunicación: señales de humo, una paloma mensajera, un megáfono, un teléfono, un teléfono celular, una computadora, una carta, un predicador, un caballo (se usaba para llevar el correo antiguamente), una bicicleta, una motocicleta y un camión (se utiliza para repartir la correspondencia), etc. Esta es una actividad sencilla e interesante para los niños. Puede explicarles que hubo y hay medios de comunicación que fueron herramientas para anunciar el mensaje de Dios. Es posible que algunos pequeños no sepan que las antiguas señales de humo, las palomas mensajeras, o los caballos se usaron como medios de comunicación. Muestre el parecido entre los medios de comunicación y los profetas que Dios levantó para comunicar/anunciar su mensaje de salvación al pueblo pecador.

Y así como los profetas, nosotros también somos responsables de comunicar el mensaje del amor de Dios a nuestros amigos, vecinos y familiares. No tenemos excusas para no hablarles del Señor a los demás.

¿Cuánto sabes acerca de Isaías?

Anime a los primarios a que le cuenten lo que saben acerca de Isaías. Haga una lista en la pizarra. Luego mencióneles algunos libros de referencia para ver cuántas cosas nuevas pueden encontrar sobre Isaías. Entrégueles diccionarios bíblicos, enciclopedias bíblicas, libros de estudio sobre Isaías, etc. Pida que los alumnos levanten la mano a medida que encuentran nueva información. Siga agregando más información a la que ya está escrita en la pizarra.

Diga: "Hoy estudiaremos un momento específico en la vida de Isaías: su llamado al ministerio".

HISTORIA BÍBLICA

"¡A mí, a mí! ¡Escógeme a mí!"

Indíqueles que abran la hoja del libro del Alumno (lección 5), en donde se narra la historia del día. La misma se encuentra escrita a modo de libreto, para ser representada o leída por ellos. Para esto necesitará cinco voluntarios, que hagan de los siguientes personajes: Narrador, Isaías, serafín 1, serafín 2, Dios.

Cuando usted lo indique comenzarán, y cada uno deberá leer la parte que le corresponda, según está escrito en el libreto.

Al finalizar la lectura, hay una serie de Puntos de Interés para discutir y repasar la historia. Trate que todos los niños participen en la discusión.

ACTIVIDADES
¿Cómo están tus oídos?

Diga: "Dios se comunicó con Isaías a través de una visión, y deseaba que él se la transmitiera a su pueblo. Escuchar es un aspecto muy importante de la comunicación. Isaías debía tener la voluntad de escuchar a Dios.

¿Cómo están funcionando tus oídos? ¿Eres una persona que sabe escuchar?" Permita que los primarios se califiquen a sí mismos usando las preguntas de la hoja de esta actividad, de la lección 5 del libro del Alumno. Comience leyendo la parte del puntaje. Luego dé tiempo para que piensen en las preguntas, y elijan la opción con la que más se identifican, hasta terminar la actividad. Cuando hayan terminado, diga: "¿Están listos para escuchar a Dios? ¿Qué es lo que pueden hacer esta semana para escuchar mejor a Dios?"

Haga de esta actividad un asunto en el que se comprometan a informar. Pida a los alumnos que escriban al pie de la página algo que puedan hacer para fortalecer su comunicación con Dios. Por ejemplo: el alumno que lee la Biblia muy de vez en cuando puede comprometerse a leerla tres veces por semana. Los que solamente oran cuando están en una emergencia, podrán comprometerse a orar con regularidad. No olvide de preguntarles la próxima semana si les fue posible cumplir con su promesa.

Memorización

El texto tiene 28 palabras, incluyendo la cita. Escríbalo en tiras de papel y repártalas entre los alumnos. Ellos deberán aprender el versículo para la próxima semana y enseñárselo a un familiar. Anímelos a que lo estudien con algún miembro de su familia (padre, madre, hermano, abuelo, tíos, etc.) Para la próxima clase, el alumno deberá invitar a su familiar y los dos deberán decir juntos el versículo de memoria. Si lo hacen y traen a la clase al familiar, recibirán un premio especial. (Es una buena oportunidad para regalarlos a las visitas una Biblia o Nuevo Testamento e invitarlos a las próximas reuniones).

Para terminar

Haga de este momento un tiempo muy importante, especialmente si vinieron "visitas" a su clase. Ore por ellos, y por el mensaje que Dios quiere darnos a todos. Pida por sus niños para que estén siempre listos a escuchar la voz de Dios.

Mis notas:

LECCIÓN 6

Jeremías

Base bíblica: Jeremías 18:1-2
Objetivo de la lección: Que los primarios entiendan el significado de la soberanía de Dios. Que sepan que él les permite escoger, pero que ellos son responsables de sus propias elecciones.
Texto para memorizar: "Escuchad mi voz, y yo seré vuestro Dios y vosotros seréis mi pueblo; y andad en todo camino que os mande, para que os vaya bien" (Jeremías 7:23).

¡PREPÁRESE PARA ENSEÑAR!

"¡Ay, si mi cabeza se hiciera agua, y mis ojos fuentes de lágrimas…!" (Jeremías 9:1).

El profeta Jeremías tenía un carácter especial. El Antiguo Testamento nos da a conocer más de la personalidad de este profeta que de cualquier otro. En muchos de los versículos de su libro se describe a sí mismo como el "profeta llorón". Uno de los más sobresalientes es el 9:1.

Una de las grandes tristezas del profeta fue ver la caída de su gente. Su tarea consistía en anunciar la caída y destrucción de la nación. ¿Qué otra tarea más triste podría llevar a cabo un profeta?

El ministerio público de Jeremías coincidió con los días finales del reino de Judá. Durante el reinado de los últimos reyes, el profeta les rogó que se arrepintieran, salvaran la nación y revirtieran su caída. Ante sus ojos, llenos de lágrimas, Jerusalén fue destruida y Judá fue tomada cautiva en el año 587 antes de Cristo.

La profecía del alfarero

Inspirado por el Señor, Jeremías realizó una visita a la casa del alfarero para ver cómo trabajaba. "Y la vasija de barro que él hacía se echó a perder en sus manos, pero el alfarero volvió a hacer otra vasija, según le pareció mejor hacerla" (18:4). Este relato era el corazón del mensaje que Dios quería que Jeremías anunciara.

¿Cuál era el centro del mensaje?

Algunos dicen que esta es una figura de esperanza. Cuando el barro pierde su forma en las manos del alfarero, este le da la forma que desea. De la misma manera, Dios trabajaría con Israel, dándole una nueva forma, dejándolo perfecto, sin fallas, hasta que reflejara verdaderamente el propósito de Dios.

Otros dicen que esta es una imagen que muestra el control total de Dios. Él hace lo que desea con las personas, sin que estas puedan decir nada. Desde esta perspectiva, el mensaje del alfarero es un mensaje de juicio.

Esta ilustración del trabajo del alfarero refleja la soberanía de Dios. Es una historia de la relación interactiva entre Dios y su pueblo. La acción de no destruir la vasija, para rehacerla de nuevo, nos muestra que Dios puede cambiar de idea ante una catástrofe o situación positiva, dependiendo de cómo actúe la nación.

COMENTARIO BÍBLICO

Piense en todos los utensilios que utilizamos para beber: Vasos de cristal, de vidrio, tazas de porcelana china, de aluminio, de peltre, de lata y de plástico. Todos son recipientes diferentes; se ven y se sienten diferentes, ya que para hacerlos se usan diferentes materiales. Pero aun así, todos cumplen la misma función: nos permiten sostenerlos y beber una variedad de líquidos.

La historia del alfarero y el torno de trabajo, nos recuerda que como cristianos somos únicos y diferentes. Pero aun así, tenemos algo en común: recibimos y damos el amor de Cristo. El Alfarero nos diseñó para llevar adelante su misión. El problema surge cuando permitimos que cosas diferentes de las que él había planeado para nosotros moldeen nuestra vida.

En estos días, hay diversas influencias que moldean y transforman la vida de nuestros niños. Ellos son empujados y tironeados en diferentes direcciones. ¿Cuáles son las influencias que tendrán éxito y moldearán sus vidas? Esta pregunta nos plantea el tema más importante de nuestra lección de hoy. Ore para que los tiernos corazones y mentes de los primarios sean sensibles a las pacientes manos del Maestro Alfarero, quien desea moldearnos hasta transformarnos en vasos dignos de ser usados para su reino.

DESARROLLO DE LA LECCIÓN

Las acciones tienen consecuencias
Escriba en la pizarra: "Pequeñas decisiones"

y "Grandes decisiones". Sepárelas con una línea vertical. Diga: "Cada día todos tomamos decisiones. Algunas son pequeñas y no tienen trascendencia. Otras son importantes y con el tiempo tendrán consecuencias". Pida a los niños que le mencionen pequeñas decisiones que tomaron en la semana, y también grandes decisiones que hicieron. Anótelas en la pizarra. Después de escribir cada una, hable con ellos sobre la importancia que tienen esas decisiones. Sin duda habrá decisiones que parecerían no tener importancia ahora, pero que a la larga tendrán serias consecuencias. Por ejemplo: comer chocolates o tomar bebidas gaseosas en exceso. Es posible que hoy sea una decisión sin mayor importancia, pero que en el futuro les ocasione problemas de salud, como caries en sus dientes u obesidad.

Explíqueles a los niños que todas las decisiones tienen algún tipo de consecuencia. La historia de hoy nos muestra lo que le sucedió a un pueblo por haber decidido no obedecer a Dios. La desobediencia trae serias consecuencias, no solo en esta vida, sino para la eternidad.

HISTORIA BÍBLICA
Periódico "La Profecía"

En el libro del Alumno, lección 6, hay un artículo en el que Jeremías da un informe. Pida que un voluntario lo lea.

El anuncio se titula: "Un profeta aprende una lección de un alfarero".

Al finalizar la lectura, pregunte: "¿Por qué Jeremías fue a la casa del alfarero?" (Dios se lo pidió) "¿Qué vio Jeremías cuando llegó a la casa del alfarero?" (Al alfarero trabajando en una vasija, la que luego se rompió en sus manos. Él entonces la aplastó y comenzó a hacer una nueva). "¿Qué dijo Dios que le haría a Israel?" (Si ellos no obedecían, los forzaría a comenzar de nuevo, tal como el alfarero había hecho con la vasija). "¿Por qué les haría eso?" (Porque eran pecadores y no querían obedecerlo. Dios los amaba tanto que quería corregir lo que estaba mal). "¿Qué le dijo Dios a Jeremías que debía transmitir al pueblo de Israel?" ("Voy a permitir que les ocurra un desastre, por lo tanto, vuélvanse de sus malos caminos") "¿Cuál sería la respuesta de la gente?" (Dios dijo que no escucharían). "Con esto en mente, ¿qué creen que les habrá sucedido a los israelitas?" (Dios los castigó. Jerusalén fue destruida y la mayoría de la gente fue llevada cautiva a Babilonia). "¿Por qué creen que Dios deseaba que los israelitas lo obedecieran?" (Dios ama a todos y quiere lo mejor para nosotros).

Los israelitas se comportaban de forma malvada y aún eran malos unos con otros. Y con el tiempo, llegaron a destruirse a sí mismos. Por eso Dios puso un alto a sus debilidades. Esto permitió que aquellos que habían permanecido fieles a Dios, pudieran comenzar de nuevo.

ACTIVIDADES
Si fueras rey, ¿qué harías?

Permita que los primarios sigan las instrucciones de la primera actividad de la lección 6 del libro del Alumno. Dentro de cada jarrón deberán escribir cosas que harían si tuvieran el control total del mundo. Algunas de ellas podrían ser: "dar de comer al hambriento", "sanar a los enfermos", "asegurarme de que todos tengan un lugar agradable para vivir", etc. Luego de escribirlas en el centro de los recipientes, pueden colorearlos.

Diga: "Hoy hablaremos de alguien que tiene el control total del mundo. Veamos por qué Dios es tan importante".

¡Piénsalo!

Al finalizar la actividad de los jarrones, pida a los alumnos que piensen en lo que escribieron, y luego comenten entre ellos y con el maestro las respuestas que escribieron sobre las preguntas de la hoja de actividad del alfarero y el barro.

El alfarero (respuestas)

1. Dios y el alfarero son creadores; los dos tienen poder y autoridad sobre su creación; ambos buscan moldear su creación para que sean excelentes vasijas.

2. Poderoso cuando hace la vasija; triste si la debe destruir.

3. Tengo el poder para hacerlo, lo puedo hacer; pero me da mucha tristeza porque amo la vasija que creé.

El barro (respuestas)

1. Ambos fuimos creados; somos dirigidos por el Dios supremo; somos moldeables.

2. Podemos elegir obedecer o desobedecer a Dios; podemos decidir cómo terminaremos.

3. Eran desobedientes a Dios, por eso él estaba listo para destruir a aquellos que hacían lo malo. Y aquellos que hacían el bien comenzarían de nuevo.

Pregunte: "¿De qué formas podemos obedecer a Dios, nuestro Alfarero?" Podemos obedecer su Palabra; comunicarnos con él por medio de la oración; adorarlo y hacer su voluntad.

Memorización

Escriba el texto en la pizarra y repítalo con los

primarios varias veces.

Antes de la clase, escriba el texto a memorizar en tarjetas, cada palabra por separado. Escóndalas en diferentes lugares del salón. Pida a los alumnos que las busquen. Cuando las hayan encontrado, dígales que se coloquen uno al lado del otro de manera que quede formado el texto correctamente. Luego pídales que lo digan de memoria. El que ya lo sabe, al terminar la lección podrá ser quien salga primero del salón.

Para terminar

Es posible que los alumnos hayan sido tocados por la lección de hoy. Si hay algunos que aún no aceptaron a Jesús como su Salvador, esta es la oportunidad para que le entreguen sus corazones y confiesen sus pecados.

Diga: "Dios quiere que lo amemos y dejemos que él sea el Señor de nuestras vidas. Tal vez algunos de ustedes nunca le entregaron su vida a él, y quieran hacerlo hoy por primera vez. Otros tal vez desean dedicar sus vidas al Señor".

Busque a alguien que lleve a estos niños a un lugar aparte para orar, o usted puede hacerlo mientras un ayudante se queda con el resto de la clase. Permita un momento para orar en silencio. Luego guíelos a hacer una oración de confesión. Puede ser: "Señor, haz que la vida de estos niños sea moldeada, así como el alfarero moldeó su vasija. Quita las asperezas que no les permiten ser una vasija útil para ti. Perdona sus pecados. Moldea sus vidas de tal manera que sean vasijas útiles para tu honra y gloria. Amén".

Esta clase puede ser especial para todos. Pida a los padres o familiares que llegaron con sus hijos que pasen al frente y digan con sus niños el texto bíblico. Prepare galletitas y un refresco para festejar que los niños invitaron a un familiar a decir juntos el texto.

Si preparó Biblias o Nuevo Testamentos para regalar a los padres o familiares, este es un buen momento para hacerlo. Felicite a los padres que vinieron. Diga que toda la clase se siente feliz de conocerlos. Invítelos a regresar cuando deseen y también entregue una invitación con el horario de los servicios. Si es posible preséntelos al pastor y al líder de Escuela Dominical.

¿Sabe?, escogió una excelente forma de conocer a los padres y de hacer evangelismo. ¡Felicitaciones, vuelva a repetirlo cuantas veces crea conveniente durante el año!

Mis notas:

LECCIÓN 7

Ezequiel

Base bíblica: Ezequiel 18:1-4; 19-24
Objetivo de la lección: Ayudar a los primarios a pensar que son responsables ante Dios por sus acciones, y que comprendan la importancia que tiene admitir sus pecados ante él.
Texto para memorizar: "...Escuchad mi voz, y yo seré vuestro Dios y vosotros seréis mi pueblo; y andad en todo camino que os mande, para que os vaya bien" (Jeremías 7:23).

¡PREPÁRESE PARA ENSEÑAR!

"¡El maligno me obligó a hacer tal o cual cosa!", es una frase que puede causarnos risa. Pero todos sabemos que es la naturaleza humana la que nos lleva a excusarnos y escapar de la responsabilidad que nos corresponde asumir por el mal que hicimos. La gente quiere evitar el castigo y las consecuencias de sus acciones. Por lo tanto es fácil culpar a otros, incluyendo a Satanás. Sin embargo, todos sabemos muy bien que no hay nadie a quien culpar por nuestros actos, sino a nosotros mismos.

En la lección de hoy los primarios aprenderán que lo correcto es asumir la responsabilidad de sus acciones, a pesar de las consecuencias. Como resultado de esta lección, aprenderán que no pueden culpar a sus padres, hermanos, antepasados, o compañeros por sus propios pecados. Todos enfrentamos circunstancias que influyen en nuestras decisiones, pero cada uno es responsable directo ante Dios por su elección.

Algunas veces, los pequeños son acusados falsamente y castigados por las malas acciones que otros realizaron. Y es posible que muchas veces ellos no puedan probar su inocencia. Por lo cual, muestre una actitud compasiva hacia los que han experimentado situaciones de este tipo, y ayúdelos a responder con gracia y perdón ante aquellos que les ocasionaron el mal.

COMENTARIO BÍBLICO
El profeta

Tal como Jeremías, también Ezequiel era sacerdote y profeta. Pero, a diferencia de aquel, Ezequiel profetizó lejos de Jerusalén. En el año 597 antes de Cristo, él y algunos otros fueron exiliados a Babilonia, como advertencia de lo que le acontecería a toda la nación. Durante años, Ezequiel envió mensajes con advertencias a "su hogar".

Fue similar a los demás profetas: comunicó el mensaje de Dios por medio de sermones, profecías y lamentos. Pero en otros momentos, fue diferente de los demás: proveyó detalles intrigantes de visiones que había tenido, como la de una rueda dentro de otra rueda (1:15-21) o la de un valle con huesos secos (37:1-14). Además él representaba sus mensajes.

En cierta forma, Ezequiel es el más difícil de entender y el que menos se suele leer, a diferencia de Isaías o Jeremías. Sin embargo, mucha gente encuentra en Ezequiel un profeta profundamente inspirador, porque usaba poderosas y deslumbrantes imágenes.

De regreso a Proverbios

¿Qué significa el pasaje de Proverbios 18:2? Tal vez la gente -tanto los que estaban en el exilio como aquellos que habían sido advertidos de su inminente deportación- mencionaba este proverbio con un dejo de fatalismo. Las personas se quejaban. Decían que la situación presente era problemática, y que por culpa de las acciones de sus antepasados habría una pronta destrucción. Era su manera de decir: "No podemos hacer nada, pero tampoco es culpa nuestra". "¿Por qué se nos castiga a nosotros? ¡Si fue culpa de ellos, no nuestra!"

En la discusión del capítulo 18, Ezequiel responde enfáticamente, diciendo: "Cada persona es responsable de sus propias acciones, y cosecha las consecuencias".

El profeta expone este punto con los siguientes detalles:

● Los hijos obedientes a Dios no llevarán la culpa de sus padres desobedientes a Dios, ni viceversa (v. 19-20).

● Cuando el impío se arrepiente, Dios lo perdona y nada de lo que hizo será recordado. Esa persona vivirá (v. 19-20).

● Tristemente, también lo contrario es verdad. Si el justo se aparta de la justicia y comete maldad, ninguna justicia le será tenida en cuenta. Su infidelidad será juzgada (v.24).

Este es el punto que todos -jóvenes y adultos- debemos recordar: Dios nos dio libre albedrío, y él respeta nuestras decisiones. No se nos culpará por los errores o pecados de los otros. Pero, al mismo tiempo, no podemos culpar a los demás por nuestras equivocaciones y pecados. Cada uno es responsable de lo que hace.

Recordemos que lo último que Dios quiere es que alguien muera en pecado. Con persistencia, Dios insiste en llamarnos y atraernos hacia él.

Dios se goza cuando regresamos a él y escogemos la vida, porque no solamente es un Dios justo, sino también un Dios de amor que desea que todos encontremos la vida en él.

Mientras usted prepara esta lección, considere esto en oración:

Ezequiel 8 quita cualquier esperanza de que podamos justificar nuestros errores o pecados culpando a los demás.

Basándose en el ejemplo de Ezequiel, ¿cómo puede usted ayudar a los primarios a comprender que ellos son responsables de sus propias elecciones y que no pueden culpar a otras personas o circunstancias?

DESARROLLO DE LA LECCIÓN
Ciclos

Pregunte a los niños qué cosas o situaciones tienen un ciclo. Por ejemplo: el sistema circulatorio (recorrido de la sangre), las estaciones del año, el recorrido de un tren, etc. Pídales a los primarios que escriban sus ideas dentro de la rueda de la lección 7 del libro del Alumno.

Pregúnteles: "¿Se pueden romper esos ciclos? (No, sin que se sufran consecuencias severas).

¿Qué sucede si se rompe un ciclo? (Las estaciones no se pueden alterar excepto con la destrucción del planeta o del sol; si nuestra sangre se detiene en el sistema circulatorio, morimos; si un tren se demora o descarrila pueden producirse choques, causando muertes, etc.).

Hemos aprendido que hay ciclos que no se pueden romper. Pero hay otros ciclos que se deben destruir.

Hoy hablaremos del ciclo en el que se encontraban los israelitas -el ciclo del pecado-, un ciclo que se debía romper.

Palabra importante

Responsable: que puede escoger por sí mismo entre lo bueno y lo malo. Capaz de responder por su propios actos y decisiones.

Escriba la palabra importante en una tarjeta de tamaño grande para colgarla en una pared o en la cartelera [mural]. Después de enseñarla, pida a los alumnos que den ejemplos de cómo se es responsable. Por ejemplo: "Si le pedí prestado un libro a mi mejor amigo, mi responsabilidad es devolvérselo", etc.

HISTORIA BÍBLICA

Pida que un voluntario lea la historia de Ezequiel del libro del Alumno, lección 7, titulada: "El ciclo amargo del pecado".

Al terminar la lectura comenten sobre las siguientes preguntas:

1. ¿Qué significa el proverbio: "Los padres comieron las uvas agrias, y a los hijos les dio dentera"? (18:2) (Los hijos algunas veces pagan las culpas de lo que hicieron sus padres; los efectos de las malas acciones tienen consecuencias por largo tiempo).

2. ¿Por qué creen que Dios enfatizó que este proverbio no era verdad para Israel? (Dios creó a cada uno en forma individual. Solo el que peca es el culpable. Los israelitas culpaban a sus antepasados. Dios quería que Israel rompiera ese ciclo de pecado).

3. ¿Dios permite que pequemos? (No, pero nos da libre albedrío: podemos hacer lo que queramos. Él es justo y nos da la oportunidad de elegir).

4. Dios se olvida de nuestra maldad si venimos a él, pero también se olvida de lo bueno que hicimos si hacemos lo malo. ¿Es justo eso?

Símbolos extraños

Una de las metas de esta unidad es presentar a la clase las características de cuatro de los profetas principales del Antiguo Testamento: Isaías, Jeremías, Ezequiel y Amós. Cada uno de ellos tiene ciertos rasgos que le dan a su mensaje poder e interés. A Isaías se lo conoce por las imágenes del Mesías prometido; tanto su nacimiento como su ministerio se cumplen en Jesús. Jeremías sobresale por su cuidado y preocupación por la gente que estaba a su alrededor, por esa razón se lo llama el "profeta llorón". Esta semana estamos estudiando al profeta Ezequiel, cuya característica más importante es su extraordinaria objetividad en las lecciones que dio.

Después de estudiar Ezequiel 18, amplíe su estudio para hablar sobre este profeta y las formas originales en las que daba el mensaje de Dios.

El libro de Ezequiel está lleno de símbolos. Observe los cuatro pasajes del juego: "Dilo con dibujos", del libro del Alumno, lección 7.

1. Ezequiel 3:16-21: el atalaya. En los días de Ezequiel, el atalaya se posicionaba en la parte más alta de las paredes que rodeaban la ciudad o en alguna de las colinas más altas y cercanas, desde donde podía observar las señales de peligro, como animales salvajes o invasores que se acercaran a la ciudad.

2. Ezequiel 4:1-3: un adobe y una plancha de hierro. El adobe simbolizaba la ciudad de Jerusalén y los problemas que le sobrevendrían. La plancha de hierro simbolizaba el disgusto de Dios hacia ellos.

3. Ezequiel 12:1-6: enseres de marcha (lo que se puede llevar sobre los hombros en un viaje o mudanza). Simbolizaba la nación de Israel llevada al cautiverio.

4. Ezequiel 37:1-14: el valle de los huesos secos. Esta imagen simbolizaba a Israel en el exilio y su eventual regreso.

Pida a los alumnos que lean todos los pasajes bíblicos. Luego dígales que dibujen los símbolos, que hagan una descripción de ellos, y que expliquen lo que significan. Puede dividir la clase en pequeños grupos.

(Es posible que a ellos les resulte difícil dibujar al atalaya, por lo cual, dígales que pueden dibujar una torre alta con la sombra de una persona adentro, o una colina con un hombre en la cima). De igual modo puede ocurrir con los enseres de marcha, en cuyo caso pueden dibujar un carro con bultos, o maletas (valijas para viaje).

ACTIVIDADES
Tu responsabilidad

Divida a la clase en dos o más grupos para realizar la actividad "Tu responsabilidad" del libro el Alumno, lección 7. Dígales que, en el espacio libre, hagan una lista de todas las cosas de las que ellos son responsables. Esto puede incluir tareas del hogar como sacar la basura, hacer sus camas; o responsabilidades más serias como estudiar, leer la Biblia, orar, etc. Dé dos minutos para que lo hagan. Luego pida que las enumeren. Después pueden leerlas en voz alta al resto de la clase.

Haga las siguientes preguntas:

● ¿Qué ventajas tiene el ser responsable de algo? (Te tratan como un adulto; no te culpan por las equivocaciones o errores de los otros, estás a cargo solamente tú).

● ¿Cuáles son las desventajas? (Tienes que ser más responsable; no puedes culpar a otros; tienes que perderte algunas cosas para cumplir con tus responsabilidades).

● ¿Somos responsables por cada una de las cosas que hacemos, y aún por los pensamientos que tenemos? (Permita que los niños contesten).

Memorización

Esta semana los alumnos ya sabrán de memoria todo el versículo de Jeremías 7:23.

Pida algunos voluntarios que lo reciten. Si hay varios que no lo saben, escríbalo en la pizarra y, luego de varias repeticiones, borre una o dos palabras por vez, mientras lo recitan y aprenden.

Entregue un pequeño premio a quienes lo digan de memoria (puede ser un lápiz, un borrador, calcomanías, etc.)

Para terminar

Pida a los niños que cada uno ore por la responsabilidad más importante y por la más insignificante que tenga. Dígales que el Señor sabe cuáles son sus responsabilidades y está dispuesto a ayudarlos.

Al finalizar, ore por la responsabilidad que todos tenemos de decir a los demás que Dios ama y quiere perdonar a todas las personas.

Terminen con un coro apropiado.

Mis notas:

LECCIÓN 8

Amós

Base bíblica: Amós 8:1-8
Objetivo de la lección: Ayudar a los primarios a comprender que Dios se preocupa por las personas, especialmente por aquellas a quienes se las trata con injusticia.
Texto para memorizar: "...Escuchad mi voz y yo seré vuestro Dios y vosotros seréis mi pueblo; y andad en todo camino que os mande, para que os vaya bien" (Jeremías 7:23).

¡PREPÁRESE PARA ENSEÑAR!

Nuestra sociedad tiene mayores ventajas económicas que las que tenía Israel durante los tiempos de Amós.

La prosperidad trae sus problemas, como la indiferencia religiosa y la autocomplacencia. La indeferencia religiosa hace que la gente no se preocupe por su prójimo.

En los tiempos del profeta, la independencia de los ricos que no reconocían a Dios trajo como consecuencia la opresión de los pobres y los marginados. Los ricos se creían poderosos, no se sentían responsables por los demás y no respondían a nadie, ni siquiera a Dios. Por ese motivo, trataban a los menos afortunados de la sociedad con indiferencia y crueldad.

No necesitamos estar mucho tiempo con los niños para darnos cuenta de lo evidente de la injusticia social. Los pequeños muchas veces toman ventaja del débil o del imposibilitado. No es poco común que los primarios usen a otros para lograr lo que desean. Esta lección es un llamado a que recuerden el amor de Dios por ellos. Confiamos que les ayude a responder con amor cuando vean o vivan injusticias en la escuela, en el hogar y en sus actividades diarias. También los ayudará a preocuparse y actuar en favor de los menos afortunados.

Los mandamientos de Dios nos llaman a tratar a los demás con amor, respeto y justicia. No podemos persistir en actuar como si fuéramos "dioses". Solamente caminando en su voluntad seremos lo suficiente humildes como para tratar a los demás como hijos de Dios.

COMENTARIO BIBLÍCO

Amós es uno de los 12 "profetas menores", y sus profecías son de suma importancia.

En los vv. 8:1-8, profetizó con determinación: "Israel, esto se terminó, y les diré por qué". ¿Suena muy fuerte? Seguramente que sí, pero ese era el mensaje que Dios le había dado al profeta. El Señor lo guió a que diera el mensaje a través de un ejemplo objetivo. En el hebreo, en Amós. 8:2 hay un juego de palabras con dos vocablos que suenan similares, cuyo significado es "fin".

En la Nueva Versión Internacional, cuando se habla de la canastilla de fruta da la idea de "fruta madura". En la versión Reina Valera 1995, dice: "de verano". La visión consistía en una canasta de frutas maduras. Esto ilustraba y enfatizaba que la nación de Israel estaba lista (madura) para ser juzgada y destruida. ¡O sea que el fin estaba cerca!

La razón se hace clara en los versículos 4-6. En sus días de prosperidad, Israel engañaba a los pobres. Los mercaderes se habían vuelto avaros. Y lo llamativo era que los dueños de los negocios guardaban las prácticas religiosas, cerrando sus negocios en el día del Señor y durante otras festividades. Sin embargo sus mentes estaban ocupadas en ellos mismos. Una vez que terminaba el día de descanso, abrían sus negocios para seguir engañando a la gente con sus compras y ventas.

De hecho, las cinco visiones de Amós tienen una nota similar de juicio divino. Solamente en los últimos versículos del libro (lea 9:11-15) encontramos palabras de esperanza. Pero aun así, no encontramos ninguna nota de arrepentimiento. Simplemente el Señor dice que habría restauración después de la destrucción. Sin embargo, las palabras finales de Dios no son de muerte. ¡Hay palabras de vida!

¿Quién era Amós?

Amós no era sacerdote, sino un pastor de ovejas, quien también era "boyero y recogía higos silvestres" (7:14). Parece que fue uno de los primeros profetas, quien comenzó a escribir cerca del 760 a. de C. Tenía su hogar en Tecoa, un área elevada que le proporcionaba una vista panorámica de las partes más importantes de Israel. De esa manera podía observar si los enemigos avanzaban. Era el lugar perfecto para ver el castigo sobre la nación.

La importancia de Amós

Amós vivía en una nación económica y militarmente fuerte. Como profeta, pudo ver el peligro del colapso moral de su pueblo, bajo la fachada de fortaleza. Ese fue el foco de su ministerio profético. Quizás el aspecto más triste del libro de Amós no sea el tono pesimista de sus páginas, sino la constante relevancia de su mensaje que trascendía el tiempo y el lugar. La humanidad cambió muy poco, comparándola con lo que acontecía en los días de Amós. Hoy el rico saca ventaja del pobre. El poderoso oprime al débil.

Si los cristianos se involucran en acciones como esas, nos enfrentaremos al juicio que Dios impartió sobre Israel por medio de Amós. El libro de Amós nos recuerda que la fidelidad que Dios demanda se medirá según lo que hagamos por los débiles y los menos afortunados.

- ¿Por qué cree usted que Dios se preocupa por los pobres y los desvalidos de nuestro mundo?
- ¿De qué manera Jesús mostró preocupación por los pobres de sus días?
- ¿Cómo se compara la misión de la iglesia de evangelizar y hacer discípulos con la misión de vestir y alimentar a los pobres?

DESARROLLO DE LA LECCIÓN

La competencia de fútbol (dramatización)

Escoja cuatro voluntarios para que representen a los siguientes personajes: el entrenador; Nicolás, un adolescente intelectual; Tomás, un muchacho atlético y Laura, una porrista.

Después de que realicen el drama, el cual se encuentra en la primera actividad del libro del Alumno, lección 8, conversen sobre las características que valoramos en las personas, debatiendo las siguientes preguntas, y teniendo como base la dramatización presentada:

1. ¿Qué condiciones te parecen importantes a tener en cuenta a la hora de elegir a tus compañeros de juego? (Escriba en la pizarra las sugerencias de los niños. Algunos dirán que sean atléticos, altos, buenos jugadores, amigables)

2. ¿Por qué son importantes esas características? (Porque ayudarán a que el equipo gane, será un mejor equipo que otros, juntos pasarán momentos agradables y divertidos, etc.)

3. ¿Te sucedió que alguna vez no te eligieran para jugar en un equipo, o fuiste el último en ser escogido? ¿Cómo te sentiste?

Diga: "Nos sentimos poco importantes cuando no nos eligen, y escogen a otros niños en lugar de nosotros. En la historia bíblica estudiaremos sobre personas que fueron maltratadas por los demás. Aquellos que son poco importantes para nosotros, son muy importantes para Dios".

Encuesta a personas pobres

Necesitará recortes de periódicos y revistas con fotos de gente, familias y niños pobres, y recortes con fotos de gente rica. Trate de que sean grandes para que todos las vean, llévelas a la clase para que los niños las peguen en cartulina, y hagan un mural para el aula. Al pie de las cartulinas puede escribir el texto a memorizar.

Dígales: "Posiblemente todos nosotros pensamos que no tenemos suficiente dinero. Pero comparado con otras personas, somos ricos. Mucha gente no tiene suficiente comida, ni ropa, ni tampoco una casa. Ellos son los verdaderos 'pobres' de nuestro mundo".

Mientras piensan en esas personas, contesten las siguientes preguntas:

1. ¿Cómo definirías a una persona pobre?
2. ¿Piensas que en el mundo hay más personas pobres o no hay pobres?
3. ¿Qué hace que la gente sea pobre?
4. ¿Cuándo fue la última vez que viste a un pobre?
4. Cuando ves a un pobre, ¿qué sientes?
6. ¿Cuál es tu responsabilidad hacia los pobres?

Hoy aprenderemos cosas importantes: lo que Dios siente por los pobres y lo que los cristianos debemos sentir por ellos.

¡Qué canasta!

Haga que los niños sigan las instrucciones de la actividad del libro del Alumno, lección 8, para descubrir la palabra oculta: "Consecuencias". Luego, contesten las preguntas que están al pie de la página:

1. ¿Qué hizo la gente para que Dios se enojara tanto? (Maltrataban a los pobres, engañaban en los mercados/negocios, eran hipócritas, guardaban el día de reposo, pero eran desobedientes el resto de la semana).

2. En el pasaje, la gente fue advertida de que lo que estaban haciendo traería consecuencias ¿Cuáles serían esas consecuencias? (La nación sería juzgada por ignorar y maltratar a los necesitados).

3. ¿A qué se refería Dios cuando le dijo a Amós que la fruta estaba madura? (La canasta de frutas maduras ilustraba el maltrato hacia los pobres y necesitados, por lo tanto había llegado el tiempo en el que ellos pagarían por sus pecados. La fruta madura significaba que era el tiempo de "comerla", pero en el caso de Israel, era el tiempo apropiado para el juicio).

4. Uno de los temas más importantes de esta historia es la diferencia social existente entre ricos y pobres. ¿Existe hoy este problema en nuestra sociedad? (Al igual que en los tiempos de

Amós, este sigue siendo un problema hoy. En las escuelas, los niños pobres son maltratados por aquellos que tienen más. Los niños que no pueden comprarse ropa nueva o que no están a la moda, son burlados por aquellos que están siempre a la moda. Hay muchos primarios que no comen bien por falta de alimentos, no tienen atención médica adecuada o no reciben el amor de su familia).

5. Nombre otras barreras que separan a las personas, como ricos y pobres. (Inteligencia, astucia, destreza física, delgadez, belleza, reconocimiento social, fama, etc.)

ACTIVIDADES
Detectives de la Palabra: las dos tramas de Amós

Para ser buenos detectives debemos estudiar todas las posibilidades y observar todos los detalles, pequeños y grandes, y así encontrar al culpable.

Explíqueles: "Ustedes serán buenos detectives del libro de Amós. Para eso necesitarán sus Biblias y un lápiz".

El libro de Amós tiene 9 capítulos. Dividiremos la clase en 9 grupos de 2 ó más personas. Cada grupo deberá investigar cuáles eran las malas noticias para el pueblo de Dios. Por la propia infidelidad de la nación, Dios tenía uno o más castigos para ellos.

Preguntas:
- ¿Cuáles eran esos castigos? Hagan una lista de los que encuentren en su capítulo.
- ¿Por qué creen que Amós era tan negativo? (Porque los israelitas eran injustos con su gente, y habían tomado ventaja de los débiles).
- La parte final del último capítulo tiene buenas noticias ¿Por qué? (Porque aunque en Israel había tantos que hacían lo malo, Dios siempre pensaba que había posibilidades de que la gente cambiara, se arrepintiera y lo obedeciera).

Indique al equipo que le tocó el capítulo 9 que busque de qué manera Dios daría bendición a su pueblo.

Luego junte a todos los grupos para que cada uno dé su informe como detective de la Palabra.

Amós y la regla de oro

El mensaje de Amós no es el único en la Biblia que habla sobre esto. Hay otros mensajes donde se nos enseña que debemos tratar a los demás con justicia, y tener compasión y amor por los pobres y necesitados. Tal vez el texto más conocido de la Biblia es el de Lucas 6:31 "Y como queréis que hagan los hombres con vosotros, así también haced vosotros con ellos".

Este versículo fue llamado la "regla de oro", porque tiene un gran valor que los cristianos debemos aprender. Es una muy buena regla para medir si estamos haciendo la voluntad de Dios en nuestro trato con los demás. El tratar a los demás como nos gustaría que nos traten a nosotros, es una excelente manera de resumir el libro de Amós.

Pregunte a sus primarios cómo responderían o actuarían frente a situaciones como las siguientes:

- Ves que están ridiculizando a un niño porque sus ropas son viejas o están pasadas de moda.
- Ves a un anciano durmiendo debajo de un puente, en una noche fría.
- Ves en la televisión un informe sobre personas muy pobres de otro país, que no tienen alimentos.
- Ves a un niño de baja estatura y delgado. En el barrio se ríen de él.
- Ves en tu clase a un jovencito extranjero, que no habla bien el idioma.
- Ves en tu iglesia niños que no tienen juguetes porque su familia tiene problemas económicos.
- Ves a un amigo que tiene problemas con una materia en la que tú eres muy bueno.

Memorización

Prepare dos o tres juegos de tarjetas. Escriba por separado cada una de las palabras del texto a memorizar. Divida la clase en varios grupos que compitan armando el texto de forma correcta en el menor tiempo, y así lo practiquen. Anímelos a que estudien los tres versículos de las primeras tres unidades para que al final de la unidad tres puedan recibir el diploma de reconocimiento, el cual se encuentra en la última página de esta lección.

Para terminar

Anime a los alumnos a tener una actitud de amor y misericordia durante esta semana para informar el próximo domingo. Pídales que piensen cómo se sintieron al ayudar a un compañero o amigo menos afortunado. Puede traer una canasta con una fruta para cada niño o puede partir la fruta por la mitad. Lleve platos pequeños, un cuchillo y servilletas. Al comer la fruta puede hacer preguntas de repaso sobre la lección.

También esta es una excelente oportunidad para hacer algo práctico y llevar una canasta con alimentos a una familia necesitada o regalar juguetes usados y en buenas condiciones a algún niño que no tiene con qué jugar.

Termine orando por los niños para que tengan un corazón que ama y ayuda a sus semejantes.

Año 3

Introducción • Unidad III

JESÚS ES ÚNICO

Bases bíblicas: Mateo 3:1-17; Mateo 4: 1-11; Hebreos 2:18; 4:15-16; Marcos 6:45-62; Lucas 7:11-17; Juan 2:12-22; Juan 5:22-29; Romanos 8:31-34
Verdad bíblica: Jesús es el eterno Hijo de Dios hecho Hombre.
Texto de la unidad: "Él, que es el resplandor de su gloria, la imagen misma de su sustancia..." (Hebreos 1:3).

Propósitos de la unidad

Esta unidad ayudará a los primarios a:
- Aprender que Jesús es totalmente Dios y totalmente Hombre.
- Reverenciar y amar a Jesús por quién es y por lo que hace.
- Aceptar a Jesús como Salvador y vivir confiadamente como sus hijos.

Lecciones de la unidad
Lección 9: Jesús: Dios y hombre
Lección 10: Jesús: un sacerdote que nos comprende
Lección 11: Jesús: hacedor de milagros
Lección 12: Jesús: muestra su autoridad

Por qué los primarios necesitan la enseñanza de esta unidad
En esta unidad, los primarios podrán ver tanto la divinidad como la humanidad del Hijo de Dios. Jesús es el Verbo eterno que se hizo Hombre como nosotros. Jesús, el Dios-Hombre, nos trae la explicación más completa de Dios. En su humanidad nos comprende y provee el ejemplo para que también nosotros podamos vivir de acuerdo con las demandas del Padre. Como Hijo de Dios, él nos conoce y comprende, es nuestro Salvador y abogado ante el Creador.
Los primarios están ingresando a una etapa turbulenta de sus vidas, en la cual experimentarán muchos cambios. Por eso, se animarán al saber que una vez Jesús tuvo su misma edad. Como ser humano experimentó toda gama de necesidades y emociones humanas. Eso significa que él entiende sus vivencias y necesidades.
Nos anima hablar con un amigo como Jesús, cuando descubrimos que él nos comprende. Motive a sus alumnos, a través de esta unidad, a creer que Jesús puede ser su mejor amigo, porque eso es lo que es.

LECCIÓN 9

Jesús: Dios y hombre

Base Bíblica: Mateo 3:1-17
Objetivo de la lección: Que los primarios entiendan que Jesús es único porque es divino y humano a la vez; por eso está perfectamente calificado para ser el Salvador del mundo.
Texto para memorizar: "Él, que es el resplandor de su gloria, la imagen misma de su sustancia..." (Hebreos 1:3).

¡PREPÁRESE PARA ENSEÑAR!

Cuando Jesús le pidió a Juan el Bautista que lo bautizara, estaba identificándose con los pecadores. Juan el Bautista demandaba que las personas reconocieran sus pecados antes de ser bautizados. Jesús, el Hijo de Dios, no tenía pecado. Sin embargo, decidió hermanarse con la humanidad pecadora por medio del bautismo.

Este era un paso más hacia la última y completa identificación de Jesús con las personas, su muerte en la cruz. Clavado en ella tomó los pecados de todo el mundo, incluyendo los de los alumnos de su clase, para que todos tengamos la oportunidad de ser salvos.

No es fácil para las personas adultas -ni para los primarios- comprender la humanidad y la divinidad de Jesús. Nuestra tendencia humana es enfocarnos demasiado en su humanidad o solo en su divinidad. Esta lección ayudará a los niños a entender algunas evidencias de los dos aspectos en la naturaleza de Jesús.

COMENTARIO BÍBLICO

Existe la posibilidad de que al familiarizarnos tanto con el Evangelio de Mateo, pasemos por alto las maravillosas historias que relata.

Antes de arribar a la porción de Mateo 3, que constituye la base bíblica de hoy, vemos que el apóstol nos relató por lo menos tres milagros y sendos misterios. En 1:18 explica la concepción de Jesús, la cual fue diferente a la de cualquier otro bebé que haya nacido antes o después de él. María "se halló que había concebido del Espíritu Santo" (énfasis añadido). En 2:2 y 2:9 vemos que un elemento utilizado frecuentemente para la navegación -una nueva estrella- guió a los magos a Jesús. En 2:11, Mateo revela que Juan el Bautista era el profeta que sabía que alguien mayor vendría. Esa persona traería un nuevo bautismo: el bautismo con Espíritu Santo y fuego.

¡Estos tres pasajes contienen tantos milagros y a la vez misterios!

En 3:13-17 encontramos el misterio más importante: la naturaleza completamente divina y humana de Jesús es revelada. Esta conexión de las dos naturalezas presentes en Jesús al mismo tiempo, es difícil de comprender. Cualquier comparación que podamos ensayar no explicará completamente su característica única.

Es esta inigualable característica de Jesús la que permite que sea nuestro Salvador. El balance perfecto es necesario. El énfasis en solo una de estas características causaría problemas. Si Jesús se hubiese mantenido únicamente divino, no solo no hubiera sido humano, sino que tampoco se hubiera relacionado con nuestros problemas y nuestra naturaleza. Si Jesús hubiera sido únicamente humano -y no divino- ¿qué diferencia habría entre él y nosotros? Si así hubiera sido, no tendría la capacidad de ser nuestro Salvador.

La historia que Mateo cuenta del bautismo de Jesús, clarifica que él era completamente humano y divino a la vez. El bautismo de Jesús era un símbolo humano. Jesús reveló su naturaleza humana al someterse a este ritual. En el momento en que el Señor salió del agua, vino una señal divina: el cielo se abrió y el Espíritu Santo descendió en forma de paloma. Palabras audibles desde el cielo verificaron que Jesús era el Hijo Divino de Dios el Padre.

La naturaleza humana y divina de Jesús lo calificaba para ser nuestro Salvador y nuestro ejemplo. Al leer el relato de Mateo, entendemos que el bautismo era mucho más que lavarse con agua. Simbolizó una sumisión obediente a la voluntad del Padre y la afirmación del Espíritu que Jesús era el Hijo de Dios.

Jesús vino del cielo a la tierra para darnos vida abundante, libertad del pecado y poder para vivir en victoria por medio del Espíritu Santo. ¿No es esta, razón suficiente, como para estar inmensamente agradecidos a Dios?

DESARROLLO DE LA LECCIÓN

Prepare su clase con anticipación. Tenga todo listo para cuando lleguen los alumnos. Bríndeles una amorosa bienvenida. Haga sentir cómodos a los niños que asisten por primera vez y no olvide anotar sus nombres, para visitarlos o llamarlos por teléfono durante la semana.

Dos mundos diferentes

Entregue a los niños la primera actividad del libro del Alumno (lección 9), y diga: "Jesús es la única Persona en la historia que es completamente humano y divino". Pida a los alumnos que lean en voz alta las instrucciones. Luego, dé tiempo para que piensen, comenten y escriban lo que recuerden sobre las características que ellos ya conocen de Jesús como humano y como Dios. Pueden ser sus habilidades, cualidades, o eventos de su vida. Ayúdelos cuando sea necesario y mencione pasajes bíblicos que los haga recordar. Permita que sea un momento alegre, pero también inspirador al recorrer la vida de Jesús. Explique: "Hoy hablaremos más sobre lo que es y significa el hecho de que Jesús sea Dios y Hombre a la misma vez".

Palabras importantes

Divino: Dios, o tener las cualidades de Dios.
Humano: persona mortal, creada por Dios.

Escriba estas dos palabras con sus significados en tarjetas de tamaño apropiado para colocar en el mural. Puede llevar trozos de cartulina para que los niños escriban en letras grandes las dos palabras y las decoren con colores y diseños de su gusto.

Provea marcadores, colores, crayones, grajeas, mostacillas, calcomanías, etc., para que los pequeños adornen las palabras importantes de esta lección y unidad. Puede usar figuras de tarjetas viejas de Navidad para pegar en las letras la figura de Jesús cuando bebé, u otras láminas que lo muestren realizando milagros. Esto hará que los niños capten en forma visual, que verdaderamente Jesús fue humano y divino.

Mural: "Jesús, es Único"

Busque láminas de Jesús, que lo muestren haciendo milagros, caminando sobre las aguas, saliendo de las aguas del bautismo, en el templo, entre grupos de personas, en la Santa Cena, etc. En la clase, pida a los alumnos que lo/la ayuden a forrar un mural con papel afiche de color. Puede hacerle un borde bonito, realizado con papel de regalo y cortado en forma ondulada o copias de alguna silueta de Jesús. En medio del mural, pida a los niños que coloquen las ilustraciones de la vida y milagros del Señor. Aproveche este momento para hablar con ellos acerca de los diversos milagros y haga énfasis en el hecho de que fue Dios y humano.

En un costado del mural, coloque las palabras importantes: Divino y Humano.

Explíqueles que las próximas semanas aprenderán por qué decimos que Jesús es Único. O sea que no hubo, ni habrá otro como él, que sea Dios y hombre al mismo tiempo.

HISTORIA BÍBLICA
El resplandor de la gloria de Dios

Antes de la clase prepare un cartel que diga: Jesús es humano y divino. Escriba cada letra en tarjetas separadas y del mismo tamaño. Los niños al contestar las preguntas en forma correcta, podrán pasar y colocar cada letra en el orden correcto hasta completar la oración. En clase pida a los niños que abran el libro del Alumno, en la segunda actividad (lección 9). Lean Juan 1:14 en voz alta. Explique que "el Verbo" se refiere al Hijo de Dios antes que naciera, mientras estaba en el cielo.

Agregue: "Cuando Jesús era joven no había mucha gente que supiera que era el Hijo de Dios. Ellos pensaron que solamente se trataba de una buena persona judía. Pero cuando Jesús estuvo listo para comenzar con su ministerio, Dios decidió hacer pública su identidad". Ahora solicite a los alumnos que lean el pasaje de Mateo 3:1-17. Luego divida la clase en dos grupos: rojo y verde, o niños y niñas. Pídales que lean juntos.

Dé tiempo para que realicen preguntas sobre el pasaje leído. Luego pasen a la segunda parte.

Esgrima bíblico:

Los dos grupos deben estar sentados uno frente al otro (acondicione el salón para esta actividad). Usted hará las preguntas, y quien sepa la respuesta se pondrá de pie inmediatamente y podrá contestar. Si la respuesta es incorrecta, el niño que está sentado frente a él o ella, tendrá la oportunidad de contestar. Nadie puede ayudar a su compañero. Quien diga la respuesta correcta, colocará la tarjeta en el mural hasta que se haya formado la oración completa. Un niño será el anotador, quien llevará el conteo para saber qué equipo obtuvo mayor puntaje (1 punto por respuesta correcta).

Explique: "Ahora que saben sobre el bautismo de Jesús, veremos cuánto recuerdan de la historia que leímos". Si dos niños "saltan" al mismo tiempo, se le dará 1 punto a cada uno.

1. ¿De qué material estaban confeccionadas las ropas de Juan? (Pelo de camello).

2. ¿Qué comía Juan? (Langostas y miel silvestre).

3. ¿Qué le dijo Juan a la gente que debían hacer? (Arrepentirse).

4. ¿A qué profeta del Antiguo testamento mencionó Juan? (A Isaías).

5. ¿Dónde clamaba la voz de la que hablaba Juan el Bautista? (En el desierto).

6. ¿Cómo describe el profeta Isaías el trabajo que Juan el Bautista haría? (Preparando el camino del Señor).

7. ¿Qué hacía la gente que era bautizada por Juan? (Confesaban sus pecados).

8. ¿Cómo llamó Juan el Bautista a los fariseos y saduceos que llegaban para ver cómo la gente era bautizada? (Generación de víboras).

9. ¿Con qué contaban los fariseos y saduceos para creer que estaban en íntima relación con Dios? (Con que eran descendientes de Abraham).

10. ¿Qué utilizaba Juan para bautizar a la gente? (Agua).

11. ¿En qué río bautizaba Juan? (En el Jordán).

12. ¿Cuál era el propósito que se perseguía al bautizar a las personas? (El arrepentimiento de sus pecados).

13. ¿Quién dijo Juan que vendría? (Uno que era más poderoso que él).

14. ¿Qué tipo de frutos debían ofrecer los fariseos y saduceos? (Dignos de arrepentimiento).

15. El que venía detrás de Juan, ¿con qué bautizaría? (Con Espíritu Santo y fuego).

16. ¿Quién vino desde Galilea al río Jordán para ser bautizado por Juan? (Jesús).

17. ¿Cómo reaccionó Juan cuando Jesús quiso ser bautizado por él? (Se sorprendió. Pensaba que Jesús debía bautizarlo a él, y no al revés).

18. ¿Qué descendió como paloma sobre Jesús cuando salió del agua? (El Espíritu de Dios).

19. ¿Qué dijo la voz que provenía del cielo? ("Este es mi Hijo amado, en quien tengo complacencia").

20. ¿Dónde se quemaría la paja? (En el fuego que nunca se apagaría).

Si lo desea puede llevar un marcador o una porción bíblica para premiar al equipo ganador.

ACTIVIDADES
Lluvia de ideas
Escriba en un lado de la pizarra la palabra "Dios", y en el opuesto "Ser Humano". Hable sobre las características de Dios (siempre existió; puede sanar a muchos enfermos; calmó la tempestad y el viento; nunca pecó; tiene todo poder o sea que es "omnipotente"; Creador del cielo y de la tierra; amoroso; sabe todas las cosas o sea que es "omnisciente"; está en todo lugar, es decir es omnipresente; resucitó a los muertos).

Luego pregunte acerca de las características de Jesús como Ser Humano (nació como un bebé; sufrió tentaciones; lloró; tuvo hambre; sudó; se enojó; leyó; se extravió -para sus padres-; escribió; durmió; tuvo sed; comió; lo azotaron; lo crucificaron, etc.) Diga: "Hemos encontrado muchas características de Jesús con su naturaleza divina y como ser humano". Pregunte: "Entonces, ¿fue Jesús como nosotros? ¿Cómo se sienten al comprender esta realidad sobre él?"

Dios = Jesús
Pida a los niños que lean Hebreos 1:3, y guíelos a la actividad de la página del libro del Alumno. Diga: "Jesús es el resplandor de la gloria de Dios, porque es todo Dios. Él revela y expresa quién y cómo es Dios. También se identifica en su totalidad con nosotros porque es completamente humano".

Conduzca a los niños en la actividad del libro del Alumno, para que completen las dos oraciones al pie de la página. Diga: "Jesús es cien por ciento Dios y cien por ciento humano. Él es la única persona de quien se puede decir esto. Pensemos, ¿por qué esto es importante? ¿Por qué es significativo para nosotros de que Jesús sea divino y humano?"

Permita que los alumnos hablen sobre lo que piensan al respecto. Enfatice que Jesús puede entendernos porque es humano. Él es el único que puede salvarnos porque no tiene pecado. Es algo por lo que debemos estar muy felices. Expresemos nuestro agradecimiento y alegría al Señor por enviarnos a Jesucristo para ser nuestro Salvador. Provea tiempo para que los alumnos completen las oraciones:

● Estoy contento que Jesús es completamente humano porque...

● Estoy contento que Jesús es completamente Dios (divino) porque...

Memorización
"Él, que es el resplandor de su gloria, la imagen misma de su sustancia..." (Hebreos 1:3a).

Ya que el versículo tiene 15 palabras, incluida la cita bíblica, escriba cada una de ellas en diferentes tarjetas. Puede hacer dos juegos, si desea dividir la clase en dos grupos para realizar una competencia de aprendizaje.

● Esconda las tarjetas en el aula, y pida a los niños que las busquen y armen el texto.

- Organice una carrera entre dos equipos.
- Promueva una marcha en el patio y que los niños canten el texto al compás de un coro conocido. Use su creatividad para que aprendan jugando.

Para terminar

Pida a los niños que oren dando gracias al Señor por el misterio de la humanidad y de la divinidad de Jesús. Esta es una excelente oportunidad para pedir al Señor para que desarrolle la fe de los alumnos. Está muy bien si dice que este es un misterio que muchas veces deseamos comprender en su totalidad, pero que no es posible. Podemos pedir explicaciones, buscar respuestas, pero nunca podrán satisfacer todas nuestras inquietudes. Algunas situaciones que se encuentran en la Biblia no son fáciles de comprender, y solamente las podemos entender por medio de la fe.

La fe en el Dios todopoderoso, creer en el Cristo que vivió como nosotros, que venció la tentación, que tuvo fortaleza para prevalecer sobre la muerte más horrible y que realmente nos comprende; nos ayudará a seguir caminando cerca de él. Por más preguntas e inquietudes que tengamos.

Ore por sus alumnos... para que su fe aumente.

Mis notas:

LECCIÓN 10

Jesús: Un sacerdote que nos comprende

Base bíblica: Mateo 4:1-11; Hebreos 2:18; 4:15-16
Objetivo de la lección: Que los primarios entiendan que Jesús, siendo completamente humano, fue expuesto a todo tipo de tentaciones, de las cuales salió victorioso.
Texto para memorizar: "Él, que es el resplandor de su gloria, la imagen misma de su sustancia..." (Hebreos 1:3a).

¡PREPÁRESE PARA ENSEÑAR!

Cuando se les pregunta a los primarios: "¿Cómo nos ayuda Dios a resistir la tentación?", tal vez ellos digan: "Haciéndola desaparecer". Las personas que tienen ese concepto muchas veces se desilusionan. Los niños deben saber que Dios los ayudará a resistir la tentación. Tristemente, algunos no reconocen esa ayuda, y al ver que no desaparece, se rinden ante ella. Luego culpan a Dios diciendo: "Yo le pedí al Señor que quitara la tentación, pero no lo hizo, entonces me rendí ante ella".

Es bueno saber qué tipo de ayuda nos da Dios para enfrentar la tentación. Eso les permitirá a los pequeños identificar su propia responsabilidad. A diario, ellos se enfrentan a algún tipo de tentación. En esta lección aprenderán que la tentación no es pecado, pero sí lo es, rendirse ante ella.

También comprenderán que Dios nos ayuda de muchas maneras. Primero, nos alerta cuando algo anda mal. Segundo, se asegura de que la tentación no sea demasiado grande, para que la podamos resistir. Y en tercer lugar, nos provee un escape para evitar el pecado (1 Corintios 10:13). Debemos aceptar esa salida que Dios nos da. Esa es nuestra responsabilidad.

La experiencia de Jesús en el desierto animará a los niños. Al ver que el Hijo de Dios enfrentó la tentación y salió victorioso, los hará darse cuenta que ellos también pueden vencer.

Jesús nos mostró que una herramienta poderosa ante la tentación es la Palabra de Dios. Esta lección desafía a los primarios a aprender versículos bíblicos, ya que eso los ayudará a combatir la tentación. Jesús nos mostró el camino. Depende de nosotros seguirlo.

COMENTARIO BÍBLICO

La meta en la vida de cada cristiano es ser como Jesús. Cristo es nuestro ejemplo de santidad en palabra, pensamiento y acción.

Al ver, a través de la revelación de los Evangelios, cómo fue la vida de Jesús, es fácil pensar que a nosotros también nos puede ocurrir lo mismo. Mateo 4:1 dice: "Entonces Jesús fue llevado por el Espíritu al desierto para ser tentado por el diablo". ¿Podemos nosotros esperar menos? Es importante saber que a lo largo de nuestra vida cristiana también seremos tentados por el diablo. Y a pesar de que oramos, pidiendo: "No nos metas en tentación, sino líbranos del mal" (Mateo 6:13), no nos debe sorprender cuando la tentación se presente.

Esta experiencia compartida es la base de nuestra especial relación con Jesús. Como él conoce el sufrimiento humano, entiende todas las pruebas que atravesamos como mortales. Sin embargo, también es Dios. En ninguna otra religión existe ese tipo de relación entre la humanidad y la divinidad.

¿Qué tentaciones y debilidades que Jesús atravesó le permiten identificarse tanto con nosotros? Si examinamos los primeros capítulos de Mateo, podremos identificar varias de ellas.

En Mateo 4:1-11 vemos que Jesús sabía lo que era el hambre; conocía lo que era el apetito humano. También conocía el peligro, y posiblemente sintió el efecto de la adrenalina cuando el diablo lo tentó a tirarse del "pináculo del templo" (v. 5). Asimismo, aprendió lo que era desear el poder y la fama.

El Sermón del monte (Mateo 5–7) nos muestra que Jesús comprendía la condición humana y todas sus consecuencias, y por esa razón enseñó sobre ellas. Sabía que las personas perdían su enfoque sobre la misión real (5:13-16), que cometían asesinatos (5:21-22), y adulterio (5:27-30) también se divorciaban (5:31-32). Reconocía la tendencia humana de buscar venganza (5:38-42), acumular cosas materiales (6:19-21, 24), preocuparse por el alimento o la ropa (6:25-34), juzgarse unos a otros (7:1-5) y sabía que necesitarían buscar la ayuda correcta (7:7-12).

Debido a su experiencia como ser humano, Jesús sabía cómo era el hombre, por lo cual nos proveyó de un gran beneficio del que hoy podemos disfrutar. Podemos orar con la plena confianza de que Jesús nos entiende y que Dios nos ayudará en cualquier dificultad que debamos enfrentar.

Al prepararse para enseñar a sus estudiantes, considere estas dos preguntas:
- Piense en un tiempo de su vida que haya sido difícil. ¿Siente que Jesús lo comprendió?
- Medite en su preadolescencia. ¿Qué experiencias vividas pueden ayudarlo a entender a los estudiantes?

DESARROLLO DE LA LECCIÓN

Escoja algunas de estas actividades para centrar la atención de los niños y prepararlos para aprender la verdad bíblica de hoy.

¿Verdadero o falso?

Antes de la clase, escriba en la pizarra la palabra importante "Tentación" y su significado. También prepare una hoja para cada alumno con las siguientes afirmaciones, las cuales asimismo escribirá en la pizarra:
- La tentación es pecado.
- Los adultos tienen más tentaciones que los niños.
- Las tentaciones provienen de Dios.
- Jesús fue tentado al igual que nosotros.
- Si tienes una tentación significa que no estás cerca de Dios.
- Jesús nos puede ayudar a vencer la tentación.
- Hay algunas tentaciones modernas que Jesús realmente no entiende.
- La tentación es algo de lo que todos tenemos que preocuparnos.
- Hay algunas tentaciones que son imposibles de resistir.
- No hay nada que podamos hacer para alejar las tentaciones de nuestra vida.

En clase, diga: "Hoy hablaremos acerca de la tentación. ¿Alguno de ustedes sabe lo que significa esa palabra?". Permita que respondan. Pida que un voluntario lea en voz alta Santiago 1:14-15.

Luego dirija la atención de los estudiantes hacia la palabra importante y su significado:

Tentación: influencia que produce el deseo de desobedecer a Dios y de hacer algo incorrecto. La tentación no es pecado, pero conduce a él si la persona decide hacer lo malo.

Diga: "Veamos lo que cada uno piensa acerca de la tentación".

Entregue a cada niño una copia de la hoja con las frases sobre la tentación y dígales que se agrupen de a dos. Deberán escribir al final de cada frase: verdadero o falso, según les parezca. Al terminar, usted leerá cada frase en voz alta, y un voluntario anotará en la pizarra "verdadero" o "falso" al lado de la misma, a modo de votación, según lo que la mayoría considere correcto.

Exprese: "Durante esta actividad surgirán algunas preguntas interesantes. Aprendamos algo más sobre las experiencias de Jesús ante la tentación y cómo lo podemos relacionar con nosotros".

Hablando acerca de la tentación

Guíe la atención de los primarios hacia la primera actividad del libro del Alumno, lección 10. Dígales que nuevamente se reúnan de a dos con un compañero y hablen sobre las preguntas de esa página. Dé tiempo suficiente para contar las vivencias de cada uno. Luego solicite que algunos voluntarios cuenten al resto de la clase lo que conversaron con su compañero, relatando sus experiencias.

Aclare: "Todos nosotros nos enfrentamos a diario con la tentación. Algunas veces nos sentimos abrumados por ella y necesitamos que alguien nos ayude. Veamos si podemos descubrir algunas verdades acerca de la tentación en la lección de hoy".

HISTORIA BÍBLICA
La prueba del desierto

Antes de la clase, escriba estas tres preguntas en la pizarra o un papel afiche:

1. ¿Qué fue lo que el enemigo intentó que Jesús hiciera?

2. ¿Por qué Jesús fue tentado a hacer eso?

3. ¿Cómo respondió Jesús?

En clase, recuerde a los primarios el tema de esta unidad: Jesús es único. Recuérdeles: "La semana pasada aprendimos que Jesús es completamente Dios y completamente Hombre. ¿Qué historia bíblica ilustraba esa verdad?" Deje que respondan. "¿Me podrían dar algunos ejemplos de las cualidades que muestran a Jesús como Dios y otras como ser humano?" Permita que le den ejemplos. Si necesitan ayuda, repasen la historia bíblica de la clase anterior, como así también el versículo del mes (Hebreos 1:3). Repitan el versículo varias veces.

Pregunte: "¿Piensan que Jesús alguna vez habrá tenido que enfrentar la tentación?" Que algunos respondan. Dígales que el pasaje bíblico que van a leer sucedió inmediatamente después de que Juan bautizó a Jesús en el río Jordán.

Dirija a sus estudiantes a abrir el libro del Alumno en la historia bíblica de hoy: "Completamente humano" (Mateo 4:1-11). Lea el primer versículo. Explique que ese pasaje describe las tres tentaciones que Jesús tuvo que soportar. Luego, divida a la clase en tres grupos y asígneles las siguientes partes a cada uno:

- Grupo 1: versículos 1-4
- Grupo 2: versículos 5-7
- Grupo 3: versículos 8-11

Luego de leer los versículos, pida a cada grupo que hablen entre sí y contesten las tres preguntas que usted escribió en la pizarra, según la parte de la historia que le tocó a cada uno. Cuando hayan terminado, permítales que comenten al resto de la clase sus respuestas.

ACTIVIDADES

Elija algunas de estas actividades para ayudar a los primarios a conectar la verdad bíblica con sus vidas.

Verdades sobre la tentación

Diga: "Ahora que ya conocemos algunos detalles sobre la experiencia de Jesús frente a la tentación, volvamos a las frases del principio, en las que tuvimos que poner verdadero o falso".

Que algunos voluntarios lean una oración por turno. Luego de leer cada una de ellas, brinde la respuesta correcta, y abra el debate para que todos puedan opinar al respecto.

- La tentación es pecado. (Falso). Lean Santiago 1:14-15. Explique que todas las personas experimentan tentaciones y que eso no es pecado. Lo es cuando la persona comienza a pensar en la posibilidad o la idea de hacer lo incorrecto y finalmente lo realiza. Jesús fue tentado. Él experimentó todo tipo de tentaciones, al igual que nosotros. Pero no pecó. No cedió ante ellas.
- Los adultos tienen más tentaciones que los niños. (Falso). Hagan en el pizarrón dos listas, poniendo de un lado las situaciones con las que los niños son tentados, y aquellas que los adultos padecen. Ayúdelos a entender que todos tenemos que enfrentar tentaciones.
- Las tentaciones provienen de Dios. (Falso). Lean Santiago 1:13. Dios algunas veces permite que tengamos pruebas, pero él jamás nos tienta a hacer lo malo.
- Jesús fue tentado al igual que nosotros. (Verdadero). Lea Hebreos 4:15. Jesús verdaderamente sufrió, fue tentado en todo. No es que él haya experimentado específicamente cada tentación que nosotros tenemos, pero sí experimentó todo tipo de tentaciones.
- Si tienes una tentación significa que no estás cerca de Dios. (Falso). Jesús estaba más cerca de Dios que cualquier otro ser humano en el mundo y padeció difíciles tentaciones. Generalmente, cuanto más cerca de Dios estamos, más tentaciones tenemos.
- Jesús nos puede ayudar a vencer la tentación. (Verdadero). Lean Hebreos 2:18. Jesús tiene la capacidad para ayudarnos a vencer la tentación y el deseo de llevarla a cabo. Todos nosotros podemos superarlas si se lo pedimos.
- Hay algunas tentaciones modernas que Jesús realmente no entiende. (Falso). Transmita a sus alumnos algunas reflexiones del "Comentario bíblico". Las tentaciones específicas que nosotros enfrentamos difieren de aquellas que Jesús experimentó, pero se trata del mismo tipo de tentaciones.
- La tentación es algo de lo que todos deberíamos preocuparnos. (Verdadero). Lean 1 Corintios 10:12. Comente que todos debemos estar alertas frente a la tentación. No tenemos que obsesionarnos, pero es necesario estar en guardia.
- Hay algunas tentaciones que son imposibles de resistir. (Falso). Lean 1 Corintios 10:13. Dios permite que seamos probados hasta un cierto punto. Él sabe lo que cada uno puede resistir, y por eso nunca permitirá que seamos probados más allá de ese límite.
- No hay nada que podamos hacer para alejar las tentaciones de nuestra vida. (Verdadero / Falso). Lean: Mateo 18:7, 1 Corintios 16:13, Santiago 4:7, 2 Timoteo 2:22, y Mateo 6:13. Estos pasajes nos muestran que la tentación siempre está presente. Pero hay cosas que podemos hacer para enfrentarla: orar pidiendo ayuda, resistir las que nos sobrevengan, y huir de aquellas situaciones donde somos más proclives a ser tentados.

Él mismo padeció siendo tentado – Completamente Dios

Guíe a los estudiantes a las dos últimas actividades del libro del Alumno. Lean los pasajes que allí aparecen: Hebreos 4:15 y Hebreos 2:18. Diga: "Cuando enfrentamos tentaciones necesitamos Alguien que nos ayude, ¡y lo tenemos! Jesús experimentó todo tipo de tentaciones, ¡y venció al pecado! Él está dispuesto a ayudarnos a cada uno de nosotros a vencer el pecado".

Indique a los primarios que busquen a un compañero con quien conversar sobre las preguntas de la última actividad (debajo del versículo de Hebreos 2:18). Luego de conversar por varios minutos, permita que cuenten sus respuestas a la clase.

Memorización

Repitan juntos el versículo del mes varias veces, hasta que los niños lo puedan decir de memoria. Luego, divídalos en dos grupos, y pida que se sienten formando dos círculos en el piso. Entregue a cada grupo una hoja en blanco. Cuando usted dé la señal, el primer niño debe escribir en silencio la primera palabra del versículo. Al terminar, pasará rápido la hoja al compañero de la derecha, quien escribirá la siguiente palabra. Todos tienen que permanecer en silencio. Y así hasta que hayan escrito todas las palabras del versículo y la cita. Ganará el equipo que termine primero y lo haga en forma correcta.

Para terminar

Diga: "En la lección de hoy aprendimos que todos, tanto adultos como niños, somos diariamente tentados a pecar en diferentes situaciones de nuestra vida. Nunca vamos a estar libres de la tentación, pero sí tenemos las armas para enfrentarla. A través del ejemplo de Jesús tenemos el modelo de cómo resistir la tentación, sin pecar. La Biblia dice que él fue tentado en todo -igual que nosotros- pero nunca pecó. Por lo cual comprende mejor que nadie nuestra situación, y está dispuesto a ofrecernos su ayuda".

Ore por los primarios pidiendo a Dios que los ayude a vencer cada tentación que los asedie, y les dé la fuerza de voluntad para resistirla firmes sin pecar, afirmando su convicción como cristianos e hijos de Dios.

En Cristo encontramos la solución y el modelo de cómo vivir una vida de santidad.

Mis notas:

LECCIÓN 11

Jesús: Hacedor de milagros

Base bíblica: Marcos 6:45-52; Lucas 7:11-17; Juan 2:1-11
Objetivo de la lección: Ayudar a los primarios a comprender que como Jesús es Dios, tiene poderes que los seres humanos no poseemos y, por lo tanto, tiene compasión de nosotros y nos ayuda.
Texto para memorizar: "Él, que es el resplandor de su gloria, la imagen misma de su sustancia..." (Hebreos 1:3a).

¡PREPÁRESE PARA ENSEÑAR!

Los primarios viven rodeados de superhéroes. Todo el tiempo aparece alguno nuevo. Estos personajes de historietas salvan a diario al mundo de su destrucción. Los niños siempre disfrutan de las historias con final feliz. Aun así, ninguno de estos héroes produce un cambio significativo en sus vidas.

A diferencia de estos superhombres y súper mujeres ficticios, Jesús tiene poder real, el máximo poder. Durante sus años en la tierra produjo cambios significativos en la vida de la gente. Mostró compasión y amor por ellos, sanó a los enfermos y resucitó muertos. Sufrió tentaciones y nos mostró que tenía el poder para vencerlas. Él es el Hijo de Dios, y vino a mostrarnos cómo era Dios.

Es necesario que los primarios sepan que Cristo hoy puede producir un cambio real en sus vidas. Él no desaparece cuando la pantalla se apaga, como los héroes de la televisión. ¡Cristo es real, poderoso, y tiene cuidado de usted y de sus estudiantes!

COMENTARIO BÍBLICO

Los pasajes de Marcos, Lucas y Juan describen tres milagros, que ninguno de los que vivimos en este tiempo hemos visto con nuestros propios ojos.

En el Evangelio de Marcos leemos que una noche Jesús caminó sobre un lago. Se encontraba solo... orando, tal vez pidiendo la fortaleza espiritual necesaria para resistir los esfuerzos populares que intentaban convertirlo en rey (Juan 6:14-15). Había enviado a los discípulos, de antemano, en un bote. Era una noche ventosa. En determinado momento notó que estaban luchando contra las olas, y caminó hacia ellos sobre las aguas. Daba la sensación de que pasaría a su lado y seguiría sin detenerse.

En ese entonces existía una superstición entre los judíos que los hacía creer que ver a un espíritu de noche, era una señal segura de desastre. El terror de los discípulos se debió seguramente al miedo de pensar que habían visto a un espíritu en el agua. Jesús les habló y calmó sus temores. También los vientos cesaron.

Pasando a Lucas, hallamos a Jesús interrumpiendo un cortejo fúnebre, al ver que el único hijo de una viuda había fallecido dejándola desamparada. Algunos creían que ella ya no estaba en edad para contraer un nuevo matrimonio y para dar a luz. Por lo cual, a no ser que un familiar la ayudara, estaría condenada a la mendicidad para poder sobrevivir y sería presa fácil de los estafadores. Jesús sintió compasión por ella y volvió a su hijo a la vida. Ese fue el primer milagro de resurrección. Los otros dos fueron el de la hija de Jairo y el de Lázaro.

En el Evangelio de Juan leemos lo que se considera el primer milagro público de Jesús. Junto con su madre y sus discípulos, había asistido a una boda. El vino se había acabado. ¡Esto era un verdadero escándalo para la sociedad de aquellos días!

María le pidió a Jesús que socorriera al anfitrión y, así salvar la reputación del novio ante la comunidad. Aun renuente, Jesús aceptó, convirtiendo el agua en una clase de vino digno de ganar un premio en cualquier concurso.

Juan la describió como la primera señal milagrosa de Jesús. Para él, la clave del milagro no estaba en su naturaleza espectacular, sino en el hecho de que mostraba a Jesús como el Hijo de Dios.

Ninguno de estos tres milagros sería humanamente posible. Solo Dios es capaz de realizarlos. Los seres humanos realizan milagros solo en versiones modificadas. Una persona puede caminar sobre el agua solo si está congelada o si tiene algún soporte bajo la superficie. Un médico puede resucitar un paciente que está "clínicamente muerto". Y algunas personas tienen la habilidad y el conocimiento para fermentar uvas y transformarlas en vino.

Estas versiones similares son de ayuda, pero necesitamos más que milagros modificados. La ingenuidad humana y la tecnología no pueden resolver todos los problemas. Dios es el único que puede resolver cada dificultad. Jesús abrió el camino para que nosotros pudiéramos tener una relación con el Dios hacedor de milagros.

Cada milagro que Jesús realizó tuvo un beneficio humano inmediato y también demostró su divinidad. Al estudiar estas historias, ¿qué nos dicen estos milagros?

Nos recuerdan, al menos, dos pensamientos importantes:

- El poder para realizar milagros del Jesús terrenal todavía reside en el Señor resucitado.
- Los milagros son una evidencia de que podemos confiar en que Dios nos ayudará. Seguramente no siempre la ayuda llegará de una forma tan espectacular. El Señor puede obrar a través de versiones modificadas que les permite realizar a los seres humanos. De todas maneras, podemos depender de su ayuda divina.

DESARROLLO DE LA LECCIÓN
Suceso extraordinario

Guíe a sus alumnos a la primera actividad del libro del Alumno. Pida que un voluntario lea en voz alta las instrucciones. Pida que dibujen o escriban algunos ejemplos de sucesos extraordinarios que hayan presenciado, como por ejemplo: fuegos artificiales, sanidades, el océano, un tornado, relámpagos, volcanes, terremotos, eventos deportivos, las olimpíadas, grandes conciertos musicales, etc. Luego, permita que lo comenten al resto de la clase.

Señale: "Ustedes dibujaron o escribieron cosas realmente extraordinarias. Hoy vamos a hablar sobre tres milagros que nos van a sorprender aún más".

Compasión en acción

Antes de la clase, escriba cada una de las letras de la palabra "COMPASIÓN" en hojas pequeñas. Escóndalas en diferentes partes del salón.

En clase, pregunte: "¿Cómo se sienten cuando alguien que ustedes aman está sufriendo?" Probablemente los primarios digan que se sienten mal. La mayoría quisiera que el dolor se fuera de aquellos a quienes aman. Algunos hasta pueden sentirse impotentes al no poder hacer nada para que mejoren.

Dígales: "Es bueno que ustedes quieran ayudarlos a que el dolor se vaya. Hay una palabra que describe esa clase de preocupación. Esa palabra tiene 9 letras, que están escondidas por todo el salón. Tienen unos minutos para encontrarlas".

Cuando hayan encontrado las letras, indíqueles que deben tratar de descubrir de qué palabra se trata. Permítales intentar hasta que la armen correctamente.

Continúe: "A esa clase de preocupación la llamamos 'compasión'. Tener compasión es preocuparse por una persona lo suficiente como para intentar ayudarla. ¿Alguna vez alguien tuvo compasión de ustedes o de su familia?" Permita que los estudiantes respondan, dando ejemplos de ello. Enfatice que la compasión es más que sentirse mal por lo que a alguien le sucede. Compasión es ayudarlo.

Explique: "En nuestra historia bíblica de hoy veremos diversas ocasiones en las cuales Jesús tuvo compasión de la gente. A veces tenemos compasión y queremos ayudar, pero nos sentimos impotentes por no poder hacerlo. Sin embargo, Jesús tenía todo el poder de Dios. ¡Veamos cómo lo usó!"

HISTORIA BÍBLICA
Los tres milagros

Aclare: "Como Jesús es completamente Dios, él tiene todo el PODER de Dios también". Pida que algunos voluntarios mencionen diversos milagros que Jesús realizó cuando estuvo en la tierra.

Diga: "No todos los que tienen poder lo usan para el bien de los demás. Hoy leeremos sobre tres poderosos milagros que Jesús realizó. También descubriremos por qué los hizo".

Pida a los niños que se agrupen de a dos y que abran el libro del Alumno en la segunda actividad. Provea suficientes Biblias para todos. Permita que trabajen de a dos buscando las evidencias de compasión y de poder que Jesús demostró en las tres historias bíblicas y las escriban. Cuando terminen, dígales que comenten sus respuestas con todos. Complete con la información que provee el "Comentario bíblico", y con las siguientes afirmaciones:

Juan 2:1-11

- Evidencia de compasión: El encargado del banquete tenía la responsabilidad de proveer comida y bebida suficientes para la boda, cuya duración podría ser de hasta una semana. Si Jesús no hubiese suministrado el vino, el anfitrión se hubiera sentido humillado delante de todos sus invitados.
- Evidencia de poder: Jesús tenía el poder para transformar instantáneamente el agua en algo más. Nadie más pudo hacerlo.

Marcos 6:45-52

- Evidencia de compasión: Cuando los discípulos estaban aterrorizados, Jesús les dijo palabras de aliento. Pero también estuvo con ellos en el bote y calmó la tormenta.
- Evidencia de poder: El poder de Jesús es mayor que el de las leyes de la naturaleza; por eso pudo caminar sobre las aguas y hacer que el viento cesara.

Lucas 7:11-17

● Evidencia de compasión: Jesús se sintió triste al ver que la madre del joven fallecido debía enfrentarse a la pobreza -o tal vez a algo peor- al no contar con alguien que la ayudara. Le brindó palabras de consuelo y sanidad para su hijo.

● Evidencia de poder: El poder de Jesús es mayor que el poder de la muerte. Por lo cual, resucitó al joven.

Pregunte: "¿Jesús es el mismo hoy que en los tiempos bíblicos? ¿Tiene aún compasión por las personas lo suficiente como para ayudarlas? ¿Cómo lo sabemos?" (Las respuestas pueden ser variadas, pero deben incluir que Jesús tiene compasión y poder. La Biblia así lo dice. Hebreos 13:8 dice: "Jesucristo es el mismo ayer, hoy y por los siglos". La experiencia de la gente confirma su compasión y su poder). Al ser Dios, Jesús tiene todo el poder de Dios. Podemos contar con su amor y su ayuda.

ACTIVIDADES

La fuente del poder

Lleve a la clase una bombita de luz [lamparita, foco]. Tómela y diga: "Los seres humanos somos en parte como esta bombita que no está conectada a ninguna fuente de energía. No tenemos mucho poder. Jesús fue un hombre como nosotros. Pero como él también es plenamente Dios, tiene todo el poder de Dios".

Enrosque la bombita en una lámpara que esté enchufada y préndala. Mientras lo hace, diga: "Jesús tiene poderes que los seres humanos no tenemos".

Dibuje en la pizarra una bombita de luz bien grande. Pida que algunos voluntarios escriban, en la parte inferior de la lamparita (la rosca), algunos de los poderes que tenemos los seres humanos (ejemplo: el poder de tomar nuestras propias decisiones, el poder de la palabra, el poder de la oración, fuerza física, etc.).

Pida que otros voluntarios escriban, en la parte superior del foco (la parte ovalada), los poderes que tiene Jesús (ejemplo: poder para resucitar personas, poder sobre las fuerzas de la naturaleza, poder para sanar, poder para vivir sin pecar).

Pregunte: "¿Qué o quién es la fuente de TODO poder?" (Dios).

Guíe a sus estudiantes a la última actividad del libro del Alumno. Explíqueles que el acróstico es un tipo de poesía. Permítales que lo completen basándose en la palabra "PODER". Deben escribir palabras o frases que describan: (a) el poder de Jesús, (b) su compasión o (c) situaciones de su vida en las que necesitan la compasión y el poder de Jesús para seguir adelante.

Memorización

Antes de la clase, haga en un papel afiche un cuadro para escribir el versículo del mes (de 30 cm. x 30 cm.) Divídalo en 15 casillas: 3 en sentido horizontal, y 5 en sentido vertical (de 10 cm. x 6 cm. cada una). Asimismo, corte 15 rectángulos de cartulina de 5 cm. x 8 cm. donde escribirá cada una de las palabras del versículo de Hebreos 1:3 (incluida la cita en uno de ellos). Luego fórrelos con papel transparente.

Pegue el afiche con el cuadro en una de las paredes del salón y póngale un aro de cinta adhesiva a cada una de las 15 casillas.

En clase, dirija la atención de los estudiantes al versículo del mes. Léalo y dígales que lo repitan varias veces. Luego muestre el cuadro de la pared. Coloque los rectángulos con las palabras del versículo sobre la mesa, mezclados, con la cara hacia abajo. Cuando usted diga "¡ya!" un alumno comenzará a ordenar las palabras del versículo, en el menor tiempo posible. Luego las pegará en orden en el cuadro de la pared. Tome el tiempo que esta tarea le insume. Cuando haya terminado, repitan todos juntos el versículo. Luego, quite las palabras del cuadro, póngalas nuevamente sobre la mesa con la cara hacia abajo y desordenadas, y que participe otro alumno. Continúen así hasta que todos hayan concursado, repitiendo todos juntos el versículo cada vez que uno lo arma. Ganará el que lo haya hecho en el menor tiempo.

Para terminar

Entregue a cada primario una hoja, una lapicera o lápiz y un sobre. Pida que piensen en alguna necesidad que tengan. Mencione a los niños que Jesús tiene compasión de nosotros, y también tiene el poder para ayudarnos. Diga: "Dios SIEMPRE responde nuestras oraciones, aunque a veces las respuestas sean diferentes de lo que esperamos".

Pida que escriban sus peticiones en la hoja, y cuando hayan terminado las pongan dentro del sobre y las guarden, confiando en que Dios responderá sus oraciones.

Recuerde a los niños que la oración y la lectura diaria de la Palabra son muy buenas maneras de estar conectados con él.

Finalmente, ore por ellos, pida al Señor que los ayude a confiar en que él los ama, conoce sus preocupaciones y necesidades y tiene todo el poder para ayudarlos y sanarlos, tanto a ellos como a sus familiares y amigos. Anime a que cada uno cuente estas historias milagrosas de Jesús a aquellos que no conocen al Señor y están atravesando alguna dificultad o enfermedad. Desafíe a los niños a confiar y pedir a Dios que los ayude o sane, ya que él tiene el poder para hacerlo.

LECCIÓN 12

Jesús, nuestra autoridad

Base bíblica: Juan 2:12-22; 5:22-29; Romanos 8:31-34
Objetivo de la lección: Ayudar a los primarios a comprender que tanto Jesús como Dios tienen la misma autoridad hacia el pecado del hombre, tanto para juzgarlo como para perdonarlo.
Texto para memorizar: "Él, que es el resplandor de su gloria, la imagen misma de su sustancia..." (Hebreos 1:3a).

¡PREPÁRESE PARA ENSEÑAR!

El pueblo judío se había acostumbrado a comprar los animales para el sacrificio, al llegar al templo. Los líderes religiosos sacaban ventaja de ese sistema, transformando en un negocio lo que había comenzado siendo una buena obra. Es importante que los primarios entiendan que la actitud de la gente que concurría allí a adorar a Dios fue cambiando. En lugar de ir al templo, parecía que estuviesen entrando a una función de circo. Jesús actuó correctamente cuando condenó las prácticas de su tiempo.

Esta lección puede ayudar a los estudiantes a captar la idea de que hay momentos en que los cristianos deben oponerse al pecado y la injusticia. Les proveerá una oportunidad de conversar cuándo deben tomar esa actitud y cómo pueden hacerlo.

Algún día de esta semana tómese unos minutos para evaluar el desarrollo de su clase. Permita que estas preguntas lo ayuden a ver su ministerio desde una perspectiva diferente: ¿Qué escuchan los estudiantes? ¿Todo lo que se dice y hace está enfocado hacia Dios? ¿Cuál es el objetivo de su clase? ¿Continúa el mismo camino que se propuso en su misión original, de enseñar a los primarios a conocer y seguir a Jesucristo? Piense en los métodos que usa o decide no utilizar. ¿Lo ayudan a que ellos entiendan y conozcan más a Dios, declarando su propósito de una manera evidente?

COMENTARIO BÍBLICO

La lección de hoy trata sobre la autoridad. Los pasajes de la Escritura que leeremos nos conducen a una importante pregunta: ¿De dónde obtuvo Jesús su autoridad?

En los capítulos iniciales del Evangelio de Juan, leemos que Jesús "limpió" el templo. Existían razones para que los vendedores de animales y los cambistas de dinero estuvieran en las cercanías del templo para el tiempo de las fiestas. Muchos de los adoradores venían de lugares muy distantes y no podían traer con ellos los animales necesarios para los sacrificios. Debían comprarlos allí.

Asimismo, la mayoría de los asistentes usaban cotidianamente monedas griegas y romanas. Pero estas no eran permitidas en el templo, pues tenían imágenes de emperadores (seres humanos). Los cambistas, entonces, ofrecían un servicio necesario, cambiando esas monedas por otras que no tuvieran imágenes de hombres.

¿Por qué, entonces, Jesús se opuso si era un negocio legítimo?

En primer lugar, porque los vendedores y cambistas no negociaban en los alrededores, sino en el mismo templo. Y peor aún, hacían sus negocios en el único patio donde los gentiles podían adorar a Dios. En lugar de un momento solemne y el murmullo de la oración, se escuchaba el bramido del ganado y el balido de las ovejas. En lugar de quebrantamiento y contrición, adoración santa y peticiones prolongadas, se escuchaba un ruidoso comercio.

En segundo lugar, es muy probable que los vendedores y cambistas hubieran aumentado el precio de sus servicios. La gente no podía dar su ofrenda como deseaba, pues eran explotados.

Finalmente, Jesús sabía lo que aquello representaba. La adoración en el templo estaba tan centrada en sus propias prácticas y tradiciones que se había extraviado de su propósito original. Y él tenía que enfrentar eso.

¿De dónde obtuvo Jesús esa autoridad?, se preguntaban los judíos. Él les respondió haciendo referencia a su resurrección, la cual revelaría que era el Hijo de Dios. Pese a todo, los judíos malinterpretaron su respuesta. Asumieron que se refería al templo (al edificio) que, después de 46 años, aún continuaba en construcción. (La construcción del templo comenzó en el año 20 a.C. y no culminó hasta el año 64 d.C. Pero el incidente referido ocurrió entre los años 27 y 33 d.C.).

Juan 5:24-27 confirma la fuente de la autoridad de Jesús. Recibir su mensaje equivale a creer en Dios. Creer en él nos da vida eterna, la que es impartida por Dios el Padre, su Hijo Jesucristo y el Espíritu Santo. Dios le concedió a Jesús el poder de juzgar a quién impartir esa vida. Esto constituye una fuente de consuelo para los cristianos. Dios fue tan generoso que entregó a su propio Hijo. Los únicos que tienen poder para acusarnos o condenarnos -y también protegernos- son el Padre y el Hijo (ver Romanos 8:31-34). Por lo tanto, si vivimos de acuerdo con el propósito de Dios, como lo reveló Jesús, no tenemos nada que temer.

Esto es algo que los cambistas del templo no estaban dispuestos a aceptar.

Mientras prepara esta lección, reflexione sobre estas preguntas:

¿Alguna vez pensó que por no ser lo suficientemente bueno con Dios, él no lo salvaría?

¿Alguna vez pensó que la salvación era para todos, excepto para usted?

Si así fue, estos versículos son especiales para su vida: Romanos 8:31-34. Si Dios entregó a su Hijo por usted, él no le escatimaría el regalo de la salvación. Si Cristo dio su vida por usted, ¿cómo podría ahora condenarlo? Él no lo privaría de nada que le impidiera vivir para él. Es Satanás quien lo acusa, no Dios. Sin embargo cuando el diablo nos acusa, tenemos un abogado defensor: Jesús, que está a la derecha del Padre para presentar nuestro caso.

DESARROLLO DE LA LECCIÓN
¿Quién es el jefe?

Antes de la lección, copie los pasajes bíblicos que se encuentran debajo. Corte cada uno por separado, dóblelos y colóquelos en un canasto o caja.

En clase, diga: "Hoy vamos a conversar sobre la autoridad. ¿Qué significa que una persona tenga autoridad sobre ustedes?" Permita que respondan. (Quién tiene el poder y el derecho de decirte lo que debes hacer, y asegurarse de que lo hagas).

Pida que busquen la primera actividad del libro del Alumno. Deben identificar las cinco autoridades que aparecen en las ilustraciones (policía, maestra, juez, padre, Dios).

Ponga el canasto o caja con los pasajes bíblicos sobre la mesa. Pida que cinco voluntarios saquen uno cada uno, pero que no los lean hasta que usted se los indique.

Abra un debate con sus estudiantes sobre esas cinco figuras de autoridad. Comiencen hablando sobre el policía, y así sucesivamente. Pregunte: "¿Por qué debemos obedecerlos? ¿Por qué ellos tienen derecho a decirnos lo que debemos hacer?"

Anime a los niños a contar lo que sienten hacia los policías o a relatar alguna experiencia que hayan tenido con ellos. Luego, pida al que tiene el primer pasaje que lo lea en voz alta. Conversen acerca de lo que significan estos versículos. Continúen de la misma forma con las otras cuatro autoridades.

Pasajes bíblicos:

1. "Sométase toda persona a las autoridades superiores, porque no hay autoridad que no provenga de Dios, y las que hay, por Dios han sido establecidas. De modo que quien se opone a la autoridad, a lo establecido por Dios resiste; y los que resisten, acarrean condenación para sí mismos. Los magistrados no están para infundir temor al que hace el bien, sino al malo. ¿Quieres, pues, no temer la autoridad? Haz lo bueno y serás alabado por ella,..." (Romanos 13:1-3).

2. "Obedeced a vuestros pastores y sujetaos a ellos, porque ellos velan por vuestras almas como quienes han de dar cuenta, para que lo hagan con alegría, sin quejarse, porque esto no os es provechoso" (Hebreos 13:17).

3. "Por causa del Señor someteos a toda institución humana, ya sea al rey, como a superior, ya a los gobernadores, como por él enviados para castigo de los malhechores y alabanza de los que hacen bien" (1 Pedro 2:13-14).

4. "Hijos, obedeced a vuestros padres en todo, porque esto agrada al Señor" (Colosenses 3:20).

5. "Pues este es el amor a Dios: que guardemos sus mandamientos; y sus mandamientos no son gravosos" (1 Juan 5:3).

HISTORIA BÍBLICA
La autoridad de Jesús sobre el pecado

Pida que algunos alumnos lean el pasaje de Juan 2:12-22 del libro del Alumno, lección 12. Distribuya el material que cada primario leerá de acuerdo al número de voluntarios que haya. Antes de comenzar, dé un momento para repasar el material. Anímelos a leer la historia con expresión.

Luego de que lo hagan, enriquezca el tema comentando el pasaje que aparece en el Comentario Bíblico. Permita que los alumnos trabajen en grupos pequeños -no más de tres o cuatro- para contestar las siguientes preguntas. Cuando terminen, pida que hablen con el resto de la clase sobre lo que escribieron. Entregue lápices y papel para que trabajen.

● ¿Cómo describen la actitud de Jesús hacia el pecado? (No lo toleraba, lo hacía enojar y lo castigaba).

● ¿Piensan que él tenía el derecho de actuar como lo hizo? Explique su respuesta (Sí. Él es el Hijo de Dios y siente hacia el pecado lo mismo que el Padre y comparte su autoridad para juzgarlo).

● ¿Qué título le pondrían a esta historia de la Biblia? (Acepte sus respuestas).

Dirija la atención de los estudiantes a la siguiente página del libro del Alumno, donde se encuentra el pasaje de Juan 5:24-29. Una vez más, permita que lo lean en voz alta. Luego dígales que trabajen en pequeños grupos para responder las siguientes preguntas. Cuando terminen, pueden debatir entre todos las respuestas.

- ¿Qué le entregó el Padre a Jesús, y por qué? (v. 22-23 y 27). La autoridad de juzgar a la gente, sus motivaciones, pensamientos, palabras y acciones. Porque Jesús es el Hijo del Hombre -Hijo de Dios- y porque Dios quiere que la gente honre y respete a Jesús como lo hacen con el Padre.
- ¿Quién no será hallado culpable por Jesús? (v. 24). Cualquiera que escucha las palabras de Jesús y cree en él como su Salvador.
- ¿Qué dará Jesús? (v. 25). Su vida.
- ¿Qué sucederá con aquellos que hicieron lo bueno? (v. 29). Resucitarán y vivirán otra vez.
- ¿Qué les sucederá a aquellos que hicieron lo malo? (v. 29). Resucitarán y serán condenados.
- Compare este pasaje con el de Juan 2:12-22. ¿En qué se parecen? ¿En qué se diferencian? (Ambos muestran el desagrado de Jesús y de Dios hacia el pecado, y la manera en la que juzgarán el pecado y al pecador. Pero también, este pasaje muestra que aquellos que aceptan a Jesús como Salvador saldrán victoriosos el día del juicio)

Explique: "Dios le dio a Jesús la autoridad para juzgar y perdonar el pecado del hombre. Pero él desea profundamente que escojamos su remedio para el pecado, en lugar de recibir el castigo".

ACTIVIDADES
¡Dios es por nosotros!

Utilice el pasaje de Romanos 8:31-34 para fortalecer la confianza de los primarios en el amor de Dios por ellos y en la certeza de que él los defiende. Pida que realicen la lectura de la siguiente forma: solicite un voluntario que lea el primer versículo, dígale que se detenga, y pida que todos juntos lo repitan. Dé tiempo para que anoten las palabras o frases que les llamen la atención o toquen sus corazones. Haga lo mismo con el segundo versículo y así sucesivamente. ¡Este es un pasaje poderoso y tremendo! Anime a los primarios a repetir cada frase con energía y convicción, creyendo lo que leen. Si el tiempo lo permite repítanlo varias veces.

Luego de terminar, pregúnteles cómo se sintieron al leer este pasaje y qué palabras o frases los tocaron o conmovieron más. Permita que comenten de qué manera estas verdades cambiaron lo que sabían acerca de Dios, de ellos mismos y de los demás.

Memorización

Repase con los primarios las palabras del texto a memorizar varias veces: Hebreos 1:3. Luego organice una competencia para ver quién puede escribir más rápidamente las palabras del versículo, de la siguiente manera: divida a la clase en 2 grupos y forme dos filas, mirando hacia la pizarra. Tenga un reloj con cronómetro, si es posible, para medir el tiempo. Cuando usted dé la orden, el primero de cada fila deberá salir corriendo hacia la pizarra, escribir la primera palabra del versículo, y regresar al final. Apenas este llegue, deberá salir el segundo y escribir la segunda palabra. Y así sucesivamente hasta que escriban todo el versículo, incluida la cita bíblica. Ganará el equipo que haya terminado en el menor tiempo.

Puede mezclar los grupos y dividirlos de forma diferente (mujeres y varones, altos y bajos o como usted desee) para competir nuevamente de esa manera. Terminen repitiendo todos juntos el versículo.

Diga: "Durante este mes dijimos que Jesús es el Hijo unigénito del Padre. Él es la única persona de la historia que es completamente Dios y completamente hombre al mismo tiempo".

Para terminar

Pida que repitan una vez más el versículo del mes. A los que lo dijeron correctamente entrégueles un pequeño certificado o premio.

Diga: "Hoy hablamos sobre la autoridad que tiene Jesús para juzgar el pecado. Él tiene el poder y el derecho de castigar al que peca, pero también tiene el poder de PERDONARLO".

Con sus propias palabras, explíqueles lo que Dios ha hecho para proveernos un remedio para el pecado, a través de Jesús, su Hijo. Si lo desea cuente su testimonio personal.

Dígales que abran la última actividad del libro del Alumno. Usando el ABC de esa página, guíelos a descubrir (o recordar) las bases de la salvación. Sea sensible a la dirección del Espíritu Santo en ese momento. Si le parece apropiado, invítelos a realizar la oración de entrega y recibir la salvación.

Puede guiarlos en una oración como esta: "Querido Dios, gracias por enviar a tu Hijo Jesús a la tierra para transformarse en un ser humano como nosotros. Como Jesús pasó por todas nuestras luchas, él nos entiende. Él fue tentado en todo, como nosotros, pero venció al pecado. Él sabe que si aceptamos la salvación que tú nos ofreces, entonces también nosotros podremos ser libres de la culpa y el castigo por el pecado. Gracias por este regalo tan maravilloso. ¡Estamos muy felices de poder ser tus hijos! Confiamos plenamente en ti. En el nombre del Hijo de Dios, Jesús. Amén".

Terminen cantando un coro apropiado.

Año 3

Introducción • Unidad IV

JESÚS, NUESTRO REY

Bases bíblicas: Juan 12:12-19; Zacarías 9: 9; Juan 20:1-18; Juan 14:1-4; Hechos 1:1-11
Verdad bíblica: Jesús es nuestro Rey viviente
Texto de la unidad: "Para que en el nombre de Jesús se doble toda rodilla de los que están en los cielos, en la tierra y debajo de la tierra; y toda lengua confiese que Jesucristo es el Señor..." (Filipenses 2:10-11).

Propósitos de la unidad

Esta unidad ayudará a los primarios a:
- Entender cómo los eventos de los últimos días de Jesús en la tierra mostraron que él es nuestro Rey.
- Comprender que Jesús ofrece el perdón de los pecados a todas las personas.
- Saber que Jesús regresará algún día a la tierra.
- Permitir a Jesús que sea el Rey de sus vidas.

Lecciones de la unidad
Lección 13: Jesús, un Rey especial
Lección 14: ¡Jesús resucitó!
Lección 15: ¡Jesús vive!
Lección 16: Jesús promete regresar

Por qué los primarios necesitan la enseñanza de esta unidad
Los judíos habían esperado cientos de años a su Mesías prometido. El Mesías iba a cumplir el pacto real que Dios había hecho con David, y sería Rey para siempre. Sin embargo, cuando llegó Jesús, la mayoría no lo reconoció como tal, porque no cumplía con las expectativas del Mesías (Salvador) que ellos deseaban.
Las personas querían un rey político, poderoso, que los rescatara de sus conquistadores romanos. Cuando Jesús entró en Jerusalén, la multitud se alegró y gritó: "¡Hosana!", que significa: "¡Sálvanos ahora!". En ese momento aceptaron a Jesús como su rey. Pero, no estaban preparados para recibir al Rey de Reyes que Dios había enviado.
Esta unidad ayudará a los primarios a entender la clase de Rey que él es. Les mostrará que Jesús no vino para ser un rey como los de la tierra. Él vino a traer el amor y el perdón de Dios para todos los que quieran recibirlo. Vino para ser el Rey que gobierna nuestras vidas y nos conoce, contrariamente a los reyes terrenales que están lejanos y ajenos a la vida de la gente.
Esta unidad también ayudará a los niños a saber que Jesús es un Rey que está vivo, y que un día regresará. La meta de estas lecciones es ayudarlos a entender que necesitan un Salvador, y a aceptar a Jesús como el Rey de sus vidas.

LECCIÓN 13

Jesús, nuestro Rey

Base bíblica: Juan 12:12-19; Zacarías 9:9
Objetivo de la lección: Que los primarios sepan qué clase de Rey es Jesús.
Texto para memorizar: "Para que en el nombre de Jesús se doble toda rodilla de los que están en los cielos, en la tierra y debajo de la tierra; y toda lengua confiese que Jesucristo es el Señor" (Filipenses 2:10-11).

¡PREPÁRESE PARA ENSEÑAR!

Los niños de esta edad tienen conocimiento de la realeza por las historias y cuentos de ficción. Sin embargo, pueden tener falsos conceptos acerca de ella.

De todas maneras, las imágenes de un reino son parte importante de la fe cristiana. Jesús es el cumplimiento del pacto real que hizo Dios con David. Su reino está en el lugar donde las personas reconocen su señorío en sus vidas. Un día su gobierno va a ser total y completo.

Esta lección ayudará a los primarios a descubrir lo que significa que Jesús sea el Rey de sus vidas. Comienza con la decisión de recibirlo como su Salvador. Y continúa con la decisión diaria de amarlo y hacer lo que él quiere, en lugar de hacer lo que nosotros queremos.

¿Pueden hacer esto los niños de ocho y nueve años? Sí. Aunque a algunos niños les falta madurar, tienen el suficiente desarrollo mental como para entregar sus vidas a Jesús. Por eso es muy importante que ellos escuchen este concepto, y comiencen a tomar decisiones para poner al Señor en primer lugar.

A lo largo de esta unidad se ofrecerán oportunidades para que los estudiantes reciban a Jesús como su Salvador. Ore por sus alumnos, y esté preparado para ayudarlos si muestran que están listos para dar este paso. Algunos de los primarios ya habrán tomado esa decisión. Otros, tal vez no estén listos aún. Pero algunos estarán en el momento preciso de dar este primer paso importante: que Jesús sea su Señor y Rey.

COMENTARIO BÍBLICO

¡Esta sí que era la bienvenida para un héroe! La multitud se alegraba y gritaba, lanzándose desenfrenadamente sobre el Hombre prometido. La emoción crecía y la gente se acercaba, atropellándose unos a otros para poder ver al que iba a cambiar su futuro.

Para la Pascua, los peregrinos y los que viajaban al lugar santo se conglomeraban en la ciudad. Era el tiempo en el cual se celebraba la liberación de los hebreos de la esclavitud de Egipto. En ese entonces, Jerusalén tenía una población de alrededor de 50.000 personas. ¡Y los eruditos dicen que para la Pascua la población aumentaba a 100.000!

Debido a que la ciudad no era tan grande como para hospedar a tamaña multitud, muchos tuvieron que acampar en las colinas que se encontraban fuera de los muros.

Rápidamente se expandió la noticia de que Jesús, quien había resucitado a Lázaro, llegaría pronto a la ciudad de Jerusalén. Este milagro, que había causado gran sensación en la comunidad judía, se difundió rápidamente, convenciendo a muchos que debían creer en el Señor (Juan 12:11b).

La multitud se estremeció emocionada. Muchos arrancaron ramas de las palmeras, un símbolo nacional de victoria y triunfo que usaban para recibir a los héroes y reyes.

Algunos comenzaron a gritar: "¡Hosana!", palabra aramea que significa: "¡Sálvanos ahora!" Otros se sumaron a la multitud y exclamaban: "¡Hosana! y ¡Bendito el que viene en el nombre del Señor!" (Juan 12:13a). Sin darse cuenta, estaban repitiendo una bendición del Salmo 118. Luego añadieron: "¡Bendito el Rey de Israel!" Esta frase se desviaba de lo que las primeras dos intentaban decir; lo que revela claramente la forma de pensar de la gente. Esperaban a un líder nacional y triunfante. Y creían que Jesús sería el rey político de Israel.

Jesús entró tranquilamente a la ciudad en una procesión, con hojas de palmeras y cantos de victoria, montado en un pequeño burro. Tal vez un burro nos parece algo ridículo, sin embargo estos eran animales muy importantes para los antiguos israelitas. Los reyes se montaban en burros en señal de realeza, servicio y paz. ¡Aun el rey David y sus hijos usaron mulas como montura real!

Mientras la multitud rugía con el fervor político, Jesús demostraba calladamente su realeza, servicio y paz. Como está escrito en Zacarías: "Mira que tu rey vendrá a ti, justo y salvador, pero humilde, cabalgando sobre un asno, sobre un pollino hijo de asna" (Zacarías 9:9). El pueblo estaba esperando que el Mesías cambiara la realidad política de Israel. En vez de eso, Dios envió al Rey para cambiarlos a ellos.

Reflexión personal para el maestro de primarios

¿Qué significa para usted que Jesús sea el Rey? ¿Qué hace para que Jesús sea el Rey de su vida? ¿Qué áreas de su vida necesita entregar bajo el señorío de Jesús? ¿Cómo puede hacer para que los primarios le den la bienvenida a Jesús como Rey de sus vidas?

DESARROLLO DE LA LECCIÓN
¿Quién es Jesús?

Después de contar la historia, pregunte a los primarios qué fue lo primero que pensaron de Jesús y cómo era él. Pregunte: "¿Qué sabes acerca de Jesús? ¿Quién crees que es él? ¿Por qué vino a la tierra?" Permita que los estudiantes dibujen o escriban sus respuestas en las "nubes" de la primera actividad del libro del Alumno, (lección 13). Cuando todos terminen, anime a que algunos voluntarios cuenten lo que piensan, sienten o imaginan sobre Jesús.

Diga: "En el tiempo de Jesús, las personas estaban esperando a un Salvador, alguien que los rescatara de los gobernantes romanos. Al escuchar cómo Jesús enseñaba y ver sus milagros, muchas personas creyeron que él era el Salvador que Dios había enviado. Al leer la historia bíblica del libro del Alumno, descubramos cuáles eran los diferentes grupos de personas que pensaban que Jesús era el rey, y lo estaban esperando".

¿Cómo es un rey?

Antes de la clase, consiga un palo de alrededor de un metro de largo, para convertirlo en un cetro. En la parte superior incrústele una pequeña bola, que puede ser hecha con papel aluminio, y déle la forma de un cetro. Forre el palo y la bola con papel de aluminio. Ya armado el cetro, cúbralo con pintura dorada y luego decórelo a su gusto.

En la clase, explique lo que es un cetro: "Un rey usa un cetro para mostrar su poder y autoridad. En la Biblia se menciona el cetro del rey en la historia de Ester (Ester 5:1-2). Cuando el rey extendía su cetro, Ester sabía que ella podía hablar con él".

Jugando, ayude a los primarios a pensar en lo que hace un rey. Dígales que les va a dar una idea para comenzar, por ejemplo: "Esto es lo que hace un rey..." Elija a algún niño para que empiece. Cuando usted lo señala con el cetro, él tiene que decir algo que un rey hace, por ejemplo: "Un rey pelea contra sus enemigos". Si a alguno no se le ocurre nada, o tarda mucho en contestar, deberá ir a la "prisión" (un lugar fuera del círculo).

Haga que los niños se sienten en círculo. Comience señalando a un niño con el cetro y diga: "Esto es lo que hace un rey". Después de que él o ella le conteste, señale a otro que deberá contestar la misma pregunta, y así sucesivamente con todos. De vez en cuando cambie el tema y diga, por ejemplo: "Esto es lo que un rey se pone", o "esto es lo que un rey dice", o "esto es lo que un rey hace cuando se enoja con alguien".

Juegue lo que el tiempo y el interés se lo permitan.

HISTORIA BÍBLICA
¡Jesús, sálvanos ahora!

Lean Juan 12:12-19; Zacarías 9:9

Necesitará marcadores o lápices para cada niño y la historia bíblica del libro del Alumno (lección 13). Divida la clase en 3 grupos. Diga: "Habrá 3 grupos de personas en la historia de hoy: 1) la multitud, 2) los discípulos y 3) los fariseos". Asigne a cada grupo de su clase uno de estos tres nombres (a uno la multitud, a otro los discípulos, y al tercero, los fariseos). Al escuchar la historia, cada grupo deberá marcar con una X las frases en las que aparezca una clave acerca del grupo al cual pertenece.

Después de la historia, diga: "Repasemos nuevamente lo que los diferentes grupos de personas pensaron acerca de Jesús". Pida a los primarios que repasen las frases que ellos marcaron y que cuenten lo que aprendieron acerca de los fariseos, los discípulos y la multitud.

Pregunte: ¿Por qué creen que los fariseos estaban tan furiosos con Jesús? (Porque pensaban que había venido a establecer un reino terrenal. Eso significaba que ellos estarían en problemas con los romanos y que perderían su poder).

¿Por qué creen que la multitud se comportó de esa manera? (Habían visto los milagros maravillosos -especialmente cuando Jesús resucitó a Lázaro- y pensaban que él sería su Rey, que establecería un reino, conquistaría a los romanos, y así por fin todos serían libres).

¿Por qué estaban confundidos los discípulos con lo que estaba sucediendo? (No entendían lo que Jesús les había querido decir cuando les habló del reino, ya que no estaban seguros a qué clase de reino se refería. No sabían que el Señor, al permitir que estos eventos se llevaran a cabo, estaba cumpliendo las profecías).

Diga: "Hoy sabemos que Jesús vino para ser un Rey de reyes especial: el Rey de nuestras vidas. Hablaremos más de esto durante la lección".

Cambia las declaraciones falsas sobre Jesús

En el libro del Alumno, lea con los niños las declaraciones falsas sobre Jesús, y permita que contesten corrigiendo esas declaraciones.

1. Jesús usaba una hermosa corona para mostrar que él era un Rey. (Falso, Jesús nunca tuvo corona, excepto la dolorosa corona de espinas).

2. Jesús usaba un manto color púrpura y se vestía bien para que la gente estuviera segura de que era un Rey. (Falso, la ropa de Jesús era sencilla, era la de un carpintero. Nunca dijo que era Rey).

3. Jesús andaba en una carroza tirada por caballos, con soldados que lo acompañaban a donde quiera que iba. (Falso. Jesús caminó todo el tiempo, nunca usó carroza, nunca tuvo soldados ni escoltas).

4. Jesús vivía en un palacio lleno de sirvientes que hacían lo que él les ordenaba. (Falso. Jesús no tenía ni lugar donde "apoyar su cabeza", o sea dormir).

5. Jesús dedicaba la mayor parte del tiempo a hablar con personas muy ricas e importantes. (Jesús habló con mucha gente, no solo con ricos e importantes. Habló con pobres, con religiosos importantes, con mujeres, con pescadores y con niños).

ACTIVIDADES

Palabra importante

En una tarjeta hecha en cartulina escriba de un lado la palabra "Pascua" y del lado contrario su significado: Era la celebración anual en la que los judíos recordaban cómo Dios los había rescatado de la esclavitud en Egipto.

La cena de la Pascua les recordaba aquella que habían comido los israelitas antes de salir de Egipto. Luego, en castigo, Dios había matado a todos los primogénitos de las familias egipcias, pasando por alto las casas de las familias judías. Ellos celebraban la Pascua desde los tiempos de Moisés.

Él es Jesús

Siga las instrucciones del libro del Alumno para esta última actividad de la lección 13. Necesitará lápices o lapiceras para que los niños escriban dentro de las letras.

Memorización

Pregunte: "¿Qué creen que significa la frase de nuestro versículo?: "En el nombre de Jesús se doble toda rodilla". Deje que los niños comenten sus ideas. Para ayudarlos, hágales las siguientes preguntas:

● ¿Han visto alguna vez lo que hace la gente cuando está delante de un rey? (Una venia o reverencia).

● ¿Por qué lo hacen? (Como señal de respeto y para mostrar que saben que el rey tiene un cargo de gran responsabilidad).

Diga: "Jesús es una gran persona. Aún su nombre es grande". Mencione que en los días de Jesús, el nombre de una persona tenía un significado especial. No solo identificaba a la familia, sino que también hablaba de cómo era esa persona.

Pida a los niños que busquen nuevamente Filipenses 2:9.

Dígales: "Dios le dio a Jesús un nombre especial. Su nombre significa 'Salvador'. Este nombre es mejor que -quiere decir que está sobre- cualquier otro nombre. A ningún otro rey aquí en la tierra se le puede dar el nombre de Jesús, porque ninguna otra persona podría ser nuestro Salvador. Así que nuestro versículo significa que debemos mostrarle honor y respeto a Jesús. ¿De qué manera podemos hacerlo?" (De muchas maneras: inclinando nuestras cabezas y arrodillándonos cuando oramos, tratando su nombre con respeto, adorándolo, obedeciéndolo, y agradeciéndole por ser nuestro Rey y Salvador).

Palmeras bíblicas

Antes de la clase, recorte en cartulina u otro papel verde, ramas de palmera con seis hojas cada una. Entregue una a cada niño. En cada hoja de la rama escriba las frases del texto para memorizar: 1) Para que en el nombre de Jesús; 2) se doble toda rodilla de los que están en los cielos; 3) en la tierra y debajo de la tierra; 4) y toda lengua confiese; 5) que Jesucristo es el Señor; 6) Filipenses 2:10 y 11.

Repita varias veces los dos versículos completos y luego pida a los niños que marchen por el patio o jardín, a modo de procesión, y mientras lo hacen canten el texto bíblico (entre todos pueden inventar una música o cierto tipo de ritmo). Luego solicíteles que cuelguen sus palmeras en una de las paredes del salón.

Para terminar

Diga: "Cuando le pedimos a Jesús que perdone nuestros pecados, él se convierte en nuestro Salvador. Pero Jesús también quiere ser el Señor y Rey de nuestras vidas. El Señor quiere gobernar nuestros pensamientos, palabras y acciones".

Solicite a los niños que ese día, todos, incluso el maestro, se arrodillen para orar en una actitud de honra y reverencia a nuestro Rey: Jesucristo.

LECCIÓN 14

¡Jesús resucitó!

Base bíblica: Juan 20:1-18
Objetivo de la lección: Que los primarios entiendan que la resurrección de Jesús les dio la esperanza de salvación y vida eterna.
Texto para memorizar: "Para que en el nombre de Jesús se doble toda rodilla de los que están en los cielos, en la tierra y debajo de la tierra; y toda lengua confiese que Jesucristo es el Señor"(Filipenses 2:10-11).

¡PREPÁRESE PARA ENSEÑAR!

Los niños de esta edad que crecieron en la iglesia, probablemente no cuestionan la resurrección. Sin embargo, es posible que los que tienen otro trasfondo religioso no sepan exactamente qué creer de ella. Hoy en día, se enseña a los niños a ser "tolerantes" con otras creencias, lo que significa que "la creencia de cada persona es tan válida como la de ellos".

Algunos de sus estudiantes pueden no tener claro que la creencia en la resurrección es una verdad poderosa sobre la cual descansa la fe cristiana. La historia puede parecerles como un cuento de hadas o simplemente una historia que tuvo "final feliz" luego de la trágica realidad de la crucifixión.

Ayúdelos a que entiendan la realidad de la resurrección y lo que significa para ellos. Es porque Jesús vive que tenemos esperanza de salvación y vida eterna. El poder grandioso que levantó a Jesús de los muertos está hoy presente para ayudarnos a tener vidas cristianas victoriosas en cualquier circunstancia que nos toque atravesar, y a testificarles a los demás de Jesús.

Mientras enseña la historia de María Magdalena y su descubrimiento, ayude a los alumnos a entender cómo se sentía ella. Comente con los niños lo que usted siente sobre la resurrección. Dios levantó a Jesús de entre los muertos. ¡Y él está vivo! ¡Aún hoy!

Ayúdelos a que se regocijen en que Jesús es su Salvador y Rey resucitado.

COMENTARIO BÍBLICO

La resurrección de Jesús era crucial para que se cumpliera el plan de Dios: la redención del mundo. Sin ella, la muerte de Jesús en la cruz hubiera sido solo la de otro mártir -por cierto impresionante- pero sin poder alguno. Sin embargo, para los seguidores de Cristo, la resurrección nos garantiza la vida eterna y la victoria sobre el pecado y la muerte.

José de Arimatea y Nicodemo tuvieron un gesto público que involucró algo de riesgo. Ambos eran miembros de la corte del sanedrín de los judíos. Ellos sabían que la ley judía demandaba que los cuerpos fueran enterrados a la caída del sol, antes del día de reposo. Debido a esa ley y las circunstancias que rodearon su muerte, el cuerpo de Jesús tendría que haber sido puesto en una tumba común fuera de los muros de Jerusalén. Sin embargo, José y Nicodemo se arriesgaron, y solicitaron algo que estaba en contra de la ley de la contaminación ceremonial, para poder enterrar el cuerpo de Jesús apropiadamente. Eso significó que los podían excluir de toda la celebración de la fiesta y destruir sus carreras políticas y religiosas.

José y Nicodemo prepararon el cuerpo de Jesús de acuerdo a la costumbre típica de los judíos del primer siglo. Esta consistía en envolverlo apretadamente con retazos de tela o lienzos con especias, lo cual incluía mirra, aloe y madera de sándalo, que colocaban entre el cuerpo y los lienzos o debajo del cuerpo.

María Magdalena, ese día muy temprano, fue hasta la tumba. Aunque ella no era parte del círculo íntimo de Jesús, fue una de las mujeres que lo siguieron devotamente.

Al descubrir que la piedra había sido removida de la tumba, María Magdalena corrió a contarles a los discípulos la increíble noticia: "¡Alguien se había llevado el cuerpo!" En ese primer siglo, en Jerusalén las tumbas se cavaban en las colinas de piedra caliza alrededor de los muros de la ciudad. La puerta de la tumba era una piedra redonda de cuatro a seis pies de alto (aproximadamente 1 a 2 metros), a la que colocaban en un hoyo, en el cual caía al hacerla rodar. Mover la puerta de piedra hubiera requerido una fuerza tremenda. Esto hizo que María concluyera que alguien se habría llevado el cuerpo.

Cuando Pedro y Juan corrieron para inspeccionar la tumba, comprobaron que estaba vacía; pero allí se encontraban aún los lienzos que cubrieron el cuerpo de Jesús. Juan notó ese importante detalle, que lo hizo rechazar la teoría del hurto. Los ladrones de tumbas, en su afán, no se hubieran tomado el tiempo para desenvolver el cuerpo y dejar los lienzos doblados. Habiéndose dado cuenta de esto, Juan "creyó" (20:8). Aunque no entendía todavía el significado completo de la resurrección, parecía darse cuenta de que Jesús había conquistado la muerte y estaba vivo.

Después de que se fueron los discípulos, María Magdalena permaneció llorando, o "lamentándose". Cuando se agachó nuevamente para mirar dentro de la tumba vio a dos ángeles. Ellos no le dieron ningún mensaje, pero su misma presencia indicaba que algo sobrenatural había ocurrido.

María Magdalena no pudo procesar esta verdad hasta que Jesús mismo pronunció su nombre. En unos segundos, una gran pena se transformó en un gozo inmenso. Ella se dirigió a Jesús como "Raboni", una forma de intensificar la palabra "Rabí" (maestro), la cual, ella sin saberlo, usó muy bien. En el judaísmo, generalmente se usó esa forma para dirigirse a Dios en oración. La mujer aún no comprendía completamente que su "maestro" era Dios, pero no tardaría mucho en saberlo, y así su gozo sería completo.

Las Notas del Estudio Bíblico de Aplicación de Vida (1925) señalan que las personas que escuchan sobre la resurrección de Jesús por primera vez, pasan por cuatro etapas hasta llegar a creer:

1. La persona no puede creer una historia tan fantástica.

2. A esto le sigue la búsqueda de los hechos.

3. Luego, la aceptación de los hechos como la verdad.

4. Y por último, el compromiso con el Cristo resucitado.

Cuando alcanzamos la cuarta etapa, ¡experimentamos la realidad de la presencia de Cristo dentro de nosotros!

DESARROLLO DE LA LECCIÓN

Use estas actividades para que los primarios se preparen para aprender la verdad bíblica de hoy.

¿Quién contesta más rápido?

Escriba las siguientes preguntas en tarjetas pequeñas. Cuando llegue el momento de la actividad, divida al grupo en dos: pueden ser niños y niñas. Entregue a cada grupo 10 tarjetas con las preguntas. Además tendrán una tarjeta extra para responder las preguntas. Todos deben permanecer en silencio. Después de leer las preguntas y escribir las respuestas al lado de cada número, podrán leerlas en voz alta. El maestro dirá si las respuestas son correctas. El equipo que tenga la mayor cantidad de respuestas correctas, será el ganador.

1. ¿A qué ciudad entró Jesús como Rey? (Jerusalén)

2. ¿Quiénes se enojaron cuando vieron que Jesús entraba a la ciudad? (Los fariseos)

3. ¿En qué animal se montó Jesús para entrar a la ciudad? (Un burro pequeño)

4. ¿Las personas arrojaron preciosas flores a los pies de Jesús? (No, sacudían ramas de palmeras).

5. ¿Qué era lo que la gente le gritaba a Jesús? (Acepte cualquiera de las siguientes respuestas: "¡Hosana! ¡Bendito el que viene en el nombre del Señor! ¡Bendito el rey de Israel!").

6. ¿El profeta Zacarías dijo que el Salvador entraría a Jerusalén montado en un burro? ¿Verdadero o falso? (Verdadero).

7. Los discípulos de Jesús entendían exactamente lo que Jesús estaba haciendo, y estaban emocionados por eso ¿Verdadero o falso? (Falso, no comprendían lo que Jesús les había dicho).

8. ¿Qué milagro hizo Jesús unos días antes de entrar a Jerusalén? (Resucitó a Lázaro).

9. ¿Qué clase de Rey es Jesús? (El Rey de nuestras vidas).

10. ¿Cómo terminó la lección la semana pasada? (Jesús estaba entrando a Jerusalén y la gente esperaba que él fuera el Rey).

Diga: "Nuestra historia de hoy comienza después del Domingo de Ramos. Durante esa semana, la multitud alegre se transformó en una multitud furiosa que demandaba que mataran a Jesús. El viernes de esa semana, Jesús murió en la cruz y fue sepultado. ¿Qué sucedió después?"

Tus sentimientos

(Si en su clase hay algún niño que acaba de pasar por la experiencia de la muerte de un familiar, es posible que usted prefiera omitir esta actividad).

Permita que los primarios trabajen en la primera actividad del libro del Alumno, lección 14, con las diferentes expresiones de los rostros. Que cada niño elija y escriba debajo de cada cara el sentimiento que corresponde a cada una: enojo, sorpresa, miedo, gozo, tristeza.

Luego pregunte: "¿Cuál de estas caras muestra cómo te sientes cuando piensas o escuchas algo relacionado con la muerte?" Dé tiempo a los primarios para que contesten y hagan un círculo alrededor del rostro que ellos elijan. Luego, en el rostro en blanco, dibujen cómo se sienten cuando piensan en la muerte.

Pregunte: "¿Qué palabras vienen a tu mente cuando piensas en la muerte? (Las respuestas de los niños serán diferentes e incluirán: susto, miedo, tristeza, temor a lo desconocido, estar con Jesús, término de la vida, etc.).

Diga: "La muerte es algo en lo que a muchos no nos gusta pensar, y todos tenemos diferentes sentimientos al respecto. En nuestra historia de hoy, los seguidores de Jesús estaban luchando contra sus sentimientos. Se suponía que la Pascua sería una celebración feliz, junto con su familia y sus amigos. Pero a su mejor Amigo, al que ellos pensaban que sería su Salvador, lo habían crucificado y estaba muerto. Veamos lo que sucedió después.

HISTORIA BÍBLICA

Elija algunas de estas actividades para ayudar a los primarios a que comprendan la historia bíblica.

La tumba está vacía

Use siempre su Biblia para relatar la historia. El pasaje de Juan 20:1-18 se encuentra en el libro del Alumno. Puede dividir la lectura entre varios niños, leerla usted, dividir la clase en varios grupos de lectura, o lo que usted prefiera. Use su creatividad para hacer de este, un momento muy especial.

¿Cómo se sintió María?

Haga que los primarios vayan a la siguiente actividad del libro del Alumno. Dígales que mientras leen la historia bíblica, ellos deberán escribir del 1 al 4 en los cuadros en blanco, cómo se sintió María Magdalena.

ACTIVIDADES

Elija algunas de estas actividades para ayudar a los primarios a aplicar esta verdad bíblica a sus vidas.

Palabras importantes

La semana pasada vimos la palabra 'Pascua'. Esta semana tenemos la palabra 'Resurrección'.

Use tarjetas de más o menos 15 cm. x 11 cm. para escribir esta palabra.

De un lado de la tarjeta escriba la palabra importante y del otro su significado. Puede esconder las tarjetas en el salón de clase, y el que encuentre una y pueda explicar su significado será el ganador. Podrá premiarlo con un caramelo o algo pequeño, como un globo o una lapicera.

Resurrección: es regresar a la vida después de haber muerto. Jesús resucitó de los muertos y hoy vive. Su resurrección es la esperanza del cristiano.

"V" de Victoria

Para esta actividad necesitará lápices o lapiceras, crayones o marcadores y, si es posible, calcomanías con el tema de la Pascua, para decorar la letra V.

Pregunte: "¿Por qué es tan importante para nosotros la resurrección de Jesús?"

Dé tiempo a los niños para que piensen en la respuesta. Permita que lean las oraciones escritas en la última actividad del libro del Alumno, lección 14. Que se turnen para leer las frases. Hable brevemente acerca de cada una de ellas. Use estas ideas para debatir.

La Resurrección nos muestra:

Cuando Jesús resucitó de los muertos derrotó al poder de la muerte. Por eso los que confían en él pueden estar seguros de que después de su muerte vivirán para siempre en el cielo.

Como sabemos que nos vamos para estar con Jesús, no debemos tener miedo de morir.

¡Dios tiene gran poder! Y la Biblia (en Efesios 1:19-20) nos dice que el mismo poder que Dios usó para resucitar a Jesús de los muertos está en nosotros hoy para ayudarnos a resistir la tentación y hacer lo correcto.

Deje que los primarios escriban una oración de agradecimiento y que decoren la "V" a su gusto.

Para terminar esta actividad, que cada alumno complete la oración en la parte de abajo de su hoja con alguna de las frases que rodean la letra "V".

Diga: "La resurrección de Jesús es una de las bendiciones (de los regalos más grandes) de Dios para nosotros. Durante esta Pascua, den gracias a Dios por este regalo".

Memorización

Pregunte a sus alumnos si recuerdan el versículo que comenzaron a memorizar el domingo anterior. Si varios levantan la mano, permítales que lo reciten. Si todavía no lo saben de memoria o se equivocan al decirlo, use nuevamente las ramas de palmera que usó la clase anterior, o simplemente repitan el versículo varias veces. Primero repitan frase por frase, hasta que lo puedan decir todo completo y de memoria.

Para terminar

En toda iglesia hay varios himnos o coros muy alegres y bonitos que hablan de la resurrección. Sería muy buena idea cantar uno de ellos. Si usted no tiene talento para la música, invite a algún joven para que lo ayude con esta actividad.

Concluya con una oración, dando gracias a Dios por el poder que resucitó a Jesús, el cual nos ayudará para que podamos vivir como él quiere que vivamos, y porque gracias a esa resurrección un día estaremos con él y lo veremos cara a cara.

LECCIÓN 15

¡Jesús vive!

Base Bíblica: Lucas 24:36–49
Objetivo de la lección: Que los primarios comprendan que las apariciones de Jesús a sus discípulos fueron la evidencia de que él estaba vivo, y que la muerte ya no se enseñorearía más de él. Que sepan que él vive hoy.
Texto para memorizar: "Para que en el nombre de Jesús se doble toda rodilla de los que están en los cielos, en la tierra y debajo de la tierra; y toda lengua confiese que Jesucristo es el Señor" (Filipenses 2:10-11).

¡PREPÁRESE PARA ENSEÑAR!

En la medida en que los primarios van creciendo comienzan a tener mayor conciencia de lo que es la muerte, y que es para siempre. Sin embargo, es importante que sepan que la muerte no es el fin. Dios resucitó a Jesús, su Hijo, para que no muriera nunca más. ¡Él está vivo hoy! Esta es nuestra "garantía" de que nosotros también resucitaremos luego de la muerte.

Al contarles sobre las apariciones de Jesús a sus discípulos, fortalezca la fe de los estudiantes en la resurrección de Jesús. Él no era un fantasma ni una figura que los discípulos imaginaban. Era su Señor, estaba vivo, respiraba, y era alguien a quien podían tocar. Jesús se les apareció a muchas personas antes de regresar al cielo. Quería que ellos supieran que era real y estaba vivo. Es por eso que los discípulos de la iglesia primitiva valientemente dieron sus vidas hasta la muerte, a manos de sus perseguidores. Ellos sabían que la resurrección había sido real y que la muerte no era el fin. Los discípulos tenían la esperanza de la resurrección, así como la tenemos los cristianos hoy.

Jesús no permaneció físicamente con sus seguidores para siempre. Les dijo que él necesitaba irse. Sus estudiantes necesitan reconocer que cuando Jesús ascendió y desapareció de la vista de los discípulos, no dejó de existir. Él vive hoy y es nuestro capitán, junto con Dios el Padre, lo cual se hace real en nosotros en la medida en que compartimos las buenas noticias con otros.

COMENTARIO BÍBLICO

El sentimiento de un terrible escalofrío recorrió las espaldas de los que estaban en el cuarto. Habían sido informados que a dos personas que viajaban por el camino hacia Emaús se les unió una tercera, y que esa persona era Jesús. Con mucho entusiasmo los dos caminantes de Emaús les contaron la historia a los que se agruparon alrededor de ellos. Todos susurraban mientras trataban de entender cómo esos dos habían visto a Jesús.

Los que estaban allí ese día pensaron que se trataba de fantasmas, espíritus y apariciones. La difusión de la historia de que habían visto al Señor, se multiplicaba. Los discípulos se preguntaban: "¿Qué puede significar esto?"

De pronto, en un instante, allí estaba él, de pie frente a ellos. ¿Era un fantasma o alguien real?

Los seguidores de Jesús estaban atemorizados por los violentos eventos ocurridos días atrás. Cuando Jesús se dio cuenta del temor que los embargaba los consoló y les aseguró que verdaderamente él estaba vivo:

Primero. Los saludó diciéndoles: "¡Paz a vosotros!" (Shalom, en hebreo). Este era un saludo común en la sociedad judía, deseando bienestar. En Lucas, la palabra "paz" también conlleva la idea de salvación, así que el saludo de Jesús también expresaba ese sentido más amplio.

Segundo. Calmó sus temores y dudas mostrándoles sus pies y sus manos. Al invitarlos a que tocaran los lugares donde había sido herido, les permitió que sintieran que era real.

Esa evidencia física aún dejó con dudas a los discípulos, quienes sentían que lo que veían era "demasiado bueno para ser cierto". De pronto, ¡Jesús les pidió algo de comer! Aunque su cuerpo resucitado no necesitaba comida, Jesús, al comer con sus discípulos les quería comunicar que su presencia era real.

La resurrección corporal de Jesús es un hecho importante. Aunque el cuerpo resucitado de Jesús era diferente al que tenía antes, era un cuerpo real. "El Jesús que murió era verdaderamente el Cristo que resucitó". Como cristianos, nuestra esperanza no debe estar fundada en sueños empañados, sino en la experiencia real de Aquel que, como dijo el comentarista William Barclay, "enfrentó, luchó, conquistó la muerte y al fin resucitó".

Tercero. Jesús repasó con ellos las evidencias bíblicas de la necesidad de un Salvador sufriente. William Barclay explica: "La cruz no fue impuesta sobre Dios; no fue una medida de emergencia cuando todo lo demás fracasó y cuando las circunstancias salieron mal. Fue parte de su plan. La cruz es el lugar de la tierra en el cual, en un momento en el tiempo, vemos el amor eterno de Dios".

Para concluir. Las evidencias que Jesús ofreció a sus discípulos fueron convincentes. Solo necesitaban algo más antes de adoptar su misión de compartir las buenas noticias con el mundo: la llenura del Espíritu Santo. Esto acontecería muy pronto.

Reflexione sobre las siguientes preguntas, mientras prepara su lección esta semana:

- ¿Qué era lo que más lo asustaba de niño? ¿Qué lo ayudó a superar ese temor?
- ¿Qué es a lo que usted más le teme hoy? ¿Cómo puede ayudarlo Cristo a tratar con sus miedos?
- Jesús le mostró a los que estaban reunidos que verdaderamente estaba vivo y que era real. ¿Cómo se sintió usted cuando entendió que Jesús está vivo y que es una realidad en su vida?
- Durante esta semana ore por los alumnos, nombrando a cada uno, para que ellos se puedan encontrar con el Cristo vivo, durante la lección.

DESARROLLO DE LA LECCIÓN
Recordemos

Divida al grupo en dos: niñas y niños. Haga las preguntas en forma de esgrima bíblico. El que sabe la respuesta, se pondrá de pie inmediatamente y la contestará. Si la dice correctamente, sumará 10 puntos por respuesta correcta. El grupo que tenga más puntos, será el ganador.

1. Di las últimas cuatro palabras del texto a memorizar. (Jesucristo es el Señor).

2. ¿Cuál fue el nombre de la mujer que llegó a la tumba de Jesús el domingo muy temprano? (María Magdalena).

3. ¿Cómo se dio cuenta María que algo le había sucedido a Jesús? (Vio que la piedra de la tumba había sido quitada).

4. Nombra a los dos discípulos que vieron la tumba vacía. (Pedro y Juan).

5. ¿Cuál de los discípulos fue el que se acercó primero a la tumba? (Pedro).

6. ¿Qué vieron los discípulos dentro de la tumba? (El manto en el que había sido envuelto Jesús, y el velo con que envolvieron su cabeza estaban doblados).

7. ¿Cuál fue el primer discípulo que creyó que Jesús estaba vivo? (Juan).

8. ¿Cuántos ángeles vio María en la tumba? (2).

9. Cuando María vio por primera vez a Jesús, ¿quién pensó que era? (El jardinero u hortelano.)

10. ¿Qué hizo Jesús para que María se diera cuenta que era él? (La llamó por su nombre).

11. Describa los sentimientos de María cuando ella se dio cuenta de que Jesús estaba vivo (Gozo).

12. ¿Por qué la resurrección de Jesús es importante para los cristianos? (Nos da esperanza de salvación y vida eterna, y nos ayuda a vivir como cristianos).

El mensaje de buenas noticias

Que los estudiantes trabajen en la primera actividad del libro del Alumno (lección 15). Un voluntario puede leer las instrucciones. Dé tiempo para que completen las frases con las palabras adecuadas. Cuando terminen, que lean las frases con las respuestas que ellos escogieron. Luego, permita que un voluntario lea el mensaje que se formó al escribir la primera letra de cada palabra en los espacios de la parte inferior de la página.

Respuestas: (1) Judas, (2) enojados, (3) Simón Pedro, (4) una, (5) salvarlos, (6) eterna, (7) sálvanos, (8) toda, (9) ama, (10) victoria, (11) inmenso, (12) vida, (13) oración.

(La frase que se formará con las primeras letras de cada palabra es: "Jesús está vivo").

Diga: "María les dijo a los discípulos que ella había visto a Jesús, pero aún así ellos dudaron. Veamos qué sucedió en la lección de hoy".

HISTORIA BÍBLICA
Reportaje especial de noticias

Antes de la clase, coloque las sillas en semicírculo frente a un escritorio en donde usted haya colocado un micrófono (ya sea de verdad o un objeto que simule ser un micrófono).

Coloque una silla detrás del escritorio para que la persona que se siente allí parezca un comentarista de televisión. Al lado del escritorio coloque una silla para el invitado al programa, que será Simón Pedro.

Pida a dos jóvenes o adultos, o a sus ayudantes, que hagan los papeles del entrevistador y del entrevistado (Simón Pedro). A principios de la semana realice una copia de los papeles del reportero y de Simón Pedro del libro del Alumno (lección 15) y déselos a sus ayudantes para que tengan tiempo para prepararse.

Luego, en clase, que se desarrolle la historia a través del reportaje.

Cuenta las "Buenas Nuevas"

Dirija a sus alumnos a la actividad del libro del Alumno, lección 15. Dé tiempo para que contesten las preguntas y comenten sus respuestas.

Teléfono descompuesto

Que los estudiantes se sienten en círculo. Comience la actividad pasando este mensaje: "Escucha las buenas noticias: ¡Jesús está vivo!" Pero no lo diga en voz alta, sino susurrando al oído del niño que está a su lado en la ronda. Este deberá hacer lo mismo y pasar el mensaje al oído del siguiente niño. Continúen así hasta que todos los niños hayan recibido el mensaje. Cuando llegue al último, este lo tendrá que decir en voz alta a toda la clase. Vean cuán correcto o incorrecto se transmitió el mensaje comparándolo con el original.

Exprese: "Cuando nos enteramos de buenas noticias queremos contarlas a alguien. A veces se las contamos a muchas personas. ¿Se acuerdan cuáles eran las buenas noticias que María debía contar a los discípulos? (Que ella había visto a Jesús; que él estaba vivo y que estaba yendo a su encuentro con su Padre celestial, Dios). En la lección de hoy vimos cómo respondieron los discípulos al enterarse de las buenas noticias de la resurrección de Jesús".

Memorización

Los niños ya tienen el texto escrito en hojas de palmera. Puede descolgar las ramas y repetir la actividad de marchar y recitar el texto bíblico: 1) "Para que en el nombre de Jesús; 2) se doble toda rodilla de los que están en los cielos; 3) en la tierra y debajo de la tierra; 4) y toda lengua confiese; 5) que Jesucristo es el Señor" 6) Filipenses 2:10 y 11.

Repita varias veces el versículo completo y luego pida a los niños que marchen por el patio o jardín, a modo de procesión, y que mientras lo hacen, canten el texto bíblico (entre todos pueden inventar una música o cierto tipo de ritmo). Luego, pueden volver a colgar las palmeras en la pared del salón, para repetir el texto la próxima semana.

Para terminar

Cante con la clase algún coro o himno que conozca sobre la resurrección. Enseñe los gestos de la canción que hablan sobre el tema.

Pida a los niños que piensen en alguien que necesita escuchar las buenas noticias de la resurrección. Solicite que oren para que Dios les dé la oportunidad de contar las buenas noticias de Jesús a esa persona durante la semana.

Mire si todos sus estudiantes tienen copia del libro del Alumno.

Recuerde a sus alumnos que deben orar cada día esta semana y tener un tiempo con Dios.

Mis notas:

LECCIÓN 16

Jesús promete regresar

Base bíblica: Juan 14:1-4; Hechos 1:1-11
Objetivo de la lección: Ayudar a los primarios a comprender que Jesús está vivo y que un día regresará.
Texto para memorizar: "Para que en el nombre de Jesús se doble toda rodilla de los que están en los cielos, en la tierra y debajo de la tierra; y toda lengua confiese que Jesucristo es el Señor" (Filipenses 2:10-11).

¡PREPÁRESE PARA ENSEÑAR!

La decisión más importante que los primarios pueden tomar es permitirle a Jesús que sea su Rey. Una cosa es reconocer que Jesús, cuando entró a Jerusalén, fue un Rey incomprendido por las personas, y otra muy distinta es aceptarlo como el Rey que gobierna sus vidas. Como segunda persona de la Trinidad, Jesús es el Señor. Él gobierna con el Padre y un día regresará como lo que es, reconocido por toda la tierra.

Como esta es una decisión crucial, ore por los alumnos. Prepare su lección cuidadosamente y busque la dirección del Espíritu Santo. Su testimonio puede ser la única oportunidad que tengan algunos de ellos para tomar esta decisión. Si algunos vienen de hogares de no creyentes, tal vez usted sea el único cristiano que ellos conozcan.

Hágase estas preguntas:

¿Entienden mis alumnos lo que significa que Jesús sea el Rey de sus vidas?

¿Quiénes tienen una relación personal con Jesús?

¿Qué puedo hacer para ayudar a aquellos que todavía no conocen personalmente a Jesús?

COMENTARIO BÍBLICO

Todos se quedaron mirando con asombro hacia el cielo. En ese momento aparecieron dos hombres con vestiduras blancas, resplandecientes. Estos miraron a la gente, luego hacia el cielo y finalmente les preguntaron: "¿Por qué están ahí parados? Este mismo Jesús regresará".

Esta escena -un grupo de hombres boquiabiertos, mirando hacia el cielo sin que se viera absolutamente nada- sin dudas era extraña. ¡La vida había sido tan diferente en esos últimos días! Habían asesinado brutalmente a su amado Maestro; luego su cuerpo había desaparecido, y a las pocas horas las personas comenzaban a decir que lo habían visto. Finalmente, Jesús resucitado se les apareció a sus discípulos para asegurarles la realidad de su presencia. Pero ahora, nuevamente se había ido, y esta vez los discípulos sabían con certeza que la pérdida de su presencia física sería permanente.

Uno se pregunta -mientras los ángeles les hablaban- si los discípulos se acordarían de lo que Jesús les había dicho en la última cena: "En la casa de mi Padre muchas moradas hay;...voy, pues, a preparar lugar para vosotros. Y si me voy y os preparo lugar, vendré otra vez y os tomaré a mí mismo, para que donde yo esté, vosotros también estéis" (Juan 14:2-3).

La palabra "moradas" muchas veces se traduce como "mansiones", pero la mejor definición sería "el lugar de la morada". Este enfoque no tiene en cuenta el tamaño, la forma o la calidad de los lugares de la morada sino que, en primer lugar, Jesús regresaría, y en segundo, que llevaría a sus seguidores para que estuvieran con él por la eternidad.

Durante los cuarenta días siguientes a la resurrección, Jesús se reunió por última vez con sus discípulos aquí en la tierra. Se hace obvio, por la pregunta que los discípulos le hicieron a Jesús sobre el reino de Israel, que ellos todavía no entendían sus propósitos. Los israelitas habían visto a Dios como el Rey soberano de su nación. Y los reyes humanos, como David, eran representantes de Dios. Cuando los israelitas perdieron su independencia, quedando bajo el gobierno romano, todos, inclusive los discípulos, esperaban que Dios actuara en la esfera de lo político. ¡Si Jesús era el Hijo de Dios, con certeza libraría a su gente de la opresión romana! Es posible que los discípulos hubieran interpretado las declaraciones de Jesús acerca de la venida del Espíritu Santo como la llegada del gobierno terrenal que tanto esperaban.

Jesús acabó con esas esperanzas, pero les ofreció algo mejor. En lugar de librar a los israelitas de la opresión humana, Jesús vino a librar a todas las personas. Ahora había llegado el tiempo de irse, pero les aseguró a sus seguidores que regresaría. Mientras tanto, enviaría un ayudante poderoso: el Espíritu Santo.

El Espíritu les daría a los discípulos poder -lo que significa valor, denuedo, confianza, conocimiento, habilidad y autoridad- para testificar de Jesús en cualquier lugar. Eso incluiría a Jerusalén (su propia ciudad), a Judea (su propio país), Samaria (otra cultura cerca de su tierra) y a todo el mundo.

La pregunta de los ángeles en el versículo 12 hizo que los discípulos 'bajaran a tierra': "¿Por qué están ahí parados? Este mismo Jesús regresará". Es cierto que tenemos que estar a la expectativa de su segunda venida. Pero mientras esperamos, no tenemos que quedarnos 'mirando el cielo'. Más bien, en el poder del Espíritu Santo, tenemos que seguir a Jesús, nuestro Rey, y dar las Buenas Nuevas a cada uno de los que él nos ponga en el camino.

DESARROLLO DE LA LECCIÓN

Repaso con mímica

Antes de la clase, escriba en tarjetas los nombres de los personajes de las historias, eventos e ideas que enseñó en esta unidad. Algunas sugerencias son:

Personas: Simón Pedro, María Magdalena, Juan, los fariseos, los ángeles.

Cosas: la piedra de la tumba, ramas de palmera, el burro, pescados, manos y pies atravesados con clavos, una corona de espinas, ángeles, perfumes.

Eventos: la crucifixión, la entrada triunfal, la resurrección.

Ideas: rey, muerte, estar vivo, ser testigos.

Ponga todas las tarjetas en una bolsa o caja y permita que los alumnos, por turnos saquen una cada uno, sin mirar dentro de la bolsa. El primer niño que extraiga una deberá decir si se trata de una persona, cosa, evento o idea. (Tal vez usted tenga que ayudarlos con esa parte). Luego, los demás deberán adivinar lo que allí dice sin que él diga ninguna palabra, sino a través de mímica, gestos, acciones y muecas. Ganará el alumno que adivine la mayor cantidad de palabras. Sería bueno que le diera un tiempo determinado a cada participante. Felicite a los niños por todo lo que aprendieron.

Luego diga: "Antes de jugar les di algunas indicaciones para que supieran cómo hacerlo.

Jesús sabía que ya se acababa su tiempo con los discípulos, pero todavía tenía que darles algunas instrucciones. En nuestro estudio bíblico de hoy descubriremos lo que Jesús les dijo a sus discípulos, y por medio de ellos a nosotros".

Reyes y reinos

Pregunte: "¿Qué saben sobre los reyes y los reinos?" Permita que sus alumnos expresen sus ideas. Explíqueles que un reino es el lugar o país en donde un rey, una reina o gobernador, rige. Si fueras rey o reina, ¿cómo te gustaría que fuera tu reino, de qué clase quisieras que fuera? ¿Un reino de riquezas, dinero, fama, belleza, bondad, o de algún otro tipo? Piensa cuidadosamente lo que decidirás". Proporcione a sus alumnos unos momentos para que lo piensen. Luego pregúnteles: "¿Qué cualidades tendría que tener la gente para poder pertenecer a tu reino?" Ahora permita que cada alumno describa la clase de reino que le gustaría tener y los requisitos que pondría para poder pertenecer a ese reino. Dé algunos ejemplos: "Yo soy el rey del reino del dinero. Para que tú puedas ser un ciudadano de mi reino, tienes que tener mucho dinero" o, "Yo soy el rey del reino de la amabilidad, para ser un ciudadano de mi reino, tienes que ser amable con todo el mundo". Asegúrese de que entiendan que en esta actividad no existen respuestas correctas o incorrectas, sino que les ayudará a pensar acerca de lo que ellos valoran.

Si hicieron un cetro para la lección anterior, permita que los primarios lo sostengan mientras describen cómo es su reino.

Diga: "En las últimas tres semanas aprendimos que Jesús quiere ser el Rey de nuestras vidas. Hoy vamos a aprender más sobre la clase de reino que él quiere establecer en nosotros. Descubramos lo que la Biblia nos dice".

Pensamientos acerca del cielo

Pida a los estudiantes que busquen la primera actividad del libro del Alumno, (lección 16), y lean los versículos que allí están escritos, los cuales dan una breve descripción del cielo. Luego pida que dibujen o escriban en cada nube lo que indican las consignas. Permita que cuenten al resto las ideas que tienen y lo que piensan.

Diga: "En realidad no sabemos mucho acerca del cielo, pero la Biblia nos dice algunas cosas. Sabemos, por ejemplo, que hay moradas para nosotros y que allí se encuentra el trono de Dios. Sabemos además que no habrá llanto ni dolor, y que las personas estarán día y noche alabando a Dios, el Padre, y a Jesús.

"Como no conocemos muchos detalles sobre el cielo, seguramente todos tenemos diferentes opiniones acerca de cómo será. Aún los discípulos no estaban seguros de saber a lo que Jesús se refería cuando hablaba del cielo y de su reino. En la historia bíblica de hoy, Jesús le cuenta un poco más a sus seguidores acerca del cielo y sobre su regreso. Descubramos qué fue lo que los discípulos aprendieron".

HISTORIA BÍBLICA

Realice estas actividades para ayudar a los primarios a que entiendan mejor la historia bíblica y la puedan aplicar a sus vidas.

"¡Jesús volverá!"

Diga a los alumnos que pueden leer la historia de la segunda venida de Jesús, en el libro del Alumno, lección 16. Divídalos en diferentes grupos y asigne una parte de la historia a cada uno. Solicite que se agrupen en diferentes rincones del salón y que lean la parte que les corresponde. Se necesitarán los siguientes personajes: Un narrador (el maestro o un ayudante), Jesús (uno de los alumnos), los discípulos (un alumno que represente a todos los discípulos, o dos que lean al mismo tiempo), dos hombres (dos alumnos) y el coro (el resto de la clase). Si usted tiene un grupo pequeño, un alumno puede leer más de una parte.

Después de leer o dramatizar la historia, debatan las siguientes preguntas (que se encuentran en el libro del Alumno debajo del título: "Piénsalo")

1. ¿Qué fue lo que Jesús le dijo a sus discípulos que hicieran? (Que se quedaran en Jerusalén y esperaran la llegada del Espíritu Santo. Que fueran sus testigos).

2. ¿Cómo piensas que se sintieron los discípulos cuando vieron a Jesús ascender al cielo? (Las respuestas pueden ser variadas: asustados, tristes, preocupados, confiados por la promesa de que regresaría, u otras ideas).

3. ¿Qué fue lo que le dijeron los dos hombres vestidos de blanco? (Que Jesús, así como se había ido al cielo, regresaría).

Jesús, el Rey

Al final de esta página del libro del Alumno hay ciertas aseveraciones que le ayudarán a ver si los primarios entendieron la historia bíblica. Dé tiempo para que hagan un círculo alrededor de la respuesta correcta y luego pida que algunos voluntarios las lean. Averigüe si tienen alguna duda o pregunta. (Respuestas: 1. a) / 2. a) / 3. b), 4. a) / 5. b)

ACTIVIDADES

¿Cómo podemos estar listos para la segunda venida de Cristo?

Muéstreles la última actividad del libro del Alumno, de esta lección.

Diga: "Cuando Jesús ascendió a los cielos prometió que regresaría. Esta lista menciona algunas cosas que la gente cree que nos pueden ayudar a que estemos listos para reunirnos con Jesús cuando él vuelva". Asegúrese que los primarios las lean. Luego usted hágalo en voz alta. Dígales que dibujen un signo positivo (+) al lado de aquellas que creen que nos ayudarán a esperar a Jesús, y uno negativo (–) al margen de las que creen que no nos ayudarán. (Deberán poner un signo positivo en la segunda, quinta, sexta y última declaración). Comenten sobre cuáles son las frases correctas y cuáles las incorrectas, y dígales por qué estas no son buenas formas de estar listos para la segunda venida. Aquí se encuentran las respuestas de las acciones incorrectas con su explicación:

● Ir a clases donde enseñan el momento exacto en que Jesús volverá (Solo Dios, el Padre, sabe cuándo vendrá Jesús nuevamente. Mateo 24:36. No es bueno tratar de resolver esto por nosotros mismos. Tenemos que estar listos para encontrarnos con Jesús en cualquier momento).

● Obedecer a Jesús cada día.

● Preocuparse y tener miedo de la segunda venida de Jesús. (Para la gente que ama a Jesús, la segunda venida será un tiempo de esperanza y alegría. Ya no habrá más pecado. Viviremos con Jesús para siempre).

● Planear convertirte en un cristiano cuando seas grande. (Como Jesús puede venir en cualquier momento, eso es peligroso. Tenemos que estar listos para encontrarnos con él en cualquier momento).

● Contarle a otros acerca de Jesús para que ellos también puedan estar listos para su segunda venida.

● Orar por personas que aun no conocen a Jesús.

● Vivir como quieras porque Jesús tardará mucho en venir. (Convertirte en un cristiano ahora, si aun no lo has hecho)

Memorización

Una forma divertida de aprender los versículos es repitiendo las diferentes partes del mismo por separado, y luego ir agregando las siguientes, y así, hasta repetir todo el pasaje. Pueden usar por ejemplo un determinado ritmo (como: música rap, hip hop u otra), aplaudir al ritmo de lo que cantan, etc.

Divida el versículo en las siguientes partes y repita cada una rápidamente y con ritmo. Esta forma de memorizar facilitará la tarea:

"Para que en el nombre de Jesús se doble toda rodilla (haga una pausa corta)

de los que están en los cielos, en la tierra (haga otra pausa corta)

y debajo de la tierra (pausa corta)

y toda lengua confiese (pausa corta)

que Jesucristo es el Señor" (pausa corta) (Filipenses 2:10-11)

Repítanlo varias veces hasta que lo aprendan de memoria.

Para terminar
Mi corazón, el trono de Cristo

Ore por los niños. Haga de su clase un altar en el que ellos puedan encontrar la oportunidad para aceptar a Cristo y estar listos para su segunda venida. Pídales que firmen el corazón de la última hoja de actividades del libro del Alumno, lección 16.

Invítelos a regresar, y dígales que la próxima unidad será una serie de cinco lecciones, que hablarán del pacto que hizo Dios por amor a la humanidad.

Año 3

Introducción • Unidad V

PACTOS DE AMOR

Bases bíblicas: Génesis 6:5–9:17; 12; 15; 17:1-21; Éxodo 19–20; 24:1-7; 1 Crónicas 17; Lucas 1:31-33, 68-71; 22:7-20.
Verdad bíblica: El pacto de Dios invita a las personas a tener una relación de amor con él.
Texto de la unidad: "Porque los montes se moverán y los collados temblarán, pero no se apartará de ti mi misericordia ni el pacto de mi paz se romperá, dice Jehová, el que tiene misericordia de ti" (Isaías 54:10).

Propósitos de la unidad

Esta unidad ayudará a los primarios a:
- Comenzar a entender lo que es un pacto.
- Conocer qué pactos hizo Dios con su pueblo.
- Confiar en la fidelidad de Dios en relación a sus pactos.
- Identificar algunas de sus responsabilidades al ser parte del pueblo que hizo pacto con Dios.
- Regocijarse de que ellos están incluidos en el nuevo pacto de amor y perdón que nos ofrece Jesús.

Lecciones de la unidad
Lección 17: El pacto con Noé
Lección 18: El pacto con Abraham
Lección 19: El pacto con Moisés
Lección 20: El pacto con David
Lección 21: Un pacto para todos

Por qué los primarios necesitan la enseñanza de esta unidad
Al comienzo de este año, los niños aprendieron que Dios tenía en mente un plan hermoso al crear la humanidad. El Señor quería que las personas lo adoraran por voluntad propia y que forjaran una relación con él que naciera de sus corazones y no por obligación. Por lo tanto, nos dio la potestad de escoger. Tristemente, Adán y Eva pecaron, lo cual trajo consecuencias desastrosas para toda la raza humana. A mediados de año, los primarios comenzarán a conocer una nueva dimensión del plan de Dios. Descubrirán cómo él hizo pactos, como forma de restablecer las relaciones con las personas que habían caído en pecado. Por medio del estudio de esos pactos, los alumnos obtendrán una imagen más clara del carácter puro e inmutable de Dios. Descubrirán que los pactos que se hacen con el Señor no son tratos baratos engendrados en la mente de los hombres. Dios es quien los inicia, y podemos confiar en que los cumplirá. Él quiere que su pueblo cumpla con las obligaciones de su pacto, obedeciendo sus leyes, no solo para evitar el castigo, sino para mantener una buena relación con él. Finalmente, a través de Jesús, Dios ofrece un nuevo pacto de gracia y perdón que se extiende a todos los que lo reciben en su corazón. Aunque los pactos que estudiamos en esta unidad son para un momento y situación particular, todos muestran el amor de Dios, su gracia y su compromiso para con los suyos.

LECCIÓN 17

El pacto con Noé

Base bíblica: Génesis 6:5–9:17
Objetivo de la lección: Que los primarios comprendan qué es un pacto a través de la relación entre Dios y Noé, y que al saber que Dios cumple sus promesas, fortalezcan su confianza en él.
Texto para memorizar: "Porque los montes se moverán y los collados temblarán, pero no se apartará de ti mi misericordia ni el pacto de mi paz se romperá, dice Jehová, el que tiene misericordia de ti" (Isaías 54:10).

¡PREPÁRESE PARA ENSEÑAR!

La mayoría de los primarios ya escucharon alguna vez la historia de Noé y el diluvio. El arca y los animales los intrigaron. Disfrutaron al saber porqué Dios puso el arco iris en el cielo. Pero aún así, hay mucho por apreciar todavía de esta importante historia.

El arco iris era una señal del pacto que Dios estableció con Noé y con todas las criaturas vivientes. Simbolizaba la promesa de que Dios nunca volverá a destruir a todos los seres vivos con un diluvio.

Esta lección ayudará a los estudiantes a entender el verdadero significado de un pacto. Aprenderán que es un regalo de Dios, el cual incluye una invitación a vivir en una correcta relación con el Señor. Él crea, diseña y ofrece a todas las personas una relación en base a un acuerdo. En respuesta, nosotros decidimos amarlo. Los niños descubrirán, en las siguientes lecciones, que el pueblo de Dios decidió obedecerlo, como su parte en el pacto establecido.

Algunos niños se sienten tan decepcionados de ciertos amigos o modelos a quienes imitan, que les cuesta aceptar la verdad de que Dios cumple sus promesas. Estos estudios bíblicos nos muestran que Dios siempre es fiel a ellas y ayudarán a sus estudiantes a captar el concepto de que el Señor es digno de confianza.

COMENTARIO BÍBLICO

Para una adecuada comprensión de esta lección, debemos entender el significado de la palabra "pacto". Generalmente, cuando pensamos en un pacto, nos remitimos únicamente a los términos de un "contrato" o "acuerdo".

Un contrato es un documento que expresa lo que se espera de cada parte firmante y los vincula legalmente. Se establece por deseo mutuo y beneficia a ambas partes.

Un acuerdo es un entendimiento alcanzado entre dos personas, pero no siempre es legalmente vinculante. Es informal, generalmente se establece en forma oral, y es beneficioso para ambas personas.

Aunque un pacto puede incluir aspectos de ambos, es mucho más que un contrato o un simple acuerdo. Es una promesa permanente hecha por una persona a otra. Por ejemplo, un matrimonio es un pacto. Cada cónyuge promete amar a la otra persona "en tiempos de felicidad y en tiempos de adversidad, en la riqueza y en la pobreza, en la enfermedad y en la salud".

En las cinco lecciones de esta unidad veremos que Dios realiza dos tipos de pactos diferentes. En esta primera, el pacto que Dios establece con Noé antes del diluvio es una promesa: salvarlos de la destrucción a él -un hombre justo- a su familia y a otras criaturas. La responsabilidad de Noé era obedecer a Dios y construir el arca. Luego del diluvio, Dios realizó un segundo pacto con él y con toda la creación, que era una concesión real e incondicional. En este pacto, el Señor prometió no destruir nunca más la tierra con agua. El arco iris fue una señal visible puesta por Dios como un sello y un recordatorio, para él y su creación, de que mantendría su palabra para siempre.

A través de ese pacto entre Dios y su creación, nosotros experimentamos su amor. Él nos ama tanto que está dispuesto a extender su compromiso con nosotros por medio de una promesa sellada o pacto.

De la misma manera, cuando nos convertimos, establecemos un pacto con Dios. Le prometemos que lo amaremos sin importar las circunstancias que nos toquen vivir. Le damos nuestra palabra que la relación con él se basará en el amor mutuo y el respeto. Y él, a su vez, nos promete ayudarnos y protegernos. Nuestra responsabilidad hacia él es la lealtad y la obediencia.

Al estudiar los pactos o promesas que Dios hizo a su pueblo por medio de Noé, Abraham,

Moisés y David, vemos que ese compromiso de amor por parte de Dios permaneció a través de la historia.

En la lección final de esta unidad, estudiaremos un nuevo y siempre vigente pacto establecido por medio del mismo Hijo de Dios: Jesucristo. Su fidelidad hacia nosotros no cambia, y nuestra mejor respuesta a esa relación de pacto es amarlo con todo lo que somos y decidir obedecerlo siempre.

DESARROLLO DE LA LECCIÓN

Elija algunas de estas actividades para captar la atención de sus estudiantes y prepararlos para aprender la verdad bíblica de hoy.

¿Quién era Noé?

Realice las siguientes preguntas para saber lo que los estudiantes conocen acerca de Noé. Dé tiempo para que piensen sus respuestas.
- ¿Quién era Noé? (Un hombre que vivió en los tiempos del Antiguo Testamento).
- ¿Qué recuerdas acerca de él? (Permita que ellos respondan).
- ¿Qué fue lo que hizo Noé? (Construyó el arca, salvó a los animales).
- ¿Qué cosas le sucedieron a él? (Obedeció a Dios; sobrevivió al diluvio).

Luego de un breve debate, entregue a sus estudiantes hojas y crayones o marcadores. Dígales que hagan dibujos que muestran lo que recuerdan sobre Noé. Pueden incluir el arca, los animales, una paloma, el arco iris o un diluvio sobre la tierra.

Pegue los dibujos en una de las paredes. Luego de la historia bíblica, observe los dibujos para comparar las percepciones que tenían los estudiantes antes y las que tendrán después de la misma. ¿Hubo algunas que eran inexactas en un principio y fueron corregidas luego de la historia bíblica?

Diga: "Nuestra historia bíblica de hoy tratará sobre Noé y su vida. Escúchenla con atención y vean si pueden aprender algo nuevo sobre él".

¿Qué es un pacto?

Pregunte a sus estudiantes qué piensan que es un pacto. Luego, dirija su atención a la primera actividad del libro del Alumno. Dígales que rodeen con un círculo las figuras que creen que representan pactos.

Pregunte: "¿Qué dibujos marcaron?" Permita que se los señalen. "¿Por qué escogieron esos dibujos? ¿Quiénes están involucrados en esos pactos? ¿Qué creen que se prometió en cada uno?"

Pida que escriban definiciones de la palabra "pacto". Luego, que lean lo que escribieron. Todavía usted no les dé la definición, ya que debatirán sobre ello más adelante, en esta lección. Use esta actividad para poder determinar la comprensión actual que ellos tienen de esa palabra.

Diga: "Hoy aprenderemos lo que son los pactos, quiénes los realizan, y lo que significan. Mientras escuchan la historia bíblica, intenten descubrir qué es un pacto, quiénes son los que lo realizan y por qué lo hacen".

HISTORIA BÍBLICA

Elija una de las siguientes actividades para contar la historia bíblica de hoy.

Un pacto para todos

Guíe a sus estudiantes a abrir el libro del Alumno en la historia bíblica. Léala usted o permita que algunos de ellos lo hagan en voz alta.

Luego de la historia, repase los puntos principales con sus estudiantes. Pregunte: "¿Quién hizo el pacto con Noé, y por qué?" (Dios, porque Noé lo amaba). "¿Quiénes estaban incluidos en ese pacto?" (Toda criatura viviente de ese momento, y todas las generaciones que vendrían). "¿Cuál es la señal de ese pacto?" (El arco iris). "¿Qué prometía?" (Que Dios nunca más destruiría la tierra con un diluvio).

La historia de Noé

Invite a algún hermano de la congregación a contar la historia bíblica de hoy. Permita a su invitado que utilice el libro del Alumno para relatar la historia de Noé. Puede comenzar de esta forma: "Hola, mi nombre es Noé. Les quiero contar sobre el evento más importante de mi vida. ¡Un hecho que cambió al mundo!"

Permita que el invitado continúe relatando la historia en primera persona. Puede utilizar lo siguiente a modo de conclusión:

"Ahora, cada vez que vean un arco iris en el cielo, podrán recordar mi historia -la historia de Noé- y cómo Dios me salvó del gran diluvio. Y más aún, cuando miren el arco iris sabrán que tiene un profundo significado: Dios hace pactos con las personas, maravillosas promesas que nos ayudan a conocerlo y seguirlo".

Agradezca a su visitante por haber venido. Use las preguntas de "Un pacto para todos" para repasar la historia. Pregunte a sus estudiantes: "¿Qué aprendieron de nuevo en la historia bíblica de hoy?"

ACTIVIDADES

Escoja algunas de estas actividades para ayudar a los primarios a conectar la verdad bíblica con sus vidas.

¿A quién pertenece cada parte?

Guíe a los estudiantes a prestar atención a la parte superior de las hojas del libro del Alumno, donde aparece la historia de Noé.

Dígales: "En un pacto, los dos que lo establecen deben realizar ciertas cosas. Lean las frases que aquí aparecen y decidan quién debía cumplir cada parte, Dios o Noé". Dé tiempo para que lo anoten en sus libros. Luego, lea cada frase y pida que un voluntario cuente quién tenía que realizar cada parte. Pregunte: "¿Qué era lo más importante que Noé debía realizar?" (Escuchar y obedecer a Dios). "¿Qué hacía Noé cada vez que Dios le hablaba?" (Lo obedecía). Permita que los niños completen los espacios en blanco. "¿En el pacto que tú hiciste con Dios, cuál es tu parte?" (Amar a Dios, escucharlo, y obedecerlo). "¿Cuál es el pacto que Dios hizo con su pueblo?" (Amarlos y cuidarlos). "Cuando amamos a Dios y lo servimos, hacemos un pacto. Eso significa que decidimos desarrollar una relación con él y hacer lo que desea que hagamos, sabiendo que podemos confiar en que siempre es fiel a sus promesas".

Transformarlas en verdaderas

Esta actividad ayudará a los estudiantes a adquirir práctica en el uso de la Biblia. Asegúrese de que cada niño tenga una. Todas las oraciones que se encuentran debajo son falsas. Permita que sus estudiantes echen un vistazo a cada una y cambien la frase transformándola en verdadera. Guíelos a abrir el primer libro de la Biblia: Génesis. Será fácil para ellos encontrar los diversos capítulos y versículos.

Diga: "Las frases que les voy a leer no son ciertas. ¿Cómo las pueden modificar para que se transformen en verdaderas?" Lea la primera oración y pregunte si alguno sabe cómo sería correcta. Si alguno dice que sí, déle la oportunidad de responder. Luego, lea el pasaje de referencia y permita que otro de los estudiantes lo busque para verificar la exactitud de la respuesta. Si ninguno la sabe, busquen directamente el pasaje. Permita que el primer alumno que lo encuentre lea la respuesta correcta. También puede dividir a la clase en pequeños grupos, haciendo que compitan entre sí para encontrar cada pasaje y responder las preguntas en el menor tiempo posible.

1. Los nombres de los tres hijos de Noé eran Sadrac, Mesac y Abednego (Génesis 6:10).

2. Dios le dijo a Noé cómo construir el arca de cedro (Génesis 6:14-16).

3. El Señor le dijo a Noé que tomara a su familia y subieran dentro del arca porque Noé tenía miedo (Génesis 7:1).

4. Noé se negó a obedecer al Señor (Génesis 7:5).

5. Llovió por 20 días y 20 noches (Génesis 7:12)

6. El agua inundó la tierra por 100 días (Génesis 7:24).

7. El arca se posó en el Monte Sinaí (Génesis 8:4).

8. Noé soltó un loro y un cuervo (Génesis 8:6-7).

Diga: "Luego de la historia de hoy, recordemos siempre el pacto que Dios hizo después del diluvio. El arco iris nos recuerda que él siempre cumple sus promesas".

Memorización

Presente el nuevo versículo del mes, Isaías 54:10, utilizando la última actividad del libro del Alumno. Lea el pasaje a los estudiantes, y luego háganlo juntos varias veces. Diga: "¿Qué nos dice este versículo acerca de Dios?" (Que nunca cambia, que se puede confiar en él). "¿Cuáles son las promesas de Dios para nosotros?" (Su amor no falla, él tiene compasión por su pueblo).

Permita que los estudiantes completen los espacios en blanco, escribiendo sus nombres abajo para personalizar el versículo. Dígales que lleven esa hoja a su casa y que la coloquen en un lugar destacado para memorizar el texto del mes, más fácilmente.

Para terminar

Para terminar la clase de hoy, guíe a sus alumnos en una oración silenciosa. Primero, dé las directivas. Luego, espere unos dos minutos, mientras cada uno ora.

Diga: "Agradezcan a Dios por su amor y por haber hecho un pacto con nosotros" (espere que lo hagan). "Agradezcan a Dios por su promesa de no destruir nunca más la tierra con un diluvio" (pausa). "Digan a Dios cuánto lo aman" (pausa).

Finalmente agregue: "Gracias, Señor, por amarnos y proveernos el camino para que podamos tener una relación de amor contigo. Amén".

LECCIÓN 18

El pacto con Abraham

Base bíblica: Génesis 12; 15; 17:1-21
Objetivo de la lección: Que los primarios crezcan comprendiendo lo que significa confiar plenamente en Dios, sabiendo que él los guiará a lo largo de la vida.
Texto para memorizar: "Porque los montes se moverán y los collados temblarán, pero no se apartará de ti mi misericordia ni el pacto de mi paz se romperá, dice Jehová, el que tiene misericordia de ti" (Isaías 54:10).

¡PREPÁRESE PARA ENSEÑAR!

A los niños de esta edad no les gusta la incertidumbre. Quieren saber todos los detalles de las actividades o planes por adelantado. Cuando las familias organizan sus vacaciones, los niños quieren saber adonde irán, lo que harán y por cuánto tiempo se quedarán.

Los estudiantes podrán conectarse con Abraham, un hombre que solamente pudo imaginar cuándo y cómo Dios cumpliría sus promesas. El Señor no siempre nos da a conocer el plan completo.

Una vez que comenzamos a desarrollar una íntima relación con él, a partir del pacto que un día hicimos, debemos confiar en que cumplirá sus promesas. Esta lección ayudará a los estudiantes a confiar en Dios aun cuando no puedan ver cómo llevará a cabo lo que dice. Él no está limitado por el tiempo o los recursos, como las personas lo estamos.

A muchos estudiantes les cuesta creer en un Dios que cumple sus promesas, porque la vida está llena de gente que hace promesas sin intención de realizarlas. Escuchan toda clase de discursos por televisión, donde se hacen promesas irracionales de enriquecimiento, fama y popularidad. Por eso se les hace difícil saber en quién realmente pueden confiar.

La Biblia, a través de historias de compañerismo con Dios de hombres como Abraham, nos muestra que él cumple todas sus promesas. Ayude a los niños a entender que las promesas de Dios son reales.

COMENTARIO BÍBLICO

Abraham es "el personaje" del libro de Génesis, por varias razones. Todo el proceso de la relación de Dios con Israel comienza con su historia. En Génesis 12, Dios llama a Abraham y le dice que deje la tierra de su padre y vaya a una nueva tierra en algún lugar hacia el oeste. Le promete bendecirlo en gran manera si él acepta llevar a cabo ese peregrinaje con fe. Abraham empaca sus pertenencias, toma a su familia y sigue las instrucciones dadas por Dios. Por esta y por otras evidencias de su confianza en el Señor, Pablo y el autor de Hebreos lo describen como un ejemplo de fe.

En Génesis 15, Dios renueva su promesa a Abraham. Allí le dice que heredará la tierra de Canaán y que su descendencia será innumerable. Esta promesa de bendición nuevamente aparece resumida en Génesis 19. Aquí, la promesa está condicionada a que Abraham y su descendencia vivan en obediencia al Dios que los ama.

Todas estas historias de Abraham deben ser comprendidas a través de una sola palabra: "pacto", término que describe la relación entre Dios y su pueblo. A través del pacto promete una relación eterna con aquellos que han puesto su confianza en él y obedecen sus mandamientos.

Cuando Abram tenía 86 años de edad, Dios lo invitó a hacer una caminata y observar el cielo nocturno. "Mira ahora los cielos y cuenta las estrellas, si es que las puedes contar... Así será tu descendencia" (Génesis 15:5-6). Cuando Abram cumplió 99, Dios le confirmó la promesa con mayor claridad y le dio un nuevo nombre: Abraham. Pasó de llamarse Abram, que significa "padre exaltado", a Abraham, que significa "padre de una multitud". El pacto de Dios establecía que la descendencia de Abraham estaría conformada por muchas naciones y que él viviría siempre en comunión con Dios (17:5-7).

A pesar de que Abraham, desde una perspectiva humana, pensaba que eso era imposible, Dios es fiel a su promesa. Al año siguiente, cuando Abraham tenía 100 años de edad, nació Isaac. Esto nos lleva a hacernos la siguiente pregunta: ¿Confiamos verdaderamente en que Dios cumplirá todo lo que prometió?

Dios hizo un pacto con los cristianos:

● "Pero Dios muestra su amor para con nosotros, en que siendo aún pecadores, Cristo murió por nosotros" (Romanos 5:8).

• "Pero Dios, que es rico en misericordia, por su gran amor con que nos amó, aun estando nosotros muertos en pecados, nos dio vida juntamente con Cristo (por gracia sois salvos)" (Efesios 2:4-5).

Si andamos de acuerdo al pacto establecido por Dios, el resultado será mucho mejor de lo que podemos imaginar. "... Cosas que ojo no vio ni oído oyó ni han subido al corazón del hombre, son las que Dios ha preparado para los que lo aman" (1 Corintios 2:9).

La promesa que Dios le hizo a Abraham escapa a nuestra imaginación. Pero no olvidemos que Dios siempre es fiel a su pacto.

DESARROLLO DE LA LECCIÓN
Hacer una caminata

Antes del inicio de la clase, elija un lugar (otra sala o un sitio al aire libre) donde pueda llevar a los alumnos.

Mientras los estudiantes llegan, dígales que van a ir a un lugar especial, pero no les diga adónde. Cuando todos estén presentes, comiencen a caminar hacia allí. Los niños seguramente le preguntarán a qué lugar se dirigen, pero asegúreles que usted sabe adónde los está llevando y que pueden confiar en que los guiará bien. Asegúrese también de no tomar directamente el camino hacia el lugar elegido, sino que haga un recorrido y después guíelos allí. Cuando lleguen a ese sitio especial, pregunte: "¿Cómo se sintieron cuando no sabían a dónde íbamos? ¿Fue difícil esperar hasta descubrirlo?". Permita que todos respondan antes de volver a la clase (si el tiempo lo permite, usted podría tener preparado algo especial para que coman).

Diga: "Es difícil confiar y seguir a alguien cuando uno no sabe adónde está yendo. Nuestra historia de hoy cuenta sobre un hombre que obedeció a Dios y dejó su hogar sin saber adónde Dios lo llevaría".

Promesas rotas

Guíe a los alumnos a la primera actividad del libro del Alumno. Dígales que dibujen su pertenencia (objeto) favorita, en el espacio dentro del cuadro. Pida que algunos voluntarios comenten lo que dibujaron. Luego debatan acerca de la pregunta: "¿Cómo te sentirías si alguien rompe ese objeto a propósito?". Dé tiempo para que todo el que lo desea responda. También puede proponerles que escriban la respuesta.

Pida que lean las tres promesas. Diga: "¿Cómo te sentirías si alguien te hace esas promesas y luego las rompe?" (Las respuestas pueden ser variadas, pero deben incluir: triste, enojado, frustrado o traicionado). Permita que los estudiantes respondan o escriban sus contestaciones.

Indique: "Miren la parte inferior de la hoja. Lean las frases que están en el corazón, las que dicen si Dios cumple o no sus promesas. ¿Cómo te hacen sentir? ¿Crees realmente que esas frases son verdad? ¿Por qué sí o por qué no?" Permita que le den las respuestas y el por qué de ellas. "Yo creo que es verdad porque cuando leo la Biblia, cada promesa que Dios hizo la cumplió".

Prosiga: "Nuestra historia de hoy cuenta sobre un hombre que tenía que esperar a que Dios cumpliera su promesa. Descubramos qué promesa era".

HISTORIA BÍBLICA
Génesis 12; 15; 17:1-21

Prepare con anticipación varias preguntas relacionadas con el contenido de la lectura bíblica del libro del Alumno. En clase pida a cuatro o cinco niños que lean las partes que usted les indicará. Escoja a los alumnos que leen con comodidad y entusiasmo. Luego de que lo hayan hecho, haga las preguntas a modo de repaso. Si desea, puede hacer una competencia entre niñas y muchachos.

ACTIVIDADES
¿Qué prometió Dios?

Que los estudiantes dirijan su atención a la actividad siguiente del libro del Alumno. Permita que algunos voluntarios lean los versículos. Divida la clase en tres grupos y asigne a cada grupo una de las promesas. Dé 2 a 3 minutos para debatir el versículo y escribir oraciones que describan la promesa que Dios le hizo a Abraham. Luego dígales que lo comenten al resto de la clase.

Por último, debatan las dos últimas preguntas de la página. (Respuestas: Dios cumplió las promesas que le hizo a Abraham. Transcurrieron 25 años hasta que Isaac nació y más tiempo aún hasta que sus descendientes aumentaron como las estrellas).

Recuerde a los estudiantes que Dios siempre cumple sus promesas. Diga: "Así como Abraham pensaba que era demasiado viejo para ser padre, no hay nada que Dios nos haya dicho que hará en nuestras vidas, que no lo cumpla. Como Dios cumplió su promesa y le dio a Abraham un hijo, podemos confiar en que jamás nos fallará".

Confiando en Dios

Explique: "A veces puede ser difícil esperar y confiar en Dios. ¿Cómo podemos aprender a confiar más en él?" (Dé tiempo para que comenten sus ideas). Guíe a los niños a la siguiente actividad del libro del Alumno. Exponga: "Aquí hay una lista con algunas cosas que nos ayudarán a confiar más en Dios". Pídales que las lean silenciosamente. Pregunte: "¿Cómo te pueden ayudar estas cosas a confiar en que Dios cumplirá sus promesas?" (Haciendo que lo conozcamos mejor a través de historias como la de Abraham que nos enseñan que Dios no nos fallará; recordando que Dios no rompe sus promesas aún cuando dudamos de él). Diga: "Lean las oraciones de la lista nuevamente. Escriban en un costado de la hoja las dos o tres que crean que más los ayudarán a confiar en él. Lleven la lista a su casa y pónganla en algún lugar donde la vean y la puedan recordar. Hagan lo que allí dice cada día para que Dios los ayude a confiar más en él".

Memorización

Antes de la clase, escriba cada frase del versículo a memorizar en una hoja de color diferente. El pasaje quedará separado en cinco frases, más la cita (o sea, en 6 hojas) de la siguiente manera: "Porque los montes se moverán / y los collados temblarán, / pero no se apartará de ti mi misericordia / ni el pacto de mi paz se romperá, dice Jehová, / el que tiene misericordia de ti / (Isaías 54:10). /

Use cinta adhesiva para sujetar las hojas al azar, en las paredes de la sala. Lleve un equipo de música y un CD o cassette que contenga el ritmo marcado.

En clase, diga a los alumnos que caminen en círculo alrededor de la sala mientras la música suena. Cuando se detenga, todos deberán tocar la hoja con la parte del versículo bíblico que tengan más cerca. Si queda alguna sin que nadie la toque, envíe a uno de los estudiantes allí. Luego dígales que cada uno lea la parte del versículo que le tocó. Lo deben hacer en el orden correcto.

Pueden jugar las veces que el tiempo se lo permita.

Para terminar

Al terminar pida a sus estudiantes que formen un círculo. Dígales que piensen una manera en la que Dios les haya mostrado su amor y su fidelidad.

Los niños pueden orar en forma silenciosa, agradeciendo a Dios porque siempre cumple sus promesas.

Luego, ore usted por ellos, pida a Dios que los anime a creer siempre en él, y que nunca duden, a pesar de las circunstancias difíciles que les toquen vivir.

Anime a los alumnos a que continúen trabajando durante la semana en la memorización del versículo.

Mis notas:

LECCIÓN 19

El pacto con Moisés

Base bíblica: Éxodo 19–20; 24:1-7
Objetivo de la lección: Que los primarios sepan que los Diez Mandamientos forman parte del pacto que Dios hizo con el pueblo de Israel, y que identifiquen formas actuales en las que pueden obedecer a Dios.
Texto para memorizar: "Porque los montes se moverán y los collados temblarán, pero no se apartará de ti mi misericordia ni el pacto de mi paz se romperá, dijo Jehová, el que tiene misericordia de ti" (Isaías 54:10).

¡PREPÁRESE PARA ENSEÑAR

Los primarios saben que existen reglas que debemos cumplir, pero piensan que son restrictivas. Muchos de ellos -cuando pueden- no las cumplen, y tratan de ver lo lejos que pueden llegar sin romper la ley establecida. También es común que se resistan cuando los adultos intentan enseñarles a vivir de acuerdo a esas normas. Por eso será importante que usted los ayude a comprender que los mandamientos de Dios son mucho más que reglas a cumplir o infringir. Las leyes divinas no están diseñadas para crearnos dificultades. Dios, a través de ellas, quiere capacitarnos para vivir en una correcta relación con él y con nuestro prójimo.

Cuando decidimos amar al Señor y obedecer sus mandamientos, ¡participamos de un pacto con el Dios Todopoderoso!

Las leyes básicas que él estableció se aplican hoy al igual que en los tiempos de Moisés. Su Palabra no cambia. Jesús vino a cumplir la ley, no a destruirla. De hecho, la enseñanza de Jesús amplió el alcance de la ley, abarcando mucho más de lo que esta incluía originalmente. Por ejemplo, Jesús decía que desobedecía los mandamientos de "No matarás" o "No cometerás adulterio", no solo quien lo hacía, sino también quien lo pensaba. Él enseñó que para Dios son tan importantes nuestras actitudes como nuestras acciones.

Ayude a sus estudiantes a entender que Dios nunca cambia ¡Él es el mismo ayer, hoy y siempre! Como sabemos que él no cambia, podemos obedecer sus leyes con confianza.

COMENTARIO BÍBLICO

Solo tres meses más tarde de la salida de la esclavitud de Egipto, los israelitas llegaron al desierto de Sinaí. Allí acamparon al pie del Monte Sinaí. Por medio de Moisés, el Señor guió a su pueblo a ese lugar con un propósito especial. Ellos experimentarían un encuentro como nunca antes habían tenido con el Dios Todopoderoso.

Moisés siguió las instrucciones del Creador preparando al pueblo para esa manifestación divina. Recibieron directivas sobre la forma en la que debían estar delante él, y la distancia a la que podían acercarse a la montaña. Si ellos desobedecían, morirían inmediatamente. Esas instrucciones ayudarían a los israelitas a entender que estaban sirviendo a un Dios santo. Las apariciones de Dios no se debían tomar a la ligera, ya que no sería algo frecuente.

Al tercer día, el pueblo estaba temblando de miedo al observar los truenos, relámpagos y el humo espeso que provenían de la cima de la montaña. La tierra se sacudía violentamente bajo sus pies. De esa forma comprendieron, atemorizados, que estaban ante la presencia de Dios.

La forma en la que Jehová se relacionaba con el pueblo de Israel cambiaría drásticamente. Abraham había recibido la promesa de una gran descendencia y una patria. Ahora, Dios estaba ofreciendo a los hijos de Israel la continuación de ese pacto, de una manera que los separaría del resto de las naciones. Se transformarían en un reino de sacerdotes, una nación santa. Por medio de ellos, Dios revelaría su carácter santo al mundo entero.

Al darles los mandamientos, les estaba diciendo que su estilo de vida debía reflejar su santidad. Debían obedecer sus leyes a cabalidad, pues ellos eran sus sacerdotes, o sea sus representantes en el mundo. Esto era una obligación y a la vez, un privilegio.

Pero como representante de Dios, el pueblo de Israel no siempre vivió a la altura de las circunstancias, sino que muchas veces falló desobedeciendo lo que él le había enseñado.

Dios le dio a su pueblo los Diez Mandamientos junto con otras reglas para la adoración y la vida. En respuesta, el pueblo prometió: "Obedeceremos y haremos todas las cosas que Jehová ha dicho" (Éxodo 24:7). Y aunque trataron, no siempre lo consiguieron. Continuamente caían en malos hábitos y conductas equivocadas.

Como cristianos, nosotros también tenemos la responsabilidad de cumplir sus mandamientos y reflejar la santidad de Dios al mundo. No debemos caer en malos hábitos o conductas que lo ofendan a él y a nuestro prójimo. En el poder del Espíritu Santo, podemos vivir una vida consagrada al Padre, por medio de nuestra relación con su Hijo, Jesús.

DESARROLLO DE LA LECCIÓN
Menciona una regla

Pida a los estudiantes que se agrupen de a dos o de a tres, y que piensen y luego escriban una regla o ley que se aplique a cada una de las siguientes frases:

- Una regla o ley que ayude a la gente a manejar el automóvil con más cuidado.
- Una regla o ley que ayude a que la escuela esté mejor dirigida.
- Una regla o ley para la casa, que nos ayude a estar más saludables.
- Una regla o ley que permita que la comunidad o barrio donde vivimos sea más seguro.
- Una regla o ley que pueda salvar la vida de alguien.

Diga: "Las leyes y reglas a veces son difíciles de cumplir y algunos creen que le quitan diversión a la vida. Pero generalmente son hechas por personas cuyo mayor interés es nuestro bien, como nos lo muestra nuestra historia bíblica de hoy".

¿Cuál es el problema?

Escriba la palabra "responsabilidad" en la pizarra o en un cartel.

Pregunte: "¿Cómo definen la palabra responsabilidad?" Permita que los estudiantes expresen sus ideas. Escriba lo que ellos digan en la pizarra o cartel. Una manera de definir responsabilidad es: un deber o requerimiento por el que uno tiene que responder. Responder por una acción o decisión es ser responsable. Ayude a los estudiantes a entender ese concepto usando ejemplos de responsabilidad de la vida diaria que ellos deben asumir. Anímelos a que ellos mismos piensen otros ejemplos de responsabilidad. Dígales que abran la primera actividad del libro del Alumno. La figura nos muestra un parque. Pídales que miren la figura. Explíqueles: "Hagamos de cuenta que ustedes están disfrutando un día en el parque. ¿Qué dice ese cartel sobre el césped?" (No pisar el césped). "¿Qué dice ese cartel sobre la vereda?" (Camino para bicicletas). "¿Qué debes hacer con la basura?" (Arrojarla en el recipiente que dice basura). Debatan sobre las preguntas que aparecen en la parte inferior de la hoja.

Posibles respuestas a la pregunta 1.

Circule por la senda para ciclistas, no arroje la basura, no circular con la bicicleta por la vereda, obedecer las reglas de tránsito.

Posibles respuestas a la pregunta 2.

No debes lastimarte ni lastimar a nadie, el parque debe ser un lugar placentero para visitar, y debes sentirte bien para tener deseos de regresar.

Continúe: "Si ignoras tus responsabilidades y rompes las reglas, ¿qué podría sucederte a ti o a las demás personas?" (Podrías lastimarte o lastimar a otros. Te podrían sacar del parque). "Es importante que cumplas las reglas. Generalmente fueron hechas para que tú y las demás personas estén seguras".

"Todos tenemos responsabilidades. En nuestra historia bíblica de hoy, la gente también aprendió sobre ellas. Descubramos cuáles eran las responsabilidades y reglas que Dios estableció para el pueblo de Israel".

HISTORIA BÍBLICA
Una reunión en la montaña

Diga a sus estudiantes que abran el libro del Alumno en la historia bíblica de hoy. Designe a algunos para que lean las diferentes partes (periodista, israelitas). Si puede lleve un micrófono para el periodista y disfraces para los israelitas. Si los alumnos no son muchos, pueden leer más de una parte cada uno.

Luego de la presentación de la historia, repasen las que aprendieron las semanas anteriores. Diga: "Dios continuó obrando durante toda la historia ofreciendo su pacto o promesa para darles la oportunidad a todos de vivir en una correcta relación con él. ¿Qué significa vivir en una relación de pacto con Dios?" (Que nos comprometemos a amarlo y a obedecerlo. Que decidimos sujetarnos a sus reglas y hacer lo que él quiere que hagamos. Que les hablaremos de él a los demás. Que tendremos siempre presente que Dios no cambia, y que nos ama).

Estamos de acuerdo

Pregunte: "¿Qué les había prometido Dios a los israelitas?" (Que ellos serían su pueblo). "¿Cuál era la parte del pacto que les tocaba cumplir a ellos? ¿Cuál era su responsabilidad?" Dígales que lean Éxodo 19:5-6: "Ahora, pues, si dais oído a mi voz y guardáis mi pacto, vosotros seréis mi especial tesoro sobre todos los pueblos, porque mía es toda la tierra. Vosotros me seréis un reino de sacerdotes y gente santa". Permita que los estudiantes escriban las palabras que faltan en el versículo impreso. Luego, dirija su atención a la palabra "si". Dígales: "Los israelitas debían decidir si obedecían o no a Dios". Pregunte: "¿Ustedes creen que los israelitas igual recibirían esas bendiciones si se negaban a obedecer? ¿Por qué?" (No, porque estarían rechazando el pacto que Dios les ofrecía. No aceptarían vivir en una correcta relación con Dios. Estarían ignorando sus responsabilidades). "Cuando decidimos amar a Dios, tenemos responsabilidades. Eso significa que debemos vivir como Dios quiere que vivamos, haciendo lo que sus reglas establecen que hagamos y obedeciendo lo que él dice".

ACTIVIDADES

Jugando sin sentido al juego de la silla

Ubique las sillas en círculo, una por niño. Dígales: "Vamos a jugar a un juego en el que tienen que tratar de descubrir las reglas por ustedes mismos". Se jugará igual que el juego de la silla, pero sin que quitemos ninguna. Coloque la música y que empiecen a caminar en círculo alrededor de las sillas hasta que la música se detenga. Cuando todos se hayan sentado, elija una y diga que ese niño deberá salir del juego, porque esa era la silla que usted iba a sacar. Ahora sáquela. Luego ponga nuevamente la música y que ellos comiencen a caminar nuevamente. Repita lo anterior. (Elija una silla cualquiera y diga que el niño que estaba sentado en ella deberá salir del juego porque esa silla era la que usted quería).

Pregunte: "¿Les gusta participar de un juego en el que no saben cuáles son las reglas?" (Permita que respondan). "¿Cómo se sintieron los que tuvieron que salir?" (Que ellos respondan, pueden incluir: confundido, enojado, me pareció injusto, triste). "¿Qué es lo que hace que este juego sea fácil de jugar?" (Que tenga reglas claras y definidas).

Aclare: "Los juegos se vuelven muy confusos cuando no existen reglas o cuando alguien las cambia. Asimismo, en nuestra historia de hoy vimos que Dios le dio reglas a su pueblo. Él hizo un pacto con ellos para que supieran qué reglas debían obedecer para vivir en una correcta relación con él. Con Dios jamás nos vamos a sentir frustrados por no conocer las reglas. Dios claramente nos mostró cuáles eran las reglas que debíamos obedecer y él mismo nos ayudará a cumplirlas. Si alguno de ustedes tiene duda, ore y pídale a Dios que lo ayude. ¿Saben algo? Dios es bueno, y siempre escucha nuestras oraciones. Sin duda alguna, él los ayudará".

El pueblo del pacto hoy

Exprese: "Los cristianos de hoy somos parte del pueblo del pacto. ¿Creen que el pueblo del pacto es responsable aún hoy de obedecer los mandamientos de Dios?" (Sí). "¿Cuál crees que es tu responsabilidad?" (Obedecer a Dios). Entregue a los estudiantes una hoja y un lápiz o lapicera. Pida que trabajen en parejas, haciendo una lista de algunas de las responsabilidades que creen que Dios le ha dado a su pueblo. Al terminar, pídales que cuenten lo que escribieron al resto de la clase. Diga que "las demandas de Dios para su pueblo son serias. Todas fueron hechas para protegernos del mal y para ayudarnos a tener una correcta relación con él".

Ahora dirija su atención a la última actividad del libro del Alumno para continuar con el debate. Lea las frases que se encuentran en la hoja. Luego, examine las situaciones planteadas. Brinde la oportunidad para que los estudiantes debatan y respondan luego de que usted lea cada situación.

Posibles respuestas a las situaciones:

1. No robar el dulce. Decirle a tu amigo que robar está en contra de las reglas que Dios estableció para vivir correctamente, y que no lo vas a hacer porque te dañará a ti y al dueño de la tienda.

2. Limpiando primero tu cuarto porque Dios nos manda que obedezcamos a nuestros padres. Si te sobra tiempo, podrás mirar televisión.

3. Hay un tiempo y un lugar para todo. Si el domingo a la mañana es el día que tienes para adorar a Dios y aprender de él en tu clase de escuela dominical, entonces debes respetarlo y guardar el día del Señor. Eso significa dedicar ese día especial solo a él. Puedes divertirte con los videojuegos en otro momento. ¡También puedes invitar a tu amigo a venir contigo y disfrutar la escuela dominical!

Memorización

Antes de la clase, escriba el versículo del mes con letra bien grande, sobre una cartulina. Omita algunas de las palabras (dejando los espacios libres), tales como: "montes", "collados", "moverán", "pacto", "Señor", "misericordia". Escriba esas palabras en tarjetas pequeñas de cartulina, y si puede fórrelas con papel transparente. Mézclelas bien.

En clase, haga que diferentes niños, por turnos, saquen una de las tarjetas al azar y las peguen con cinta adhesiva en el lugar correcto del versículo. El resto de la clase decidirá si la palabra está colocada en el lugar correcto. Cuando todas estén en su lugar, reciten juntos el versículo. Luego, permita que los alumnos, por turnos, saquen una de las palabras y le pidan al grupo que diga el versículo. Continúen jugando de esa manera mientras el tiempo se lo permita o hasta que los estudiantes puedan decir el versículo correctamente sin ninguna de las palabras de las tarjetas.

Para terminar

Diga a los alumnos que para los cristianos, obedecer las reglas que Dios estableció en su Palabra no es difícil, porque él prometió que estaría con nosotros y nos acompañaría y guiaría a cada paso.

Termine con esta oración: "Señor, gracias por habernos incluido dentro de tu pueblo con el cual hiciste un pacto. Gracias, Dios, por amarnos y cuidarnos. Ayúdanos a obedecer tus reglas y mandamientos y a hacer aquello que tú quieres que hagamos. Ayúdanos a ser responsables para que otras personas puedan conocerte y amarte. En el nombre de Jesús. Amén".

Mis notas:

LECCIÓN 20

El pacto con David

Base bíblica: 1 Crónicas 17, Lucas 1: 31-33, 68-71
Objetivo de la lección: Que a través del pacto que Dios hizo con David, los primarios comprendan que él cumple sus promesas de una forma mucho mejor de la que esperamos.
Texto para memorizar: "Porque los montes se moverán, y los collados temblarán, pero no se apartará de ti mi misericordia, ni el pacto de mi paz se romperá, dice Jehová, el que tiene misericordia de ti" (Isaías 54:10).

¡PREPÁRESE PARA ENSEÑAR!

A esta edad los niños trabajan bien con la repetición diaria y con estructuras que los ayudan a sentirse confiados y seguros. Necesitan tener una rutina definida para realizar sus actividades, como las tareas escolares o ir a la cama.

La mayoría de los niños de esta edad esperan respuestas y afirmación. Si, por ejemplo, usted durante algunas clases les llevó regalos, ellos esperarán que lo haga siempre. Pueden sentirse desilusionados cuando las cosas no suceden como lo esperan, pero muy satisfechos cuando suceden mejor de lo que esperaban.

Dios extiende su pacto a las personas y promete cumplirlo. Pero la gente no siempre cumple su parte del pacto, tal como sucedió con los israelitas.

Ayude a los estudiantes a entender que Dios desea que cumplamos nuestra parte en la relación con él. A nosotros nos corresponde amarlo, servirlo y obedecerlo. ¡Dios prometió que haría su parte y él siempre cumple sus promesas!

A decir verdad, Dios cumple sus promesas de una forma mucho mejor de lo que podemos imaginar.

COMENTARIO BÍBLICO

1 Crónicas 17. El autor de Crónicas habla de un tiempo en el que, finalmente, la paz llegó por medio de David, quien era el rey de Israel. Cronológicamente, esto sucedió después de las batallas que él libró, hacia el final de su vida. Pero el cronista lo ubica aquí para enfatizar el interés que David tenía en el arca del pacto y la construcción del templo.

David era el rey. Saúl había sido derrotado en batalla y su estrado de autoridad ya se había establecido.

Por primera vez, David tenía un momento para reflexionar sobre sí mismo y su reino. Y lo primero que notó fue que él vivía en un elegante palacio construido con madera de cedro. Y por el contrario, no había un templo para Dios. El arca del pacto, símbolo de la presencia de Dios, residía en Jerusalén, en una tienda construida para tal fin (1 Crónicas 16:1); y el tabernáculo, donde se llevaban las ofrendas y los sacrificios, permanecía en Gabaón (v. 39). Entonces, con la mejor intención, David le pidió a Natán, profeta y su mentor espiritual, que construya una residencia permanente para Dios. Pero David era conocido como hombre de guerra y Dios le negó ese privilegio. En su lugar, su hijo, Salomón, quien fuera conocido por haber llevado descanso y paz a Israel, recibiría el honor de edificar el templo para el Señor.

En un intercambio magnífico, Dios le prometió a David que en lugar de la construcción del templo, le permitiría erigir una dinastía, una casa real que permanecería para siempre. Esa familia representaría un reino que nunca cesaría y que traería salvación y paz al pueblo de Dios. David respondió con gran humildad, reconociendo que no merecía el favor del Señor.

Pero el plan divino iba mucho más allá de lo que cualquiera podría imaginar: David sería incluido en la larga línea de los ancestros de Jesús. Y este reino permanecería para siempre. ¡Qué herencia magnífica obtuvo este hombre, cuyo humilde deseo fue únicamente servir a Dios!

Lucas 1:31-33, 68-71. Cuando María oyó que había sido escogida para llevar en su vientre al Mesías, el ángel le aseguró el favor de Dios, aplicando la promesa de 1 Crónicas 17 a Jesús: A este se le daría el trono de David. "Y su reino no tendría fin" (v. 33). También José, padre terrenal de Jesús, fue un descendiente de David (ver Lucas 3:23-38 y Mateo 1:1-17). A pesar de no ser el padre biológico de Jesús, era el padre legal. En Israel, un hijo legal participaba de la herencia familiar de la misma forma que un hijo biológico.

Zacarías, el padre de Juan el Bautista, agregó un importante aspecto a esta descripción de Jesús: Dios redimió a su pueblo al enviar a su Hijo, "un poderoso Salvador" (Lucas 1:69). Esto implica la eficacia de la obra salvífica, que es tanto moral como espiritual. Y es únicamente por medio de Jesús que podemos conocer a Dios y tener una relación personal con él.

DESARROLLO DE LA LECCIÓN
Adivina las letras

Este juego trata de resolver un enigma: que los niños descubran cuál es la frase. Divida a la clase en dos equipos. Realice tantas líneas de puntos como letras tenga cada palabra de la siguiente frase: "Uno de tu descendencia será Rey para siempre".

(___ __ __ _____ ____
___ ____ _____)

Que los niños se turnen para que, uno de cada equipo por vez, diga una letra que podría estar en la frase. Si la letra que mencionan se encuentra en la palabra, escríbala y anote 10 puntos para ese equipo. (Por ejemplo: si la letra "E" aparece cinco veces en la frase, escríbala en los cinco espacios que correspondan, y sume a ese equipo 50 puntos). Si la letra que dijeron no está en la frase, escríbala en un costado. Cuando uno de los equipos cree que sabe cuál es la frase, deberá tratar de adivinarla. Si no es la frase correcta, la oportunidad la tendrá el otro grupo. Ganará quien termine con el mayor puntaje.

Cuando el enigma haya sido resuelto, pida que toda la clase lea en voz alta la frase. Diga: "¿De quién creen que habla esta frase?" (Permita que adivinen. Ellos no deben saber que es David). "Dios hizo un pacto con alguien en el Antiguo Testamento. Él era un gran rey de Israel que amaba y servía al Señor. La historia bíblica de hoy nos cuenta de alguien que recibió esa promesa de Dios. Sigan el relato de la historia bíblica y traten de resolver el misterio, descubriendo de quién se trata".

El regalo del abuelo

Diga: "A veces, las personas que conocemos o amamos nos hacen un regalo especial. Algunas veces, los regalos son realmente especiales porque son mayores de lo que habíamos pedido o esperado. ¿Cómo te sientes cuando recibes un regalo especial que es más de lo que esperabas?" (Feliz, sorprendido, entusiasmado). Guíe a sus alumnos a la primera actividad del libro del Alumno (lección 20). Lea, o permita que alguien lea la historia. Pregunte: "¿Qué fue lo que el abuelo hizo por su nieta Anita?" (Le proveyó el dinero para sus estudios universitarios). "¿Anita esperaba recibir lo que el abuelo le dio?" (Sí, ella esperaba el dinero para sus estudios universitarios) "¿Cuál fue la sorpresa para Anita, algo que ella no esperaba y recibió?" (Se sorprendió de que también hubiera dinero para los estudios universitarios de sus hijos). "¿Cómo puedes completar esta oración? El regalo del abuelo para Anita fue mucho _____ (completa el espacio en blanco) de lo que ella podía imaginarse o esperar. (Acepte todas las respuestas más o menos razonables).

Explique: "A veces recibimos más de lo que esperamos. ¡Eso es una hermosa sorpresa! Nuestra historia bíblica de hoy cuenta sobre alguien que recibió una promesa de Dios, que fue más de lo que esperaba. Prestemos atención mientras la leemos para descubrir lo que fue".

HISTORIA BÍBLICA
El plan de un Rey

Cuente o lea la historia bíblica del libro del Alumno. También puede decirles a los estudiantes que la lean ellos, por turnos, repartiéndose los diferentes párrafos.

Luego, pregunte si tienen idea quién es el que reinaría para siempre. Si no están seguros, realicen la actividad: "El regalo extra de David" del libro del Alumno. Después de hacerlo, sus estudiantes serán capaces de adivinar que el Rey que reinaría para siempre era Jesús.

Diga: "Dios eligió a David para ser el próximo rey de Israel porque sabía que él lo amaba y quería servirlo. Luego que murió, su hijo Salomón se convirtió en el nuevo rey de Israel. Salomón fue el rey que el Señor escogió para que construyera un hermoso templo para Dios".

Un regalo extra para David

Solicite que algunos voluntarios lean los versículos de la parte superior de esta actividad del libro del Alumno. Pregunte: "¿De quién y qué hablan estos versículos?" (De un Rey cuyo reinado nunca terminaría. De la promesa que Dios le había hecho a David de que uno de sus descendientes gobernaría en Israel para siempre). "¿Quién es el descendiente del rey David que reinaría para siempre?" (Jesús, el hijo de Dios). "¿Eso significa que Jesús sería el rey terrenal de Israel? ¿O qué significa?" (No, Jesús es nuestro Señor y Salvador. Es por medio de Jesús que podemos conocer y amar a Dios, pedirle que nos perdone, ser perdonados y dejar el pecado. Es a través de Jesús que tenemos la promesa de una vida eterna con Dios).

Explique: "Cuando Dios le prometió a David que uno de sus descendientes estaría en el trono de Israel, él no tenía idea que le estaban hablando de Jesús. Eso era mucho más de lo que podía imaginar o esperar. Dios hizo más de lo esperado cuando cumplió la promesa del pacto que había hecho con David".

ACTIVIDADES

Competencia sobre el pacto

Divida a la clase en dos equipos. Entregue a cada grupo una hoja con las siguientes preguntas. Que los niños se sienten en dos círculos (cada grupo por separado). Tenga a mano un reloj con cronómetro para tomar el tiempo. Cuando usted dé la orden comenzarán a escribir las respuestas a las preguntas en el menor tiempo posible. El equipo que termine primero y responda todas correctamente será el ganador.

1. ¿Quién era David? (El rey de Israel).
2. ¿Quién era Natán? (Un profeta).
3. ¿Qué quería hacer David? (Construir un templo para Dios).
4. ¿Qué le debía decir Natán a David de parte de Dios? (Que no construyera un templo para él).
5. ¿Qué le prometió Dios a David? (Que su hijo sería el próximo rey y construiría el templo. Y que uno de sus descendientes reinaría para siempre en Israel).
6. ¿Quién es el Rey que reina para siempre? (Jesús, el hijo de Dios y descendiente de David).
7. ¿Piensas que el rey David tenía idea de que Dios enviaría a su propio Hijo para que fuera el Rey? (No, eso era mucho más de lo que David pudo imaginar o esperar).

Crea tu propia oración

Diga a sus estudiantes: "Hoy vamos a crear oraciones para agradecer a Dios". Reparta la última actividad del libro del Alumno (lección 20). Que algunos voluntarios lean las oraciones que allí se encuentran. Entregue a cada estudiante un rectángulo de cartulina (del tamaño de una hoja carta) para confeccionar un cartel con la oración de agradecimiento, para que la puedan llevar a su casa. Diga: "Recorten estas frases de agradecimiento a Dios y péguenlas en sus cartulinas para hacer un cartel que luego colgarán en su cuarto". Facilite tiempo para que lo realicen. Reparta marcadores, crayones, calcomanías y figuras para decorar los carteles. Luego que escriban sus nombres en ellos. Al finalizar, que algunos voluntarios lean las frases que formaron.

Memorización

Ayude a aquellos que aún están tratando de memorizar el versículo del mes, y refuerce a los que ya lo saben de memoria con esta actividad.

Escriba el texto a memorizar (Isaías 54:10) en la pizarra. Que los estudiantes se sienten en un círculo en el suelo. Coloque en el centro una botella vacía (de aprox. 1,5 litro), de modo que quede acostada. Hágala girar a gran velocidad. Cuando la botella se detenga, el niño a quien señala la boca de la botella (la parte donde se pone la tapa) deberá borrar alguna de las palabras del versículo de la pizarra. Luego reciten todos juntos el texto. Continúen jugando, de manera que cada niño que pase borre otro término, y así sucesivamente hasta que todos puedan decir el versículo de memoria sin ninguna palabra escrita.

Para terminar

Que algunos niños oren agradeciendo a Dios por cumplir su promesa y habernos dado mucho más de lo esperado o imaginado: a su Hijo Jesús.

Diga: "Cumplamos nuestra parte del pacto de vivir cada día para Dios. Y pidámosle que nos ayude a hacer lo correcto y poder ayudar a que otros lo conozcan. Esta semana, cuando veas en tu cuarto el cartel con las oraciones de agradecimiento, recuerda orar y pedir a Dios que te ayude a cumplir tu parte del pacto y a vivir para agradarlo".

Anime a sus estudiantes a practicar un devocional diario, a solas con Dios, y a pensar en la seriedad de este pacto que un día hicimos con él, y que durará por toda la eternidad.

Mis notas:
___
___
___
___

LECCIÓN 21

Un pacto para todos

Base bíblica: Lucas 22:7-20
Objetivo de la lección: Que los primarios comprendan y se regocijen por los beneficios del nuevo pacto de gracia, amor y perdón que Dios establece con nosotros por medio de Jesús.
Texto para memorizar: "Porque los montes se moverán y los collados temblarán, pero no se apartará de ti mi misericordia ni el pacto de mi paz se romperá, dice Jehová, el que tiene misericordia de ti" (Isaías 54:10).

¡PREPÁRESE PARA ENSEÑAR!

En esta unidad, se presentó a los primarios el concepto de pacto. Asimismo, comenzaron a entender la profundidad del amor de Dios por su creación.

Los pactos de Dios con Noé, Abraham, Moisés y David les dieron pautas sobre el modo que él utilizaba para relacionarse con su pueblo. Esta lección añade una nueva dimensión al esquema divino de este pacto de relación mutua. Dios, a través de su Hijo Jesús, hizo un nuevo pacto de amor, gracia y perdón. Cuando los estudiantes deciden creer en Jesucristo, servirlo y vivir en obediencia a él, entran en una relación de pacto.

Dios, a través de ese pacto, le da a su pueblo la libertad de aproximarse a él y saber que puede ser perdonado. Podemos decidir ser parte del pueblo del pacto, a través de una relación personal con Jesús.

Agradezcan juntos a Dios por su constante amor y misericordia mostrada a través de los pactos que realizó, y en especial por el nuevo pacto ofrecido a través de Jesús. Utilice canciones, poemas, actividades y tengan un momento de oración para agradecer a Dios por su amor y perdón.

COMENTARIO BÍBLICO

En Lucas 22:7-20, Jesús instruye a Pedro y a Juan para que preparen un lugar en el cual celebrar la cena de la Pascua, una celebración anual que conmemoraba la salida de los israelitas de Egipto bajo la poderosa mano de Dios. En este pasaje, Lucas se centra en la institución de la Cena del Señor. Simbólicamente, la Pascua, le recuerda al pueblo judío la liberación de la esclavitud de Egipto. Para los discípulos de Jesús, la Santa Cena se convirtió en una conmemoración de su muerte en la cruz, para liberar a los creyentes de las ataduras del pecado.

Jesús muestra de una manera gráfica el precio de la redención. El nuevo pacto costaría el sacrificio de su cuerpo y el derramamiento de su sangre. Pero esta expiación fue realizada una vez y para siempre. Ya no habría más necesidad de continuar el ciclo de sacrificios, demandado por el antiguo pacto. Jesús pagó el precio de nuestra salvación una vez y para siempre. Cuando respondemos a Dios con arrepentimiento sincero, él nos perdona y comienza una nueva relación basada ya no en la ley y el juicio, sino en su amor y misericordia.

Los sacrificios eran una parte importante del antiguo pacto entre Dios y su pueblo.

El pueblo venía ante él, año tras año, sacrificando animales sin defecto y ofrendando las primicias de sus cosechas. Estos recordaban al pueblo la seriedad del pecado y ofrecían un sistema por el cual podían buscar el perdón de Dios y desarrollar una relación de pacto con él. Sin embargo, este método tenía sacerdotes imperfectos que ofrecían sacrificios imperfectos, por lo cual el ciclo del pecado no terminaba. Cuando Jesús vino a la tierra y murió en la cruz, estableció un nuevo pacto transformándose él en el cordero perfecto, sacrificado ante Dios una vez y eternamente, por medio de su obra expiatoria en la cruz. De esa manera liberó a los creyentes de las ataduras del pecado. Ahora, él es nuestro Sumo Sacerdote, quien está sentado a la derecha del Padre. Es nuestro Intercesor y Salvador.

Mientras se prepara para esta lección final, regocíjese en el nuevo pacto de la gracia de Dios, disponible para todas las personas por medio de Jesús, nuestro Señor y Redentor. Ore para que Dios use esta nueva comprensión de la relación de pacto para atraer a cada hijo hacia una relación personal con él, cada vez más creciente.

DESARROLLO DE LA LECCIÓN
¡Repitamos, repitamos!

Antes del inicio de la clase, coloque dos filas de sillas enfrentadas, a un metro de distancia aproximadamente una de la otra. Utilice una pelota de esponja o una bolsa con semillas.

En clase, haga que los estudiantes realicen el siguiente juego, a modo de repaso de lo que han aprendido sobre los pactos. Divida la clase en dos equipos. Haga que cada grupo se siente en una fila de sillas. Explique: "Cada uno deberá formular y responder una pregunta para que todos sepamos cuánto han aprendido sobre los pactos en las primeras cuatro lecciones. Antes de comenzar, ¿quién me puede definir lo que es un pacto con Dios?" (Un pacto con Dios es un compromiso entre Dios y la persona. Ambos se hacen promesas el uno al otro. El pacto del Señor nos propone una relación de amor con él).

Entregue la pelota o bolsa al primer estudiante de la fila de uno de los equipos. Dígale: "Tú deberás responder a la pregunta que yo te haga. Luego, deberás hacer esa misma pregunta al niño del otro equipo que está sentado frente a ti, mientras le arrojas el balón. Y así deberán continuar arrojándose la pelota, cada uno a un niño del equipo contrario, haciendo y respondiendo la pregunta, hasta que todos los integrantes de cada equipo hayan tenido la oportunidad de contestar". Comience formulando la siguiente interrogación: "¿Qué fue lo más importante que aprendiste sobre los pactos?" Jueguen hasta que todos los estudiantes hayan tenido la oportunidad de responder.

Al terminar, pregunte: "¿Cuál fue el pacto que Dios hizo con David?" (Le prometió que uno de sus descendientes reinaría para siempre). "¿Cómo cumplió Dios la promesa que le había hecho a David?" (A través de su Hijo, Jesús). "Jeremías 31:31 dice: "Vienen días, dice Jehová, en los cuales haré un nuevo pacto con la casa de Israel y con la casa de Judá". Nuestra historia bíblica de hoy nos cuenta más, acerca del nuevo pacto que Dios hizo. Descubramos cuál y para quién era".

La Invitación

Dirija a los estudiantes a la primera actividad del libro del Alumno. Diga: "Hemos aprendido lo que es un pacto y cómo Dios se lo propone a las personas, cómo hizo con Noé, Abraham, Moisés y los israelitas y David. ¿Me pueden contar más acerca de los pactos que hizo Dios? ¿Qué fue lo especial del pacto que hizo con David?" (Lo incluyó en el linaje de su propio Hijo Jesús). "Dios cumplió su pacto con David cuando Jesús vino a la tierra, y de esa forma todas las personas podrían decidir conocer y amar a Dios. Lee la invitación que allí aparece" (Permita que los estudiantes la lean en forma silenciosa). "Esa es una invitación especial que Dios nos ofrece. Si quieres aceptarla y formar parte de una relación de pacto con Dios, escribe tu nombre en el espacio en blanco".

Permita que los niños trabajen juntos completando las palabras que faltan en las oraciones que están debajo de la invitación. (Respuestas correctas: compromiso, promesas, relación). Cuando hayan concluido, pida que un voluntario las lea. Pregunte: "¿Quién me puede decir qué otra cosa dice la invitación acerca de entrar en una relación de pacto?" (Proporcione tiempo para que los estudiantes puedan debatir sobre el tema. Algunos sabrán que se refiere a que Dios nos ofreció salvación a través de Jesucristo).

Diga: "El nuevo pacto que Dios hizo a través de su Hijo Jesucristo, significa que en cada uno está la decisión de amar, obedecer y servir solo a Dios. La historia bíblica nos cuenta más sobre este nuevo pacto hecho por Dios a través de Jesús".

HISTORIA BÍBLICA
El nuevo pacto

Que los estudiantes abran el libro del Alumno en la historia bíblica. Léala, mientras ellos la siguen con la vista. Si tiene buenos lectores, entonces trate de que ellos lean la historia por turnos.

La lección de hoy sobre los pactos tiene un importante mensaje para los alumnos. Necesitan comprender que Dios desea tener una relación personal con cada uno de ellos.

Pregunte: "¿Qué fue lo que Jesús les ofreció a sus seguidores?" (Un nuevo pacto). "¿Para quién es ese nuevo pacto?" (Para todos aquellos que deseen tener una relación de amor con Dios). "Si quieres conocer el amor de Dios y quieres amarlo tú también a él, ¿qué debes hacer?" (Aceptar esta nueva relación de pacto con Dios por medio de su Hijo, Jesús). Si algún niño manifiesta interés en aceptar a Jesús como su Salvador y vivir en una relación de pacto con Dios, use el ABC de la salvación de la lección 12 como guía.

ACTIVIDADES
Repasemos los pactos

Que los estudiantes vayan a la siguiente actividad del libro del Alumno. Permita que uno de ellos lea las instrucciones. Dé tiempo a los primarios para trabajar en la actividad. Si lo desean, pueden hacerlo juntos.

Cuando todos hayan terminado, permita que

algunos voluntarios comenten sus respuestas al resto de la clase (Noé, todos los seres vivientes. / Abraham, una familia. / Moisés, los israelitas. / David, sus descendientes). Pregunte: "¿Cómo ilustran cada una de estas pequeñas figuras los pactos?" (El mundo, a Noé. Porque Dios le prometió que nunca más destruiría el mundo con otra inundación. El bebé, a Abraham. Porque Dios le prometió un hijo en su ancianidad y que sus descendientes serían tan numerosos como las estrellas. Los Diez Mandamientos, a Moisés. Porque Dios le prometió que ayudaría y protegería a los israelitas si ellos lo obedecían. La corona, a David. Porque Dios le prometió que uno de sus descendientes reinaría para siempre).

Diga a los estudiantes que encuentren la figura de Jesús. Pregunte: "¿Para quiénes hizo Dios el nuevo pacto?" (Para todas las personas). "En el cuadrado, dibújate a ti mismo o escribe tu nombre. A través de Jesús, Dios hizo un nuevo pacto de amor para todas las personas, ¡y eso te incluye a ti! ¿Quieres aceptar a Jesús como tu Salvador?" (Si alguno de los estudiantes demuestra interés, encuéntrese con él al final de la clase). "Cuando aceptamos a Jesús como nuestro Salvador, decidimos vivir en una relación de pacto con Dios".

El pueblo del nuevo pacto

Invite a sus estudiantes a confeccionar una pancarta o estandarte para celebrar que están incluidos en el nuevo pacto con Dios a través de su Hijo Jesús.

Guíelos a la última actividad del libro del Alumno. Proveáles marcadores o crayones para que los utilicen en el diseño de sus pancartas. Anímelos a llevarla a su casa y mostrarla a sus familiares.

Diga: "Dios quiere que lo conozcamos y desarrollemos una relación con él. Él nos quiere bendecir y ayudarnos a vivir para él. Pero el pecado nos separa de Dios, y la Biblia dice que todos hemos pecado. Sin embargo, podemos tener gratitud en nuestros corazones porque, a través de Jesús, su Hijo, hemos sido perdonados y entramos en una nueva relación de pacto con él".

Memorización

Antes del comienzo de la clase, dibuje una línea vertical en el centro de la pizarra.

En clase, separe a los estudiantes en dos equipos. Que formen dos filas, sentados uno detrás del otro en el suelo, mirando hacia la pizarra. Digan todos juntos el versículo del mes. Tenga a mano un reloj con cronómetro para tomar el tiempo. Cuando usted dé la señal, el primero de cada grupo irá hacia la pizarra y escribirá la primera palabra del versículo. Luego volverá corriendo y le dará el marcador o tiza al siguiente compañero de la fila, y él se sentará detrás. Quien tenga el marcador deberá escribir en la pizarra la segunda palabra, y así sucesivamente. Continúen jugando hasta que un equipo complete correctamente el versículo bíblico, en el menor tiempo posible. Al terminar digan todos juntos el texto.

Luego, que cada estudiante diga el versículo del mes. A todos los que lo hagan correctamente déles un pequeño certificado o premio (una calcomanía, un señalador para su Biblia, etc.).

Para terminar

Terminen cantando algún coro o himno que hable del pacto con Dios. Pueden usar un CD o casete, o invitar a algún hermano de la iglesia que los acompañe con un instrumento.

Diga a los estudiantes: "Toda persona que ha aceptado la propuesta de Dios de vivir en este nuevo pacto, a través de Jesús, forma parte de la familia del Señor. Podemos cantar y alegrarnos cuando sabemos que estamos viviendo en una relación de pacto con él".

Termine dando la oportunidad a los primarios de agradecer a Jesús por su muerte y resurrección, que les permite conocer a Dios y amarlo. Ore, agradeciendo por el regalo de su Hijo, Jesucristo, y por su sacrificio en la cruz. Pídale a Dios que ayude a los estudiantes a vivir cada día agradándolo, y que recuerden su compromiso en el pacto con Cristo, y su responsabilidad como miembros de su familia para obedecerlo y vivir como él lo desea.

Anime a los primarios a tener diariamente un tiempo devocional a solas con Dios.

Año 3

Introducción • Unidad VI

JESÚS NOS ENSEÑA A ORAR

Bases bíblicas: Juan 16:17–17:19; 17:1-5; 17:6-19; 17:20-26
Verdad bíblica: Jesús, nuestro Sumo Sacerdote, nos enseña que podemos contarle todas nuestras preocupaciones en oración.
Texto de la unidad: "Por nada estéis angustiados, sino sean conocidas vuestras peticiones delante de Dios en toda oración y ruego, con acción de gracias. Y la paz de Dios, que sobrepasa todo entendimiento, guardará vuestros corazones y vuestros pensamientos en Cristo Jesús" (Filipenses 4:6-7).

Propósitos de la unidad

Esta unidad ayudará a los primarios a:
- Saber que Jesús oró pidiendo por sí mismo, por sus discípulos y por todos los creyentes, incluyéndolos a ellos.
- Descubrir maneras prácticas de desarrollar su comunicación con Dios por medio de la oración.
- Fortalecer su relación con el Señor a través de la oración cotidiana.

Lecciones de la unidad
Lección 22: ¿Por qué debemos orar?
Lección 23: Jesús ora por sí mismo
Lección 24: Jesús ora por sus discípulos
Lección 25: Jesús ora por todos los creyentes

Por qué los primarios necesitan la enseñanza de esta unidad
Los primarios tienen diferentes conceptos en cuanto a la oración. Para algunos es una manera de pedir cosas. Para otros, es un clamor de auxilio en tiempos de crisis. A lo largo de esta unidad los niños aprenderán que la oración es una comunicación constante con Dios, que incluye: alabarlo, agradecerle, adorarlo y hacerle peticiones.
Todos los cristianos debemos ser imitadores de Cristo. Él nos dio el ejemplo de pasar a diario tiempo a solas con el Padre en oración. Al estudiar la oración sacerdotal de Jesús, los alumnos sentirán la importancia de orar por otros cristianos, de la misma manera que oran por sus necesidades personales.
La enseñaza acerca de la oración nunca puede sustituir a la práctica de la oración. Esta unidad animará a los pequeños a orar con frecuencia. Al experimentar la comunión con Dios, se acercarán más a él. Comenzarán a recibir respuestas a sus oraciones. De esta manera crecerá su apreciación por la habilidad de comunicarse con el Creador y Sustentador del universo.

LECCIÓN 22

¿Por qué debemos orar?

Base bíblica: Juan 16:17–17:19
Objetivo de la lección: Fortalecer en los primarios la práctica regular de la oración, ayudarlos a comprender que es un medio por el cual podemos contarle a Dios nuestras preocupaciones, ser agradecidos por el privilegio de orar y practicar la oración en forma regular.
Texto para memorizar: "Por nada estéis angustiados, sino sean conocidas vuestras peticiones delante de Dios en toda oración y ruego, con acción de gracias. Y la paz de Dios, que sobrepasa todo entendimiento, guardará vuestros corazones y vuestros pensamientos en Cristo Jesús" (Filipenses 4:6-7).

¡PREPÁRESE PARA ENSEÑAR!

Hay muchas personas para quienes es difícil creer que pueden hablar directamente con Dios. Generalmente tenemos que usar los canales correctos para hablar con un líder gubernamental, o aun con nuestro jefe. Pero algunos sienten que no son dignos de hablar con Dios y buscan un mediador que pueda hablar por ellos. Esta lección ayudará a los primarios a entender que Jesús nos enseñó que tenemos el privilegio de poder hablar con Dios directamente. Jesús es nuestro sumo sacerdote, nuestro intercesor. ¡Él lleva nuestro mensaje directamente a la presencia del Creador del universo!

Para algunos niños, la oración generalmente es una manera de pedir cosas. Para otros es solo un clamor de auxilio en los tiempos de crisis. Es necesario que sepan que la oración es una comunicación cotidiana con el Señor para alabarlo, agradecerle, adorarlo, y presentarle nuestras peticiones.

Tenga presente el pasaje de Hebreos 4:15-16 para comentarlo con su clase durante esta unidad: "No tenemos un sumo sacerdote que no pueda compadecerse de nuestras debilidades, sino uno que fue tentado en todo según nuestra semejanza, pero sin pecado. Acerquémonos, pues, confiadamente al trono de la gracia, para alcanzar misericordia y hallar gracia para el oportuno socorro."

COMENTARIO BÍBLICO

Jesús, un judío religioso, era originario de un pueblo que valoraba la oración. Cada mañana y cada tarde los judíos recitaban el SHEMA, tres cortos pasajes de las Escrituras (Deuteronomio 6:4-9; 11:13-21; y Números 15:37-41). Y tres veces al día, mañana, tarde y noche, oraban el TEFILLA o las Dieciocho Bendiciones. Para Jesús, sin embargo, la oración era mucho más que un hábito a repetir tres veces al día. Muchas veces se alejaba de la multitud, y aún de sus discípulos, para orar a solas; y algunas veces pasaba toda la noche en oración (lea Mateo 14:23; Lucas 6:12). En otros momentos subió a un monte a orar, acompañado de sus discípulos (vea Marcos 6:46; Lucas 9:28). Por supuesto, en el momento de mayor presión de su vida, Jesús fue al jardín del Getsemaní y clamó al Padre con todo su corazón (vea Mateo 26:36-44).

El hábito de la oración formaba parte de la vida diaria de Jesús, y para él era muy natural usar alguna como despedida para dar un ejemplo a la gente. Sabiendo que pronto moriría en la cruz, Jesús realizó una oración que se conoce como "la oración sacerdotal" (Juan 17). La hizo en presencia de sus discípulos durante la última cena, la que fue, de un modo muy real, su discurso de despedida. En otras partes de la Biblia también encontramos discursos de despedida. Un lugar destacado es el libro de Deuteronomio. Al acercarse a la muerte, Moisés cantó un himno significativo (31:30–32:47) y dio su bendición (33:1-19). Las palabras de despedida (fueran una canción, un discurso, o una oración) tienen un significado mayor, porque el autor en esos momentos nos comunica lo más importante antes de enfrentarse a la muerte.

Los discípulos tenían un privilegio único: estar en la presencia de Jesús diariamente. Lo podían ver y hablar con él. Pero ahora, Jesús ya no estaría más con ellos. ¿Cómo hablarían con él si ya no iba a estar? ¿Cómo podrían sobrevivir en un mundo de problemas sin su poder para ayudarlos? Podemos imaginarnos las dudas y temores que acompañarían al círculo íntimo de Jesús.

La oración sacerdotal ofrecida por Jesús esa noche tenía el propósito de mostrarles que su recurso más grande era el poder de la oración. Dios, el Padre, estaba a solo una palabra de distancia, y ahora Jesús también lo estaría. Aunque él iba a estar ausente físicamente, estaría más cerca que nunca a través de la oración. Lo asombroso para cualquier cristiano hoy es la realidad de que, al aquietar nuestra mente y corazón, tenemos a nuestro Padre Celestial y a nuestro hermano mayor Jesucristo, a la distancia de un suspiro.

DESARROLLO DE LA LECCIÓN
Tienes un mensaje

Dirija a sus estudiantes a la primera actividad del libro del Alumno, lección 22. Haga que escriban o dibujen formas o medios a través de los cuales nosotros nos comunicamos. Considere dar un pequeño premio al estudiante que haga la lista más larga y completa. (Ejemplos: teléfono, palomas mensajeras, hablando, fax, correo electrónico, cartas, señales de humo, señas, expresiones faciales, acciones, telegramas, celulares, radio, televisión, Internet, y otros). Puede traer algunos de estos elementos a la clase para ilustrar la lección. Después de algunos minutos, deje que los estudiantes le muestren sus respuestas a sus compañeros.

Dígales: "Uno pensaría que con todas estas excelentes formas para comunicarnos, deberíamos ser muy buenos en el arte de la comunicación. Sin embargo a veces nos cuesta, especialmente cuando se trata de hacerlo con Dios. Hoy hablaremos acerca de la importancia de comunicarnos con Dios".

¿Qué es lo que sé sobre la oración?

Pida a los niños que completen las afirmaciones de la hoja de actividades del libro del Alumno, lección 22:

Cuando los estudiantes terminen de escribir, permítales que cuenten lo que escribieron. Escuche lo que se dicen entre ellos. De esa manera podrá tener una perspectiva mejor de lo que entienden sobre la oración. Exprese: "La oración es un privilegio. Nos sentimos honrados de que Dios quiera que nos comuniquemos con él. Por medio de la oración podemos contarle a él nuestras preocupaciones y comunicarle abiertamente cualquier carga que haya en nuestros corazones". Luego, haga las siguientes preguntas. Deje que los alumnos contesten:

● Si cuando eras niño orabas antes de acostarte, ¿cómo era tu oración?

● ¿Crees que Dios escucha cada una de tus oraciones?

● ¿Por qué algunas veces nos cuesta tanto orar?

● Cuéntanos de alguna vez que oraste y Dios contestó tu oración.

● ¿Por qué nos parece que Dios no contesta todas nuestras oraciones de la misma manera o tal como nosotros desearíamos que las conteste?

Diga: "Hoy hablaremos sobre la oración, y vamos a ver las experiencias que tuvo Jesús en relación a ella".

HISTORIA BÍBLICA
El panorama completo

Como verá, nuestro pasaje de esta semana es largo, una gran porción de los dos capítulos -16 y 17- del Evangelio de Juan. No intente leer todo este pasaje de la Escritura en la clase. Se sugirió el mismo para poder entender el contexto completo, y poder estudiar la oración de Jesús en las siguientes tres lecciones. Utilice estas preguntas para ayudar a los primarios a entender el panorama completo de esta importante oración:

● ¿Cuáles fueron las circunstancias que rodeaban esta oración? Para contestar esta pregunta necesitamos buscar en nuestra Biblia. En el capítulo 12 vemos que Jesús entró a Jerusalén el domingo de ramos. Había gran celebración. La multitud clamaba: "¡Hosana!" Luego, en el capítulo 13 observamos a Jesús la noche anterior a la crucifixión. Los discípulos estaban con él comiendo en la última cena. Es allí donde les dijo que se iría.

● ¿Qué emociones tuvieron los discípulos mientras Jesús hablaba con ellos? Estaban tristes porque su mejor amigo los dejaría. Estaban turbados. Pensaban cómo sería el futuro. Tenían mucho temor. Pensaban cómo servirían sin Jesús.

● ¿Cuál fue el mensaje principal que les transmitió Jesús esa noche a esos tristes, turbados y temerosos discípulos? Aunque él se iba, en realidad no los abandonaría. Así como él mismo les mostró cómo se conectaba con Dios por medio de la oración, les dijo a sus discípulos que ellos también se podían conectar con él a través de la oración. Los mismos recursos que él tenía a su disposición cuando estuvo en la tierra, estarían disponibles para ellos después de haberse ido al cielo. Jesús les dijo que la oración sería la respuesta a sus dudas y preguntas. Una frase clave de Jesús aquí es: "confiad" (16:33).

● ¿De qué manera se dirigía Jesús a Dios en ese tiempo de oración del capítulo 17? Hablaba con Dios como si estuviera parado a su lado, escuchando y respondiendo lo que él le decía. Vemos en el v. 1 que se dirigía a Dios como su Padre.

Pregunte a los niños: ¿Qué principios generales sobre la oración podemos aprender del pasaje que estudiamos hoy?

Pasos para orar

Al contar la historia bíblica, mencione que esta oración la hizo Cristo en su última semana de vida. Diga: "Hoy vamos a estudiar lo que llamamos 'la oración sacerdotal' ". Explique que en el Antiguo Testamento un sumo sacerdote era el sacerdote que lideraba a los demás. El hermano de Moisés, Aarón, fue el primer sumo sacerdote. Hoy, nuestro Sumo Sacerdote es Cristo".

"Este es el discurso de despedida de Jesús. Él oró mientras cenaba con sus discípulos por última vez. Sabía que muy pronto iba a morir en la cruz, por lo cual aprovechó una de las últimas oportunidades que le quedaban mientras estaba vivo en la tierra para orar por los creyentes".

Dirija a sus alumnos a la tercera actividad del libro del Alumno, lección 22, o escriba las cinco porciones de las Escrituras, a continuación, en una hoja en blanco. Divida la clase en 5 grupos y asigne a cada grupo uno de los pasajes. Las respuestas deben ser sugerencias a la pregunta: "¿Qué nos enseña este pasaje acerca de la oración?"

1. Juan 16:19-24. (Jesús llevará nuestras peticiones a Dios. Podemos pedirle cualquier cosa a Dios, que esté de acuerdo a su voluntad. Cuando oramos lo hacemos en el nombre de Jesús).

2. Juan 16:32-33. (Dios está con nosotros aun cuando estamos en problemas. Él está a la distancia de una oración. La oración nos trae paz).

3. Juan 17:1-5. (En la oración nos acordamos de todos los regalos que Dios nos hizo y podemos agradecer su bondad. También le pedimos que nos haga parecidos a Jesús).

4. Juan 17:6-12. (Solo Dios nos puede proteger del mal. Por medio de la oración encontramos el poder y la fuerza para vivir en este mundo, aun cuando el mundo nos trate mal).

5. Juan 17:13-19. (Somos especiales para Dios. En la oración nos acordamos que podemos hablar directamente con el Dios del universo, quien desea apartarnos –'santificarnos'– del mundo. Cuando le hablamos a Dios tenemos profundo gozo).

Permita que los 5 grupos le cuenten al resto de la clase lo que aprendieron, incluyendo lo que pensaron que su pasaje decía sobre la oración. Déles la oportunidad de hacer alguna pregunta del texto que no hayan entendido. Termine con esta actividad preguntando: "Si Jesús cuando enfrentaba una situación difícil oraba, ¿no deberíamos nosotros hacer lo mismo?"

(Observación: en esta lección no estaremos estudiando en detalle el capítulo 17. Simplemente veremos que Jesús, en tiempos de dificultad y pruebas, buscó la oración como respuesta. En las siguientes tres lecciones, descubriremos las tres partes de la oración sacerdotal de Jesús que se encuentran en este capítulo).

ACTIVIDADES

Elija alguna de las siguientes actividades para captar la atención de los primarios en el tema de estudio.

Codo a codo, compañeros de oración

Divida a su clase en parejas. Haga que cada una se siente en el suelo, espalda con espalda y luego intenten ponerse de pie apoyando su espalda con la del compañero, los dos al mismo tiempo, pero sin caerse. Dé unos minutos para que lo intenten. Después pregunte: "¿Qué tuvieron que hacer para no caerse?" Deje que le digan lo difícil que fue y todo lo que tuvieron que hacer para ponerse de pie.

Señale: "A veces tenemos que aprender a apoyarnos mutuamente. Esta es una verdad en nuestra vida espiritual también. En las siguientes semanas, haremos el esfuerzo de orar unos por los otros".

Lea los siguientes versículos a la clase: "Mejor son dos que uno, pues reciben mejor paga por su trabajo. Porque si caen, el uno levantará a su compañero; pero ¡ay del que está solo! Cuando caiga no habrá otro que lo levante" (Eclesiastés 4:9-10). Con esto en mente, pida a los niños que busquen un amigo o amiga que sea su compañero de oración. Si algunos no tienen compañero o les cuesta encontrarlo, dígales que usted los ayudará. Luego pueden juntarse cada uno con su compañero de oración y preguntarse entre ellos por qué causa quiere que el otro ore.

Tarjeta para llamar a Dios

Dirija a su clase a la actividad del libro del Alumno, lección 22, para realizar la tarjeta. Diga a la clase: "Ustedes fueron elegidos para diseñar una tarjeta 'para llamar a Dios'. Usen lo que acaban de aprender de la Biblia para crear una tarjeta que podrían usar para llamar al cielo, incluyendo un número y un eslogan". Recuérdeles que algunas personas deletrean su número de teléfono en vez de dar los números. (Por ejemplo, 777-ORAR, es 777-6727). Escriba las letras y los números correspondientes antes de la clase y permita que los niños los utilicen.

Algunas ideas para los eslogan pueden ser: "Atendemos las 24 horas del día", o "Al cielo, llamadas gratis", etc. Después de algunos minutos, permítales que muestren su trabajo al resto de la clase. Pueden agregar también la cita de Filipenses 4:6-7.

Testimonio juvenil

Busque algún joven de su iglesia que, recientemente, haya recibido la contestación a un pedido de oración, o simplemente alguien que tenga una vida de oración activa. Deje que cuente su experiencia a la clase. También podría contar cómo planea su tiempo de oración cada día, o sobre qué cosas ora, y lo importante que es para él la comunicación con Dios. Si no encuentra un joven, busque un adulto o usted mismo puede contar a la clase alguna historia sobre el poder de la oración.

Memorización

Utilice esta actividad bíblica para que aprendan de memoria el texto bíblico. Explique el significado de las palabras: "angustia", "sobrepasa", y otras que puedan ser difíciles para los niños.

Antes de la clase, escriba cada una de las frases (tal como se encuentran abajo, separadas por la barra), más la cita, en tarjetas de cartulina. Los niños deberán aprender de memoria el texto, para luego armarlo en el orden correcto, como si fuera un rompecabezas.

En la clase diga: "Hemos hablado de la importancia de la oración. Jesús oraba cuando se enfrentaba con circunstancias difíciles. Ahora aprenderemos un pasaje que nos dice cómo debemos orar". Léales el texto a memorizar: "Por nada estéis angustiados / sino sean conocidas / vuestras peticiones / delante de Dios / en toda oración y ruego / con acción de gracias / Y la paz de Dios / que sobrepasa todo entendimiento / guardará vuestros corazones / y vuestros pensamientos / en Cristo Jesús"/ (Filipenses 4:6-7).

Coloque las 12 tarjetas con las frases escritas, mezcladas sobre una mesa. Diga a los estudiantes que después de repetirlas deberán ponerlas en el orden correcto. Si desea, puede dividir la clase en dos grupos para una mejor competencia. Si es así, necesitará dos juegos de frases. Puede repetir esta actividad en las cuatro lecciones de la unidad. Al finalizar la misma puede preparar premios para los que aprendieron el texto de memoria. Piense en regalarles alguna fruta, como manzana, naranja, etc. No siempre deben ser golosinas.

Para terminar

Termine la lección de hoy agradeciendo a Dios por el regalo de la oración. Pídale sabiduría para orar de la forma correcta. Si decidió que los estudiantes tengan compañeros de oración, planee el tiempo para que hablen el uno con el otro de las preocupaciones que tienen, y que puedan orar juntos. Anímelos a que aparten momentos durante la semana para orar juntos y por separado unos por otros.

Considere orar por una o dos peticiones de la iglesia cada semana. Durante esta unidad, recuerde a sus estudiantes que oren por esas peticiones en forma regular en sus tiempos de oración privada. Pueden enviar una tarjeta a la persona por la cual están orando; de esa manera sabrá que la clase de primarios está presentando su nombre ante el Señor cada semana.

Mis notas:

LECCIÓN 23

Jesús ora por sí mismo

Base bíblica: Juan 17:1-5
Objetivo de la lección: Que los primarios sepan que Jesús nos dio el ejemplo para que evaluemos si nuestras peticiones le dan la gloria a Dios.
Texto para memorizar: "Por nada estéis angustiados, sino sean conocidas vuestras peticiones delante de Dios en toda oración y ruego, con acción de gracias. Y la paz de Dios, que sobrepasa todo entendimiento, guardará vuestros corazones y vuestros pensamientos en Cristo Jesús" (Filipenses 4:6-7).

¡PREPÁRESE PARA ENSEÑAR!

Muchas veces, la lista de oración de los primarios se compone únicamente de peticiones personales. En el Padrenuestro, Jesús nos enseñó a pedir el "pan de cada día". Sin embargo, el énfasis de esa oración era glorificar a Dios, que fuera hecha su voluntad. Y Jesús continúa con el mismo tema en su oración sacerdotal.

Es muy posible que los primarios no la interpreten bien si no comprenden que Jesús estaba pidiendo ser glorificado, por el ministerio que desarrolló y su obediencia hasta la cruz.

Es posible que crean que fue egoísta su pedido al Padre de que lo glorificara. Pero al entender que Jesús relaciona la gloria con la obediencia ante el sufrimiento y la muerte, ellos comprenderán que no era una oración egoísta.

Las oraciones donde Jesús pide por sí mismo contrastan con las oraciones egoístas. En la oración sacerdotal, Jesús, al orar por sí mismo, nos provee un modelo de cómo debemos orar al Padre, y qué pedirle. Después de estudiar este ejemplo, los primarios podrán evaluar sus peticiones personales y ver si honran con ellas a Dios.

COMENTARIO BÍBLICO

Como Jesús sabía que pronto iba a morir en la cruz, hizo la oración que se conoce como "la oración sacerdotal". Observamos que está compuesta de tres partes. En los versículos 1-5 Jesús ora por sí mismo. En los versículos 6-19 le pide a Dios por sus discípulos. Y en los versículos 20-26 pide por los que iban a creer después, una categoría en la cual estamos incluidos nosotros.

En los primeros cinco versículos de la oración, Jesús le pide a Dios que lo glorifique para que a su vez él pudiera glorificar a Dios. Jesús le recuerda al Padre que esta gloria se ha revelado: "he acabado la obra que me diste que hiciera" (v. 4).

Jesucristo es la revelación perfecta de la gloria de Dios. Él mostró al mundo cómo era Dios. Los que llegan al Padre por medio de Jesucristo, comparten su gloria. Eso significa que él los cambia y los transforma para que sean cada vez más como Cristo.

La cruz era la gloria de Jesús, porque fue el cumplimiento de su tarea. Si no hubiera terminado en la cruz, el ministerio de Jesús hubiera sido incompleto. Él vino a la tierra para mostrar el amor de Dios a todas las personas a través de su vida, sus enseñanzas, sus sufrimientos y su muerte. Si Jesús no hubiera ido a la cruz, el mensaje de Dios habría sido una contradicción, porque le hubiera puesto un límite a su amor (habría un precio que su amor no sería capaz de pagar). Solo hay una forma de glorificar a Dios: la obediencia. Jesús trajo gloria a Dios a través de su perfecta obediencia al Padre.

Siempre se debe considerar la petición de Jesús por sí mismo en el contexto de su obediencia hasta la muerte, para que Dios fuera glorificado.

La crucifixión era el instrumento que usaba el imperio romano para mostrar una tremenda humillación. ¡Que ironía!, Jesús usó este medio para mostrar su amor infinito y la gloria de Dios. Aún cuando muchos rehusaron ver en la cruz la gloria de Dios, esto fue notorio para los crueles soldados romanos que presenciaron su muerte, quienes clamaron: "Verdaderamente este era Hijo de Dios" (Mateo 27:54).

Jesús reconoció el poder y la autoridad que el Padre le había dado. Sin embargo no usó ese poder para su propia gloria, sino que lo usó en obediencia para acercar las personas a Dios.

Es un ciclo interesante. Dios glorificó al Hijo dándole poder y autoridad. Jesús glorificó al Padre usando obedientemente ese poder para que otros conocieran a Dios. Cuando las personas conocen a Dios, también dan gloria al Padre y al Hijo.

DESARROLLO DE LA LECCIÓN
Es difícil ser humilde

Antes de la clase, consiga un trofeo, mientras más grande sea, mejor. Si no puede conseguirlo, haga uno de cartulina o cartón y píntelo de color plateado o dorado.

En clase, invite a sus estudiantes a abrir el libro del Alumno (lección 23), en la primera actividad. Dígales que imaginen que participaron en algún concurso o competencia y ganaron un importante premio. Y ahora deben escribir un breve discurso de agradecimiento, el cual pronunciarán en la entrega de premios. Después de darles unos minutos, permita que algunos voluntarios pasen, acepten su "trofeo" y digan su discurso.

Diga: "¿Alguna vez conocieron personas que quieran recibir toda la gloria y el honor para ellas mismas? Es difícil ser humilde. Hoy vamos a aprender lo que significa ser humildes al ver el ejemplo de Jesús".

Palabra importante

Gloria: dar honra, alabanza, elogio, a alguien. Pregunte a la clase si alguno sabe lo que significa la palabra "glorificar". Escriba en la pizarra la palabra y su significado. Explique la definición. Dé ejemplos. Diga que van a hablar sobre esa palabra.

Luego, inicie una competencia utilizando los siguientes versículos bíblicos, para dar a los primarios un trasfondo de la palabra "glorificar". Cada estudiante deberá tener su Biblia.

Diga: "Yo voy a leer un versículo bíblico y después les haré una pregunta. Busquen el versículo lo más rápido posible y traten de encontrar la respuesta. Cuando tengan tanto la cita bíblica como la respuesta, levanten la mano". (¡Cuidado! Los primarios tienden a levantar la mano cuando encuentran el versículo sin tener la respuesta. Recuérdeles que es necesario tener ambas cosas).

Éxodo 15:11. Palabra que describe la gloria de Dios. (Magnífico)

Salmo 19:1. ¿Qué o quién declara la gloria de Dios? (Los cielos)

Salmo 57:5. ¿Dónde encontramos la gloria de Dios? (En toda la tierra)

Salmo 102:15. ¿Qué harán los reyes de la tierra con la gloria de Dios? (La temerán)

1 Corintios 10:31. ¿Qué acciones deberían darle gloria a Dios? (Todo lo que hagamos, ya sea beber o comer)

Apocalipsis 19:1. ¿Qué es lo que le pertenece a Dios? (Salvación, gloria, honra, y poder)

Diga: "Luego seguiremos hablando un poco más sobre lo que significa glorificar a Dios".

HISTORIA BÍBLICA
Con mis propias palabras

Diga: "Hoy vamos a hablar de las oraciones que son egoístas y las que no lo son. Analicemos la oración que hizo Jesús".

Invite a los estudiantes a abrir el libro del Alumno en la segunda actividad, y dé unos minutos para que lean en forma silenciosa el pasaje de Juan 17:1-5.

Pregunte: "¿Creen que esta oración era egoísta?" (Permita que contesten).

Cuando hayan terminado de leer los cinco versículos, dígales que tendrán el honor de parafrasear (explicar con sus propias palabras) este pasaje. Dé suficiente tiempo para que escriban en la parte inferior de la hoja. Luego, permita que cada uno lea lo que escribió.

Realice las siguientes preguntas para que los alumnos profundicen más en la Escritura:

● Al comienzo de su oración ¿qué le pidió Jesús a Dios que hiciera? (Que lo glorificara).

● ¿Qué significaba eso? (Algunos primarios pueden pensar que Jesús pedía que lo engrandeciera ante los ojos de las personas. Ayúdelos a entender que su deseo mayor era glorificar al Padre).

● Jesús sabía que Judas lo traicionaría. Sin embargo, antes de orar dijo: "Ahora es glorificado el Hijo del Hombre, y Dios es glorificado en él". ¿Por qué creen que Jesús dijo que él y el Padre serían glorificados, si Judas había ido para traicionarlo? (Esto podría ser un misterio para los primarios, como también lo fue para los discípulos). Dígales que Jesús sabía que la cruz iba a ser muy dolorosa y que allí iba a morir. Sus perseguidores deseaban esa humillación para él. Sin embargo, él sabía que su muerte traería salvación, y de esa forma glorificaría a Dios.

● Si la cruz significa dolor, humillación y muerte, ¿por qué se la ve en los templos y en las joyas que usamos? (Ayude a los primarios a entender que la cruz era la muestra más profunda del amor de Dios. Jesús glorificó a Dios porque lo obedeció tanto en su vida como en su muerte en la cruz. Dios glorificó a Jesús al levantarlo de entre los muertos y llevarlo al cielo para estar con él).

ACTIVIDADES
Acróstico: ORAR

Escriba en una cartulina la palabra "ORAR", con letras grandes en imprenta mayúscula, que puedan ser rellenadas o coloreadas.

En la pizarra escriba las oraciones del acróstico, para que los niños las copien. Para ello, provea un trozo de cartulina a cada uno.

Una vez que las hayan copiado, pídales que pinten o coloreen la palabra "ORAR". Pueden pegarle semillas, mostacillas, brillantina, etc.

Acróstico

Oportunidad para hablar con Dios
Recordar las bendiciones recibidas y ser agradecido
Acercarme a Dios para tener comunión con él
Rogar por mi vida espiritual y por la de otros para que conozcan a Dios

Si lo desean, pueden hacerle dos perforaciones a la cartulina en la parte superior y colocarle un hilo firme, para que lo puedan colgar en sus dormitorios como un cuadro, y así recuerden lo que significa orar.

Línea directa al cielo

Guíe a sus estudiantes a la tercera actividad del libro del Alumno. Llévelos a pensar en los diferentes tipos de oraciones: cuáles agradan a Dios, cuáles lo entristecen, cuáles él contesta con un "sí", cuáles con un "no", si siempre que oramos Dios nos escucha, si siempre podemos orar, etc.

Pídales que escriban sus respuestas debajo de cada pregunta, y luego que las comenten con el resto del grupo.

Para terminar agregue: "Dios siempre escucha nuestras oraciones, y su oído está atento a nuestras plegarias. Podemos hablar con él en cualquier momento, lugar, horario y circunstancia. Él siempre nos escucha. A veces él no contesta todas nuestras oraciones, sino las que están de acuerdo con su voluntad, haciendo lo que es más conveniente para nosotros. Eso nos enseña a confiar y a esperar en él, sabiendo que siempre está pendiente de nosotros, nos escucha y cumple su voluntad en nuestras vidas por el gran amor que nos tiene".

Memorización

Utilice esta actividad para presentar y aprender de memoria el texto bíblico. Siendo la segunda lección de la unidad, explique una vez más las palabras: "angustia", "sobrepasa", y otras que puedan resultarles difíciles a los niños.

Usted ya tendrá de la lección anterior las tarjetas con el texto rompecabezas.

En la clase diga: "Ahora seguiremos aprendiendo los versículos que nos dicen cómo debemos orar".

Lea los versículos, y haga que los niños repitan varias veces.

Coloque las 12 tarjetas con las frases escritas sobre una mesa, y mézclelas. Diga a los estudiantes que, después de repetirlo, deben poner las tarjetas en el orden correcto.

Para terminar
¿Cómo debo orar?

Diga, pedir es solo una de las varias maneras de orar. Otras maneras son confesar, pedir perdón, agradecer por todo lo que Dios hace y nos da, y alabar al Señor por lo maravillosos que es. Practicaremos algunas de estas oraciones. Para eso, ustedes tienen que escribir y terminar las frases que están en la última actividad de la lección 23 en el libro del Alumno.

Confiesa: Dios, te pido perdón por...
Agradece: Dios, gracias por...
Pide: Dios, por favor...
Alaba: Dios, tú eres increíble o maravilloso porque...

Pida a algunos voluntarios que lean en voz alta sus oraciones. Termine orando por los alumnos y agradeciendo a Dios por tener la "oración" como el medio más efectivo para comunicarnos con el Señor.

Mis notas:

LECCIÓN 24

Jesús ora por sus discípulos

Base bíblica: Juan 17:6-9
Objetivo de la lección: Que los primarios entiendan que Dios está con ellos cuando se enfrentan a un mundo hostil, de la misma manera que Jesús estuvo con sus seguidores.
Texto para memorizar: "Por nada estéis angustiados, sino sean conocidas vuestras peticiones delante de Dios en toda oración y ruego, con acción de gracias. Y la paz de Dios, que sobrepasa todo entendimiento, guardará vuestros corazones y vuestros pensamientos en Cristo Jesús" (Filipenses 4:6-7).

¡PREPÁRESE PARA ENSEÑAR!

Los primarios cristianos tienen que enfrentarse a una constante oposición en relación a sus creencias. Muchas veces se sienten solos y vulnerables por el hecho de ser creyentes. Viven la realidad de "estar en el mundo pero no ser parte del mundo".

Esta lección los ayudará a descubrir que Jesús conocía esas dificultades muchos siglos antes de que ellos nacieran. No solo sabía que sus discípulos se sentirían como extranjeros en un mundo que los odiaba, sino que hizo algo para ayudarlos.

En la segunda parte de la oración sacerdotal, Jesús oró por los discípulos. Los niños pueden identificarse con los primeros seguidores de Cristo. Al aprender más sobre la oración de Jesús por sus discípulos, y al reflexionar sobre la manera en la que Dios contesta la oración, crecerán con la confianza de que Dios los puede guardar. Al sentir su protección, su ánimo aumentará.

COMENTARIO BÍBLICO

La oración de Jesús por sus discípulos en Juan 17:6-9 también se aplica al cristiano de hoy, ya que se necesita de estos elementos para ser testigos eficaces de Jesucristo. En su oración, Jesús hizo cuatro peticiones importantes al Padre:

Protección

Él entendía que existían dos enemigos a los cuales sus discípulos se enfrentarían, y dijo: "El mundo los odió" (17:14). El mundo no había recibido su mensaje, y aun así estaba dispuesto a silenciar a Jesús. A sus discípulos les dejó ese mismo mensaje para que transmitieran, por lo cual ellos no podían esperar un mejor trato de una generación incrédula.

Además, el caso de Judas, quien se había alejado de la intimidad del grupo para hacer la voluntad del diablo, era un ejemplo espeluznante del poder del maligno.

Es así que Jesús oró pidiendo que los discípulos fueran protegidos "del mal" en medio de un mundo que odiaba el Evangelio. La palabra "mal" indica que la Biblia no considera la maldad como un término abstracto. La maldad es un poder activo y personal que siempre está en oposición a la bondad de Dios.

La oración de Jesús era que Dios los protegiera: "guárdalos en tu nombre" (17:11). Esta no era una protección débil. El nombre de Dios revela su carácter y su naturaleza. "Fuerte torre es el nombre de Jehová; a ella corre el justo y se siente seguro" (Proverbios 18:10).

Unidad

En el poder del nombre de Dios, los discípulos estarían protegidos y unidos. Jesús deseaba que ellos tuvieran la misma unidad que él tenía con su Padre. Era una unidad de propósito y de fuerza. "Todos para uno, y uno para todos" es un dicho moderno que nos puede ayudar a entender cómo los discípulos debían unirse para extender el Evangelio, y para soportar la persecución que vendría sobre ellos.

Gozo

El deseo de Jesús era que sus discípulos tuvieran "mi gozo completo en sí mismos" (17:13). La desilusión y desesperación no eran actitudes que él deseaba para ellos al llevar a cabo su misión. Más bien, Jesús había restaurado "el gozo... de la salvación" (Salmo 51:12), y eso marcó la llegada de su reino.

Santificación

Finalmente, Jesús oró pidiendo que sus discípulos fueran santificados. En este caso "santificado" significa "apartado" y "dedicado a la causa de Dios". Jesús estaba orando para que ellos fueran apartados del mal de este mundo —o sea, santos y sin mancha— y dedicados a cumplir su misión. La tarea de los discípulos no era nueva, sino la continuación de la misión de Jesús.

La santidad del Padre era la base de la misión del Hijo. Esa santidad, separación del pecado y dedicación a una vida de justicia es lo que Jesús anhelaba para sus seguidores.

DESARROLLO DE LA LECCIÓN
Maletín de supervivencia

Lleve a su clase una caja o maletín en el que usted haya colocado todos los artículos que cree que le serían de suma importancia para sobrevivir. Muestre a los alumnos cada artículo y explíqueles para qué sirven (sin duda usted colocará una Biblia o Nuevo Testamento). Pida que abran el libro del Alumno en la primera actividad de la lección 24. Exprese: "Tomen unos minutos para escribir o dibujar todo lo que ustedes necesitarían para sobrevivir". Dé tiempo para hacerlo, y si no saben qué escribir, ayúdelos con ideas creativas (detergente para lavar la ropa, comida, pasta dental, medicinas, música, etc.).

Observe si alguno anota "la oración". Si algunos lo hacen, pídales que describan la razón por la cual necesitan la oración para sobrevivir. Si nadie en la clase la menciona, pregunte si no creen que la oración sea necesaria para sobrevivir.

Diga: "La oración, o la comunicación con Dios, es como el aire para respirar. Es absolutamente necesaria. Hoy hablaremos de lo importante que puede llegar a ser para la vida del cristiano".

En las sandalias de Jesús

Antes de la clase, busque unas sandalias del tamaño de los pies de sus estudiantes. Dibuje una burbuja de pensamiento en la pizarra. Esta debe ser lo suficientemente grande como para que todos lo niños escriban lo que piensan.

En clase, dígales que cierren los ojos. Cuando se haga silencio, diga: "Imagina que eres Jesús. Sabes que pronto serás arrestado y que vas a morir. Sabes que los discípulos se enfrentarán a tiempos muy difíciles. Tú estás muy cerca de ir al cielo. Sabes que las personas no entenderán a tus discípulos, los odiarán, y tratarán de matarlos. Tú amas a tus discípulos. Ellos son tus mejores amigos. Entonces te rompe el corazón saber que ellos, y los que creerán en ti en el futuro, enfrentarán mucha oposición. ¿Qué puedes hacer? Solo tienes poco tiempo para estar con ellos antes de ir a la cruz. Ahora es el único momento que tienes la oportunidad de orar al Padre y pedirle por tus amigos, los discípulos. ¿Qué le pedirías?"

Pida que abran sus ojos. Coloque las sandalias en el suelo frente al pizarrón y dígales que imaginen que esas eran las sandalias que usó Jesús. Después de darles tiempo para pensar, invítelos a que, uno por uno pongan sus pies dentro de las sandalias y escriban sus ideas en la burbuja.

Diga: "Vamos a ver lo que Jesús realmente pidió cuando oró por sus discípulos".

HISTORIA BÍBLICA
Tengo un sueño...

Divida la clase en parejas (si todos ya tienen su compañero de oración pueden dividirse de esa manera).

Si hicieron la actividad "En las sandalias de Jesús" diga: "Ahora vamos a leer la oración de Jesús por sus discípulos. Podemos encontrarla en Juan 17:6-19". Recuerde a los alumnos que la semana pasada hablaron de la oración sacerdotal. Aprendieron acerca de la primera parte de la oración donde Jesús oró pidiendo por sí mismo: su deseo era glorificar al Padre. En la segunda parte de la oración pidió por sus discípulos. La semana próxima revelaremos la tercera parte, y allí encontraremos una hermosa sorpresa, ¡la mejor de todas! Pida que abran el libro del Alumno en la historia de hoy: "Tengo un sueño...", y que lean el pasaje. Deben trabajar con su compañero para contestar las siguientes preguntas:

1. ¿Cómo describe Jesús la relación que los discípulos debían tener con Dios? (v. 6, 8 y 9).

2. ¿Cuál era el sueño que Jesús tenía para los discípulos y la relación entre ellos? (v. 11).

3. ¿Qué es lo que Jesús le pide al Padre para sus discípulos? (v. 11, 13 y 17).

Después de unos minutos, comenten entre todos las respuestas. Permita que varios grupos las expongan al resto. Algunas posibles respuestas podrían ser:

1. Ellos eran de Dios / Que fueran obedientes a Dios / Que aceptaran la palabra de Dios / Que creyeran y tuvieran confianza en Jesús.

2. Que el Padre los protegiera para que fueran uno, como Jesús y el Padre son uno.

3. Que el Padre los protegiera / Que tuvieran la completa medida del gozo de Jesús / Que el Padre los santificara de verdad.

En este momento, explique brevemente el significado de la palabra "santificar" (separar y hacer santo). Diga que esta era parte del sueño de Jesús para sus discípulos. Acláreles que Jesús no quería que Dios se los llevara del mundo. ¿Por qué? Permita que uno o dos estudiantes contesten. Pregunte: "¿Cómo sería el mundo si Dios se llevara a todos los creyentes..., si uno, luego de convertirse desapareciera?" Permita que comenten lo que piensan al respecto (no habría cristianos para testificar a otros, etc.).

ACTIVIDADES

Elija alguna de las siguientes actividades para captar la atención de los primarios en el tema de estudio.

Midamos el progreso

Invite a sus estudiantes a dirigirse a la segunda actividad del libro del Alumno, lección 24 y lean las instrucciones. Evalúen las respuestas de Dios a la oración de Jesús, basándose en lo que conocen de los discípulos. Lea las siguientes preguntas.

1. ¿Los discípulos reconocieron la importancia de la posición que tenían con Dios? Sí o No

2. ¿Se mantuvieron unidos y construyeron una sola iglesia? Sí o No

3. ¿Encontraron protección del mundo y del maligno? Sí o No

4. ¿Tuvieron gozo? Sí o No

5. ¿Santificó Dios a los discípulos luego de la oración de Jesús? Sí o No

Pregunte: "Si la oración de Jesús pudo hacer todo esto por los discípulos, ¿qué puede hacer por ustedes hoy?"

Memorización

Saque las tarjetas de las clases anteriores, con el texto a memorizar. Mézclelas bien. Repitan varias veces el texto y dé tiempo a los niños para que lo armen sobre la mesa. Si hay voluntarios que lo sepan de memoria, puede pedirles que lo escriban en la pizarra.

Para terminar
El doctor está presente

Guíe a los niños a que tomen unos minutos para hacer un "examen" de sus vida con Dios. Diga: para ello deben contestar las preguntas de la última actividad del libro del Alumno, (lección 24).

- ¿Cómo te sientes ahora acerca de tu relación con Dios?
- ¿Cómo te sientes viviendo como un cristiano en un mundo no cristiano?
- ¿Qué necesitas de Dios ahora?
- Escribe algo que puede alejarte de tu relación con Dios.

¡Dios SIEMPRE nos escucha cuando hablamos con él!

Usted puede contestar esas mismas preguntas y luego entre todos hablar sobre las respuestas.

Tenga momentos de oración que sean significativos para los niños. Permita que ellos tengan tiempo apropiado para orar y clamar a Dios de todo corazón.

Anímelos a que en la próxima clase cuenten sobre oraciones que Dios les haya contestado.

Mis notas:

LECCIÓN 25

Jesús ora por todos los creyentes

Base bíblica: Juan 17:20-26
Objetivo de la lección: Que los primarios sientan confianza, sabiendo que Jesús oró específicamente por ellos.
Texto para memorizar: "Por nada estéis angustiados, sino sean conocidas vuestras peticiones delante de Dios en toda oración y ruego, con acción de gracias. Y la paz de Dios, que sobrepasa todo entendimiento, guardará vuestros corazones y vuestros pensamientos en Cristo Jesús" (Filipenses 4:6-7).

¡PREPÁRESE PARA ENSEÑAR!

Una de las experiencias más significativas que los primarios pueden llegar a tener es la de encontrar un adulto mentor, que los acompañe, los anime, y ore por ellos con nombre y apellido. El impacto espiritual de una persona y una oración así es muy importante.

En la última lección, los primarios descubrieron que Jesús oró específicamente por sus discípulos, quienes vivieron y ministraron junto a él durante tres años. Oró en voz alta, y en presencia de sus colaboradores, para que su gozo fuera también de ellos. Como discípulos y ayudantes actuales de Jesús, los primarios pueden llevar a la práctica este ejemplo, y orar por sus amigos.

A lo largo de esta lección, se alegrarán de saber que Jesús oró específicamente por los creyentes del futuro. Eso los incluye a ellos, a usted y a mí.

De un modo real, hace más de 2.000 años, Jesús se acercó a ellos ese día, los animó y oró por cada uno, con nombre y apellido.

Es importante que los primarios sepan que Jesús oró por ellos, y que le pidió al Padre que los futuros creyentes estuvieran unidos unos con otros, y también unidos con Dios. Esta unidad viene solo por estar en Cristo.

Los primarios necesitan saber que Jesús dijo que les daría la misma gloria que él había recibido del Padre. Oró para que ellos tuvieran la valentía necesaria para caminar en sus pasos.

La unidad entre los creyentes y la gloria que él nos dio tienen un propósito: "Que el mundo conozca que tú me enviaste, y que los has amado a ellos como también a mí me has amado" (Juan 17:23).

Cuando usted ora por los alumnos está participando de la misma oración que Jesús hizo por ellos.

COMENTARIO BÍBLICO

En su oración por los futuros creyentes (Juan 17:20-26), Jesús pidió tres cosas: unidad, gloria y amor.

Unidad: Jesús hizo esta petición dos veces: "Para que todos sean uno" (v. 21), y "para que sean perfectos en unidad" (v. 23). Esta unidad incluye tres características, las cuales no se pueden parecer a un simple acuerdo humano:

1. Primero, sería sobrenatural, ejemplificada a través de la unidad del Padre y el Hijo (vs. 21-22). Como cristianos, somos partícipes en forma directa de la unidad con el Dios trino.

2. En segundo lugar, sería visible. La unidad que Jesús tenía con el Padre, y deseaba para sus discípulos, mostraría al mundo que él había enviado a su Hijo al mundo.

3. Y tercero, sería evangelística. El mundo creería que Dios envió a Jesús al mundo al oír "la palabra de ellos" (v. 20). Ese Evangelio había sido extendido por los primeros discípulos, pero también por las generaciones de cristianos que vendrían después.

Gloria: Jesús oró para que los futuros creyentes disfrutaran de una relación gloriosa con Dios, siguiendo el ejemplo de su propia vida. Eso incluía la cruz, la cual Jesús contempló como una gloria en lugar de derrota. También incluía su obediencia hasta la cruz. Esa misma obediencia es la que Jesús esperaba de sus seguidores: "Si alguien quiere venir en pos de mí, niéguese a sí mismo, tome su cruz y sígame" (Mateo 16:24). No es un concepto nuevo, sin embargo es difícil. Un predicador conocido decía: "No hay corona de gloria sin la angustia de la cruz".

Amor: Jesús oró para que la vida de los futuros creyentes estuviera llena de amor. No solo un amor humano o fraternal, sino el amor de Dios. Ese amor que Dios el Padre tuvo por Jesús, y el amor de Jesús que vive en los creyentes; el amor que "todo lo sufre, todo lo cree, todo lo espera, todo lo soporta", el amor que "nunca deja de ser" (1 Corintios 13:7-8). El amor de Dios crea una comunidad sólida de fe, unida y glorificada. Es ese amor el que Jesús dijo que nos identificaría como cristianos: "En esto conocerán todos que sois mis discípulos, si tenéis amor los unos por los otros" (Juan 13:35). Ese amor se mostraría al mundo; y por ese amor el mundo sabría que somos diferentes.

DESARROLLO DE LA LECCIÓN
Anuncio comercial sobre la oración

Divida la clase en grupos de tres integrantes cada uno. Entregue a cada grupo una hoja en blanco y lápices o lapiceras. Pida que escriban un anuncio comercial sobre la oración. Si desean, pueden usar alguno que estén dando en la radio o la televisión en la actualidad. Después de cinco minutos, pida a los diferentes grupos que hagan el anuncio como si estuvieran saliendo en la televisión. Luego entre todos, pueden votar y escoger los dos mejores anuncios. Dé las instrucciones para la elección; por ejemplo cuál fue el más convincente y el más llamativo. Los anuncios pueden basarse en todas las lecciones de esta unidad. Finalmente, puede hacer una condecoración para cada niño de los dos grupos ganadores. Condecoración: papel dorado o plateado y cartulina azul. Corte círculos de papel dorado o plateado (de unos 8 cm. de diámetro) y péguelos sobre círculos de cartulina blanca del mismo tamaño. En el centro del círculo escriba con marcador indeleble: "No. 1 ORAR". En la parte inferior del círculo pegue dos listones [cintas] de tela o cartulina azul o roja, de unos 20 cm. de largo por 5 cm. de ancho. Consiga alfileres de gancho para ropa (tenga cuidado de que los niños no se pinchen) para que los ganadores se coloquen las condecoraciones en el pecho.

¿Quién está orando por ti?

Pida a los alumnos que abran el libro del Alumno, lección 25, en la primera actividad. Dígales que contesten las preguntas. Solicite que, quienes lo desean, le cuenten al resto lo que escribieron, a modo de testimonio.

Aclare: "Hoy aprenderemos que hubo Alguien que oró por cada uno de ustedes, mucho antes de que nacieran".

HISTORIA BÍBLICA
"Jesús oró por ti"

Diga: "Este es el momento de revelar la tercera parte de la oración de Jesús. ¿Alguno de ustedes sabe por quién oró Jesús en esta parte?" Espere las respuestas.

Enfatice: "Sí, Jesús oró por ti y por mí. Oró por cada uno de ustedes, por cada uno de nosotros. Leamos lo que dice la oración".

Abran la historia bíblica del libro del Alumno, y lean el pasaje de Juan 17:20-26.

Dé tiempo para que lean, respondan y comenten con el resto las preguntas que se encuentran a continuación, en el libro del Alumno.

Enseñe que: "Jesús oró por los creyentes que habría en el futuro. Eso los incluía a ustedes, y a los que conocerían a Jesús por lo que nosotros les hablaríamos de él. ¿Cómo los hace sentir eso? ¿Cómo podemos hacer para que la oración se siga multiplicando?" Deje que los niños expresen su sentir e ideas.

Preguntas de repaso

Todos deben tener sus Biblias, de esa manera podrán contestar las preguntas, basadas en Juan 17:20-26

1. ¿Por quién ora Jesús, en el v. 20?
2. ¿Por qué ora Jesús, en el v. 21?
3. ¿Para qué pide Jesús que los creyentes sean unidos, en el v. 23?
4. ¿Qué quiere Jesús para los creyentes, en el v. 24?

Si usted desea, puede agregar más preguntas. También puede transformar este momento en una competencia divertida entre niños y niñas.

ACTIVIDADES
¿Cómo puedo orar sin aburrirme?

Escriba en tarjetas de colores diferentes formas en las que los niños pueden orar sin aburrirse ni sentir que la oración es algo monótono. Coloque las tarjetas en una bolsa, y pídales que cada uno saque una, y así poder orar en la semana de la forma que allí se indica. Y aunque la unidad sobre la oración de Jesús se termine, los niños pueden continuar intercambiando tarjetas cada semana, colocarlas nuevamente en la bolsa, y sacar otras para orar de maneras diferentes cada semana. Usted puede reponer las que se pierdan o arruinen.

Las sugerencias para poner en las tarjetas son:

● Canta una oración en forma de himno o coro. Tararea ese canto durante la semana, todos los días.

● Camina por el jardín, patio o plaza y dale gracias a Dios por cada objeto pequeño o grande que veas. Por ejemplo: flores, pájaros, insectos, árboles, casas, personas, estaciones de servicio, ómnibus, etc.

● Escoge un tiempo específico para orar todos los días: en el desayuno, en el recreo, a la

hora del almuerzo, o cuando te vas a la cama.
- Ora solo un minuto, nada más, todos los días.
- Hoy ora de rodillas.
- Hoy ora parado.
- Hoy ora acostado, o sentado.
- Hoy ora con un amigo o amiga.
- Hoy escribe tu oración. Puede ser bien breve, como: "Jesús, te amo".
- Hoy ora solo por tu familia.
- Cuando escuches estos sonidos, ora de la siguiente manera: cuando toque el primer timbre o suene la campana del recreo, ora por tus amigos. Cuando toque el segundo timbre, ora por tu familia. Cuando toque el tercero, ora por tus maestros.
- Hoy lee el Padrenuestro.
- Estudia el Padrenuestro de memoria. Piensa en cada palabra de esa oración que Jesús nos enseña.
- Ora con alguien de tu familia: papá, mamá, un hermano, una hermana, tu abuela.
- Hoy solamente da gracias a Dios.
- Hoy solamente pide lo que necesitas.

¿Y ahora qué?
Pregunte: "¿Qué cosas hacen que un grupo esté unido?" (Metas compartidas, intereses en común, los mismos amigos, la misma escuela, la misma iglesia, etc.).

"¿Qué cosas hacen que un grupo se divida?" (Peleas, malos entendidos, incomprensión, hablar mal de otros, hacer chistes desagradables, burlarse de otros, hacer sentir inferior a los demás, tener prejuicios, etc.).

Dirija a los niños a la última actividad de la lección 25 del libro del Alumno, y dé tiempo para que lean las preguntas y las contesten en la hoja. Luego pueden contar al resto del grupo lo que escribieron. Guíelos a reflexionar sobre cómo podemos poner en práctica en nuestra vida cotidiana esta oración de Jesús en los diferentes ámbitos donde nos movemos.

Memorización
Saque las tarjetas de las clases anteriores, con el texto a memorizar, mézclelas bien, repitan varias veces el texto y proporcione tiempo suficiente para que los niños armen el texto - rompecabezas sobre la mesa. Si hay algunos que lo saben de memoria, pida voluntarios que lo escriban en la pizarra. Puede llevar una fruta, como una manzana o naranja, para premiar a los niños (no olvide llevar toallas de papel o servilletas para que se limpien las manos).

Hable con el pastor y pídale que les brinde a los niños, la oportunidad de recitar los versículos de las diferentes unidades, durante los servicios dominicales.

Si lo desea, a fin de año puede invitar a los padres a presenciar la clase, y que los pequeños reciten juntos todos los versículos. Seguramente estarán muy felices de ver a sus hijos participar y aprender la palabra de Dios.

Para terminar
Anime a sus alumnos a seguir orando. Diga lo significativa que debe ser la oración para ellos, y que si Jesús le dio tanta importancia, es porque realmente la tiene. La oración nos mantiene en comunión con el Señor. ¡Qué feliz nos hace saber que hay Alguien que nos escucha todo el tiempo e intercede por nosotros!

Pida que ellos oren por usted, y al final usted termine orando por ellos.

Mis notas:

Año 3

Introducción • Unidad VII

SACRIFICIO POR EL PECADO

Bases bíblicas: Génesis 3:1–4:16; Hebreos 11:4; 1 Juan 4:9-10; Isaías 1:13-17, 19-20;
Verdad bíblica: Jeremías 7:21-26; Miqueas 6:8; Malaquías 1:6-14; Romanos 12:1-2;
Hebreos 9:23–10:14,19-25; 1 Juan 4:10; 1 Timoteo 2:5; Hebreos 2:9-18; 4:14–5:10
Texto de la unidad: "...Cristo padeció una sola vez por los pecados, el justo por los injustos, para llevarnos a Dios..." (1 Pedro 3:18).

Propósitos de la unidad

Esta unidad ayudará a los primarios a:
- Crecer en su entendimiento de la seriedad del pecado y la profundidad de la misericordia de Dios.
- Conocer lo que Dios hizo a lo largo de la historia para otorgar el perdón de los pecados.
- Entender por qué Jesús es el sacrificio perfecto por el pecado y el mediador entre Dios y los hombres.
- Sentirse agradecidos con Jesús por haberse dado a sí mismo como sacrificio por el pecado.

Lecciones de la unidad

Lección 26: El pecado es algo serio
Lección 27: ¿Qué es un sacrificio?
Lección 28: ¿Es suficiente el sacrificio?
Lección 29: Jesús, el sacrificio perfecto
Lección 30: Jesús, el sacerdote perfecto

Por qué los primarios necesitan la enseñanza de esta unidad
El sacrificio no es algo cotidiano en la vida de los primarios. Para muchos, el sacrificio es algo que pasó de moda. Además tiene un significado muy negativo. Para la mayoría de las personas un sacrificio es algo que debemos evitar. La idea de que Dios pidiera que sacrificaran a un animal puede resultar molesta. Todo esto, combinado con la naturaleza compleja de la relación entre el sistema de sacrificios del Antiguo Testamento y Cristo, hace que esta unidad sea un reto para usted, y de gran importancia para los niños.
En esta unidad aprenderán que el pecado interrumpe la relación de una persona con Dios. La manera en que las personas restauraban su relación con él era haciendo sacrificios temporarios. Sin embargo, los sacrificios tenían que repetirse una y otra vez, y no modificaban la condición humana. Los alumnos aprenderán que nuestra salvación, la que se nos ofrece gratuitamente, costó la vida de Jesús. También será un motivo de celebración para ellos saber que Jesús se convirtió en nuestro sacrificio perfecto de una vez y para siempre. No solo terminó con la necesidad del sacrificio adicional de animales, sino que el sacrificio de Cristo tiene el poder para transformar nuestras vidas. En eso se basa nuestra esperanza de una relación restaurada con Dios.

LECCIÓN 26

El pecado es algo serio

Base bíblica: Génesis 3:1-4:16; Hebreos 11:4; 1 Juan 3:11-12
Objetivo de la lección: Que los primarios comprendan que, a pesar de que el pecado es algo muy serio, Dios es misericordioso y ama a los pecadores.
Texto para memorizar: "... Cristo padeció una sola vez por los pecados, el justo por los injustos, para llevarnos a Dios..." (1 Pedro 3:18).

¡PREPÁRESE PARA ENSEÑAR!

La mayoría de los niños de esta edad ya experimentaron cambios de relaciones, en el más amplio sentido de la expresión. Algunas de estas experiencias son normales, casi inevitables. Los amigos se mudan y perdemos contacto con ellos. Los intereses de las personas cambian y nos apartan. Pero en otras circunstancias, como el divorcio de los padres, las divisiones en el seno de la familia o el fin de una amistad; la causa es el pecado.

En esta lección y unidad, los primarios descubrirán el elevado costo que el pecado ocasionó y lo maravilloso de la gracia de Dios. Pecado es la desobediencia a la voluntad de Dios, que interrumpe la fluida relación entre él y el individuo. El pecado fue lo que condujo a Adán y Eva fuera del jardín del Edén y resultó en el primer asesinato. Desde entonces todo sigue igual.

Pero, desde el mismo principio, Dios proveyó lo necesario para restablecer la relación de amor entre él mismo y su pueblo. Primero aceptó los sacrificios de sus adoradores. Después estableció un sistema de sacrificios. Finalmente, ofreció a su propio Hijo, Jesús, como el sacrificio perfecto y final por nuestros pecados.

Las Escrituras señalan claramente que Dios pretende una relación íntima con su pueblo. A través del tiempo, él buscó alcanzar a todas las personas. Cada alumno debe decidir si quiere gozar de esa relación con el Señor.

COMENTARIO BÍBLICO

Génesis 3 es la introducción a la trágica cadena de eventos que culmina en el capítulo 4. En el capítulo 3, la idílica vida que transcurrió en el Edén llegó a un final catastrófico. La relación pura y sin obstáculos que una vez existiera entre Adán, Eva y Dios fue aniquilada como consecuencia del pecado.

Frecuentemente pensamos que el primer pecado ocurrió cuando Eva mordió del fruto prohibido. Pero la separación de Dios sucedió mucho antes. Al responder a las insinuaciones de Satanás, Eva comenzó a dudar de la bondad del Creador y le asignó a Dios motivos erróneos. Vemos una evidencia de esto en la respuesta de Eva a la pregunta de la serpiente referida a comer de los árboles del jardín.

La astucia de la serpiente también se manifestó en su declaración de que comiendo el fruto prohibido Eva llegaría a ser como Dios. Adán y Eva, en muchas maneras, ya eran como él, porque fueron creados a su imagen. El engaño con que Satanás procuraba envolver a Eva fue asegurarle que llegaría a ser como Dios, rebelándose contra él.

Este capítulo muestra que el pecado es una acción intencional o un conjunto de actitudes que violan una ley de Dios conocida. De esta manera interrumpe la relación entre la persona y el Creador.

Donde en un tiempo hubo una comunicación abierta y sincera, ahora hay malestar, engaño, culpa y evasión. La presencia santa de Dios se transformó en una amenaza en lugar de un cálido bienestar. El jardín dejó de garantizar comodidad y seguridad para tornarse en un lugar apto para esconderse del Señor.

La misericordia de Dios se manifestó desde el principio. Adán y Eva no murieron de inmediato, aunque sí perdieron la cualidad de vida con la que fueron creados.

Más bien Dios cubrió su vergonzosa desnudez y para ello sacrificó algo de su creación para hacerles un vestido. Además de esto, Génesis 3:15, es considerado como la primera insinuación del plan redentor de Dios por medio de Cristo.

Los eventos relatados en el capítulo 4 acontecen en un escenario espiritual radicalmente diferente. El pecado es ahora un obstáculo constante que impide la intimidad con Dios.

¿Por qué motivo Caín y Abel trajeron ofrendas? La Biblia no lo dice. Tampoco explica por qué Dios aceptó la ofrenda de Abel y rechazó la de Caín, aunque sí hallamos algunas evidencias. Abel trajo "lo más gordo" de entre los primogénitos de sus ovejas, pero Caín trajo "del fruto de la tierra" (v.3-4). En el Nuevo Testamento, el libro de Hebreos dice que Abel entregó su ofrenda por fe, sugiriendo que Caín tal vez no lo hizo así (11:4).

Pero, con todo, el versículo 7 dice que Caín tuvo la oportunidad de evitar el enredo del pecado. Él escogió no impedirlo y pecó. Entonces descargó su frustración espiritual sobre su hermano inocente. A pesar del juicio de Dios sobre su pecado, Caín también experimentó la indescriptible misericordia del Señor. No mató a Caín, ni permitió que otros lo hicieran; en lugar de esto, tuvo misericordia y puso una marca sobre él que le permitió sobrevivir.

DESARROLLO DE LA LECCIÓN
Problemas y más problemas

Divida a los niños en tres grupos y dirija su atención a la actividad del libro del Alumno (lección 26). Asigne a cada grupo uno de los tres acontecimientos para que ellos los completen. Dé varios minutos para que trabajen. Al reagruparlos, pida que lean sus comentarios, comenzando con "Los amigos se enojan entre ellos cuando...". El resto de la clase escuchará y al final participará con nuevas ideas. Usted anote en la pizarra lo que dicen los niños. Haga lo mismo con los otros dos grupos.

Diga: "Las relaciones entre las personas son importantes para todos nosotros, pero hay muchas situaciones que pueden ser malinterpretadas o erróneas y nos colocan en situaciones de enfrentamiento. En definitiva, en vez de que las relaciones sean buenas y fuertes, se rompen y terminan mal...todo por causa del pecado. Hoy aprenderemos de dos relaciones rotas y de cómo fueron restauradas".

Recordemos Génesis

Con todos los niños sentados en círculo, realice este juego para recordar los primeros acontecimientos relatados en Génesis. Disponga de una pelota suave o una bolsita llena de semillas. Usted expresará una afirmación (y tirará suavemente la pelota al niño que debe responder, luego el niño regresa el balón a usted). Los alumnos deben completar la afirmación con la frase entre paréntesis.

Puede agregar otras que vengan a su mente (prepárese con anticipación):

- Dios creó a las primeras personas y las hizo (a su imagen).
- Dios no quiso que Adán viviera solo, entonces le dio una (esposa).
- El nombre de la esposa de Adán fue (Eva).
- Dios le dijo que debían trabajar y (poner nombres a los animales)
- Dios les dijo que debían mandar sobre (las aves de los cielos, sobre los peces del mar y todo lo que había en el jardín).
- Dios vino al jardín y los (visitó).
- Génesis nos muestra que Dios quería tener una relación (amorosa) con la gente.

Agregue oraciones si tiene tiempo. Luego agregue: "A pesar del maravilloso plan de Dios para las personas, algo salió mal. Veamos qué aconteció en la historia bíblica".

Palabras Importantes

Escriba las palabras importantes en cartulinas de buen tamaño para colocarlas en la pizarra, y ser estudiadas durante la unidad.

Pecado: comienza con rebelión contra de Dios. La persona hace lo que desea, en vez de la voluntad del Señor. Esto lleva a desobedecer a Dios. Desobediencia significa no hacer o hacer lo contrario, de lo que Dios quiere de nosotros.

La caída: es como le llamamos a lo que sucedió con Adán y Eva. Ellos fueron desobedientes a Dios. Ya no podían tener una buena relación con él. Por ese motivo, toda la creación sufrió.

Transgredir o trasgresión: saber y escoger desobedecer a Dios.

Justo: aquél que tiene una relación correcta con Dios. La persona que es obediente y hace la voluntad del Señor.

Injusto: quien es separado de Dios por el pecado, y vive en desobediencia.

HISTORIA BÍBLICA

Divida a la clase en dos grupos para que lean los pasajes bíblicos de estudio: Génesis 3 y 4: 1-16 para poder contestar las preguntas de la segunda actividad del libro del Alumno (lección 26).

En el jardín:

1. ¿Qué les prohibió Dios a Adán y Eva que hicieran? (Comer fruto del árbol del conocimiento del bien y del mal).

2. ¿Qué causó que el fruto prohibido fuera tan tentador para Eva? (Era atractivo, buena comida, fuente de sabiduría). Afirmar que, la mayoría de las tentaciones de Satanás son como ésta. Nos tienta haciéndonos desear un montón de posesiones atractivas, o para satisfacer deseos físicos normales en la forma incorrecta. Él también nos tienta para que nos transforme-

mos en el dios de nuestra propia vida en lugar de depender del Dios verdadero.

3. ¿Cómo la desobediencia de Adán y Eva afectó su relación y comunicación con Dios? (Hizo añicos la relación de amor y confianza que tenían previamente. Ahora se sentían avergonzados y temerosos al punto de esconderse del Creador, en lugar de disfrutar con él, como lo habían hecho hasta ese momento).

4. ¿Cuáles fueron otros resultados de su desobediencia? (Ruptura entre Adán y Eva al culparse entre ellos, dolor, trabajo pesado y frustrante y, eventualmente, muerte).

5. ¿Cómo manifestó Dios su misericordia a pesar de que Adán y Eva pecaron? (Proveyendo vestiduras para cubrirse). Pareció cruel, al principio, de parte de Dios echarlos del huerto del Edén. En realidad, este fue un acto de amor y misericordia ya que en el jardín había otro árbol: el árbol de la vida. Si ellos hubieran comido de este fruto, habrían vivido para siempre en su pecado, con miedo y separados de Dios. El Señor no quiso que eso sucediera.

En el campo:

1. ¿Qué causó el problema entre Caín y Abel en el campo? (Los celos de Caín, porque Dios no aceptó su ofrenda como lo hizo con la de Abel.) Ver v. 3 y 4.

2. ¿Cómo pecó Caín? (Se enojó con Abel, lo mató y le mintió a Dios).

3. ¿Cómo mostró Dios su misericordia a Caín? (Puso una marca especial en él para que otros no lo maten).

Para concluir puede decir que, de algunas formas, parece que Adán y Eva pagaron un precio terrible por comer el fruto prohibido. ¿Por qué Dios considera al pecado algo tan serio y horrible? Deje que los estudiantes expongan sus ideas. Recuérdeles que Dios nos creó para relacionarnos con él y con nuestro prójimo. El pecado rompe y destruye esa capacidad, esto es lo que hace del pecado algo tan serio.

ACTIVIDADES
¿Qué es pecado?

Entregue tarjetas para que los alumnos escriban la definición de pecado, sobre lo cual ya estudiaron en las Palabras Importantes, y usted explicó durante la lección. Luego pida que levanten la mano los que quieran leer su definición. Explique y aclare el concepto si hay dudas. Señale que seguirán estudiando durante la unidad sobre lo triste y malo que es el pecado y sus consecuencias. Luego hable sobre las afirmaciones expuestas en la última actividad de la lección del libro del Alumno.

Memorización

Escriba el texto bíblico y la cita en tarjetas, una palabra en cada una de ellas. Antes de la clase, escóndalas en diferentes lugares del salón. Practiquen varias veces el pasaje que usted ya escribió en la pizarra. Explique la importancia del sacrificio de Cristo para restablecer la relación de Dios con el hombre, destrozada por el pecado y la caída de Adán y Eva. Pida a los niños que busquen las tarjetas. Cuando las encuentren, deben formar el versículo bíblico, en forma correcta, sobre una mesa.

Para terminar

Exponga a los primarios que esta fue una historia triste y seria, pero que no terminó con el pecado de Adán y Eva, ni con el asesinato de Abel. Dios ya tenía en mente a su Hijo, quien sería el Salvador del mundo: Jesús. Recuerde a los niños que el amor y la gracia de Dios son más grandes que cualquier pecado. Él preparó el camino para darnos libertad del pecado.

Canten un coro o himno apropiado y despida a los niño con una oración.

Mis notas:

LECCIÓN 27

¿Qué es un sacrificio?

Base bíblica: Levítico 1:1-9; 9:1-24; 1 Juan 4:9-10
Objetivo de la lección: Ayudar a los primarios a comprender que, aunque el pecado es algo tan costoso, Dios siempre brindó un camino para que seamos perdonados.
Texto para memorizar: "... Cristo padeció una sola vez por los pecados, el justo por los injustos, para llevarnos a Dios..." (1 Pedro 3:18).

¡PREPÁRESE PARA ENSEÑAR!

Sacrificio es una palabra interesante. ¿Qué imágenes acuden a nuestra mente al recordarla? ¿Puede ser la de un altar bañado en sangre? ¿Tal vez la de un misionero conocido que deja a su familia y amigos para ir a un lugar lejano?

Estas imágenes sugieren que muchos de nosotros vemos al sacrificio como algo distante, un concepto irrelevante que tiene poco o nada de impacto en nuestra vida diaria.

Para muchos, el sacrificio no solo carece de importancia, sino que también expresa algo negativo. Esto puede ser verdad para algunos estudiantes de su clase. Ellos viven en un mundo que enfatiza el privilegio y el consumo, no la renuncia. La idea de sacrificio puede parecer pasada de moda, para no decir desagradable. Por esta razón los estudiantes deben comprender el concepto bíblico de sacrificio.

En esta lección ellos aprenderán que sacrificio es el propósito de la gracia de Dios, y que por su medio hizo posible restaurar la relación entre él mismo y la raza humana caída por consecuencia del pecado. Dios, en lugar de permitir la muerte inmediata de Adán y Eva, permitió el sacrificio de animales y productos de la tierra para sustituir la vida humana. Más tarde, el Creador, en la persona de Jesucristo, daría su vida como sacrificio final por el pecado.

COMENTARIO BÍBLICO

Es sorprendente que la Biblia no aclare el origen del sacrifico. Después que Adán y Eva pecaron era razonable esperar algunas instrucciones de parte de Dios sobre la forma en que ellos se relacionarían con él en el futuro. Pero no dice nada. Aún así, encontramos que se practicaron ofrendas de sacrificio a Dios desde el principio. En Génesis 4 vemos a Caín y Abel presentando sus ofrendas.

Muchos asumieron que Dios rechazó el sacrificio de Caín porque no fue hecho con sangre, pero esto es dudoso. Cuando Dios estableció el sistema de sacrificios, después del éxodo, incluyó ofrendas de grano. Es mucho más probable que el corazón y los motivos de Caín no fuesen los correctos. Esto es importante, cuando los hebreos brindaban sus sacrificios a Dios sin interés de agradarlo, él no estaba satisfecho con eso.

Sacrificar implica traer una ofrenda como un regalo a Dios. Los términos traer y ofrenda son típicos del lenguaje hebreo. Ambos sugieren la idea de dar voluntariamente, y tres de las cinco ofrendas mayores eran voluntarias. Aquí otra vez se aprecia claramente la importancia de una actitud correcta en relación a Dios.

Usualmente, pensamos en los sacrificios como una forma de obtener perdón por los pecados. Pero, en realidad, había diferentes tipos, simbolizando distintos aspectos de la relación con Dios. Algunos se enfocaban en obtener favor de él, otros eran para reconocer la provisión de Dios y expresar gratitud.

Pero recordemos que el Creador toma el pecado muy en serio. Para restaurar la relación con él una persona debe renunciar a algo valioso. Por esta razón fueron descritos diferentes niveles de ofrendas para la gente más pobre y más rica. Una señal adicional para denotar la seriedad del pecado fue, en la mayoría de los casos, el sacrificio de la vida de un animal.

Nuestras actitudes hacia el pecado son tomadas hoy con mucha ligereza.

Decimos: "El diablo me obligó a hacerlo". Dios no está de acuerdo con esto. El pecado es serio y costoso.

Los pecadores deben reconocer su pecado. En cada sacrificio de un animal, el adorador debía poner su mano sobre la cabeza de la bestia en cuestión. Al hacer esto, la persona admitía que había pecado y que este animal estaba muriendo en su lugar.

Con frecuencia, las personas en nuestra sociedad tratan de arrojar la culpa por sus malas obras a alguien o algo que no sean ellas mismas. No podemos negar los numerosos factores que contribuyen a llevarnos a actuar mal. Pero debemos recordar que pecado es la violación de una ley conocida de Dios y esto, nos hace responsables ante él.

"La paga del pecado es muerte". Los animales para sacrificio debían morir, simbolizando que el pecador merecía ese fin por su falta. Finalmente, Jesucristo sacrificó su vida para librarnos de nuestro pecado. Nunca olvidemos que somos nosotros quienes deberíamos haber estado colgados en esa cruz manchada de sangre.

Solo lo mejor que tenemos es suficiente para Dios. En las ofrendas quemadas, de comunión y de culpa, el animal ofrecido debía ser sin defecto alguno. Ese animal perfecto simbolizaba la perfección moral que el Dios Santo demandaba y la perfecta naturaleza del sacrificio real que ofrecería Jesucristo.

Aunque hoy nosotros no ofrecemos animales perfectos en sacrificio, el principio sigue vigente. Debemos ofrecer a Dios lo mejor que tenemos, todo nuestro corazón, alma, mente y fuerzas como sacrificio vivo (Romanos 12:1-2).

DESARROLLO DE LA LECCIÓN

Escoja algunas de las siguientes actividades para ayudar a los niños a comprender las verdades bíblicas de hoy.

¿Qué es sacrificio?

En la pizarra trace líneas por cada letra del término "Sacrificio". Pida que los alumnos adivinen las letras, una por una, hasta descubrir la palabra misteriosa. Entregue la primera actividad de la lección 27 del libro del Alumno. Permita que los niños escriban la definición de "sacrificio". Luego pueden decirlo al resto de la clase. Comente la definición de sacrificio: dar o deshacernos de algo valioso para recibir algo mucho mejor. Algunas veces el sacrificio beneficia a la persona que lo realiza. En otras ocasiones favorece a terceros.

Luego guíe a los alumnos a mirar las figuras en la página y pídales que comenten sobre qué tipos de sacrificios las personas allí presentes habrán realizado, para lograr lo que son en la vida. (Por ejemplo, un corredor habrá sacrificado sus comidas favoritas para estar en buena condición física. El graduado habrá sacrificado mucho tiempo estudiando, no habrá salido con sus amigos para estudiar con dedicación y obtener un título y una carrera. La pareja habrá sacrificado a sus padres para casarse y formar su propio hogar, etc.).

Pregunte: "¿Qué piensan cuando escuchan la palabra sacrificio? ¿Es una buena palabra o una palabra fea para ustedes? La semana pasada aprendimos lo serio que es el pecado. Todos nosotros tendríamos que haber muerto por nuestros pecados. Pero Dios tenía otro plan para ocuparse de ellos. Ese plan implicaba sacrificio. Aprenderemos más sobre esto."

Sacrificio: ¿Sí o No?

Entregue a los niños la segunda actividad de la lección 27 del libro del Alumno. Puede dividir a la clase en cuatro grupos para que traten las cuatro situaciones que se dan. Una vez que hablaron e intercambiaron ideas pueden reagruparse y comentar sus opiniones sobre lo que es Sacrificio en Acción.

HISTORIA BÍBLICA
Sacrificios por el pecado

Puede comenzar mencionando algo del trasfondo de los sacrificios con los siguientes comentarios:

1. La Biblia no nos dice cuándo Dios pidió que la gente ofreciera sacrificios.

2. Pero sabemos que fue muy temprano en la historia, ya que Caín y Abel ofrecieron sacrificios de su ganado y su cosecha.

3. La costumbre de ofrecer sacrificios individuales, o familiares, continuó hasta que Dios rescató al pueblo de la esclavitud en Egipto. Por ejemplo: Noé ofreció un sacrificio después de salir del arca (Génesis 8:20).

4. Cuando el pueblo acampó en la base del monte Sinaí, Dios le dio instrucciones detalladas sobre cómo los sacrificios serían realizados en el futuro.

Lea con sus estudiantes Levítico 1:1-9 que describe en qué consistía la ofrenda quemada. Esta ofrenda presenta tres aspectos que fueron verdad para casi todos los sacrificios.

Guíe a los primarios para completar la actividad de la lección 27 en el libro del Alumno llamada: ¿Qué pasaba en un sacrificio? Las palabras faltantes en la primera columna están subrayadas:

1. La persona trajo un animal perfecto para el sacrificio.

2. La persona puso su mano sobre la cabeza del animal que sería sacrificado.

3. La persona mataba al animal. El sacerdote rociaba su sangre en el altar.

Puede decirles que tal vez esto parezca horrendo para nosotros, pero Dios quiere mostrarnos, por este medio, tres verdades muy importantes.

En la columna de enfrente escriba:

A. El pecado es costoso. (Corresponde al punto 1).

B. La persona admite su culpa y el animal paga el precio de su pecado. (Corresponde al punto 2).

C. El pecado acarrea la muerte. (Corresponde al punto 3).

Que los estudiantes lean al unísono Levítico 9:22-24. Termine el estudio bíblico diciendo: "Dios creó un pueblo para que tuviera una estrecha relación con él. El sistema de sacrificios del Antiguo Testamento le brindó al pueblo de Dios una forma de restaurar esta relación y obtener la paz y el gozo que ella produce; hasta que Dios enviara a su Hijo

Jesús como el sacrificio final y perfecto por el pecado de todos los que se arrepienten".

ACTIVIDADES

El sacrificio increíble de Dios

Entregue a los niños la cuarta actividad del libro del Alumno (lección 27). Pida que abran sus Biblias en 1 Juan 4:9-10 para completar el texto bíblico. Una vez completo, que los niños expliquen con sus propias palabras lo que entendieron del versículo. Aclare los conceptos equivocados. La importancia del texto es que ellos comprendan que Dios envió a su Hijo Jesucristo en propiciación por nuestros pecados. O sea que Cristo murió (la ofrenda y sacrificio perfecto) en vez de nosotros.

Memorización

Usted ya tiene el pasaje a memorizar escrito en tarjetas. Practiquen varias veces el texto que usted ya escribió en la pizarra. Explique otra vez la importancia del sacrificio de Cristo para restablecer la relación de Dios con el hombre, destrozada por el pecado y la caída de Adán y Eva. Coloque las tarjetas en una bolsa o en una caja. Pida a los niños que saquen una palabra y traten de recordar la anterior y la que le sigue. Mientras van extrayendo diferentes términos, podrán ponerse en línea hasta completar el texto. Si hay un niño que no sabe las palabras, otro lo puede ayudar.

Para terminar

Desafíe a los alumnos para que durante la semana, piensen en cuántos sacrificios tendrían que hacer si estuvieran en tiempos del Antiguo Testamento. Diga que podrán contar sus experiencias durante la próxima clase.

Anime a los niños a pensar que Dios envió a Jesús como el sacrificio perfecto por nuestros pecados. Y que por ello debemos estar agradecidos. Den gracias porque Cristo cubrió con su sangre todos nuestros pecados y ya no tenemos que hacer sacrificios de animales.

No olvide entregarles sus trabajos para que los lleven a sus casas.

Mis notas:

LECCIÓN 28

¿Es suficiente el sacrificio?

Base bíblica: Isaías 1:13-17, 19-20; Jeremías 7:21-26; Miqueas 6:8; Malaquías 1:6-14; Romanos 12:1-2.
Objetivo de la lección: Ayudar a los niños a comprender que las actividades religiosas, sacrificios y adoración que no provienen de un corazón de amor y obediencia, desagradan a Dios.
Texto para memorizar: "... Cristo padeció una sola vez por los pecados, el justo por los injustos, para llevarnos a Dios..." (1 Pedro 3:18).

¡PREPÁRESE PARA ENSEÑAR!

Las cosas no siempre son como parecen. A pesar de nuestra tendencia a juzgar personas y objetos por su apariencia exterior, rara vez es posible hacerlo de manera acertada.

Una manzana puede parecer perfecta por fuera pero estar podrida en su interior.

Este principio también se aplica a nuestra vida espiritual. Es muy fácil parecer espirituales diciendo las frases correctas y actuando como si Dios fuera lo más importante en nuestra vida, sin que esto sea verdad.

Los primarios no son inmunes a practicar el "juego de la religiosidad". La presión espiritual para conformar a alguien contribuye a este problema. Si ser un buen niño genera la aprobación de otros, algunos de ellos tratarán de actuar de esta manera, sin preocuparse por su vida interior. Los primarios que luchan por encontrar una espiritualidad real muchas veces tienen un marcado sentimiento de culpa. No quieren que otros conozcan el vacío que en realidad, hay en sus vidas.

Por medio de esta lección, los niños aprenderán que Dios quiere que lo amemos y obedezcamos sinceramente, no por medio de actividades religiosas. Ore por los pequeños. Pida al Señor que cada uno de ellos experimente una verdadera y profunda vida espiritual.

COMENTARIO BÍBLICO

Reconocer que hay "cristianos reales" y otros que no lo son, no es una cuestión nueva.

Alrededor el año 700 a.C., los profetas de Dios advertían al pueblo que la religión "no real" no agradaba a Dios. Las formas religiosas, por elaboradas que sean, no pueden sustituir la fe, el amor y la obediencia.

Isaías 1:13-17, 19-20. En el siglo VIII a.C., Jerusalén enfrentaba cruentos ataques y la derrota a manos de los asirios, era inminente. Mientras tanto, las personas practicaban los rituales según la Ley de Moisés, pero vivían de manera inmoral y corrupta. Cometían asesinatos, engaños, oprimían a los pobres y rechazaban a Dios en sus corazones. Creían que al fingir una "religión externa" estarían protegidos de la ira de Dios.

Isaías condenó al pueblo por su falta de compromiso interno y les advirtió que las "formas" de la adoración no pueden sustituir a la bondad verdadera. Dios demanda moralidad, justicia social e individual y santidad personal.

Jeremías 7:21-26. A pesar de que Jeremías predicó entre los años 626-580 a.C., tanto la situación política y social, como su mensaje fueron similares a los de Isaías. El reino del sur estaba bajo la amenaza de Babilonia y aún así, el pueblo confiaba en un ritual sin obediencia. Pero sin arrepentimiento sincero y el deseo de agradar a Dios, esto no tenía ningún valor.

Malaquías 1:6-14. Este pasaje se escribió entre los años 458 y 400 a.C. Transcurrían tiempos de desánimo y desilusión para el pueblo de Dios. Regresaban del exilio, pero sus expectativas sobre la llegada de un Mesías no se cumplieron como ellos esperaban.

El profeta condenó a los sacerdotes por aceptar ofrendas de animales ciegos y enfermos. La ley requería que los animales sacrificados a Dios no debían tener ninguna clase de defecto (Levítico 22:20-22; Deuteronomio 15:21; 17:1).

Por medio de estos sacrificios el pueblo y los sacerdotes eran incapaces de dar a Dios algo de verdadero valor. Su primer error fue creer que un ritual desordenado podía remplazar el compromiso de un corazón íntegro. El segundo error consistió en entender que Dios aceptaría cualquier ofrenda sustituyendo una relación de amor y obediencia.

Miqueas 6:8 y Romanos 12:1-2. Brevemente presenta lo que Dios espera de su pueblo: obediencia religiosa sumada a justicia en nuestra relación con él y con el prójimo.

DESARROLLO DE LA LECCIÓN

Escoja algunas de las actividades para captar la atención de los niños y guiarlos a las verdades de la Palabra de Dios.

¿Qué sucede aquí?

Entregue a los niños la primera actividad del libro del Alumno (lección 28), para que trabajen. (La niña quiere tomar leche, pero está en mal estado. El muchacho desea comer una manzana y descubre que hay un gusano mirándolo). Pregunte: "¿Les ha sucedido esto alguna vez?" Entregue hojas de papel en blanco para que expliquen sus experiencias. Dígales: "Esto nos enseña una importante verdad: no siempre podemos descubrir lo que hay adentro por el solo hecho de mirar el exterior. La lección de hoy nos enseñará que este principio se aplica también a las personas, en muchas ocasiones".

HISTORIA BÍBLICA

Los cuatro escritores más impopulares del mundo

Esta dramática presentación debe ser utilizada antes y durante la clase como introducción a los escritos de Isaías, Jeremías, Miqueas y Malaquías.

Material de apoyo: réplicas de pergaminos, o rollos, con los nombres de los cuatro autores en el exterior de los mismos. También pueden usarse libros forrados con papel negro, mostrando claramente los nombres de quienes los escribieron.

Anunciador. – (Con entusiasmo). "Damas y caballeros, les damos la bienvenida al episodio de hoy de Los Escritores más Impopulares del Mundo. Cada semana, revisamos atentamente la lista de libros menos leídos y apreciados por todas las personas, y escogimos los cuatro menos populares para ustedes. Y ahora, demos la más cordial bienvenida al presentador de Los Escritores más Impopulares del Mundo." (el anunciador aplaude y anima a la audiencia a hacer lo mismo).

Presentador. – "¡Buenos días audiencia! Hoy tenemos para ustedes un programa especial.

Vamos a entrevistar a cuatro escritores que realmente representan cabalmente el término "impopular".

¡Estos muchachos, de verdad, saben cómo espantar al público! No puedo imaginar cómo lograron que sus libros lleguen a la imprenta y de allí a las librerías. Vamos a darles nuestro mejor abucheo de bienvenida a Isaías, Jeremías, Miqueas y Malaquías". (Señale dramáticamente, uno a la vez, a los cuatro alumnos que representan estos personajes).

Auditorio. – (En coro) "Nosotros odiamos sus escritos. Sí, los odiamos a pesar de que nunca los hemos leído. ¡Buu! ¡Buu! ¡Buu!

Presentador. – Isaías, comencemos con usted. Estuve ojeando un poco su libro y puedo asegurar que es bastante cargadito. Al escribirlo, ¿estaba tratando de hacer enojar a la gente?

Quiero decir, cuando dice algo como esto: "No me traigan más vana ofrenda; el incienso me es abominación... sus fiestas solemnes las aborrece mi alma", o como esto otro: "Quiten la iniquidad de vuestras obras de delante de mis ojos".

Supuestamente, usted debía entregar al pueblo un mensaje de parte de Dios, pero, créame, esto no suena como un mensaje del Dios de amor en quien creemos.

Isaías. – No estaba tratando de hace enojar a la gente, pero sí estaba intentando despertarlos. Mire... Dios es un Dios de amor. Pero es también un Dios santo. Él no puede estar en contacto con un pueblo que se rebela en su contra, lo desobedece y hace lo malo. Y todo esto es lo que el pueblo hace. Ellos se comportan aparentando amar a Dios, ofreciéndole toda clase de sacrificios, pero al mismo tiempo cometen asesinatos, roban a los pobres y hacen toda clase de cosas malas. Y aún así, esperan que Dios los proteja de sus enemigos.

Presentador. – (Pensativo). – Hummm... bueno, supongo que está en lo correcto. Pero aún así, no es muy popular con sus lectores. Pero puedo asegurarle que nuestro próximo invitado es aún más impopular que usted.

Jeremías... ¿qué tiene que decir en su propia defensa?

Jeremías. – ¿Qué puedo decir? Ya sabe, yo era conocido como el profeta llorón y mis escritos fueron tan impopulares que me llevaron a estar un tiempo en la cárcel.

Presentador. – Bueno, realmente no puedo decir que culpo a esa gente. Pero escuchemos la opinión del público. Amigos, ¿cuál es su respuesta a estos ejemplos tomados de los escritos de Jeremías?

"Así ha dicho Jehová de los ejércitos, Dios de Israel: Añadid vuestros holocaustos sobre vuestros sacrificios, y comed la carne. Porque no hablé yo con vuestros padres, ni nada les mandé acerca de holocaustos y de víctimas el día que los saqué de la tierra de Egipto. Más esto les mandé, diciendo: Escuchad mi voz, y seré a vosotros por Dios, y vosotros me seréis por pueblo; y andad en todo camino que os mande, para que os vaya bien. Y no oyeron... antes caminaron en sus propios consejos, en la dureza de su corazón malvado".

Auditorio. – (Al unísono) "¡Jeremías, tienes un gran éxito en escribir cosas que no leeremos! ¡Buu! ¡Buu! ¡Buu!"

Presentador. – Bueno... ya ve Jeremías. Nuestra audiencia lo escogió para formar parte de la lista de los más famosos escritores impopulares del mundo de todos los tiempos.
¿Cuál es su reflexión final?

Jeremías. – Solo esto: Dios aún ama a su pueblo a pesar del pecado y la hipocresía. Todo lo que él pide es que, cuando ofrezcan sacrificios, lo amen y lo obedezcan. Mis escritos no son populares, pero si los hubiesen obedecido, habrían evitado 70 largos años de cautiverio en Babilonia.

Presentador. – (Algo confundido). – Bueno, sí... pero... debemos continuar. Escuchemos ahora a nuestro próximo invitado: Malaquías.

Miqueas. – (Interrumpiendo). ¡Eh!, ¿cuando me toca a mí? Yo escribí, más o menos, en la misma época que Isaías y Jeremías. ¿No debería ser el próximo?

Presentador. – Ahora Miqueas, mantenga su impopular libro cerrado por un minuto más. Hablaremos al respecto en el momento oportuno (frunciendo el ceño). Y ahora, volvamos a Malaquías...

Malaquías, usted escribió unos años más tarde que Isaías y Jeremías. Pero me parece que continuó hablando sobre el mismo viejo e impopular tema. ¿No pudo encontrar algo fresco, novedoso y más agradable a los lectores?

Malaquías. – Bueno, yo era un profeta, no un encargado de relaciones públicas. Mi mensaje vino directo de Dios para su pueblo desobediente. Allí estaban, de regreso en su tierra. Pero... ¿aprendieron algo de su cautiverio? Nada que haya sido evidente.

Presentador. – Encuentro algunas acusaciones muy fuertes en su libro. Auditorio, presten atención: "¿Quién también hay de vosotros que cierre las puertas o alumbre mi altar de balde? Yo no tengo complacencia en vosotros, dice Jehová de los ejércitos, ni de vuestra mano aceptaré ofrenda". ¿Qué puede decir para justificar esto, Malaquías?

Malaquías. – El pueblo de Dios estaba ofreciendo sacrificios con animales enfermos y nauseabundos, del tipo que usted no regalaría ni a su peor enemigo, y luego pretendía que Dios lo bendijera. ¡Era horrible!

Presentador. – Bueno, lo que dice parece bastante cierto, Malaquías. Pero, aún así, imagino si no habría un mensaje más positivo...

(*Miqueas* interrumpe agitando su mano). – ¿Cuándo me toca? Creo que ya es mi turno. Yo tengo un mensaje positivo. Escuchen esto: "Oh hombre, él te ha declarado lo que es bueno, y qué pide Jehová de ti: solamente hacer justicia, y amar misericordia, y humillarte ante tu Dios".

Presentador. – No está mal, Miqueas, no está mal. Qué pena que su libro tampoco fue popular, porque parece que tiene algún buen consejo práctico.

(El presentador mira al público). "Bueno gente, nuestro tiempo se acabó, pero démosle una animada despedida a los escritores más famosos e impopulares del mundo.

Auditorio (Todos juntos) "Amamos sus escritos. Sí, nos encantan, y vamos a leerlos por completo. Sí, sí, sí..."

Presentador (asombrado). – ¡Eh!, esa no es nuestra despedida acostumbrada. ¡Operador, corte! ...Adiós gente. Nos vemos la próxima semana.

Explique a la clase que si bien es verdad que el drama fue algo gracioso, nos enseñó la realidad de un pueblo desobediente y un mensaje profético que deseaba llamar su atención a la seriedad del pecado y la desobediencia a Dios. Los profetas dieron el mensaje, obedecieron a Dios, pero la gente seguía inmersa en sus propias maldades, por eso sufrieron tristes consecuencias.

Sacrificios sin sentido

Divida la clase en tres grupos y entregue las tres diferentes partes de la segunda actividad de la lección del libro del Alumno (lección 28). A un grupo entregue Isaías, a otro Jeremías y a un tercero Malaquías. Pídales que lean los pasajes en sus Biblias y que respondan las preguntas. Luego, al reagruparse, comenten sus respuestas.

Pregunte a los niños: "Si tendrían que dar un consejo a la gente del Antiguo Testamento, ¿cuál sería?" Permita que los niños respondan. (Posibles respuestas: obedezcan a Dios. Den lo mejor al Señor. Amen a Dios de todo corazón. Hagan lo que él dice, etc.).

ACTIVIDADES
Es suficiente el sacrificio

Pida a los niños que completen el acróstico con palabras o frases que describan:

1. El sacrificio de Jesús en la cruz por cada uno de ellos.

2.. Su respuesta a ese sacrificio.

Acróstico **"Sacrificio"**

Guíe a los alumnos en la actividad del libro

del Alumno (lección 28). Si desea puede brindarles algunas ideas como las que están a continuación para completar el acróstico. Pero sería ideal que ellos mismos escriban sus propios pensamientos.

JESÚ**S** FUE EL SACRIFICIO PERFECTO
SU **A**MOR LO LLEVÓ A LA CRUZ POR MÍ
FUE EL **C**ORDERO SIN MANCHA
DEBEMOS AP**R**ENDER A HACER EL BIEN
D**I**OS ME PIDE QUE SEA OBEDIENTE
JESÚS SU**F**RIÓ POR MÍ
DIOS QU**I**ERE TODO NUESTRO AMOR
CRISTO ME AMÓ Y MURIÓ POR MÍ
M**I** CORAZÓN DEBE SER PURO
SOL**O** ASÍ EL SEÑOR LOS RECIBIRÁ

Memorización
Use la actividad de memorización de la clase pasada. A esta altura los niños deben saber de memoria el texto completo. Pida que lo reciten. Ayude a los que no lo saben. Organice competencias dividiendo a la clase en varios grupos para que lo digan sin leerlo.

Para terminar
Anime a los niños a participar de las clases.
Ore por y con ellos para que la verdad de hoy sea una realidad en sus vidas. Dios no quiere nuestros sacrificios. El Señor desea nuestro amor y obediencia, lo cual nace de un corazón puro.

Mis notas:

LECCIÓN 29

Jesús, el sacrificio perfecto

Base bíblica: Hebreos 9:23-10:14, 19-25; 1 Juan 4:10
Objetivo de la lección: Ayudar a los alumnos a entender por qué la muerte de Jesús fue el mejor sacrificio posible y que sientan agradecimiento porque Jesús murió por ellos.
Texto para memorizar: "... Cristo padeció una sola vez por los pecados, el justo por los injustos, para llevarnos a Dios..." (1 Pedro 3:18).

¡PREPÁRESE PARA ENSEÑAR!

Las dos lecciones previas prepararon el camino para la presente. En aquellas, los primarios vieron lo complejo y costoso que era mantener una relación con Dios para el pueblo en el Antiguo Testamento. Mientras el sistema de sacrificios fue un regalo de la gracia de Dios, que hizo posible restaurar la relación con él, es indudable que esta no fue la respuesta final del Señor a la cuestión del pecado.

Esta lección tornará más claro, lo privilegiados que son los estudiantes por el hecho de vivir en "la consumación de los tiempos" (Hebreos 9:26), con la llegada y el sacrificio de Cristo. En una forma no experimentada por la gente en el Antiguo Testamento, tenemos acceso al permanente, poderoso y efectivo perdón de los pecados que proveyó Cristo. Los primarios necesitan este tipo de perdón. Algunos, a pesar de su corta edad, ya practicaron algunas clases de pecados muy serios. Otros sufren un perpetuo estado de culpa, que resulta de una interpretación legalista de los requisitos bíblicos para una vida santa.

Al preparar esta lección, ore para que los estudiantes sientan el amor de Cristo por ellos y sepan corresponderle. Para algunos esto significa ofrecer alabanzas a Dios por Jesús; para otros significará buscar la salvación que solo él puede brindar.

COMENTARIO BÍBLICO

Uno de los comentarios más frecuentes que hacían sobre mí cuando niña era: "Ella es original". Mirando atrás, sospecho que se referían principalmente a mi desconcertante hábito de decir lo que pensaba. Era experta en expresarme en forma clara, inapropiada y en el peor momento posible. Fue un verdadero milagro que mi madre no sucumbiera de vergüenza antes de que yo alcanzara los 10 años.

Usualmente, cuando hablamos de algo original, comparándolo con una copia, estamos refiriéndonos a algo positivo. Nuestro pasaje en Hebreos, compara el trabajo finalizado de Cristo por nuestra salvación (el original) con el sistema de sacrificios provisorio del Antiguo Testamento (la copia). Veremos por qué.

De la misma manera que el trabajo de una madre nunca termina, el trabajo del sumo sacerdote en el Antiguo Testamento nunca concluía. Cada día, año tras año, los sacerdotes ofrecían los mismos sacrificios. Por el contrario, la obra de Cristo está terminada, concluida. Cristo sacrificó su vida una sola vez y para siempre, luego ascendió al cielo y "se ha sentado a la diestra de Dios" (Hebreos 10:12) para mostrar que su trabajo sí está completo.

La obra de Cristo es "perfecta". Para la mayoría de nosotros, la palabra "perfecto" significa "absolutamente perfecto", "sin falla alguna". Pero en el libro de Hebreos, como en otras partes del Nuevo Testamento, "perfecto" significa "algo que cumple con el propósito para el que fue diseñado".

El sacrificio de Cristo fue perfecto por quien es él. Ningún cordero u oveja podía servir como sustituto de un ser humano hecho a la imagen de Dios. Jesús, como hombre sin pecado, y al mismo tiempo Dios, fue el sacrificio perfecto por nosotros.

El sacrificio de Cristo fue perfecto porque ofreció lo que Dios más deseaba, obediencia total a su voluntad. A diferencia de los adoradores del Antiguo Testamento, Cristo obedeció a Dios perfectamente en todo y así se transformó en el sacrificio perfecto por el pecado.

Finalmente, el sacrificio de Cristo fue perfecto por lo que hizo posible, ya que sacó de nosotros el pecado y la culpa. Los sacrificios del Antiguo Testamento proveyeron una forma de tratar con el pecado y recibir perdón hasta que Dios enviara el sacrificio perfecto. Pero por la misma repetición, aquellos sacrificios, se transformaron más en un recordatorio que en un remedio para el pecado. El sacrificio de Jesús derrotó a ambos: la culpa y al poder del pecado en la vida del ser humano.

La obra de Cristo "perfecciona". Hebreos 10:4 dice: "con una sola ofrenda hizo perfectos para siempre a los santificados". Esto describe el trabajo de nuestra justificación, por el cual nuestro pecado es removido y somos puestos en correcta relación con Dios. Pero, este sacrificio, no solo nos hace aceptables a los ojos del Señor, también nos hace santos. Esto se refiere al permanente proceso de santificación por el que los creyentes son hechos más y más como Cristo. Para nosotros, esto es cumplir con el propósito de Dios, es decir, somos perfectos.

Tome tiempo para reflexionar en lo que Cristo hizo por usted y exprese su verdadera gratitud.

DESARROLLO DE LA LECCIÓN

Escoja una de las siguientes actividades para guiar la atención de los niños y prepararlos para la verdad bíblica de hoy.

¿Qué trajiste hoy a la iglesia?

Guíe a los alumnos en la primera actividad del libro del Alumno (lección 29). Pídales que hagan una lista o pequeños dibujos de todo lo que trajeron hoy a la iglesia. Luego solicite que algunos voluntarios comenten a la clase lo que escribieron o dibujaron. Preste atención a los artículos que tengan que ver con la iglesia y la adoración (Biblias, himnarios, lápices, cuaderno de notas, ofrenda, etc.). Haga énfasis en la lámina de la niña que tira la vaca hacia el santuario. Pregunte: "¿Alguno trajo algo así hoy? ¿Por qué?"

Solicite a algunos voluntarios que lean las notas de la página y contesten o comenten las preguntas. Acepte sus respuestas del por qué no traemos ese tipo de sacrificios. Es posible que algunos entiendan bien el hecho de que ya no necesitamos hacerlo porque Cristo murió en la cruz por nuestros pecados.

Diga: "El versículo de Hebreos 10:10 "... somos santificados mediante la ofrenda del cuerpo de Jesucristo hecha una vez para siempre"; nos da la idea de lo que el estudio de hoy nos mostrará; por qué los cristianos no ofrecemos animales sacrificados. También descubriremos por qué el sacrificio de Jesús es mucho mejor que los sacrificios del Antiguo Testamento".

Mural "Cristo es el Puente"

Prepare con los niños un mural que sea grande. Necesitará papel color madera, marcadores, crayones, una figura de Cristo, pegamentos, tijeras, cartulina, etc.

Forre el fondo del mural con un papel claro. Prepare cartelones que digan: 1.Cristo cruza toda frontera; 2. Dios; 3. Gente. En medio del mural confeccionen en cartulina marrón (café) o color madera, una gran cruz. Coloquen el cartel 1 como título del mural. En la punta izquierda de la cruz coloquen la palabra Dios, y al pie de la misma, del lado derecho ubiquen la palabra gente. En el medio de la gran cruz sitúen la figura de Cristo. Este mural puede permanecer por varias semanas. Si desea, en los costados pueden colocar un altar de sacrificios, un sacerdote, y pequeños cartelles con frases apropiadas y palabras importantes de las lecciones de la unidad. Por ejemplo: pecado, sacrificio, Cristo: sacrificio perfecto, cordero sin mancha, una oveja, una cabra, una paloma, etc.

HISTORIA BÍBLICA

¡La seriedad del pecado y de sus consecuencias!

Entregue a los niños la actividad del libro del Alumno (lección 29). Diga: "La lección demuestra la seriedad del pecado. También señala que en el Antiguo Testamento, para algunos pecados, no había sacrificios provistos y, por lo tanto, no eran perdonados".

Asigne a los estudiantes todos los pasajes del estudio bíblico (Números 15:32-36; Deuteronomio 13:6-16; Deuteronomio 21: 18-21; Éxodo 20:2 y Marcos 7:10), a excepción de Juan 1:29. Una vez que los encuentren y lean, comience mirando las primeras cuatro referencias. Que los estudiantes digan cuál fue la consecuencia de cada pecado cometido.

● No descansar el día de reposo: muerte por apedreamiento
● Adorar a otros dioses: completa destrucción de la ciudad, de la gente y sus propiedades
● Desobedecer a los padres: muerte por apedreamiento
● Maldecir a los padres: muerte

Luego guíe a los alumnos a Levíticos 5: 1-7. Allí descubrirán que había pecados que no eran intencionales. Y la ofrenda por ese tipo de faltas era una cordera o una cabra. Y si no tenían dinero para esa ofrenda, podía ser una tórtola o dos palomas (v. 7).

Mencione que hoy, cuando oímos tanto sobre el Dios de amor y perdón, puede ser difícil que entendamos las penas tan drásticas por el pecado. Pero debemos recordar que Dios trataba de enseñar al pueblo –que vivió en gran pecado durante siglos– sobre su santidad y la necesidad de que tengan vidas limpias. Cada uno de estos pecados era desobediencia deliberada a un mandamiento claro dado por Dios.

Finalmente, que todos los estudiantes lean Juan 1:29. Luego, pregúnteles: "¿Porqué piensan que Juan compara a Jesús con un cordero?" (Porque como el cordero para el sacrificio, él dio su vida por el pecador).

También mencione que el sacrificio de Jesús por el pecado de la raza humana logró lo que los sacrificios de animales nunca hicieron posible. A pesar de que hoy hay perdón por nuestro pecado nunca debemos pecar a propósito contra Dios.

Un día en casa de Rubén y Sara

Rubén. – Sara, debo ir al templo mañana y llevar una ofrenda.

Sara. – ¿Y qué hiciste ahora?

Rubén – Hice un falso juramento a nuestro vecino Elías. Ahora me doy cuenta que pequé y debo llevar esa ofrenda a Dios.

Sara. (Mirando a su esposo con atención) – ¿Qué llevarás como ofrenda esta vez?

Rubén – Lo siento mucho Sara, pero tendré que llevar a Tamara, tu cabra favorita. Yo sé que la quieres mucho por toda la leche que nos da... además es la única que está en condiciones de ser ofrendada. No tiene quebraduras, ni está ciega.

Sara. – Bueno Rubén, ¿qué puedo hacer? No creo que hayas pecado a propósito, además tienes que obtener el perdón de Dios.

Rubén – Sí, es verdad. Deseo tanto dejar de desobedecer a Dios. Además, siempre me pregunto cuando doy un sacrificio si realmente estoy perdonado y limpio.

Sara. – ¡Y yo me pregunto qué será de nosotros cuando ya no tengamos más animales que ofrecer...!

Aunque parezca risueño el diálogo entre Rubén y Sara; esta podría haber sido una situación muy común y preocupante en tiempos del Antiguo Testamento. Y si ustedes eran niños en ese tiempo, tal vez se preguntarían si eso terminaría algún día. Este tipo de ofendas, sacrificios y situaciones eran de cada día, cada semana, cada mes, por más de 1.500 años. Pero además había días especiales que requerían de una variedad de ofrendas. ¿Pueden imaginar la cantidad de ovejas, cabras, vacas, palomas, que morían por causa de los pecados? Pero esas ofrendas no eran el plan final de Dios para tratar con los pecados. Llegó el maravilloso día, en el que el Hijo de Dios, Jesucristo, vino al mundo para ser el sacrificio perfecto, y con esto la necesidad de miles y miles de ofrendas, terminó. Ya no serían necesarios tantos sacrificios. Cristo fue EL SACRIFICIO por excelencia. Su sangre derramada en la cruz del Calvario cubrió "multitud" de pecados. Él llevó a la cruz TODOS los pecados de aquellos que nos arrepentimos, pedimos perdón con fe y creemos en el sacrificio perfecto, Cristo el Hijo de Dios.

Buenas noticias del libro de Hebreos

Siga trabajando con los niños en las dos actividades siguientes del libro del Alumno. Pídales que busquen y lean Hebreos 9: 24-28. Ellos deben completar las instrucciones y preguntas de las dos páginas siguientes.

Memorización

Realice una carrera del "texto bíblico" en el patio. Separe a las niñas de los niños. Coloque una meta (silla meta). Indique a los pequeños que deben correr rápidamente, decir muy bien y en forma comprensible el texto bíblico. Cuando uno terminó de decirlo, otro correrá y repetirá el pasaje. Si se equivoca, olvida u omite alguna parte, debe regresar corriendo al final de la fila hasta que llegue su turno nuevamente.

El equipo que termina primero con todos sus miembros al costado de la "silla meta" será el ganador.

Advertencia: nadie puede ayudar a su compañero. Si alguien lo hace, los dos niños regresarán al final de la fila por no cumplir las reglas.

Para terminar

Todos pueden agradecer al Señor porque ya no es tiempo de dar ofrendas de animales.

● Den gracias por el sacrificio perfecto realizado por Cristo en la cruz del Calvario.

● Den gracias por la sangre de Cristo derramada por cada uno de nosotros.

● Canten alabanzas por el Sacrificio completo y para siempre: Cristo Jesús

● Terminen con un cántico de agradecimiento al Señor.

LECCIÓN 30

Jesús, el sacerdote perfecto

Base bíblica: 1 Timoteo 2:5; Hebreos 2:9-18; 4:14-5:10
Objetivo de la lección: Entender el papel del sumo sacerdote, principalmente el de Jesús como sumo sacerdote perfecto, como mediador entre Dios y el pueblo.
Texto para memorizar: "... Cristo padeció una sola vez por los pecados, el justo por los injustos, para llevarnos a Dios..." (1 Pedro 3:18).

¡PREPÁRESE PARA ENSEÑAR!

Los alumnos primarios están familiarizados con el concepto de acceso limitado.

El aviso "Privado" en la puerta de un despacho, el servicio de agentes secretos que protege a un líder de la política y las medidas de seguridad usadas regularmente en un aeropuerto nos recuerdan nuestras limitaciones.

Los niños de esta edad, probablemente, ya experimentaron la frustración que un "acceso limitado" ocasiona. Por ejemplo, tal vez quisieron saludar personalmente a alguna celebridad y alguien los detuvo en el intento. El privilegio de acceder a determinada situación depende de muchos factores, como la edad, la educación, la posición social y varios más.

"Acceso limitado a Dios" fue una realidad para la humanidad en general antes de la llegada de Jesucristo. En ocasiones, Dios se encontraba con gente común. Pero la gran mayoría de las personas dependía de los sacerdotes para acceder a él, especialmente cuando buscaban perdón por los pecados cometidos.

A través de Jesús, los alumnos de su clase pueden tener acceso directo e ilimitado a Dios. Terminaron para siempre los días donde, para acercarse a él, debíamos recurrir a una persona terrenal. Esto es posible porque Cristo está al lado del Padre y a la vez, a nuestro lado. Con Jesús como nuestro sumo sacerdote e intercesor, los primarios, pueden acercarse a Dios libre y confiadamente, sabiendo que él los entiende siempre.

COMENTARIO BÍBLICO

Dios, creó el sacerdocio para servir, consolar y ayudar a su pueblo y para hacer posible la relación entre él mismo y su gente. Los beneficios de la tarea sacerdotal se manifestaron plenamente en la persona de Jesús. Aquí hay algunas razones que demuestran que él es el gran sumo sacerdote (Hebreos 4:14) y un mediador efectivo entre Dios y nosotros.

Jesús completó la obra de reconciliar a Dios y al pueblo (Hebreos 2:9) y, como vimos en la lección anterior, su sacrificio fue hecho una vez y para siempre (Hebreos 9).

También, a diferencia de los sumos sacerdotes judíos, Jesús está perpetuamente representándonos frente a Dios.

Jesucristo se pudo identificar completamente con aquellos a quienes sirve como sumo sacerdote. Señala el Nuevo Testamento (Hebreos 5:1), que los sumos sacerdotes terrenales fueron escogidos entre los hombres. La razón de ello fue que el sumo sacerdote necesitaba identificarse con la debilidad y el sufrimiento de la gente a quien servía.

Por el hecho de que Jesús se hizo hombre, pudo identificarse plenamente con nosotros. Con la excepción del pecado, él experimentó todos los aspectos de la vida humana: hambre, sed, pena y también la tentación más dura.

En realidad, él soportó más tentaciones de las que padeceremos en toda nuestra vida porque, a diferencia de nosotros, él nunca cedió a ellas. Como sufrió los peores azotes que Satanás pudo concebir, él sabe qué tan difícil es resistir las tentaciones. La ayuda que puede brindarnos incluye comprensión, instrucciones, apoyo, fortaleza y un perfecto ejemplo de cómo reaccionar ante el sufrimiento y la tentación.

Jesús fue "perfeccionado" por medio del sufrimiento. ¿Cómo puede alguien, que ya fue moral y espiritualmente perfecto, llegar a serlo aún más? Antes de llegar a ser hombre Jesús no había experimentado hambre, sed, sufrimiento, ni tentaciones.

No había tenido la exigencia de permanecer fiel a Dios en medio de una oposición rigurosa y constante. Lo que hizo "perfecto" a Jesús fue lo que experimentó en la tierra.

Recordemos que "perfecto" significa maduro, completo y capaz de alcanzar el propósito deseado por Dios.

El propósito de Dios para Jesús era que sea el "autor y consumador" de la salvación para la raza humana caída (Hebreos 12:2). La única forma en que pudo realizar esto fue experimentar cada aspecto de la vida humana y resistir la tentación hasta el final.

Jesús es un sumo sacerdote fiel. Vivió su vida sirviendo con toda fidelidad a Dios y ahora, fielmente también intercede por nosotros. El no es un ayudador vacilante, esquivo o caprichoso, sino alguien totalmente confiable y siempre adecuado para ayudarnos en cada experiencia de nuestras vidas

DESARROLLO DE LA LECCIÓN

Use algunas de las siguientes actividades para dirigir la atención de los primarios al tema de hoy.

El significado de mediador y Palabras importantes

Escriba las Palabras Importantes con su definición en cartulina de tamaño regular y coloque los carteles en el mural, al pie de la cruz.

Guíe a los niños a la lección del libro del Alumno (lección 30). Dígales que escojan lo que ellos creen que es el significado de la palabra "mediador" (la respuesta es la figura No.3). Mediador significa: uno que ayuda a tener paz o a llegar a un acuerdo a personas o grupos en conflicto. El mediador se preocupa por los intereses de ambas partes. Reconocemos a Jesús como nuestro mediador. (Escriba esta palabra en una cartulina para colocarla en el mural, a un costado de la cruz). Jesús, por medio de su sacrificio y muerte en la cruz, hizo posible que hubiera paz y amistad entre Dios y nosotros, los seres humanos. Ahora, Cristo intercede por nosotros ante el Padre.

Interceder: presentar las necesidades o intereses de una persona ante otra. Ayudar a alguien a entender a otro. Rogar por las necesidades de la gente. En el cielo, Jesús es quien intercede por nosotros ante Dios.

Sacerdote / sumo sacerdote: es la persona que le habla a Dios sobre la gente y viceversa. El sacerdote es quien intercede orando a Dios por las personas. Ayuda a Dios y a la gente a tener una íntima relación. El sumo sacerdote es el sacerdote más importante. Llamamos a Jesús sumo sacerdote, porque es el más importante y el mejor que haya existido.

Recuerden, un mediador considera los puntos de vista e intereses de las dos partes o grupos con los que está trabajando. El mediador trata de que haya paz y acuerdo entre todos.

Dé a los alumnos un ejemplo sobre cómo el mediador trabaja. Diga: "Supongan que Adolfo dijo algunas mentiras sobre Raúl, y ahora está preocupado. Pero Raúl está muy enojado y no acepta las disculpas de Adolfo. El mediador habla con los dos muchachos, y trata de ayudar a Raúl a comprender porqué Adolfo hizo eso. También anima a Raúl a perdonar a Adolfo. Previamente habló con Adolfo y le ofreció algunas ideas que lo ayudarán a mejorar la situación con Raúl".

Permita que tres voluntarios realicen una dramatización sobre esta situación. Al terminar, dé un momento para realizar preguntas.

Exprese: "La tarea del mediador es muy importante. Siempre se desea que las relaciones mejoren, que haya perdón y comprensión del uno hacia el otro, y que al final haya paz entre las partes.

Nuestro estudio bíblico es sobre una Persona, quien fue el mediador entre Dios y la gente. ¿Quién creen que es esa Persona? (Jesús). En nuestro estudio bíblico descubriremos por qué Jesús es el perfecto mediador entre Dios y nosotros.

"No pasar"

Antes de la clase prepare en cartulina varios carteles de 50 cm. x 20 cm. Escriba las siguientes frases:
- Prohibido Pasar
- Solo Empleados
- No Cruzar
- Prohibida la Entrada
- Camino Cerrado
- No Entre
- Privado

Muestre los carteles a los niños. Pregúnteles: "Cuando ven estos carteles, ¿que mensajes reciben?" (No podemos pasar, si no somos los empleados no podemos entrar, prohibido cruzar, etc.) "¿Pueden pensar en otros carteles que hayan visto? ¿Cómo se sienten cuando se le prohíbe entrar a ciertos lugares?"

En el Antiguo Testamento la gente se sentía de esa manera en relación a Dios. No podían dirigirse a él en forma directa o de una manera sencilla. La gente debía ir a Dios solamente por medio del sacerdote. Por ejemplo, si la persona debía ofrecer un sacrificio, no lo podía hace en su propio patio. Debían llevar la ofrenda al templo y dejar que el sacerdote ofreciera el animal. Este pedía a Dios que perdonara a esa persona. Hoy eso cambió. En nuestro estudio descubriremos que podemos comunicarnos con Dios directamente, sin la ayuda de un sacerdote terrenal.

HISTORIA BÍBLICA
¿Qué es exactamente un sacerdote? ¿Y qué es el sacerdocio?

Entregue lápices y papel a cada alumno. Diga: "¿Qué viene a sus mentes cuando escuchan la palabra sacerdote?" Permita que escriban sus definiciones. Pídales que cuenten lo que escribieron. "¿Creen que es una idea positiva o negativa? ¿Ustedes saben lo que hace un sacerdote?"

Dirija la atención de los niños a las dos páginas del libro del Alumno (lección 30). Divida a la clase en dos grupos. Explique que allí hay información sobre el sacerdote y el sacerdocio. Lo que es el sacerdote y sus responsabilidades. Pídales que dibujen un círculo alrededor de palabras nuevas o conceptos interesantes o no conocidos por ellos. Explíqueles lo que no comprenden y aclare dudas.

Agregue: "En tiempos del Antiguo Testamento, cuando Dios enseñó a la gente sobre sí mismo y sobre cómo debían relacionarse con él, las persona se sentían limitadas y no podían acceder directamente al Señor. El propósito era que Dios quería enseñarles a que lo respetaran. Él no quería que lo trataran ligeramente o en forma irreverente. Esa fue la razón por la que Dios les dio sacerdotes, para ayudar a las personas a acercarse a él de la manera correcta.

Hoy no tenemos sacerdotes, de la misma forma que ya no ofrecemos sacrificios de animales. Eso es porque Jesús es nuestro sumo sacerdote, el sacrificio perfecto.

¡Necesito un sumo sacerdote!

Divida al grupo en cuatro. Pida a los alumnos que busquen los siguientes versículos en sus Biblias. Sigan las instrucciones del libro del Alumno, última página de esta lección.

● Hebreos 2:14-16. Cuando Jesús murió y resucitó, destruyó el poder de Satanás. Este poder determina que cuando nosotros obedecemos a Satanás y pecamos, merecemos la pena del pecado, castigo y muerte. Pero Cristo murió y resucitó para que nosotros confiemos en él y seamos perdonados. Ya no necesitamos temer al castigo del pecado y la muerte. Por medio de él recibimos perdón y vida eterna.

● Hebreos 2:17-18. Jesús sufrió tentaciones de todo tipo. Sin embargo, no pecó. Por lo tanto, puede enseñarnos a resistir la tentación. También puede animarnos cuando somos tentados y darnos la victoria.

● Hebreos 4:14-16. Como Jesús experimentó y venció la tentación, nosotros podemos venir a él humilde y confiadamente, por ayuda para vencer.

● Hebreos 5:7-10. Aunque parezca extraño, Jesús, el Hijo de Dios, llegó a ser "perfecto" por medio de lo vivido en la tierra como ser humano. Por eso es capaz de entendernos y ayudarnos en toda forma. No podría haberlo hecho si no atravesaba todas esas pruebas. De tal manera llega a ser nuestro "perfecto" Salvador.

Aunque este texto no está en el libro del Alumno, lo ayudará a completar la enseñanza. Pida que todos busquen:

● 1 Timoteo 2:5. Este pasaje nos recuerda que Jesús es el único mediador que tenemos y que necesitamos. Porque es Dios, puede ayudarnos a conocer al Creador. Porque es humano, nos entiende y puede ayudarnos a vivir para Dios.

Exponga: "Si tuvieras que decir con tus propias palabras por qué Jesús es un perfecto sacerdote y mediador para nosotros, ¿qué dirías?" Deje que varios estudiantes respondan (Jesús tuvo el tipo de experiencias humanas necesarias para ser nuestro sacerdote. Él es tanto humano, como divino. Atravesó por todas las circunstancias que también nosotros pasamos. Él entiende a Dios, y a nosotros).

Diga a los niños que completen la actividad del libro del Alumno, expresando en forma escrita cómo desean que Dios los ayude.

Pida que al final comenten sus conclusiones sobre lo encontrado en cada uno de los pasajes leídos.

ACTIVIDADES
Memorización

Realice una carrera del "texto bíblico" en el patio. Separe a las niñas de los niños. Coloque una meta (silla meta). Indique a los pequeños que deben correr rápidamente, decir muy bien y en forma comprensible el texto bíblico. Cuando terminó de decirlo, otro correrá y repetirá el texto. Si se equivoca, lo olvida u omite alguna parte, debe regresar corriendo al final de la fila hasta que llegue su turno nuevamente.

El equipo que termina primero con todos sus miembros al costado de la "silla meta" será el ganador.

Advertencia: nadie puede ayudar a su compañero. Si alguien lo hace, los dos niños regresarán al final de la fila por no cumplir las reglas.

Para terminar

Siendo esta la última lección de la unidad,

prepare algunos premios sencillos para ofrecerles a los niños que aprendieron el texto bíblico. Puede ser una fruta o galletas (no siempre deben ser golosinas). También un lápiz, lapiceros, calcomanías, etc.

Puede organizar una competencia de preguntas y respuestas como repaso de la unidad y entregar premios a quienes ocupen el primer, segundo y tercer lugar. Utilice su creatividad en hacer que la clase sea llamativa y amena para los alumnos. De esa manera tendrán deseos de regresar.

- Termine con una oración de gratitud por Jesucristo, nuestro sumo sacerdote.
- Porque dio su vida como la mejor y perfecta ofrenda.
- Porque ya no necesitamos llevar animales para sacrificar por nuestros pecados.
- Porque Cristo intercede por nosotros ante el Padre.
- Porque en su muerte lavó todos nuestros pecados.
- Porque podemos ir al Padre orando a cada momento, sin la necesidad de otro sacerdote.
- Porque Dios nos escucha en forma directa.

Anime a los niños a regresar al comenzar la próxima unidad, que hablará sobre "vidas transformadas por Jesús".

Mis notas:

Año 3

Introducción • Unidad VIII

VIDAS TRANSFORMADAS POR JESÚS

Bases bíblicas: Juan 4:1-30, 39-42; Juan 9; Lucas 8:26-39; Juan 3:1-18
Verdad bíblica: Jesús hace la diferencia en la vida de todos aquellos que lo conocen.
Texto de la unidad: "De tal manera amó Dios al mundo, que ha dado a su Hijo unigénito, para que todo aquel que en él cree no se pierda, sino que tenga vida eterna. Dios no envió a su Hijo al mundo para condenar al mundo, sino para que el mundo sea salvo por él. El que en él cree no es condenado; pero el que no cree ya ha sido condenado, porque no ha creído en el nombre del unigénito Hijo de Dios" (Juan 3:16-18).

Propósitos de la unidad

Esta unidad ayudará a los primarios a:
- Comprender que un encuentro personal con Cristo puede generar un cambio significativo en la vida de las personas.
- Descubrir la diferencia que resulta de desarrollar una relación con Cristo.
- Seguir el ejemplo de Jesucristo y marcar una diferencia en el mundo que los rodea.

Lecciones de la unidad
Lección 31: La mujer con un pasado
Lección 32: Un hombre ciego de nacimiento
Lección 33: Una víctima del mal
Lección 34: Un maestro quiere saber

Por qué los primarios necesitan la enseñanza de esta unidad
Los primarios pueden pensar que el mundo es un lugar terrible. Crímenes, enfermedades, pobreza e inmoralidad producen efectos devastadores. Muchos de ellos sienten que no pueden hacer nada al respecto y por lo tanto se sienten frustrados. De forma sutil, la presión de sus compañeros puede llevarlos a comprometer sus creencias. Algunos se sentirán avergonzados de su fe. Pero es importante que sepan que hay alguien que puede producir un cambio significativo. Jesucristo marca la diferencia en la vida de cada persona que responde a él personalmente.
La Biblia es mucho más que un libro de historias interesantes. Cada una de las personas que los niños encontrarán en las cuatro lecciones de esta unidad, fue transformada porque tuvo un encuentro personal con Cristo. Cambió la forma en que antes se veían a sí mismos. Y enfrentaron la oposición, porque se llenaron de fortaleza interior al encontrarse con él.
Los primarios de hoy necesitan la confianza que se adquiere solamente cuando conocen al Señor de manera personal. Ore para que cada uno de ellos reciba este regalo de Dios que es la salvación, y que entreguen sus vidas completamente a Cristo.

LECCIÓN 31

La mujer con un pasado

Base bíblica: Juan 4:1-30, 39-42
Objetivo de la lección: Que los primarios sepan que Jesús ama a todas las personas y desea cambiar sus vidas. Que ellos puedan sentir su amor al saber que él perdona todo pecado.
Texto para memorizar: "De tal manera amó Dios al mundo, que ha dado a su Hijo unigénito, para que todo aquel que en él cree no se pierda, sino que tenga vida eterna. Dios no envió a su Hijo al mundo para condenar al mundo, sino para que el mundo sea salvo por él. El que en él cree no es condenado; pero el que no cree ya ha sido condenado, porque no ha creído en el nombre del unigénito Hijo de Dios" (Juan 3:16-18).

¡PREPÁRESE PARA ENSEÑAR!

La mujer samaritana no encajaba y ella lo sabía. Por eso llegó al pozo al mediodía. A esa hora no había ningún grupo de gente que se burlara de ella, la señalara, se riera, o siquiera la ignorara. La culpa y la soledad eran su única compañía a esa hora del día. Fue allí, a orillas del pozo de agua, donde se encontró con Jesús.

Seguramente algunos de los primarios de su clase se sentirán como ella: sola, desplazada, sin amor y sin amigos. Ellos comenzaron una etapa de su vida en la cual no encajan con ningún grupo en particular. Ya no son niños, pero tampoco adolescentes. Añoran mayor libertad, pero no son legalmente maduros para realizar algunas cosas, como manejar un automóvil, o tomar decisiones más serias.

Los primarios se enfrentan a muchas presiones durante esta época de su vida. En la escuela, tanto maestros como rectores predican sobre la "tolerancia", pero en el patio o el comedor escolar las dinámicas entre ellos son totalmente diferentes.

Asimismo, los primarios con sensibilidad espiritual pueden sentir una gran distancia entre ellos y Dios. Pero esta lección los ayudará a ver que hay alguien que desea destruir las barreras que los separan de Dios. Ese alguien es Jesús. Él puede cambiar su vida, si ellos se lo permiten.

COMENTARIO BÍBLICO
Cercos y paredes

¿Pensó alguna vez cómo son las paredes y cercos que conoce?

He visto algunos que hasta son dramáticos. Por ejemplo, conocí algunas prisiones con altas paredes y amenazantes cercos de alambre de púa sobre ellas. Una vez vi la parte de arriba de las paredes exteriores de una casa, las cuales tenían trozos de vidrio de diferentes tamaños. En cierta oportunidad caminé alrededor de lo que quedó del muro de Berlín, y me di cuenta de la diferencia que había entre los edificios que se veían a uno y otro lado del muro (los del este estaban arruinados, y los del oeste bien cuidados y pintados). También vi cercas comunes de color blanco, otras de hierro negro, y aun otras de madera rústica, que dividían una casa de la otra.

¿Por qué levantamos cercas y barreras alrededor de nosotros? Si debatimos sobre este tema encontraremos dos opiniones diferentes. Algunos dirán: "Necesitamos cercos y barreras para alejar a las personas que quieren destruirnos o arruinar y robar nuestras pertenencias". Otros pueden argumentar: "No está bien visto poner cercos o rejas, pensarán que tenemos miedo".

Podemos debatir si es mejor que las paredes sean de madera o de ladrillo. Pero debemos darnos cuenta de que hay otras barreras, muchas veces invisibles, que causan problemas entre las personas. El idioma, especialmente por sus dichos y términos propios de un lugar, puede diferenciar a los de "adentro" de los de "afuera". Las actitudes personales o de ciertos grupos pueden levantar barreras entre las personas. También la discriminación de cualquier forma en que esta se presente (por el color de la piel, el país donde nació, el género, el nivel de inteligencia o cultura, el nivel económico, etc.) puede levantar barreras que se interponen, y muchas veces son insalvables.

No es bueno que nos escondamos tras "excusas" de índole cultural, diciendo: "Esta es la manera en la que hacemos tal o cual cosa".

En la escena descrita en Juan 4, Jesús derribó dos de esas barreras culturales. La mujer a la orilla del pozo le preguntó: "¿Cómo tú, siendo judío, me pides a mí de beber, que soy mujer samaritana?" (v. 9).

La manera en que Jesús le respondió derrumbó la barrera entre "los escogidos" y "los rechazados", como también entre los hombres y las mujeres. Jesús no dejó que las reglas culturales le impidieran testificar la verdad del Evangelio. Al leer detenidamente el pasaje, vemos que Jesús nunca condenó a la mujer. Le declaró abierta y con claridad su modo de vida, pero nunca mencionó la palabra "pecadora". Jesús comenzó desde el lugar donde ella se encontraba. Con su actitud y sus acciones la liberó para que pudiera comenzar una nueva etapa en su vida. También la capacitó para que pudiera verse a sí misma como alguien amada por Dios, a pesar de sus circunstancias. Por esa razón, reconoció a Jesús como el Mesías (una nueva revelación para ella) y se pudo ver a sí misma como una testigo de Cristo (una meta extraordinaria).

Medite en lo siguiente:

¿Cuáles son los cercos invisibles que los primarios levantan alrededor de ellos para mantener alejados a "los extraños"?

Y pregúntese usted como maestro: ¿Cuáles son las normas culturales o prejuicios que se interponen en mi camino para tratar con las necesidades reales de los niños de mi clase?

Palabras importantes

"Amor incondicional": amor que no tiene limitaciones ni pone condiciones; amor que no se debe ganar. La persona que decide amar sin condiciones lo hace sin importar lo que la otra persona es, cómo es o lo que hizo. El amor incondicional no se termina aunque no sea correspondido por la otra persona. Ese es el tipo de amor que Dios tiene por nosotros.

DESARROLLO DE LA LECCIÓN
El día más importante

Entregue la primera hoja de actividad del libro del Alumno, lección 31. Necesitará lápices o lapiceras para que sus alumnos escriban o dibujen lo que aconteció el día más importante de sus vidas. Anímelos a pensar cuál fue ese día y de qué forma cambió su vida. Diga: "Todos podemos recordar el día más importante de nuestra vida".

Pida que los niños muestren sus dibujos y cuenten qué sucedió en ese día tan importante para ellos. Usted puede llevar algo preparado con anticipación o también podría dibujar su día más importante.

Exprese: "Así como nosotros tuvimos un día muy importante en nuestra vida, hubo una mujer que también tuvo un día muy especial. Hoy aprenderemos sobre la vida de esa mujer que vivió en los tiempos bíblicos. Veremos qué sucedió en el día más importante de su vida".

HISTORIA BÍBLICA
Jesús y la mujer junto al pozo (dramatización)

Antes de la clase, saque fotocopias de esta dramatización.

En la clase, asigne a diferentes niños los papeles de: el narrador, la mujer samaritana y Jesús. Dé tiempo para que cada uno lea su parte. Luego pida que lean o representen la dramatización.

Narrador. "Esta historia sucedió en Israel hace mucho tiempo. Jesús y sus discípulos tuvieron una discusión con los líderes religiosos judíos, conocidos como los fariseos. Luego Jesús decidió llevar a los discípulos desde el sur de Judea hasta el norte de Galilea. Eligió ir atravesando Samaria, un camino totalmente inusual para un judío. La mayoría de los judíos iban por el este, rodeando Samaria, pero sin cruzarla, ya que los samaritanos y los judíos no se llevaban bien. Cuando llegaron a la ciudad de Sicar, Jesús se sentó junto al pozo de Jacob a descansar. Era el mediodía. Al rato, llegó una mujer de Samaria a sacar agua".

Jesús. – Hola, ¿puedes darme de beber un trago de agua?

Mujer samaritana. – ¿Cómo tú, siendo judío, me pides a mí de beber, que soy mujer samaritana? Tú sabes que los judíos y los samaritanos no se tratan entre sí.

Jesús. – Tú no sabes quién soy. Si supieras, tú me pedirías agua, y yo te daría agua viva.

Mujer samaritana. – No tienes con qué sacarla, no tienes un recipiente y el pozo es hondo. ¿De dónde, pues, tienes el agua viva? Nuestro padre Jacob nos dio este pozo. ¿Tú tienes mejor agua que esta?

Jesús. – Cualquiera que beba de esta agua volverá a tener sed; pero el que beba del agua que yo le daré no tendrá sed jamás. Mi agua es agua de vida eterna.

Mujer samaritana. – Señor, dame de esa agua, para que no tenga yo sed ni venga aquí a sacarla.

Jesús. – Ve, llama a tu marido, para que hable con él.

Mujer samaritana. – No tengo marido.

Jesús. – Bien has dicho, porque cinco maridos has tenido y el que ahora tienes no es tu marido.

Mujer samaritana. – Señor, ¿cómo sabes todo esto?, me parece que tú eres profeta. Tengo una pregunta para hacerte: nuestros padres adoraron en este monte, pero ustedes los judíos dicen que en Jerusalén es el lugar donde se debe adorar. ¿Quién está en lo correcto?

Jesús. – Mujer, lo importante no es el lugar

donde adoramos. Lo más importante es que adores a Dios con todo tu corazón.

Al finalizar la dramatización, pida que algunos voluntarios lean los siguientes pasajes, que se encuentran en el libro del Alumno, para descubrir cómo terminó esta historia: Juan 4:25-30, 39-42.

Luego pida que contesten las preguntas que allí aparecen:

1. La mujer samaritana tenía varias cosas en su contra. ¿Cuáles eran? (Era samaritana, era mujer, era pecadora).

2. ¿Por qué creen que Jesús le habló? (Jesús amaba sin condiciones a todas las personas, sin importar quién fuera la persona, cómo fuera, o lo que había hecho).

3. Los discípulos estaban en el pueblo comprando alimentos. ¿Qué hubieran hecho de haber llegado más temprano y ver cuando Jesús hablaba con la mujer? (Tal vez se hubieran asombrado, enojado con la mujer, cuestionado a Jesús)

4. ¿Qué cambio significativo produjo Jesús en la vida de la mujer? (Jesús le habló del amor de Dios. Aunque la Biblia no nos cuenta los cambios que ella experimentó, podemos afirmar que el cambio en su vida fue muy grande. Terminó testificando de Jesús a los demás y lo hizo con mucho entusiasmo).

ACTIVIDADES

¿Qué harías tú?

Pida a los niños que piensen en las siguientes situaciones y luego expliquen lo que ellos harían en cada uno de estos casos. Puede dividir la clase en cuatro grupos. Saque dos fotocopias de cada situación (una para usted y otra para el grupo al que se la asigne).

Situación 1: Ingresaste al comedor de la escuela. En una mesa se encuentra María, tu compañera de clase. Está sentada sola. Escuchaste que su abuela está muy enferma. En otra mesa se encuentra el grupo de niñas de quienes quieres hacerte amiga. ¿Con quién te sentarías?

Situación 2: Tuviste una gran pelea con tu amigo Pablo. Él te dijo que lo sentía mucho, pero tú sigues ofendido. Hoy llegó a tu casa después de la escuela para jugar contigo en la computadora, ¿qué harías?

Situación 3: Una de las niñas de tu escuela hizo correr un rumor sobre otra. Ahora ninguna le habla, todas están enojadas con ella. Un día, tú la ves caminar sola hacia su casa. A ti tampoco te cae bien, pero comienzas a preguntarte qué desea Jesús que tú hagas al respecto.

Situación 4: Varias personas de otra cultura se mudaron a tu barrio. Muchos de esos niños están en tu clase. Ellos actúan y son diferentes a tus amigos. No todos hablan bien el idioma. Los chicos más "populares" de tu clase se mantienen estrictamente alejados de ellos. ¿Qué harías tú?

Termine orando por los niños de su clase. Pídale al Señor que los ayude a ser amables con todas las personas, sin importar la cultura o el color de piel que tengan, o el idioma que hablen, etc.

Dios tiene poder para darnos a todos un corazón amoroso hacia nuestro prójimo.

Jesús ama a todos

Necesitará una pelota pequeña. Guíe a sus alumnos a que lean Juan 3:16-18. Pídales que se paren formando un círculo. Entregue la pelota (la cual representará al mundo).

Al primero que le facilite la pelota deberá nombrar un tipo de persona a la que Dios ama (por ejemplo: a un drogadicto). Luego, ese niño le pasará la pelota al que le sigue en la ronda. Este deberá repetir lo que el niño anterior dijo y agregar otra categoría más (por ejemplo: a un mentiroso). Y así sucesivamente hasta que la pelota llegue al primer alumno. Pueden seguir pasándose la pelota hasta que no se les ocurran más ideas.

Diga: "El mensaje bíblico es que Dios ama a todos por igual, incluso a ustedes y a mí. Eso no significa que aprueba los hechos o actitudes pecaminosas. Nunca nos deja de amar y nunca nos dejará de buscar. Jesús desea que todos vengan a él".

Memorización

Escriba tarjetas con el texto bíblico a memorizar. Como este es bastante extenso, para algunos niños será difícil hacerlo. Pero si lo escribe separado en diversas tarjetas, al finalizar la unidad los niños lo sabrán de memoria. En esta unidad hay cuatro lecciones. En cada lección repetiremos la misma actividad de memorización. Escriba en 11 tarjetas, y en cada una la frase que está separada entre barras:

1ra. clase: De tal manera amó Dios al mundo / que ha dado a su Hijo unigénito / para que todo aquel que en él cree no se pierda /

2da. clase: Sino que tenga vida eterna / Dios no envió a su Hijo al mundo / para condenar al mundo /

3ra. clase: Sino para que el mundo sea salvo por él / El que en él cree no es condenado / pero el que no cree ya ha sido condenado /

4ta. clase: Porque no ha creído en el nombre

/ del unigénito Hijo de Dios (Juan 3:16-18).

Practiquen varias veces jugando de diferentes formas:

a. Poniéndose en círculo y pasando de niño a niño una pelota o bolsa llena de semillas, mientras repiten las partes del texto.

b. Marchando por el patio y cantando al ritmo de un rap o hip-hop.

c. Haciendo competencias entre niñas y niños.

d. Mezclando las partes para armar el texto como si fuera un rompecabezas.

e. Escribiendo las palabras en la pizarra y borrándolas mientras aprenden el texto.

Para terminar

Pida a los niños que comenten sobre la última página de actividades de esta lección, en el libro del Alumno. Dígales que observen las diferencias que existen entre todas las personas que se encuentran en el dibujo. Dé la oportunidad de que lo comenten con la clase. Haga recordar a sus niños que Dios ama a todas las personas, sin importar cuál sea su raza, posición social o los pecados que hayan cometido en el pasado.

Termine orando por sus alumnos para que sean amables y pacientes con las personas de otras culturas y con todos los que son diferentes a ellos.

Diga: "Todos somos criaturas de Dios y él nos ama a todos por igual. Jesús amó a una mujer samaritana y pecadora. Él nos dejó el mejor ejemplo a seguir, por eso nosotros debemos imitarlo".

Mis notas:
___
___
___
___
___
___
___
___
___

LECCIÓN 32

Un hombre ciego de nacimiento

Base bíblica: Juan 9
Objetivo de la lección: Que los primarios comprendan lo que significa la "ceguera espiritual", y que sepan que ese tipo de ceguera es mucho más seria que la física.
Texto para memorizar: "De tal manera amó Dios al mundo, que ha dado a su Hijo unigénito, para que todo aquel que en él cree no se pierda, sino que tenga vida eterna. Dios no envió a su Hijo al mundo para condenar al mundo, sino para que el mundo sea salvo por él. El que en él cree no es condenado; pero el que no cree ya ha sido condenado, porque no ha creído en el nombre del unigénito Hijo de Dios" (Juan 3:16-18).

¡PREPÁRESE PARA ENSEÑAR!

Vivimos en un mundo de tinieblas. La gente, desesperadamente, acude a cientos de lugares en busca de respuestas, paz y tranquilidad. Libros de autoayuda, bienes materiales, educación, drogas, religión, diversión, son algunas de las cosas a las que la gente recurre para intentar tener una vida plena.

Hoy en día muchos confunden "ceguera espiritual" con aceptación y tolerancia. A los primarios se les enseña a ser tolerantes, pero no en el sentido de respetar los derechos y opiniones de los demás, sino en el de aceptar que cualquier creencia es correcta y está bien. No hay verdades absolutas. Todo es relativo: lo que está "bien para otros", está "bien para mí".

Esta lección enfatiza que Jesús es la verdadera luz en un mundo que vive en oscuridad.

Los primarios están decidiendo en quién y qué van a creer. Ellos necesitan saber que, si ellos se lo permiten, Jesús iluminará sus vidas y abrirá sus ojos a la verdad.

COMENTARIO BÍBLICO

Ella llegó a la fiesta de gala en su carroza dorada, su cabello perfectamente arreglado, y el vestido escogido con cuidado. En el momento en que entró al gran salón, todos los ojos se dieron vuelta para mirarla. "¿Quién es esa hermosa mujer?", se preguntaban. A pesar de sus dudas, tuvieron que admitirlo: sí, se trataba de una de las sirvientas, era la cenicienta. Aquellos que la habían ignorado o tratado con crueldad, ahora debían reconocer su realeza.

De la misma manera, cuando regresó a su casa, todos los ojos se fijaron en él. Caminaba sin ayuda. Sus vecinos, que lo conocían como el "ciego mendigo", se acercaron para verlo. Un murmullo comenzó a circular entre la gente: "No, no puede ser... él era ciego de nacimiento... pero... sí, sí, se parece a él... ¿será él?"

El que había sido ciego habló de inmediato y afirmó que era él. Sus vecinos querían saber y demandaban conocer al que lo había sanado.

En los tiempos bíblicos, se tenía la creencia de que las enfermedades eran castigos por los pecados cometidos. "No hay sufrimiento sin que haya habido iniquidad", decían algunos rabinos.

Muchos creían que los pecados de los padres marcaban a los hijos. Otros creían que un niño podía pecar antes de nacer. De ese modo, una sanidad milagrosa como lo era la de una ceguera, tenía sus implicancias tanto físicas como espirituales.

Jesús rechazó los prejuicios de sus días. Además, sanar a un ciego era el milagro más común. Isaías había predicho que esa sería una de las señales del Mesías.

Sin saber exactamente quién era el Mesías, el hombre sano le contó a la multitud sobre su sanidad, el barro, el estanque, y cómo había recibido la vista. Frente a la sorpresa y las miradas escépticas, el hombre se aferró a su historia. ¡Jesús lo había sanado!

Lo llevaron ante los fariseos para otra serie de interrogatorios, lo cual condujo a todos a un debate teológico. Estos eran legalistas, y tenían una larga lista de "no debes" para el día de reposo. Consideraban como un trabajo el hacer un poco de barro y el sanar, y eso estaba prohibido.

Pero el problema real de los fariseos tenía que ver con sus prejuicios y sus celos hacia Jesús. No alcanzaban las muchas evidencias para convencerlos de que Jesús era bueno, o que no importaba qué día fuera para realizar un milagro. Decidieron permanecer "ciegos" a la verdad.

Así fue que interrogaron a los padres del ex ciego. Estos afirmaron la identidad de su hijo, y aseguraron que sí había ocurrido el milagro. Pero, por temor a lo que pudieran hacerles los fariseos, decidieron no expresar su fe.

¿Qué hacía su hijo, mientras tanto? Aunque los fariseos lo habían cuestionado, se habían burlado, y lo habían echado, el hombre permaneció fiel a su historia y a Jesús. El versículo 27 sugiere que él ya se consideraba un discípulo de Jesús. Su fe seguía en aumento.

Luego, Jesús apareció nuevamente. Esta vez venía a sanar el alma del hombre que había sido ciego, y a guiarlo al reino de Dios. En ambas oportunidades, el hombre aceptó por su propia voluntad que Jesús trabajara en su vida hasta que su fe, al fin, se convirtió en adoración (v. 38).

El poder transformador de Cristo nos puede hacer nuevas criaturas, trayendo luz a nuestra oscura vida. Pero tal como sucedió con el ciego y los fariseos, cada uno de nosotros tenemos la opción de escoger. No podemos evitar ser "ciegos de nacimiento" físicamente. Pero sí podemos rehusar a "ser ciegos por elección".

Para su reflexión personal, maestro:

¿Qué diferencias encuentra entre su vida sana de ahora y la que llevaba antes de conocer a Jesús?

¿Ha permitido que Cristo remueva todos los "puntos ciegos" de su vida, o aún hay áreas en las que sigue siendo "ciego por elección"?

¿Cuáles de los estudiantes necesitan ver lo que Cristo puede hacer en sus vidas?

DESARROLLO DE LA LECCIÓN

¿Cómo sería tu vida... si no pudieras ver?

Entregue a los primarios la primera hoja de actividades del libro del Alumno, lección 32. Anímelos a imaginar y pensar cómo serían sus vidas si no pudieran ver. Dígales que piensen también cómo sería si no se pudieran vestir, comer, salir a pasear, ir a la escuela, o jugar su deporte favorito porque son ciegos. Pida que dibujen o escriban sus respuestas. ¿Qué harían en una situación similar? ¿Cómo se verían afectadas sus vidas?

Puede pedirles que por unos momentos caminen, escriban, o realicen alguna otra acción con sus ojos cerrados.

Diga: "La ceguera es algo serio. Descansamos en nuestra habilidad de poder ver para hacer todo lo que hacemos, desde vestirnos hasta manejar una bicicleta o leer un libro. Las personas ciegas aprenden a desenvolverse en la vida, pero no es fácil.

Nuestra historia bíblica de hoy trata sobre un hombre que nació ciego. También veremos cómo Jesús llamó "ciegos" a algunos que no lo eran físicamente. ¿Qué creen que quiso decir el Señor al llamarlos así?

HISTORIA BÍBLICA

El periódico dominical

Dirija a los niños a la segunda actividad del libro del Alumno. Dé tiempo para que lean el pasaje de Juan 9:1-12.

Pregunte: "¿Cómo te sentirías si todo el mundo pensara que tus padres pecaron porque tú eres ciego, o que eres ciego porque desobedeciste a Dios antes de nacer?" Permita que los niños respondan (no mencione nombres de personas que tienen algún problema físico). Pida a los niños que escriban su respuesta en la hoja de actividades de esta lección.

Luego lean Juan 9:13-34.

Explique que los fariseos trataban de guardar la ley de Moisés a la perfección. Por eso habían creado muchas reglas para que la gente no rompiera las leyes de Moisés. Por ejemplo: el cuarto mandamiento dice: "Acuérdate del día de reposo para santificarlo". Moisés le había dicho a su pueblo que en el día de reposo no debían trabajar. Los fariseos habían escrito muchas reglas, describiendo qué actividades estaban incluidas como trabajo y cuáles podían realizar. Para los fariseos mezclar saliva con un poco de tierra era un trabajo. También lo era sanar a las personas. Por eso, para ellos, Jesús no había respetado el día de descanso y, por consiguiente, era una mala persona.

Pida a los niños que escriban con sus propias palabras lo que sucede en este pasaje.

Finalmente lean Juan 9:35-41

Explique que el problema real de los fariseos era que amaban más sus propias reglas que a Dios. Se preocupaban más de que sus pequeñas normas se cumplieran que de aplicar el gran mandamiento que había dado Dios de amar a los demás como a uno mismo.

No podían aceptar que estaban equivocados. Estaban "ciegos" a la verdad. Y en vez de creer en Jesús, decidieron odiarlo y se pusieron celosos al ver la clase de persona que era.

● ¿De qué sanó Jesús al hombre ciego? (Sanó sus ojos para que pudiera ver. Pero más tarde también sanó su ceguera espiritual, ayudándolo a comprender que él era el enviado de Dios para salvarlo).

● ¿Por qué los fariseos no creyeron en la sanidad que Jesús había realizado? (Se rehusaban a creer que era el Hijo de Dios y que podía hacer milagros. Estaban ciegos para ver la verdad sobre Jesús).

● ¿Quién era verdaderamente ciego en esta historia? (El hombre era ciego físicamente, pero creyó en Jesús. Los fariseos permanecieron ciegos porque se rehusaron a creer en Cristo).

Termine preguntando:

- ¿Por qué es importante que podamos "ver" espiritualmente? (Necesitamos saber la verdad sobre Jesucristo, debemos creer en él para poder desarrollar una relación con Dios).
- ¿Qué podemos hacer si somos "ciegos espirituales"? (Pedirle a Jesús que nos ayude a conocerlo, a creer en la verdad, y amarlo).

ACTIVIDADES

¿Cuál es peor?

Divida la pizarra en dos y escriba estas dos preguntas que se encuentran en la tercera actividad (lección 32) del libro del Alumno. Escriba una a la izquierda y la otra a la derecha de la pizarra, para que los alumnos las lean, piensen y dialoguen:

1. ¿Cuál creen ustedes que es peor, la ceguera física o la espiritual? (Permita que los alumnos respondan). ¿Qué desventajas tienen las dos cegueras? (Escriba debajo de cada pregunta lo que ellos digan).

2. ¿De cuál de las dos sanó Jesús al hombre de la historia? ¿Qué hizo el hombre para que Jesús lo sanara? (Permita que los alumnos respondan. Hable de la fe del hombre. El hombre creyó que Jesús podía sanarlo de su ceguera física y también creyó que Jesús era el Hijo de Dios, por lo cual fue sanado de su ceguera espiritual).

Otra modalidad para esta actividad podría ser que usted escriba estas preguntas en cuatro papeles. Divida la clase en cuatro grupos, reparta las preguntas y pida que los primarios escriban sus opiniones.

Luego se reunirán todos nuevamente y cada grupo le contará al resto lo que pensaron sobre cada pregunta.

Memorización

Siga repitiendo las partes del texto dadas en la clase anterior y agregue la porción de la lección de hoy. Las rayas indican dónde puede separar las frases para escribirlas en diferentes tarjetas, y así amenizar el estudio; en vez de que sean frases muy largas.

Primera clase: De tal manera amó Dios al mundo / que ha dado a su Hijo unigénito / para que todo aquel que en él cree no se pierda /

Segunda clase: sino que tenga vida eterna / Dios no envió a su Hijo al mundo / para condenar al mundo /

Tercera clase: sino para que el mundo sea salvo por él / El que en él cree no es condenado / pero el que no cree ya ha sido condenado /

Cuarta clase: porque no ha creído en el nombre / del unigénito Hijo de Dios (Juan 3:16-18).

Practique varias veces jugando:

a. En círculos y pasando una pelota o bolsa llena de semillas, mientras repiten las partes del texto.

b. Marchando por el patio y cantando a ritmo de rap o hip-hop.

c. Haga competencias entre equipos de niñas y muchachos.

d. Mezcle las partes, para armar el texto como si fuera un rompecabezas.

e. Escriba palabras en la pizarra y borre mientras aprenden el pasaje.

Para aprender el versículo bíblico, lleve a la clase una pelota pequeña y liviana o una bolsa llena de semillas o arena. Practiquen varias veces el texto a memorizar.

Para terminar

Es muy importante que cada primario entienda el significado y la importancia que tiene la ceguera espiritual. Que ellos sepan que todos somos "ciegos espirituales" de nacimiento, y que el día en que conocimos, creímos y aceptamos a Jesús en nuestras vidas, recibimos la sanidad y pudimos comenzar a ver.

Guíelos también a que entiendan la urgencia de poder ayudar a todos los que están a su alrededor que son "ciegos espirituales", por no conocer a Jesús, a que reciban la vista espiritual. Dígales que oren por ellos, le pidan a Dios por cada uno, y crean que todo el que cree en Jesús es sano de su ceguera espiritual.

Terminen cantando un coro o himno apropiado y descubran la palabra clave de la última actividad de esta lección.

LECCIÓN 33

Una víctima del mal

Base bíblica: Lucas 8:26-39
Objetivo de la lección: Ayudar a los primarios a comprender que el poder de Jesús es más grande que cualquier clase de mal, y que pueden contar con él cuando se enfrentan con el pecado y el mal.
Texto para memorizar: "De tal manera amó Dios al mundo, que ha dado a su Hijo unigénito, para que todo aquel que en él cree no se pierda, sino que tenga vida eterna. Dios no envió a su Hijo al mundo para condenar al mundo, sino para que el mundo sea salvo por él. El que en él cree no es condenado; pero el que no cree ya ha sido condenado, porque no ha creído en el nombre del unigénito Hijo de Dios" (Juan 3:16-18)

¡PREPÁRESE PARA ENSEÑAR!

Los primarios viven en un mundo que generalmente niega el poder de Dios, y aún su existencia; además que glorifica el poder del mal. Tenemos toda la razón de preocuparnos sobre la influencia del mal en la vida de nuestros alumnos.

Aunque los niños están madurando, la mayoría de los primarios no ven las consecuencias del pecado y de lo malo. Su curiosidad juvenil, combinada con la presión de los amigos, los puede influir para experimentar nuevas sensaciones. Los niños necesitan padres cristianos, maestros y modelos que los ayuden a reconocer los peligros que los rodean.

Por otro lado, ellos no necesitan vivir atemorizados. El poder de Jesús es más fuerte que cualquier clase de mal. Satanás y sus demonios fueron derrotados porque Jesús murió en la cruz. Auque el enemigo trabaja tenazmente para engañar y hacer mal, Dios nos da de su gracia y su poder para vencerlo.

La clave para derrotar al pecado y al mal es la relación del cristiano con el Señor. Esto hace toda la diferencia entre el éxito y el fracaso espiritual. Mientras más cerca se encuentre de Cristo, más fuerte será. Anime a sus primarios a fortalecer su relación personal con el Señor para que puedan vencer al mal.

Reflexiones personales para usted:
● ¿Qué clase de maldad usted ve que influye en los alumnos?
● ¿Cómo puede orar por ellos esta semana?
● ¿Qué armas usa para vencer el mal en su vida?

COMENTARIO BÍBLICO

Las historias de horror son emocionantes en nuestra cultura. Mucha gente goza y se divierte al escuchar cuentos que los asustan.

En la región gentil de los gadarenos, probablemente había muchas fábulas de terror, que hacían temblar a la gente o que hacían que miraran sobre sus hombros, o que evitaran callejones oscuros. Allí muy cerca, había un hombre poseído por demonios.

La región de los gadarenos estaba cerca del mar de Galilea. En esa área había 10 ciudades griegas independientes, conocidas como Decápolis. Una de las ciudades importantes era Gadara; el endemoniado vivía en las cercanías. La condición del hombre es una de las figuras más elocuentes de lo que Satanás y el mal promete y ofrece.

● El pecado promete libertad, pero el hombre vivía encadenado.
● El pecado dice: "Tú estás en control, tú tienes el timón, tú eres quien manejas", pero la persona poseída por Satanás no tenía ningún poder, ni aún para protegerse a sí mismo.
● El pecado promete: "Tú eres uno más del grupo", pero el hombre de la historia vivía solo, en "los desiertos" (Lucas 8:29).
● El pecado dice: "Tú eres el centro de atención y te divertirás", pero legión vivía en las tumbas, el lugar de los muertos.
● El pecado dice: "Tú eres importante", pero el nombre que se le dio al hombre endemoniado ya ni se recordaba. Estaba tan dominado por los demonios que todos lo conocían con el apodo de "legión".

Cuando Jesús habló al hombre poseído, los demonios contestaron: "no te metas con nosotros, déjanos tranquilos". Irónicamente los demonios invocaron el poder de Dios y clamaron por misericordia. Ellos saben que el poder de Dios es más grande que el de Satanás.

Pero, ¿por qué Jesús no destruyó, ni encerró a los demonios? En otras palabras, ¿por qué Dios permitió que el mal continuara? La respuesta es que todavía no es el tiempo indicado (Mateo 8:29), para la destrucción del maligno. Vendrá el día, pero mientras tanto, Dios obra para vencer el mal de nuestras vidas, hasta que finalmente él lo juzgue y destruya totalmente.

La gente estaba "asustada" y le pidieron a Jesús que se fuera (v. 34). Aunque habían soportado el miedo al demonio que poseía al hombre, ellos no podían tratar con el temor sobrenatural que les infundía el poder de Dios.

En la mayoría de los casos Jesús le decía a la gente que sanaba, que no dijeran nada en cuanto a sus milagros. Pero esta vez, instruyó al hombre a que fuera a su casa, y les contara lo que le había sucedido.

Hay varias razones para esto.

Primero. Esto extendería el ministerio de Jesús a los gentiles.

Segundo. Siendo que los gentiles también esperaban al Mesías, ellos no trataban de forzar a Jesús para que asumiera un poder político como los judíos hacían.

Finalmente. El dramático cambio en la vida del hombre, sería la prueba positiva de que algo milagroso aconteció. Marcos 5:20 dice que el hombre dio la noticia por toda Decápolis.

Debemos temer al mal, lo suficiente para mantenernos lejos de él. Pero también debemos recordar que el poder de Jesús es más grande que el poder de las tinieblas. El Señor tiene el poder y la autoridad de cambiar nuestras vidas, de barrer todo lo viejo y traer todo lo nuevo. ¿En qué poder está basada toda su vida?

DESARROLLO DE LA LECCIÓN
¿Qué es el mal?

¿Qué queremos decir cuando algo es malo? Entregue a los alumnos la hoja de actividad de la lección 33, del libro del Alumno. Pídales que contesten. Diga: "Nuestro mundo está lleno de maldad y de influencias del mal. Muchas veces no podemos decidir si algo es malo. Dibujen un círculo alrededor de las cosas que ustedes creen que son malas".

Cuando hayan terminado pregunte: ¿Por qué creen que eso es malo? ¿Por qué escogieron eso? Diga: el mal es poderoso y asusta. No lo podemos controlar. Pero no necesitamos vivir con miedo. Hoy veremos por qué.

¡Manzana podrida!

Antes de la clase busque una manzana u otra fruta que esté hermosa y brillante de un lado, y podrida del otro. Usted debe esconder o cubrir con su mano el lado malo de la fruta.

En la clase muestre a los niños la hermosa fruta que trajo (cubra el lado feo) y pregunte:

● ¿Es esta una fruta hermosa y deliciosa?
● ¿Qué les hace pensar que es una fruta deliciosa y hermosa?

Luego gire la fruta para que los niños vean el lado podrido. Pregunte:

● ¿Es una buena fruta?
● ¿Cómo saben que esta fruta está en malas condiciones, podrida?

Diga: el pecado y el mal es como una fruta podrida. Al principio no vemos las partes malas. Muchas veces lo podrido está adentro de la fruta, y no nos damos cuenta hasta que le damos el primer mordisco y... ¡qué feo!, tenemos en la boca un trozo de fruta negra, fea y en mal estado. Si no cortamos la parte podrida, ¿qué sucede? (lo malo arruina el resto de la fruta). Si tenemos una canasta de fruta, ¿qué sucede si dejamos que la mala fruta toque el resto de la fruta sana? (Toda la fruta también se arruinará). Hoy veremos cómo el mal afectó a un hombre y lo tuvo esclavizado hasta que Alguien poderoso (Jesús), llegó para liberarlo.

HISTORIA BÍBLICA
¡Increíble pero verdad! Los cerdos locos

Mientras comienza con la historia, muestre a los alumnos en qué lugar de la Biblia se encuentra esta historia. Pida a los niños que lean la historia en el libro del Alumno, lección 33.

Entregue las partes de Tito y legión. El resto de los alumnos será la audiencia que mirará las noticias. Si quiere prepare un disfraz para legión y un micrófono para Tito.

Después del drama discuta las siguientes preguntas:

1. ¿Cómo el mal afectó al hombre conocido como legión? (El mal lo consumía, estaba totalmente descontrolado, vivía separado, era un peligro para él y para otros. Posiblemente tuvo todo, pero ya no era lo que Dios quería de él).

2. ¿Quién era más poderoso que legión? (Jesús)

3. Describan cómo la vida del hombre cambió, después de su encuentro con Jesús. (Ayude a los niños a pensar en todo lo positivo que el hombre logró:

a. Relación con Dios, paz, actuar por su propia voluntad, libertad de lo malo

b. Una casa, ropa limpia y alimentos, un trabajo, etc.

c. Relacionarse con otras personas

d. Tener una familia que lo amara y que no le tuviera miedo.

e. Amigos, ser parte de la comunidad

Pida que un niño lea Marcos 5: 18-20. Explique que Decápolis era una ciudad llena de gentiles que conocían muy poco del verdadero Dios. ¿Qué efecto habrá ocasionado el hombre sano al ir a la ciudad y contar del poder de Jesús?

La gran verdad que nos deja la Palabra de Dios es esta: "Jesús tiene poder sobre cualquier clase de mal".

Mural: "Los cerdos locos"

Dibuje en el centro de una cartulina grande un cerdo, pida que los niños lo coloreen. Pueden pintar o colorear barro alrededor de los pies del animal. Luego, que dibujen o recorten de periódicos y revistas las cosas que pueden ser malas para cualquier persona. Si no tienen figuras, pueden escribir las palabras como robar, mentir, etc. Cuando terminaron con los dibujos, pídales que los peguen en la cartulina, alrededor del cerdo. Diga que comenten sobre las fotos o figuras que colocaron alrededor del puerco (cerdo).

ACTIVIDADES

Dé tiempo para que realicen las Palabras Cruzadas del libro del Alumno (lección 33).

Vencer el mal (Palabras cruzadas)
2. (Lucas 8:30. Legión).
5. (Lucas 8:32. Cerdos).
6. (Lucas 8:27. Demonios).
9. (Juan 16:33. Vencido).
1. (Salmos 34:14. Apártate)
3. (Romanos 12:21. Bien).
4. (3 Juan 11. Imitemos).
5. (1 Juan 5:5. Cree).
7. (1 Tesalonicenses 5:22. Absteneos)
8. (Lucas 8:29. Jesús)

Al terminar con las palabras cruzadas, asigne a los alumnos o grupos las respuestas 1, 3, 4, 5, 7 y 8. Pida a los niños que comenten entre ellos, y luego que cuenten a toda la clase. Guíelos a que piensen sobre lo malo que enfrentarán durante la semana. Anímelos a que recuerden lo que aprendieron en esta clase, y que cuando se enfrenten a lo malo, oren y pidan al Señor que los ayude y cuide. Él les dará la fortaleza para vencer "con el bien, el mal".

Memorización

Siga repitiendo las partes del texto dadas en las dos clases anteriores y agregue la porción de esta lección. Las barras (/) indican dónde puede separar las frases para escribirlas en diferentes tarjetas, y así amenizar el estudio; en vez de que sean frases muy largas.

Primera clase: De tal manera amó Dios al mundo / que ha dado a su Hijo unigénito / para que todo aquel que en él cree no se pierda /

Segunda clase: sino que tenga vida eterna / Dios no envió a su Hijo al mundo / para condenar al mundo /

Tercera clase: sino para que el mundo sea salvo por él / El que en él cree no es condenado / pero el que no cree ya ha sido condenado /

Cuarta clase: porque no ha creído en el nombre / del unigénito Hijo de Dios (Juan 3:16-18).

Practique varias veces jugando:

a. En círculos y pasando una pelota o bolsa llena de semillas, mientras repiten las partes del texto.

b. Marchando por el patio y cantando a ritmo de rap o hip-hop.

c. Haga competencias entre equipos de niñas y muchachos.

d. Mezcle las partes, para armar el texto como si fuera un rompecabezas.

e. Escriba palabras en la pizarra y borre algunas palabras mientras aprenden el pasaje.

Para terminar

Haga un círculo con los niños. Dos niños o dos niñas deben tomarse de la mano y orar el uno por el otro. Cada uno orará por su compañero diciendo algo así: "Señor te ruego que ayudes a (nombre) para que sea valiente cada día, para vencer el mal". El otro compañero orará de la misma forma.

Termine con un coro apropiado y una oración por los niños.

Invítelos a regresar para la última clase de la unidad. Si desea puede preparar una pequeña fiesta en honor a los que no faltaron a ninguna clase, o a los que aprendieron todo el texto de memoria.

LECCIÓN 34

Un maestro quiere saber

Base bíblica: Juan 3:1-18
Objetivo de la lección: Ayudar a los primarios a entender lo que significa "nacer de nuevo" y, al hacerlo, iniciar su relación personal con Jesús.
Texto para memorizar: "De tal manera amó Dios al mundo, que ha dado a su Hijo unigénito, para que todo aquel que en él cree no se pierda, sino que tenga vida eterna. Dios no envió a su Hijo al mundo para condenar al mundo, sino para que el mundo sea salvo por él. El que en él cree no es condenado; pero el que no cree ya ha sido condenado, porque no ha creído en el nombre del unigénito Hijo de Dios" (Juan 3:16-18)

¡PREPÁRESE PARA ENSEÑAR!

La adolescencia ya está cerca para sus estudiantes. Ya comenzaron la búsqueda del descubrimiento de quienes son. Unos mirarán a sus compañeros, héroes deportivos o estrellas de cine como modelos de lo que quieran llegar a ser. Otros encontrarán definición en lo que hacen, deportes, buenas notas en sus estudios o aficiones. Algunos se identificarán en gran medida con sus familias o personas de la iglesia. Cualquier camino que tomen, este proceso puede producir temor a los niños de esta edad, aún cuando no lo admitan. ¡Recuerde cuando usted tenía esta edad!

La iglesia puede proveer un lugar seguro donde los primarios puedan realizar su búsqueda de identidad. ¿Quién mejor para ayudar a muchachos y muchachas a encontrarse a sí mismos y su propósito para la vida que Dios y cristianos vigorosos como modelo?

En las tres primeras lecciones de la unidad, los primarios aprendieron sobre la diferencia que Jesús produjo en la vida de la gente con que se encontró. Esta lección ayudará a los estudiantes a identificar la diferencia más importante que Jesús quiere producir en sus vidas. Como todas las personas, ellos necesitan una relación personal con Cristo como Salvador y Señor.

Esta semana, piense en cada uno de los alumnos. ¿Quiénes son cristianos? ¿Quiénes, probablemente, no lo son? ¿De cuántos está usted inseguro? Pida a Dios que lo ayude a tratar espiritualmente con cada uno de ellos.

COMENTARIO BÍBLICO

Si alguna vez sostuvo un bebé recién nacido, ya sabe lo que nos pasa de inmediato. Al mirar a esta persona tan pequeña y llena de gozo e inocencia, una enorme sonrisa ilumina nuestro rostro. Al ver sus expresiones, comenzamos a pensar en su potencial. ¿Qué será cuando crezca? ¿Dónde vivirá el día que salga del hogar? ¿Qué grandes logros realizará? ¿Qué reputación tendrá?

Los bebés nos recuerdan que cada persona llega a esta vida con un comienzo fresco y limpio. Ellos no tienen equipaje que cargar, no tienen memorias o historia. La vida recién comienza para ellos. Todo, en su viaje de la vida, lo tienen por delante, no hay un pasado que los agobie.

Juan escribe de un hombre que aprendió que el reino de Dios está lleno de bebés recién nacidos, gente que experimentó un comienzo fresco y un nuevo día. Lo que fuera que estaba en su historia quedó atrás, solo les interesa el futuro. Nicodemo vino a Jesús pendiente de su pasado. Jesús le dijo que lo que realmente importa es el futuro. Un futuro que se iniciará fresco y nuevo.

Nicodemo era un hombre importante en su mundo. Era como un profesor enseñando a generaciones de estudiantes. Tomó con seriedad su posición como miembro del concilio judío y como fariseo.

Además de sus convicciones y tareas religiosas, Nicodemo no pudo desentenderse de los milagros realizados por Jesús. Y en secreto, de noche, buscó al Señor con el deseo de encontrar las respuestas a sus preguntas y dudas en otro maestro, un compañero de profesión que vino de Dios.

Jesús contestó su pregunta antes de que pudiera efectuarla: "...El que no nace de nuevo, no puede ver el reino de Dios" (Juan 3:3). Nicodemo quedó aturdido. ¿Cómo puede nacerse de nuevo? ¿Qué pidió, en realidad, Jesús a Nicodemo?

En un momento, Jesús arrojó a un costado, todo el conocimiento de Nicodemo, ese gran maestro de Israel, y le dijo que debía empezar de cero; que necesitaba ser hecho nuevo. Imagine comprender, de manera repentina, que debe olvidar todo lo que ya sabe y empezar por completo otra vez.

La entrada al reino de Dios no se consigue por acción humana. No podemos empujar o construir nosotros un medio para ingresar. Pero sí, al nacer de nuevo, damos la libertad a Dios para que nos moldee y nos guíe. Nuestro viejo pecado y la culpa son removidos y comprendemos que estamos limpios y somos inocentes otra vez, como un bebé recién nacido. Todo lo inapropiado que llega a definir a las personas: el estatus, sus fallas, el orgullo, su historia; se transforma en parte del pasado al permitir a Dios realizar el milagro de un nuevo comienzo y una vida consecuente.

Reflexiones personales para usted:
- ¿Qué le sucedió cuando nació otra vez en la familia de Dios?
- ¿En qué formas su vida fue diferente desde entonces?
- ¿Cómo puede contar esa historia a los primarios?

DESARROLLO DE LA LECCIÓN
El mejor regalo

Diga: "Los regalos son especiales y gozamos mucho cuando los recibimos. Dibuja o explica en la caja de regalo del libro del Alumno (lección 34), el mejor regalo que hayas recibido en toda tu vida". Dé tiempo para que los alumnos terminen. Luego pregunte: ¿Cuál fue el mejor regalo?, expliquen lo que sintieron al recibirlo.

Señale: "Los regalos pueden ser diversos. Tienen todas las formas, colores, tipos y precios. Hoy aprenderemos sobre un regalo que no cuesta nada, que viene de parte de Dios, y que es el mejor regalo que una persona pueda recibir en toda su vida".

¿Quién es?

Antes de la clase, pegue un pliego de cartulina a un cartón (o puede usar un cartón directamente) donde podrá pegar o pinchar fotografías de sus alumnos y también la suya. Todos deben traer una foto de cuando eran niños o bebés a esta clase (solicíteselas con tiempo).

Mientras van llegando a la clase, coloque un número detrás de cada foto, y entregue el mismo número al alumno que le da la fotografía (con el propósito que no se pierda, especialmente si la clase es numerosa). Pegue la foto de cada niño en el cuadro. No permita que los niños miren el cuadro, hasta que sea el momento apropiado. Deje espacio entre las fotos para poder escribir los nombres.

Diga: "Cada uno de nosotros fuimos bebés. Hoy miraremos nuestras fotos de la época en que éramos niños o bebés".

Ahora muestre el cuadro y permita que los alumnos adivinen quiénes son los niños en las fotos. Ría con ellos y escuche sus comentarios. Una vez que las fotografías fueron reconocidas, o que al fin los niños dijeron quiénes eran en la imagen, escriba los nombres debajo de cada una de ellas. Puede colocar el cuadro en una de las paredes del salón por algunas semanas, y luego entregar las fotos a cada niño.

Comente: "¿Cómo se sentirían si alguien les dice que deben volver a ser bebés? ¿Les gustaría o no?" Deje que los niños respondan, y digan por qué les gustaría o por qué no.

Continúe: "Ser como bebés para algunos es una mala idea. Después de todo, los bebés hacen muy poco. Deben descansar en que otras personas los ayuden. Pero cierta vez, Jesús le dijo eso a un maestro muy respetado. Le dijo: 'Tienes que nacer de nuevo'. Veamos qué quiso decir Jesús con esas palabras".

HISTORIA BÍBLICA

Pida a dos muchachos que sean ágiles en la lectura, que se preparen para leer la historia bíblica en forma de diálogo. Uno representará la parte de Jesús y el otro la de Nicodemo. Usted puede leer los versículos 1 y 2. Anime a los alumnos para que lean con énfasis.

¿Nacer de Nuevo?

Una vez que terminaron de leer la Biblia; pregunte lo siguiente para ayudar a los primarios a comprender la frase "nacer de nuevo".

- ¿Qué relación tiene el creer en Jesús con nacer de nuevo? (Cuando nace un bebé, comienza una nueva vida. Lo mismo sucede cuando decimos "nacer de nuevo". Antes de "nacer de nuevo", no teníamos vida espiritual. En otras palabras, no conocíamos a Dios, y no lo amábamos ni obedecíamos. Pero cuando confiamos en que Jesús fuera nuestro Salvador, Dios cambia nuestro interior. Ahora queremos amarlo y obedecerlo. O sea que comienza una nueva relación con Dios. Eso es "nacer de nuevo". Este es otro tipo de nacimiento, es nacimiento espiritual).

- El versículo 16 dice que aquellos que creen en Jesús recibirán vida eterna. Entonces, ¿qué significa "creer" en Jesús? (Creemos que Jesús es el Hijo de Dios, y que su muerte en la cruz, hizo posible que Dios perdonara nuestros pecados. Confiamos en que él nos ama y nos ayuda a cambiar. Lo que antes hacíamos mal (pecado) ahora no lo hacemos más. Antes pecábamos, ahora no. La promesa de Dios de un nuevo nacimiento es para nosotros ahora. Porque creemos, ahora le podemos pedir a Jesús que perdone nuestros pecados, y nos haga "nacer de nuevo". De esta manera tenemos una nueva relación con Dios).

● ¿Qué creen que es "vida eterna"? (Es la vida que no tiene final o sea que nunca termina. Pero es algo más, es una vida diferente que Dios nos da. En esta nueva vida, gozamos de una relación personal con el Señor, es una relación de amor y obediencia a él).

Al terminar esta parte, averigüe si los alumnos tienen preguntas. Luego usted mismo pregunte o haga un repaso para ver si todos comprendieron lo que se habló. Pídales que ellos mismos expliquen cómo enseñarían a un amigo sobre "nacer de nuevo".

Termine diciendo: "Nacer en este mundo es un evento maravilloso. Comenzamos una vida con miles de oportunidades y posibilidades. Y nacer en la vida espiritual es extraordinario, nos da la posibilidad de una relación con Dios aquí en la tierra y por toda la eternidad".

ACTIVIDADES
Una nota para mi amigo
Reparta tarjetas hechas con pequeños papeles de 10 cm. x 10 cm. Pida a los niños que escriban a sus amigos que no conocen a Jesús. Solicite que piensen en un nombre. Ahora que tienen el nombre deben escribir la idea de "nacer de nuevo". Cuando terminen, pueden leer sus notas a la clase. (Aclare conceptos equivocados).

Memorización
Esta es la última clase de la unidad. Sin duda ya planeó tener una pequeña celebración. Pida a los niños que aprendieron todo el versículo bíblico que lo digan a la clase. Anime a aquellos que les falta poco para aprenderlo. Hable sobre la importancia de guardar la Palabra en nuestras mentes y corazones. Puede entregar un pequeño regalo a los niños que aprendieron el pasaje bíblico.

Primera clase: De tal manera amó Dios al mundo / que ha dado a su Hijo unigénito / para que todo aquel que en él cree no se pierda /

Segunda clase: sino que tenga vida eterna / Dios no envió a su Hijo al mundo / para condenar al mundo /

Tercera clase: sino para que el mundo sea salvo por él / El que en él cree no es condenado / pero el que no cree ya ha sido condenado /

Cuarta clase: porque no ha creído en el nombre / del unigénito Hijo de Dios (Juan 3:16-18).

Para terminar
Tarjetas de amor
Entregue la última actividad de la lección 34 del libro del Alumno. Guíe a los niños en lo que escribirán en un lado de las tarjetas. Pídales que piensen en nombres específicos a quiénes se las darán.

Este es un buen momento para orar por las personas que recibirán las tarjetas de amor.

Luego explique el versículo que está en uno de los lados de las tarjetas. Recuerde a los niños la importancia de confesar sus pecados a Jesús. Él está dispuesto a perdonarlos y darles la oportunidad de "nacer de nuevo" como le dijo a Nicodemo. Todos podemos recibir el regalo gratuito de la salvación.

Este es el momento para que los niños gocen de la experiencia de la salvación. Tenga un llamado al "altar" y permita que por fe, los pequeños gocen de este nuevo nacimiento. Dígales que acepten el maravilloso regalo de la salvación. Ore con ellos y por ellos. Si hay niños que aceptaron a Jesús, pida que cuenten su nueva experiencia. Mencione que ahora tienen una nueva vida, porque "nacieron de nuevo" en sus vidas espirituales.

Termine con una oración de agradecimiento al Señor y un canto de alabanza por su amor y perdón.

Mis notas:
_____
_____
_____
_____

Año 3

Introducción • Unidad IX

LA IGLESIA NACIENTE

Bases bíblicas: Hechos 2:1-47; 2:42-47; 4:32-37; 10:1-48; 12:1-24
Verdad bíblica: El Espíritu Santo otorga a la Iglesia el poder para llevar adelante la tarea que Dios le encomendó, sobrevivir y crecer.
Texto de la unidad: "Por tanto, id y haced discípulos a todas las naciones, bautizándolos en el nombre del Padre, del Hijo y del Espíritu Santo, y enseñándoles que guarden todas las cosas que os he mandado. Y yo estoy con vosotros todos los días, hasta el fin del mundo. Amén" (Mateo 28:19-20).

Propósitos de la unidad

Esta unidad ayudará a los primarios a:
- Obtener una mejor comprensión de cómo el Espíritu Santo realiza su obra en la Iglesia.
- Desarrollar su confianza en Dios, al comprender que él nos protege y capacita para llevar adelante la misión de la Iglesia.

Lecciones de la unidad
Lección 35: La Iglesia: nacimiento glorioso
Lección 36: La Iglesia: aprende a caminar
Lección 37: La Iglesia: comunidad de amor
Lección 38: La Iglesia: frente a los desafíos

Por qué los primarios necesitan la enseñanza de esta unidad
"Lo que no cuesta, no vale". Este dicho popular puede aplicarse a casi cada área de nuestras vidas. Implica que no le encontramos el valor a las cosas hasta que no hayamos invertido en ello dinero, tiempo, energía o reflexión.
Muchos primarios no aprecian en forma adecuada el tener la oportunidad de reunirse con regularidad en la iglesia. Tal vez no saben que en algunas partes del mundo los cristianos aún sufren y arriesgan sus vidas por el simple hecho de expresar sus creencias.
Esta unidad los ayudará a despertar el aprecio por la iglesia y por la tarea que el Espíritu Santo lleva a cabo en ella. Fue solo por el Espíritu Santo que los creyentes permanecieron fieles tras generaciones de intensa persecución. Estos cristianos fueron capaces de soportarlo, porque amaban a Dios y querían compartir con otros el mensaje de Cristo.

LECCIÓN 35

La Iglesia: nacimiento glorioso

Base bíblica: Hechos 2:1-47
Objetivo de la lección: Reconocer que la llegada del Espíritu Santo transformó la vida de los discípulos y guió el nacimiento de la Iglesia.
Texto para memorizar: "Por tanto, id y haced discípulos a todas las naciones, bautizándolos en el nombre del Padre, del Hijo y del Espíritu Santo, y enseñándoles que guarden todas las cosas que os he mandado. Y yo estoy con vosotros todos los días, hasta el fin del mundo. Amén" (Mateo 28: 19-20).

¡PREPÁRESE PARA ENSEÑAR!

Crecer asistiendo a la iglesia, no es suficiente para ser cristiano. Es necesaria una experiencia que transforme el corazón. Es indispensable, también, la presencia del Espíritu Santo, que nos brinda el poder para vivir y testificar efectivamente de Cristo. Esta lección enseñará a los primarios que Dios envió el Espíritu Santo con el fin de capacitar a los cristianos para vivir una vida digna del Evangelio. Para la continuidad de la Iglesia, los miembros necesitan ser llenos del Espíritu Santo y ser capacitados por él. Es a través del poder del Espíritu que la Iglesia sobrevive y crece. Los niños de esta edad necesitan la ayuda del Espíritu Santo para vivir como cristianos. Ellos ya son parte de la Iglesia. Pueden contarse entre los líderes en el futuro. Esta lección los ayudará a captar la importancia de la presencia del Espíritu Santo en sus vidas.

COMENTARIO BÍBLICO

Los sucesos del día de Pentecostés, registrados en Hechos 2, son importantes para nuestra comprensión de cómo la Iglesia debe ser y qué debe hacer. Al leer estos 47 versículos notaremos, al menos, siete ideas significativas:

1. Los creyentes esperaron por el Espíritu Santo. Cerca de 120 de ellos estaban en un cuarto, en la parte alta de una casa, conocido como el "aposento alto", donde "todos perseveraban unánimes en la oración" (Hechos 1:14). Esperaron que Dios cumpliera su promesa: enviar el Espíritu Santo y restaurar el reino de Israel, en un tiempo por él determinado. Solo Dios puede proveer lo que la Iglesia necesita. Los esfuerzos humanos nunca pueden sustituir al Espíritu Santo.

2. El primer don del Espíritu Santo fue la habilidad de presentar el Evangelio en otros idiomas. Inmediatamente fueron capaces de comunicar las Buenas Nuevas, en diferentes lenguas, aunque nunca antes las habían hablado. La Iglesia, aún hoy, comunica el Evangelio de forma tal que sea comprendido por todos.

3. Algunas de las personas que los escucharon malinterpretaron a los creyentes. Al proclamarse el Evangelio en diferentes idiomas al mismo tiempo, los presentes quedaron perplejos. La verdad del Evangelio es siempre una amenaza para un estilo de vida egocéntrico. Esta gente turbada encontró una explicación para lo que sucedía: dijeron que los discípulos estaban ebrios pues no creyeron en el Espíritu Santo. El cristianismo es rechazado en algunas formas similares también en nuestros días.

4. El sermón de Pedro revela el poder transformador del Espíritu Santo. Pedro era el candidato menos indicado para ser el primer predicador. El que había negado al Señor conociéndolo, ahora, humildemente proclama la verdad de que Jesús es el Mesías por todos esperado. Solo Dios puede realizar un cambio tan grande.

5. El Espíritu Santo es para toda la gente. Pedro y los creyentes de la iglesia primitiva no fueron los únicos en recibir este poder. "Porque para vosotros es la promesa, y para vuestros hijos, y para todos los que están lejos; para cuantos el Señor nuestro Dios llame" (Hechos 2:39). Dos mil años no es demasiado tiempo ni demasiada distancia, es decir, también nosotros estamos incluidos en esa promesa.

6. Todos los cristianos son llamados a ser ministros, capacitados por el Espíritu Santo. Los 120 que estaban reunidos proclamaron el Evangelio, en ese día y en los años siguientes. Fue el Espíritu Santo quien preparó a la Iglesia para predicar el Evangelio en público, para atraer a una multitud y decir algo digno de ser escuchado. Hoy, también es el Espíritu Santo quien otorga a los creyentes una variedad de dones para el ministerio. Algunos son llamados a predicar y a enseñar, estos equipan al resto para desarrollar los ministerios dados por Dios.

7. El Espíritu Santo crea una comunidad. Una lectura cuidadosa de Hechos 2:41-47 revela cómo los primeros creyentes vivieron sus vidas juntos. Ellos no eran una serie de individuos demandando sus derechos. Más bien, nos muestran que "comunidad" es la idea central del libro de Hechos, y el Espíritu Santo de Dios es el actor principal de esta obra.

Este capítulo de Hechos es un estudio inicial de la Iglesia. Aunque este Pentecostés fue algo espectacular e irrepetible, revela cómo debe ser la experiencia normal de la iglesia. El viento y el fuego fueron algo anormal, y los idiomas usados ese día puede que hayan sido una experiencia única. Pero que el Espíritu Santo trajo, nueva vida, compañerismo, adoración, libertad, humildad y poder; deben ser parte vital de la Iglesia... siempre.

DESARROLLO DE LA LECCIÓN

Utilice algunas de estas actividades para que los alumnos profundicen sus conocimientos acerca de los comienzos de la iglesia cristiana.

Generemos poder

Entregue a los niños la primera actividad del libro del Alumno (lección 35). Pida a los niños que sigan las instrucciones para llenar la palabra clave al pie de la página.

Haga mención del poder que el Espíritu Santo dio a los primeros cristianos para predicar la Palabra de Dios. Ese poder fue la clave de la fortaleza que los nacientes discípulos sentían. Traiga a colación la historia de Pedro, un hombre asustado que negó al Señor, ahora es alguien lleno del poder del Espíritu, quien predica las Buenas Nuevas a las multitudes.

Del miedo a la fe

Usted necesitará una pelota pequeña o una bolsa llena de semillas o arena. Pida a los alumnos que se sienten a su lado, formando un círculo. Diga: "Hablemos de cuando sintieron miedo." Comience contando alguna experiencia suya cuando tuvo temor. Luego arroje la bolsa a otro alumno y que este cuente una experiencia en la que haya sentido miedo. Continúe jugando hasta que todos hayan contado alguna.

Comente: "Hemos visto que tanto niños como adultos han pasado por momentos de temor. ¿Qué pueden hacer cuando atraviesan por circunstancias que les hace tener miedo? ¿Qué los ayudaría a ser valientes? ¿Cómo se sobreponen a ese sentimiento?

Luego de escuchar sus diversas respuestas, pregunte si conocen algún personaje de la Biblia que haya sentido miedo. (Pedro y los otros discípulos cuando arrestaron al Señor; los pastores cuando los ángeles anunciaron el nacimiento de Jesús; los israelitas cuando debían entrar a Canaán).

Pregunte: "¿Han tenido miedo de contarle a otras personas sobre Jesús?"

Luego agregue: "Cuando Jesús estaba en medio del juicio, Pedro tuvo miedo de admitir que lo conocía y que era uno de sus discípulos. Pero algo le pasó más tarde que lo ayudó a vencer su temor. Veamos qué produjo ese cambio en Pedro; de un hombre temeroso a un hombre lleno de fe".

Iglesias de barro / cemento

Busque algunos hechos significativos que sucedieron cuando su iglesia fue construida. Averigüe algunos nombres de creyentes de esos tiempos. Nombres de pastores, por ejemplo, y si puede lleve algunas fotos.

En clase escriba en la pizarra la palabra "Iglesia" con mayúscula y la palabra "iglesia" con minúscula.

Pregunte a los niños si saben cuál es la diferencia del significado de esas dos palabras. Luego explique que la palabra "iglesia" se refiere a las congregaciones locales en cualquier parte del mundo. Es un grupo pequeño o grande de creyentes en cierto lugar; como por ejemplo su iglesia local. La palabra "Iglesia" con mayúscula se refiere a la iglesia cristiana, a todos los que creen en Jesucristo, y eso incluye aún a los que ya murieron. Cada cristiano que cree en Cristo y que es salvo, de cada denominación, son parte del cuerpo de Cristo: la Iglesia.

Entregue un trozo de masilla (recetas al comienzo de este libro), a cada alumno y diga: "Piensen en lo que ya saben sobre la iglesia local y sobre la Iglesia, el cuerpo de Cristo. Luego con su masilla hagan un símbolo que describa a estas iglesias" (Símbolos posibles: globo, una cruz, una o más personas, una paloma, un edificio, etc.). Genere entusiasmo en ellos para que sean creativos en sus diseños.

Una vez que hayan terminado, que muestren sus dibujos y expliquen por qué escogieron ese símbolo y lo que significa para ellos. Exponga una explicación sobre la historia de su iglesia y dé tiempo para que hagan preguntas.

Luego diga: "Hoy aprenderemos cómo nació la Iglesia, con mayúscula".

Palabras importantes

Escriba las palabras y su significado en cartulina para colocar en el mural.

Poder: en el Nuevo Testamento portador de autoridad, acto poderoso. Jesús tuvo y tiene poder para perdonar pecados. Los discípulos y la iglesia tuvieron y tienen poder para anunciar el Evangelio.

Pentecostés: un festival religioso que data del Antiguo Testamento. Se celebraba 50 días después de la Pascua. Los cristianos lo celebramos como la llegada del Espíritu Santo y el día en que la Iglesia primitiva nació. En el Antiguo Testamento era una celebración que mostraba gozo y agradecimiento por la abundante cosecha.

HISTORIA BÍBLICA
Poder en Pentecostés

Que los niños busquen la lectura bíblica y la actividad que sigue en el libro del Alumno (lección 35). Escoja dos voluntarios: uno será el narrador y el otro hará las veces de Pedro. Deben leer y dramatizar Hechos 2. Que lo hagan con mucha expresión y entusiasmo. Recuerde que Pedro era un hombre efusivo y que demostraba gran autoridad.

Al terminar de leer, guíe a los niños al trabajo de "Antes y Después" del libro del Alumno. Proporcione tiempo para que busquen en las citas bíblicas cómo eran antes del Pentecostés y cómo actuaron después que el Espíritu Santo fue derramado sobre ellos.

ACTIVIDADES
La Iglesia: Mural

Necesitará papel afiche de un color claro para forrar el mural (coloque un borde que contraste), foto, dibujo o la silueta de un templo / iglesia, tijeras, pegamento, cinta adhesiva, fotos de los alumnos cuando eran bebés, su propia foto de bebé, carteles con las palabras importantes de cada lección, etc. Solicite a los alumnos su ayuda para armar el mural. Dos o tres de ellos, a quienes les guste dibujar, pueden hacer el templo para colocarlo en el centro del mural. En un costado reserve lugar para las palabras importantes. En los contornos del templo, pegue las fotos de sus alumnos, su foto y las figuras de los apóstoles. En cada lección podrá agregar láminas acordes a la enseñanza.

Explique: "Este mes aprenderemos cómo la iglesia primitiva comenzó a dar sus primeros pasos de iglesia bebé y cómo Dios con su Espíritu Santo fue moviéndose en cada aspecto. Ya que hablaremos de una iglesia bebé, es que pondremos nuestras fotos de cuando éramos pequeños".

Entregue a los alumnos papel o cartulina de colores para hacer un fondo bonito que colocarán detrás de las fotos. Que recorten sus bordes y los peguen. Escriba el nombre de los niños en cada fotografía.

La iglesia que crece

Diga: "Todos los bebés necesitan cuidados, amor, alimentos, juguetes, cambio de pañales y también ropa nueva porque crecen muy rápido. De igual forma, nuestra iglesia necesita cuidados porque siempre está creciendo. Si un bebé no crece, pronto se enfermará y morirá. De igual forma la iglesia precisa nuestros cuidados, necesita personas nuevas, requiere alimentarse con la palabra de Dios para no enfermarse y morir (o sea cerrar sus puertas). Entonces todos, no solo los adultos (también los niños como ustedes) podemos hacer mucho para cuidar y hacer crecer a la iglesia.

Pregunte: "¿Qué podemos hacer nosotros para ayudar a que la iglesia crezca?" (Orar para que el Espíritu Santo nos dé poder, predicar, asistir a los servicios, anunciar el Evangelio de Jesús a otras personas, invitar a otros para que lleguen a los servicios, limpiar el templo, decorar, colocar flores, dar nuestras ofrendas y poner a su disposición nuestros talentos, cantar, ocupar lugares de responsabilidad y liderazgo, etc.).

Anime a los alumnos y dígales que ellos no necesitan esperar a ser adultos para participar en la vida de la iglesia. Hay mucho que pueden hacer ahora. (Será provechoso para ellos si usted habla con el director de Ministerios de Escuela Dominical o su pastor, para planear algún tipo de actividad sencilla. Puede ser limpiar ciertas áreas del templo, pintar, decorar, preparar alguna participación especial de sus niños durante el servicio algún domingo durante el mes). Permita que los niños se sientan una parte activa de la iglesia hoy, y no solamente espectadores o visitas de una hora a la semana.

¡La ayuda está aquí!

Entregue a los niños la última actividad del libro del Alumno de esta lección. Deben seguir las instrucciones. Ayude a los más pequeños a encontrar las palabras apropiadas. Diga: "Estas son algunas de las formas en que el Espíritu Santo nos ayuda para hacer lo que Dios nos pide. Encuentren las palabras y escríbanlas en las líneas provistas". Ayude a los niños que no saben el significado de algunas palabras. Brinde ejemplos. Ellas son: 1. coraje, 2. valentía, 3. comprensión, 4. fe, 5. fortaleza, 6. dirección, 7. determinación, 8. dominio, 9. paciencia y 10. testimonio.

Memorización

Divida el texto en dos partes. La primera parte la aprenderán durante las primeras dos clases y la segunda, en las dos restantes.

Primera parte: "Por tanto, id y haced discípulos a todas las naciones, bautizándolos en el nombre del Padre, del Hijo y del Espíritu Santo..."

Segunda parte: "...y enseñándoles que guarden todas las cosas que os he mandado. Y yo estoy con vosotros todos los días, hasta el fin del mundo. Amén" (Mateo 28: 19-20).

Para el momento de la memorización, escriba la primera parte del texto en la pizarra. Repítalo con los alumnos varias veces. Divida la clase en dos grupos. Luego entregue una hoja de papel en blanco a cada grupo y lápices a cada niño. El primer niño escribirá la primera palabra del texto, pasará inmediatamente el papel al siguiente compañero, quien hará lo mismo con la segunda palabra y así sucesivamente. El equipo que primero termine de escribir el texto en forma correcta, será el ganador. Prepare algunos premios para los niños que lo aprendan de memoria. En la primera parte del texto hay 22 palabras. En la segunda hay 25, más la cita.

Para terminar

Oren juntos con el propósito de que Dios lo guíe como maestro para ayudar a los niños a ser parte de la iglesia hoy. Que sientan amor y preocupación por su iglesia como si fuera su segundo hogar. Los pequeños pueden crecer amando a su iglesia de tal manera que deseen estar involucrados y que sean parte del ministerio.

Anime a los alumnos a que le pidan al Señor que los ayude a servir en las áreas que desean hacerlo. Involúcrelos en coros, en la lectura de la Palabra, en recoger las ofrendas, en dar la bienvenida a quienes llegan al templo, en equipos de limpieza, etc. Ellos pueden estar implicados en tareas apropiadas para su edad.

Preste especial atención en reconocer a aquellos que pueden ser llamados al servicio cristiano o al servicio misionero.

Termine esta lección con una oración y un coro apropiado.

Mis notas:

LECCIÓN 36

La Iglesia: aprende a caminar

Base bíblica: Hechos 2: 42-47 y 4: 32-37
Objetivo de la lección: Ayudar a los primarios a que conozcan algunos de los primeros pasos de la iglesia primitiva y cómo podemos imitarlos hoy.
Texto para memorizar: "Por tanto, id y haced discípulos a todas las naciones, bautizándolos en el nombre del Padre, del Hijo y del Espíritu Santo, y enseñándoles que guarden todas las cosas que os he mandado. Y yo estoy con vosotros todos los días, hasta el fin del mundo. Amén" (Mateo 28: 19-20).

¡PREPÁRESE PARA ENSEÑAR!

Es muy importante el enfoque que le damos a esta lección. Si usted le cuenta a los primarios la forma en que se conducían los primeros cristianos como "si fuera una historia" que ya pasó, el resultado será negativo.

Pero si usted la presenta como un modelo para imitar hoy en día, será muy distinto.

Estamos seguros que si el Señor pudiese darnos un consejo sobre este punto nos diría: "¡Hagan como ellos, porque ellos habían entendido claramente el Evangelio de Jesucristo!"

Usted como maestro sabe muy bien que algunas enseñanzas de la Biblia constituyen una verdadera "contracultura" en muchos aspectos. Pareciera que siempre debemos remar en contra de la corriente.

Por eso, muchas cosas que parecen "normales" para el mundo, Dios no las aprueba. Y por otro lado, las formas de vida que nos enseña el Evangelio, son locura para una mente secular.

Esta lección es, justamente, muy especial para los tiempos que corren y puede parecer muy rara, dependiendo del enfoque que le dé el maestro.

Desprenderse de lo que tenían para atender las necesidades de los hermanos en la fe, permanecer unidos en amor cada día, vivir en obediencia a las enseñanzas de Cristo y tener un testimonio público tan positivo no es muy parecido a lo que hoy se vive en nuestras iglesias.

Como maestro, use su habilidad y creatividad para inculcar en los primarios la idea de que aquello era -y sigue siendo- lo correcto. Los apóstoles y los primeros cristianos, obraban como personas llenas del Espíritu Santo. Sin duda, la unidad a la que el Señor los había llamado, era un poderoso secreto. Esa unidad y amor entre ellos los capacitó para compartir mucho más que un mensaje hablado, compartieron sus posesiones terrenales. Ese era un mensaje vivido.

COMENTARIO BÍBLICO

La forma en que vivían los cristianos de la iglesia primitiva era la manera en que el Señor había planificado la vida de los hijos de Dios.

Jesucristo no vino a la tierra a fundar una nueva religión. Ya había muchas en aquel tiempo. Él vino para traer una forma de vivir distinta. Para cambiar el corazón de las personas. Y cuando el corazón cambia, la forma de comportarnos es completamente diferente.

El egoísmo da paso a la generosidad. Empezamos a descubrir la alegría que genera el hecho de dejar de pensar solo en nuestras necesidades y nos brindamos a los demás.

Es muy importante que los primarios entiendan que la vida cristiana es precisamente eso, una forma de vida y no una religión llena de reglamentos y con una larga lista de las cosas que se pueden hacer y otra con las que no se pueden.

Esa vida, sencilla, generosa, limpia, es la que agrada al Señor y es la que vemos claramente en Hechos 2:42.

Allí dice que "perseveraban en la doctrina de los apóstoles". La versión Dios habla hoy lo expresa así: "Y eran fieles en conservar las enseñanzas de los apóstoles".

Esto quiere decir que había una total coincidencia y unidad de creencia y de espíritu. Y eso producía una armonía hermosa.

Pero además de practicar esa unidad de creencia, la Palabra dice que eran fieles a esas enseñanzas que les habían dado los apóstoles. Es decir, guardaban y obedecían esos principios.

En este punto es bueno detenerse para grabar algo vital en la mente y en el corazón de los primarios: que la Biblia no sea un libro que sirva solo para conocerlo, sino para vivirlo.

Así actuaban estos primeros cristianos. Vivían lo que creían.

Por eso cada enseñanza que lean en la Biblia deben ponerla en práctica para que la Sagrada

Escritura cumpla la función para la que Dios la puso en las manos del hombre.

Bien expresa la misma Palabra: "Si supiereis estas cosas, bienaventurados seréis si las hiciereis" Juan 13:17. La versión Dios habla hoy lo dice así: "Si entienden estas cosas y las pones en práctica, serán dichosos".

Pero hay un punto muy destacado en los textos que estamos viendo.

Se trata de la enorme generosidad que estos primeros cristianos demostraban.

La generosidad siempre acompaña a la sensibilidad. Si somos sensibles a lo que le pasa a nuestro prójimo, entonces se pone en marcha la ayuda, el desprendimiento, el dar.

Dice el versículo 45 que vendían sus propiedades, sus terrenos y sus bienes y entregaban el dinero a los apóstoles para que lo distribuyeran conforme a las necesidades de los hermanos.

En el mundo se nos enseña a acumular para nosotros mismos, para tener más, la Biblia en cambio nos habla de abrir la mano, de compartir.

Nos dice que el que más da, más tendrá y que los egoístas terminarán siendo pobres. "Hay quienes reparten y les es añadido más, y hay quienes retienen más de lo justo y acaban en la miseria. El alma generosa será prosperada: el que sacie a otros, también él será saciado" dice en Proverbios 11:24-25.

Como estaban llenos del Espíritu se sentían muy felices de ir todos los días al templo a adorar a Dios y a agradecerle por tantos beneficios.

Además, como tenían las cosas en común, todas eran de todos. Así que se reunían en los hogares y partían el pan para comerlo con alegría y sencillez de corazón (v. 46).

Se llevaban bien y eran honestos y serviciales con la gente. ¡Todos los querían! "Alababan a Dios y eran estimados por todos" (v. 47.Dios habla hoy)

En una palabra, los cristianos de la iglesia primitiva, vivían lo que creían, eran auténticos.

Hoy en día se nota en muchos cristianos la inconsistencia entre lo que dicen creer y la forma de vivir. Esto aleja a la gente del Evangelio.

En esos primeros días de la iglesia, el Señor, como muestra de su agrado por esas vidas tan correctas, les otorgaba poder para hacer milagros, señales y maravillas; tanto que la gente se asombraba de lo que hacían. Y eso daba más autoridad a su predicación y cada día se sumaban más fieles decididos a seguir a Jesús. "El Señor hacía crecer cada día la comunidad con el número de los que él iba llamando a la perfección" (v. 47 Dios habla hoy).

Maestro, aproveche esta unidad y desafíe a los niños a que sean dadivosos con lo que Dios les da. Anímelos a compartir "algo" de lo mucho que tienen (posiblemente un juguete usado, en buenas condiciones y limpio; un paquete de galletas; o como clase vayan al hogar de un anciano y limpien el patio o jardín de su casa.) Anímelos a que ellos mismos piensen en "su" proyecto, tal vez conozcan a una persona necesitada o niños a quienes deseen ayudar. Tenga por seguro que los pequeños nunca olvidarán este tipo de lecciones prácticas. Puede ser un proyecto de un sábado completo con picnic en la casa de alguien o un sábado por la tarde durante un par de horas, use su creatividad. Hable con su pastor y con el dueño de la casa antes de realizar el proyecto, ellos los ayudarán con ideas más concretas.

DESARROLLO DE LA LECCIÓN

Escoja alguna de estas actividades para preparar a sus alumnos para la historia bíblica de hoy.

Antes y Ahora

Entregue a los niños la primera actividad del libro del Alumno (lección 36). Que sigan las instrucciones para completar las partes necesarias. Pida a los niños que lean los versículos indicados y que marquen las figuras. Al finalizar esta sección pueden colorear las figuras. Provea crayones y colores.

Palabra importante

Escriba la palabra importante en una cartulina de buen tamaño, junto a su significado. Luego colóquela en el mural de esta unidad que habla sobre la Iglesia.

Perseveraban: continuaban, persistían. Esto quiere decir que los apóstoles y los primeros cristianos, aunque algunos habían sido perseguidos, no abandonaron la fe. Siguieron amando a los que conocían y amaron a los que aceptaban el mensaje de las Buenas Nuevas. El poder del Espíritu era real, por eso ellos -de todo corazón- compartían sus bienes con los que tenían necesidades.

En el libro del Alumno (lección 36), encontrará que hay dos pasajes bíblicos: Hechos 2:42-47 y Hechos 4:31-37. Pida a los niños que los lean y completen las oraciones al pie de cada página. Haga comentarios sobre las respuestas. Anímelos para que se sientan desafiados a compartir con otros las bendiciones que Dios les brinda.

Diga: "Esa época fue muy especial para todos los cristianos. Había unión y camaradería. La presencia del Señor estaba con ellos".

Completa los versículos

Escriba estos dos versículos en tiras de papel, una para cada niño. Divida a la clase en dos grupos: niñas y muchachos. Entregue las tiras con los textos, una Biblia y un lápiz a cada alumno.

El equipo que termine primero de completar los dos versículos será el ganador.

1. Hechos 4: 32. La _____ de los que habían _____ era de un _____ y de un alma. Y ninguno decía ser_____ _____ nada de lo que poseía, sino que tenían _____ las cosas en _____.

2. Hechos 4: 34-35. Así que no había entre ellos ningún _____, porque todos los que poseían _____ o _____, las vendían, y traían el _____ de lo _____ y lo _____ a los pies de los _____, y se repartía a cada uno según su_____ _____.

Muestra que te interesan los demás (tarjetas)

Ayude a los niños a que preparen pequeñas tarjetas para personas importantes en su vida o para personas o niños que necesitan conocer a Jesús. Pida que sigan las instrucciones. Provea cartulinas, tijeras, colores, crayones y marcadores, pegamento, etc. para que confeccionen las tarjetas.

Memorización

Divida el texto en dos partes. La primera parte la aprenderán en las primeras dos clases de esta unidad y la segunda, en las dos restantes.

Primera parte: "Por tanto, id y haced discípulos a todas las naciones, bautizándolos en el nombre del Padre, del Hijo y del Espíritu Santo..."

Segunda parte: "...y enseñándoles que guarden todas las cosas que os he mandado. Y yo estoy con vosotros todos los días, hasta el fin del mundo. Amén" (Mateo 28: 19-20).

Para el momento de la memorización, escriba la primera parte del texto en la pizarra. Repítalo con los alumnos varias veces. Divida a la clase en dos grupos. Luego entregue una hoja de papel en blanco a cada grupo y lápices a cada niño. El primer niño escribirá la primera palabra del texto, pasará inmediatamente el papel al siguiente compañero, quien escribirá la segunda palabra, y así sucesivamente. El equipo que termine de escribir el texto en forma correcta, será el ganador. Prepare algunos premios para los niños que lo aprendan de memoria. En la primera parte del texto hay 22 palabras. En la segunda hay 25, más la cita.

Para terminar

Dé gracias al Señor por la oportunidad que él nos otorga de poder dar, compartir y ayudar a los que necesitan. Organice una canasta o caja de amor para personas de su iglesia que estén atravesando necesidad. Si piensan en una familia con niños que asisten a la escuela, tal vez puedan ayudar con artículos escolares. Permita que el proyecto sea organizado por los niños, será más emocionante para ellos.

Oren por la familia a quienes ayudarán. También por los alumnos deseosos de participar en el proyecto.

Para terminar la clase, pida a cada pequeño que ore dando gracias por:

- La familia.
- Los amigos.
- La salvación, etc.

Todos deben cerrar los ojos y mencionar algo por lo que están muy agradecidos. Continúe con la oración en círculo. Espere a los que están pensando. No importa si repiten el mismo agradecimiento. Al final, mencione aquellas cosas que ellos no recordaron, tal vez la salud, la libertad de adorar a Dios (hay muchos lugares donde no lo pueden hacer), la escuela, la iglesia, las personas que nos aman, etc. Termine orando, si es posible y hay tiempo, por cada uno de los niños, refiriéndose por sus nombres. Agradezca al Señor por ellos. Canten un coro apropiado.

LECCIÓN 37

La Iglesia: comunidad de amor

Base bíblica: Hechos 10:1-48
Objetivo de la lección: Que los primarios comprendan que Dios no hace acepción de personas, por lo tanto, nosotros debemos aprender a vencer nuestros prejuicios y mostrar amor a todos, aún a los que son diferentes de nosotros.
Texto para memorizar: "Por tanto, id y haced discípulos a todas las naciones, bautizándolos en el nombre del Padre, del Hijo y del Espíritu Santo, y enseñándoles que guarden todas las cosas que os he mandado. Y yo estoy con vosotros todos los días, hasta el fin del mundo. Amén" (Mateo 28: 19-20).

¡PREPÁRESE PARA ENSEÑAR!

Como todas las personas, los primarios también experimentan prejuicios y rechazo en dos formas: (1) prejuicio hacia ellos y (2) prejuicio que ellos experimentan hacia otras personas. También, como el resto de nosotros, encuentran que es fácil identificarse con los que son más parecidos a ellos en formas significativas. Esto puede llevarlos a ignorar y, aun, a maltratar a quienes son diferentes. Sus estudiantes necesitan reconocer esta tendencia y trabajar para evitarla.

Los estudiantes empezarán a entender que nos es fácil vencer el prejuicio.

Frecuentemente crecemos con ciertas formas de ver a las personas, y tal vez no notamos que nuestros puntos de vista son prejuiciados. Usualmente, requiere la ayuda de Dios para vencer estas actitudes. De todas maneras, la iglesia debe ser la más rápida en dar la bienvenida a toda clase de personas. Los cristianos deben estar listos para compartir el evangelio con todos. También deben aceptar en su compañerismo a todos los creyentes, no importa qué tan diferentes puedan parecer ya sea por su raza, su cultura, su estatus social o económico.

Mientras enseña esta lección, sea sensible a los miembros de la clase que pueden experimentar más prejuicios que otros. Anímelos a hablar sobre sus experiencias si se sienten cómodos en hacerlo, para que otros primarios comiencen a entender lo perjudicial que son los prejuicios y el rechazo y dolor que causan.

COMENTARIO BÍBLICO

El capítulo 10 de Hechos es un capítulo dramático que muestra cómo las barreras son derribadas. Una nueva visión del reino de Dios, se abre frente a nuestros ojos.

* En el evangelio según San Mateo, Jesús dio a Pedro las llaves del reino de los cielos (16:19). Ahora, en Hechos, vemos a Jesús que inusitadamente abre las puertas de la fe cristiana por medio de Pedro a muchos "de los de afuera". En el capítulo 2 de Hechos vemos las puertas abiertas para los judíos, ahora, en el capítulo 10, las puertas del reino son abiertas por completo para los gentiles.

● Por cierto, este fue un desarrollo dramático en la vida de la nueva iglesia porque mantener la identidad era un asunto muy serio para el pueblo judío. La apertura brindada era un enorme compromiso para la iglesia. En la actualidad, comer un poquito de cerdo, o realizar un matrimonio con alguien de otra nacionalidad, o raza, puede parecernos algo sin mucha importancia. Pero estos asuntos eran de suma importancia para la identidad y la supervivencia de la nación judía, y de la nueva iglesia.

● Pero, ¿a dónde llevaba todo este cambio? Pedro no tenía ni idea, solo sabía que el Espíritu lo guiaba. Al seguir a los hombres enviados por Cornelio, el apóstol, mostró estar abierto al Espíritu. El versículo 28 dice, "Vosotros sabéis cuán abominable es para un varón judío juntarse o acercarse a un extranjero"... pero, el Espíritu no deja de lado la Ley de Dios, sino que ensancha los límites creados por los seres humanos.

● En un instante fue claro que el tema aquí no era sobre la comida impura, sino sobre gente impura. Podemos preguntarnos: ¿Porqué Dios permitió que llegaran a ser cristianos judíos "puros" y gentiles "impuros"? Dios, en realidad, está llamando a todas las personas a su mesa, a compartir el pan y tener comunión en su nombre.

● Estos sucesos pueden levantar una pregunta capciosa, ¿cómo podemos incluir a todas las personas como lo hace Dios y, al mismo tiempo, lograr que la iglesia sea una comunidad piadosa?

La única forma de responder esto es hacernos nosotros mismos algunas preguntas.

- ¿Cómo sabemos cuando el Espíritu de Dios guía en una nueva dirección?
- ¿Cuáles de las "viejas reglas" son importantes de mantener?
- ¿Cuáles de las "viejas reglas" ya no se usan?
- Nosotros, si nos guiamos por la "viejas reglas" ¿mostramos favoritismo a algunos y rechazamos a otros?
- La audiencia de Pedro cambió, pero su mensaje, no. Predicó a judíos y a gentiles, el mismo mensaje: la necesidad de la fe en Cristo Jesús para ser salvos.
- Cornelio y su familia eran gentiles, "piadoso y temeroso de Dios" (10:2). Luego de este encuentro se hizo evidente que Cornelio, aún siendo gentil era aceptable a Dios, no necesitó convertirse al judaísmo. Como sea, su propia justicia no era suficiente; él necesitó, como cada uno de nosotros, convertirse a Cristo.
- Los que son diferentes a nosotros hoy, están en la misma situación. El color diferente de su piel, la cultura o el idioma, no los descalifica para llegar a ser cristianos.
- La buena noticia es que si seguimos al Espíritu, Dios ordenará todos los detalles. Si predicamos el evangelio a todas las personas, la comunidad de fe (la iglesia) podrá tratar con la diversidad de aquellos que responden a Dios.

DESARROLLO DE LA LECCIÓN
Diferentes como el día y la noche

Reparta hojas en blanco y lápices. Pida a los alumnos que se busquen una pareja, pueden ser niñas con niñas y muchachos con muchachos, o como ellos deseen. Dígales que dibujen o describan a dos amigos que conozcan y que sean muy diferentes como el día y la noche. Puede ser que uno sea bajo y el otro alto, que hablen diferentes idiomas, que su color de piel sea diferente, que el carácter sea diferente, etc. Al terminar su trabajo, pida que algunos voluntarios cuenten a la clase de esos dos amigos. (Indique que solamente se hablará de característica y buenas actitudes de sus amigos, y no con el ánimo de burlarse de otros).

Luego diga: Así como vemos diferencias en nuestros amigos y personas que conocemos, hoy estudiaremos a dos personajes de la Biblia que eran diferentes como el día y la noche. Normalmente, sería imposible que fueran amigos. Pero algo aconteció que hizo cambiar eso. Veremos qué sucedió en el capítulo 10 de Hechos.

Palabras importantes

Escriba en cartulina de buen tamaño las siguientes palabras y su significado. Explique cada una de ellas para que los alumnos las sepan cuando usted enseñe la lección. Puede escribirlas de tal manera que los niños las puedan decorar o colorear. Deje suficiente espacio en los contornos para que los niños trabajen. Una vez que terminen, coloque los cuadros con las palabras en el mural. Diga: todas estas palabras no solo tienen relación con la iglesia primitiva, sino con la iglesia de hoy.

Aceptación: mostrar amor a otros por lo que son. Como cristianos debemos mostrar amor a todas las personas, incluso a los que son diferentes a nosotros.

Comunión: compañerismo como resultado de tener cosas en común; unión entre todos los que creemos en Jesús.

Separación: alejamiento, ausencia, distancia, fuera del contacto con otra persona. Dejar de ser amigos, etc.

Impuro: según la ley judía ciertos alimentos estaban prohibidos.

¡Sorpresa!

Entregue a los niños la primera actividad del libro del Alumno. Pídales que descubran las palabras que son buenas sorpresas (amor, aceptación y comunión) o malas sorpresas (pecado, separación, impuro). Diga: En la vida muchas veces tenemos malas sorpresas que no podemos evitar. Pero hay malas sorpresas que sí podemos cambiar, como por ejemplo el pecado, la separación y lo que es impuro. Si entregamos nuestra vida al Señor, las malas sorpresas se pueden tornar en buenas sorpresas. A todos nos gustan las buenas sorpresas. En la historia bíblica de hoy tenemos dos personajes importantes que se llevaron una buena sorpresa de parte de Dios. El Señor los guió a amarse, a que se aceptaran y tuvieran comunión el uno con el otro. Esta experiencia fue parte de la iglesia en sus primeros pasos.

HISTORIA BÍBLICA
¡Nuevos amigos!

Después del diálogo y de conocer los acontecimientos entre Pedro y Cornelio, permita que los primarios respondan con sus opiniones a los siguientes puntos; de acuerdo a lo que leyeron y escucharon.

1. ¿Creen que si Pedro y Cornelio se conocían antes de que Dios se manifestara, probablemente hubieran tenido sospechas entre ellos? (Sin duda, pero recordemos que el Espíritu Santo estaba trabajando en la iglesia, o sea en cada creyente. Las personas buscaban a Dios. Sus peca-

dos eran perdonados. Sus vidas eran cambiadas).

2. ¿Creen que se hubiera producido una división aun cuando Cornelio adoraba a Dios? (Es posible si Pedro y Cornelio no hubieran obedecido a la visión de Dios. Pedro se dejó guiar por el Espíritu, al igual que Cornelio).

3. ¿Creen que Pedro miró a Cornelio como a un ciudadano de segunda clase, o inferior? (No)

4. ¿Es posible que Pedro no se habría asociado con Cornelio por temor a hacerse impuro? (Es posible, pero la visión que Dios le dio fue especial, y Pedro deseaba obedecer al Señor).

5. ¿Creen que Cornelio era menos prejuiciado? (Sin duda tenía sus prejuicios, pero amaba a Dios y fue obediente). Recuerde a los niños que la mayoría de los romanos no respetaban a los judíos. El Señor estaba obrando en el corazón de Cornelio, por eso envió llamar a Pedro. Cornelio fue humilde en dejar que Pedro le enseñara las Buenas Nuevas).

6. Después de la participación de Dios, ¿Pedro trató a Cornelio como a cualquier otro nuevo creyente? (Es posible que sí, pero también estuvo dispuesto a enseñar a Cornelio, a su familia y al resto de creyentes que allí había).

7. ¿Creen que Pedro estuvo dispuesto a ir a la casa de Cornelio? (Fue con una buena actitud).

8. ¿Cuál fue la reacción de Cornelio hacia Pedro? (Aceptación. Pedro quedó en casa de Cornelio por varios días, enseñó y predicó a la gente del lugar).

9. ¿Cuál fue la respuesta de ambos hombre? (Dios ayudó a ambos. Pedro y Cornelio, pudieron vencer sus prejuicios. Estuvieron dispuestos a considerar nuevas ideas y Dios mostró la verdad a ambos, en lugar de seguir con sus prejuicios, lo cual llevaba a la división).

Vencer los prejuicios fue una tarea muy importante para la iglesia primitiva. Si esta iglesia iba a extender el evangelio solo a los judíos, nunca cumpliría la gran comisión, Mateo 28:19-20. Así fue posible que pronto fueran a la iglesia más gentiles que judíos, y el evangelio se extendió por todo el mundo.

Señale que si el evangelio no hubiera ido a todo los pueblos, puede que ninguno de nosotros nunca hubiéramos oído de Jesús.

Asegúrese que ellos entienden el significado de las palabras "aceptación" y "compañerismo". Hable sobre cómo estas cualidades ayudaron a la iglesia a crecer en los tiempos bíblicos, y cómo ayuda ahora.

Pida a los niños que abran en la actividad del libro del Alumno (lección 37), y que contesten las preguntas al pie de la historia bíblica.

ACTIVIDADES
¿Podré entrar?

Pida a los niños que sigan las instrucciones del libro del Alumno (lección 37), para hacer esta última actividad.

Memorización

Por tanto, id y <u>haced</u> <u>discípulos</u> <u>a</u> <u>todas</u> <u>las</u> <u>naciones</u>, <u>bautizándolos</u> en el nombre del <u>Padre</u>, <u>del</u> <u>Hijo</u> <u>y</u> <u>del</u> <u>Espíritu</u> <u>Santo</u>, <u>y</u> <u>enseñándoles</u> que guarden todas las cosas que os he mandado. Y yo estoy con vosotros todos los días, hasta el fin del mundo. Amén" (Mateo 28: 19-20).

Pida a los alumnos que lean juntos el texto bíblico. Haga énfasis en las palabras subrayadas y pregunte:

1. ¿A quiénes debemos hacer discípulos? (a todas las naciones, a toda las personas).

2. ¿Cómo? (hacer discípulos, seguidores de Jesús, bautizarlos y enseñarles).

3. ¿De quién? (de Jesús).

Pregunte: ¿Hay alguien que esté excluido de este plan de Dios? (no) Y si es verdad, entonces, ¿cómo debemos tratar a las personas que son diferentes a nosotros? (con amor, compasión, y respeto. Algunos ya son nuestros hermanos en la fe por medio de Cristo o son posibles candidatos que aceptarán a Jesús como su Salvador personal).

Seguimos con la modalidad de esta unidad. Ahora aprenderán la segunda parte del texto, pero repase la primera parte. En esta y en la próxima clase aprenderán el resto del texto bíblico y la cita.

Primera parte: Por tanto, id y haced discípulos a todas las naciones, bautizándolos en el nombre del Padre, del Hijo y del Espíritu Santo, /// Segunda parte: y enseñándoles que guarden todas las cosas que os he mandado. Y yo estoy con vosotros todos los días, hasta el fin del mundo. Amén" (Mateo 28: 19-20).

Para el momento de la memorización, escriba la segunda parte del texto en la pizarra. Repítalo con los alumnos varias veces. Divida la clase en dos grupos. Luego entregue una hoja de papel en blanco a cada grupo y lápices a cada niño. El primer niño escribirá la primera palabra del texto, pasa inmediatamente el papel al siguiente niño quien escribirá la segunda palabra; y así sucesivamente. El equipo que termina de escribir el texto en forma correcta, es el ganador. Prepare algunos premios para el niño que lo aprenda de memoria. En la primera parte del texto hay 22 palabras. En la segunda hay 25 palabras más la cita.

Para terminar

Pida a los niños que oren y pidan al Señor que los ayude a ser amorosos con todas las personas, aunque sen diferentes a ellos. Dígales que recuerden que Dios no "hace acepción de personas", que nos ama a todos por igual.

Dios quiere ser nuestro Salvador, no importa la raza, el color de la piel, el idioma que hablamos, el estatus social que tengamos, o los estudios que hayamos cursado.

Ore por su clase para que puedan proclamar el evangelio a todas las personas.

Mis notas:

LECCIÓN 38

La Iglesia: frente a los desafíos

Base bíblica: Hechos 12:1-24
Objetivo de la lección: Reconocer que aunque Dios no libra a todos los cristianos de sufrir persecución, él mantiene a la Iglesia viva y creciente.
Texto para memorizar: "Por tanto, id y haced discípulos a todas las naciones, bautizándolos en el nombre del Padre, del Hijo y del Espíritu Santo, y enseñándoles que guarden todas las cosas que os he mandado. Y yo estoy con vosotros todos los días, hasta el fin del mundo. Amén" (Mateo 28: 19-20).

¡PREPÁRESE PARA ENSEÑAR!

La mayoría de los niños de esta edad nunca enfrentaron la muerte. Muchos no experimentaron el fallecimiento de un amigo cercano o de un familiar. Será difícil para ellos comprender lo que los cristianos de la Iglesia naciente tuvieron que soportar.

De todas maneras, los primarios necesitan conocer, al menos, un atisbo de la lucha, las dificultades y la severa persecución que la Iglesia experimentó a lo largo de la historia. Entender este aspecto de la vida de la Iglesia será un buen "antídoto" contra el "evangelio de salud, riqueza y felicidad" que es tan popular entre los cristianos de nuestros días.

También crecerán con la confianza de que la Iglesia, capacitada por el Espíritu Santo, sobrevivirá a los desafíos que enfrente. Les ayudará a permanecer firmes en su fe, aun cuando ello pueda producirles sentimientos desagradables.

Los niños necesitan comprender las poderosas fuerzas externas que se oponen a la Iglesia y también las internas, tales como indiferencia, la desunión y la falta de fe y que suelen ser las más serias.

COMENTARIO BÍBLICO

A pesar de la oposición, la iglesia continuó con su tarea. Entendieron que el Evangelio era para todos, entonces hicieron todo lo que estaba a su alcance para que las personas escucharan el mensaje (Hechos 11:19-21). Los cristianos de Jerusalén enviaron a Bernabé a Antioquía, y él reclutó a Pablo para que lo ayudara en la enseñanza (11:22-26).

Pablo y Bernabé sentían que el Espíritu Santo se movía con poder en Antioquía, pero las cosas se ponían horrendas en Jerusalén. El rey Herodes comenzó a perseguir a los cristianos, tratando de agradar a los judíos. Envió a matar a Jacobo. Luego encarceló a Pedro con la intención de matarlo después de la Pascua. Herodes pensó que podría detener el avance del Evangelio asesinando a los predicadores.

Esto nos presenta una pregunta inquietante: ¿Sufrió alguno de nosotros amenazas de muerte para que dejemos de hablar de Jesús?

Seguramente, en el 99 por ciento de los casos, la respuesta es no. Pero, ¿nos preguntamos alguna vez porqué nosotros no fuimos amenazados? Probablemente porque nuestras palabras no sacudieron una estructura de poder o a alguna persona influyente.

La enseñanza de la Iglesia primitiva, con Pedro al frente, amenazó la seguridad de la gente poderosa. Debido a esto, los líderes quisieron detener el avance del Evangelio y por esta causa, Herodes ordenó perseguir a sus representantes más destacados (Jacobo fue asesinado con una espada y Pedro escapó por muy poco).

Dios protegió a la Iglesia de la persecución. Aunque los cristianos sufrieron de muchas maneras, Dios garantizó que la Iglesia no se detuviera en su tarea de predicar el Evangelio (Hechos 12). Él ayudó a Pedro a salir de la prisión y derribó a su principal perseguidor: Herodes.

¿Cómo reaccionó la Iglesia después de la muerte de Jacobo y del encarcelamiento de Pedro? ¿Qué podría hacer una Iglesia débil e indefensa contra el enorme poderío de Roma?

Los creyentes se reunieron para orar.

Mucha gente, no pensaría en una reunión de oración como primera alternativa contra la persecución. "Fuego contra el fuego" puede parecer más razonable. Pero la Iglesia no contaba con un ejército. Tampoco tenía influencia política. Ni siquiera armas para defenderse de los opresores que los atacaban.

Pero ellos oraron.

La oración hizo que se abrieran las puertas de la prisión. La oración libró a Pedro de las cadenas y lo llevó a la casa donde se realizaba la reunión de oración. La oración derrotó el mal como ninguna otra arma pudo hacerlo. La oración sostuvo a la Iglesia en un tiempo de enormes amenazas.

Hechos 12 es un capítulo poderoso, porque nos recuerda que Dios cuida de nosotros en medio de los problemas. "El capítulo comienza con la muerte de Jacobo, Pedro en prisión y Herodes triunfante; y termina con Herodes muerto, Pedro libre y la Palabra de Dios triunfante".*

Nuestras vidas cristianas probablemente no serán tan dramáticas como la de Pedro. Nuestra persecución, probablemente, no sea tan severa como la de Jacobo. Es dudoso, aunque no imposible, que alguien quiera matarnos para detener nuestra enseñanza.

Pero, con los enormes cambios que está experimentando nuestro mundo, es bueno que recordemos las dos cosas que aprenderemos hoy de este pasaje:

- Que los cristianos no son inmunes a la persecución, pero al enfrentarla, Dios no los abandona.
- Que la persecución no destruirá a la Iglesia. Dios lo garantiza.

John R.W. Stott, El mensaje de Hechos, en La Biblia habla hoy (Downers Grove, Ill.: Intervarsity Press, 1990), 213.

DESARROLLO DE LA LECCIÓN
La iglesia en Antioquía

Que los niños lean los pasajes bíblicos de la actividad del libro del Alumno. Si desea realice comentarios respecto a lo leído. Luego haga preguntas sobre los personajes principales del pasaje. Mencione que más y más gentiles aceptaban a Jesús como su Salvador. La gente creía en el mensaje dado por los apóstoles. El mensaje del Evangelio se extendía a otros países.

Palabras importantes

Escriba las palabras y el significado en cartulina para colocarlas en el mural de la iglesia. Puede hacer un juego extra para que al llegar, esconda las palabras en el salón y luego que los niños las busquen.

Orar: comunicación personal con Dios.

Persecución: abuso físico, ridiculización y otras clases de sufrimientos que una persona experimenta de parte de otros, por causa de lo que cree.

Diga: "Los comienzos de la Iglesia fueron tiempos difícil para los apóstoles y los seguidores de Jesús. Sufrieron burlas, azotes, todo tipo de castigos, hasta la cárcel y la misma muerte por creer en Cristo y no renunciar a su fe.

Ellos se aferraron a la fe, a la oración y a la confianza en que el Señor no los había dejado solos. Estaban experimentando de primera mano, la promesa dejada un tiempo antes: "Pero recibiréis poder cuando haya venido sobre vosotros el Espíritu Santo..." (Hechos 1:8ª). Ellos confiaron en ese poder.

HISTORIA BÍBLICA
"El Gran escape", drama

Una semana antes de la clase, entregue las partes tomadas de la Biblia para que los alumnos las estudien. También puede usar la modalidad de ademanes (mimos) mientras se lee el capítulo 12 de Hechos. Usted puede ser la narradora. Asigne siete papeles a diferentes alumnos: Herodes, Pedro, el ángel, dos guardias, María, Rode. El resto de la clase será parte del grupo de creyentes. Anímelos a ser creativos. Pueden usar ropas hechas con mantas y sábanas.

Al terminar el drama utilice las siguientes preguntas a modo de repaso:

- ¿Qué estaba haciendo Pedro, cuando el ángel entró a la prisión la noche anterior a su juicio y posible ejecución? (Durmiendo).
- ¿Creen que el rey Herodes tenía más poder que Pedro y los cristianos que oraban? (No, ellos confiaban en Dios).
- ¿Cuál creen que fue la actitud de Pedro hacia su problema? (Aunque no lo sabemos con seguridad, parece que Pedro no sentía temor. Sabía que Jacobo ya había muerto. Probablemente esperaba ser el próximo. Aun así, dormía plácidamente. Confiaba en Dios, aun cuando podría ser ejecutado a la mañana siguiente).
- ¿Qué piensan en cuanto al poder que tienen los gobernantes y reyes? ¿Quién es más poderoso? (Escuche las respuestas y aclare conceptos).

Comente a los estudiantes que hubo un tiempo en la vida de la Iglesia cuando los cristianos confundían y avergonzaban a sus perseguidores. Ellos enfrentaron el sufrimiento y la muerte con gozo y coraje.

- ¿Qué hacían los creyentes para intentar sacar a Pedro de la cárcel? (Oraban, era lo mejor que podían hacer. Al ir al Señor con sus problemas era la manera de demostrar a todos que confiaban en Dios y que dependían de él).
- ¿Piensan ustedes que hicieron todo lo que pudieron para que Pedro fuera liberado? ¿No había otras cosas que se pudieron haber hecho como presentar una petición a Herodes u organizar una manifestación frente al palacio? (Orar era lo mejor que pudieron haber hecho. Al presentar ante Dios sus problemas, los cristianos demostraron depender de él. Puede que le preguntaran a Dios qué más podían hacer. Orar y buscar la ayuda del Señor, es siempre más sabio que intentar salir de los problemas con respuestas humanas).
- ¿Cuál debe ser nuestra actitud hacia la persecución? (Podemos confiar que Dios estará con los

cristianos mientras dure la persecución. Aunque no siempre libra sus vidas, él les da fortaleza y ayuda para enfrentar la situación).

Pida que dos alumnos lean Mateo 16:16-18 y Hechos 12:24. ¿Qué dicen estos versículos sobre la habilidad de Dios para mantener viva a la Iglesia a pesar de la persecución? (Podemos confiar en que Dios hace esto. Él prometió que nada ni nadie destruirán a la Iglesia).

Maestro: si bien es cierto el tema sobre la persecución puede asustar y preocupar a los niños; sea positivo en su presentación. Sabemos con certeza que Dios promete estar con nosotros, aún en los momentos más difíciles. Eso es lo que los pequeños deben llevar en sus corazones y pensamientos. Ellos deben tener la fe y la certeza de que el Señor tiene todo el poder para ayudarlos frente a la persecución, sin importar la forma en que esta se presente.

ACTIVIDAD
¡Imparable!

Guíe a los niños a la actividad del mapa, en el libro del Alumno (lección 38). Pídales que sigan las instrucciones. Este es un buen momento para hacer un repaso sencillo de los viajes de Pablo. Los estudiantes comprenderán que el mensaje no se detuvo a pesar de la persecución, sino todo lo contrario. Los creyentes buscaban dónde predicar. Se mudaban a otras ciudades donde pudieran hablar de Jesús, de esa manera el mensaje se extendía.

Si la Iglesia no se hubiera extendido con el mensaje de salvación, nunca hubiera llegado hasta nosotros hoy. Debemos dar gracias a Dios por la valentía de los primeros cristianos, porque a pesar de la persecución, ellos siguieron predicando la Buenas Nuevas de salvación... "hasta lo último de la tierra".

Separador de libro o marcadores de Biblia

Antes de la clase escriba las citas bíblicas en pequeños cuadritos de papel, para que los niños los peguen en un separador de libro. El propósito de este trabajo es que los primarios puedan leer las citas cuando alguien se burle de ellos o diga cosas malas por el hecho de que son seguidores de Jesús.

Durante la clase todos pueden leer los pasajes. Esto les generará confianza y les hará recordar que no están solos.

Durante la clase entregue tiras de cartulina de 20 cm. x 5 cm. Pida a los niños que de un lado coloreen, pinten o peguen calcomanías para decorar su separador de Biblia. Del otro lado pegarán los cuadritos de papel con las citas bíblicas. Termine el separador de un lado en forma de punta, y del otro en forma de "V" invertida. En la punta pueden hacer una pequeña perforación y colocar una cinta fina o lana de color.

Citas bíblicas:

Salmo 23:4. Dios está con nosotros siempre.

Mateo 28:20. Jesús promete estar con nosotros siempre.

1 Pedro 4:19. Nos podemos entregar a Dios.

Apocalipsis 2:10. Dios promete su recompensa a los que sufrimos por él.

Memorización

Esta es la última clase de la unidad. Esperamos que los niños hayan aprendido el texto completo. Anime a los que lo aprendieron de memoria a que lo reciten. Puede hacer una competencia para ver cuántas niñas y muchachos lo aprendieron correctamente.

Primera parte: "Por tanto, id y haced discípulos a todas las naciones, bautizándolos en el nombre del Padre, del Hijo y del Espíritu Santo..."

Segunda parte: "... y enseñándoles que guarden todas las cosas que os he mandado. Y yo estoy con vosotros todos los días, hasta el fin del mundo. Amén" (Mateo 28: 19-20).

Escriba el texto completo en la pizarra. Repítalo con los alumnos varias veces. Divida la clase en dos grupos. Luego entregue una hoja de papel en blanco a cada grupo y lápices a cada niño. El primer niño escribirá la primera palabra del texto, pasará inmediatamente el papel al siguiente compañero, quien hará lo mismo con la segunda palabra y así sucesivamente. El equipo que primero termine de escribir el texto en forma correcta, será el ganador. Prepare algunos premios para los niños que lo aprendan de memoria.

Pida a los niños que complenten la última actividad de la lección.

Para terminar

Canten un coro o himno apropiado a la serie de lecciones sobre la Iglesia.

Oren todos juntos para que Dios los ayude a ser valientes y a tener el coraje necesario para anunciar el mensaje de Jesús a todas las personas. Ore por los niños para que no sientan vergüenza de contar a otros sobre su fe y amor por el Señor.

Pregunte si hay algún alumno que desee recordar el nombre de alguien que se burla o lo menosprecia por ser cristiano. Ore por esa personas, que tal vez sin querer, hace sentir mal al niño.

Este es un buen momento para orar por quienes sufren persecución en países que no están abiertos al Evangelio. Muchos misioneros y cristianos son víctimas de la persecución por su fe en Cristo.

Año 3

Introducción • Unidad X

PONTE LA ARMADURA DE DIOS

Bases bíblicas: Efesios 6:14; Mateo 4:1-11; Hebreos 2:18; Efesios 6:15-16; Filemón; Efesiso 6:17; Efesios 6:18-20; Santiago 5:13-20
Verdad bíblica: La armadura de Dios nos ayuda a permanecer firmes contra el mal
Texto de la unidad: "Por tanto, tomad toda la armadura de Dios, para que podáis resistir en el día malo y, habiendo acabado todo, estar firmes" (Efesios 6:13).

Propósitos de la unidad

Esta unidad ayudará a los primarios a:
- Entender que en el mundo existe un mal mayor que las cosas que vemos o experimentamos.
- Saber que Dios es más poderoso que cualquier mal y que nos proveyó toda la armadura necesaria para vencerlo.
- Identificar las piezas de la armadura de Dios y cómo cada una nos ayuda a luchar contra el mal.

Lecciones de la unidad
Lección 39: Usa el cinto y la coraza
Lección 40: Usa las sandalias y el escudo
Lección 41: Usa el casco y la espada
Lección 42: ¡Armados y listos para la acción!

Por qué los primarios necesitan la enseñanza de esta unidad
Los niños en esta edad se enfrentan al mal en forma constante. Son expuestos a la violencia y la inmoralidad en la televisión, películas, dibujos animados [caricaturas] y en los noticieros. Incluso ven el resultado del mal en la vida de sus vecinos, compañeros de escuela, amigos y aun en sus propios hogares.
Esta unidad los ayudará a reconocer al enemigo que promueve todo ese desorden y a identificar el plan de Dios para derrotarlo. Conocerán cuáles son las herramientas con las que cuentan para resistir el mal y crecer como cristianos. Estas lecciones los harán comprender el valor y la necesidad de la oración en su lucha contra el mal.

LECCIÓN 39

Usa el cinto y la coraza

Base bíblica: Efesios 6:14; Mateo 4:1-11; Hebreos 2:18
Objetivo de la lección: ayudar a los primarios a entender que Jesús venció la tentación y que por esa razón, si ponen su confianza en la verdad y justicia de Dios, también ellos pueden estar firmes contra la tentación.
Texto para memorizar: "Por tanto, tomad toda la armadura de Dios, para que podáis resistir en el día malo y, habiendo acabado todo, estar firmes" (Efesios 6:13).

¡PREPÁRESE PARA ENSEÑAR!

El mundo puede resultar un lugar peligroso para los niños. Enfrentan muchas presiones al escoger amistades y cosas que no tienen nada que ver con Dios. Están inmersos en una batalla espiritual y necesitan las herramientas para luchar. Estas lecciones sobre la armadura de Dios les darán esas herramientas y la fortaleza necesaria al confiar en él, su verdad y su justicia. Crecerán confiados cuando aprendan a utilizarlas y a aplicarlas durante el estudio de la Palabra y la oración.

Al comprender cómo Jesús resistió la tentación, ellos pueden confiar en que él los ayudará a hacer lo mismo. La preparación temprana puede ser la diferencia entre la desesperación y la victoria.

COMENTARIO BÍBLICO

La vida cristiana es más que lo que acontece en el ámbito físico. Es verdad que enfrentamos desafíos basados en presiones y problemas que el mundo y otras personas presentan. Pero hay una batalla mayor que somos llamados a pelear, una lucha espiritual contra el mal. Nosotros descubrimos que debemos confrontar al que se opone directamente a Dios, y ese es Satanás.

Antes de que llegáramos a conocer a Cristo, el enemigo nos consideraba seguramente perdidos. Perdidos del gozo de la salvación y perdidos del poder redentor de poseer una correcta relación con Cristo. Satanás no tenía mucho que luchar para poseernos. No éramos una amenaza. Pero cuando llegamos a Cristo las cosas cambiaron. Ya no estamos perdidos; fuimos encontrados y reclamados por Dios. Satanás ya no estaba contento.

Así es que descubrimos que estamos constantemente bajo ataque espiritual. Pero eso no significa que debemos vivir desesperados, ni en derrota. Ahora somos llamados a depender de la fortaleza de Dios y de cada pieza de la armadura que él nos provee para resistir al malo.

Ya sea que nos sintamos fuertes o derrotados, hay una lección sobre la armadura de Dios que debemos aprender. No es acerca de lo que nosotros podemos hacer, es acerca de lo que Dios puede hacer a través de nosotros. Esto está bien demostrado en la persona de Jesús, su Hijo.

Antes de iniciar su ministerio terrenal Jesús se tomó el tiempo necesario para prepararse, ayunó y oró, fue al desierto y pasó 40 días y 40 noches solo. Debilitado por el hambre y los elementos, estaba exhausto y parecía sin recursos. En ese momento Satanás vio una gran oportunidad de torcer el plan de Dios para la redención de la humanidad. El gran engañador creyó que podría extraviar la misión de Jesús.

Desafió al Señor torciendo la verdad de las Escrituras. Los argumentos parecían razonables, pero no lo eran. Jesús enfrentó las mentiras con la verdad. Él conocía las Escrituras, usaba el "cinto de la verdad". Nosotros también debemos estar preparados, por eso es necesario que conozcamos la verdad.

Pero Satanás no se detuvo en las mentiras. Atacó la relación de Jesús con su Padre. Aún introdujo la duda sobre si Dios tenía en mente lo mejor para su Hijo y su creación. Esta era otra gran trampa, y Jesús lo supo. Satanás no puede traernos paz, gozo, justicia, o vida eterna. El Señor se colocó la "coraza de la justicia" y escogió confiar en su relación con el Padre.

Al prepararse para esta lección, considere si sus batallas y luchas con físicas o espirituales. La armadura de Dios es su resguardo para enfrentar los ataques de cualquier clase, que Satanás emprenda. Usted no está solo. Usted puede permanecer firme. Usted puede resistir.

DESARROLLO DE LA LECCIÓN

Utilice alguna de las siguientes actividades para guiar a los alumnos a la verdad de la Palabra de Dios.

¡Resiste! ¡Mantente Firme!

Entregue a los niños la primera página de la actividad del libro del Alumno. Divida a la clase en dos grupos y asigne a cada grupo una situación. Permita que los grupos discutan las situaciones y luego decidan cómo actuarían. Diga: "Es posible que no se enfrenten a este tipo de tentaciones, pero tal vez enfrenten otra clase". Que los pequeños escriban o dibujen sobre las tentaciones a las que se enfrentan o a las que se enfrentarán, en el cuadro en blanco. Advierta: "Todos debemos ponernos la armadura de Dios, para que cuando el diablo venga, nos encuentre firmes" (Efesios 6:13).

Palabras importantes

Escriba las palabras importantes en cartulina para colocar en el mural. Si es posible, dibuje o copie la armadura de un soldado, parte por parte. Puede pedir a alguno de sus alumnos que sea bueno para dibujar que realice este trabajo. Debajo de cada pieza, escriba el nombre y su significado.

Armadura de Dios: el soldado usa la armadura para protegerse en la batalla. La armadura de Dios es nuestra protección contra el mal. Cuando usamos esta armadura, estamos firmes contra las tentaciones y hacemos elecciones acertadas cada día.

El cinto de la verdad (Efesios 6:14): esta pieza de la armadura de Dios nos recuerda que él siempre es veraz, o sea que dice la verdad. Cuando nos colocamos el cinto de la verdad, escogemos vivir con la verdad de Dios y obedecer su Palabra. Preferimos decir la verdad porque esa es otra forma de obedecer a Dios.

Coraza de justicia (Efesios 6: 14): esta pieza de la armadura de Dios nos recuerda que como cristianos, escogemos hacer lo correcto, o sea hacer la voluntad de Dios y mantener una relación íntima con él. La coraza de justicia es nuestra porque creemos en Jesucristo, su Hijo, y escogemos seguirlo.

Mal / maldad: cualquier persona o cualquier cosa que se opone a Dios. El mal es lo opuesto a lo bueno, y Dios es bueno. El diablo se opone a Dios. El diablo es malo.

Tentación: aquello que nos aleja de Dios. Todo lo que ocupe el lugar de Dios en nuestras vidas.

Ayuno: dar algo con el propósito de adorar a Dios. Jesús se negó a comer cuando estuvo en el desierto.

Mural: La Armadura de Dios

Pida a todos los niños que lo ayuden a colocar un papel de fondo para forrar el mural. Este puede ser un proyecto de un sábado. Prepare un pequeño picnic para toda la clase. Cada uno puede traer su bolsa con comida y usted provee la bebida. Haga de este, un momento agradable que todos puedan disfrutar. Si algún alumno o usted hicieron la armadura del soldado, pida a los niños que la coloreen o pinten. Luego coloquen las partes en el mural, con los nombres y las palabras importantes. Como título coloquen: La armadura de Dios. Mientras colorean, pegan y arman el mural explique que en la clase, y durante toda esta unidad de cuatro lecciones, aprenderán en detalle lo que significa cada parte de la armadura. Anímelos a venir a cada clase.

HISTORIA BÍBLICA
La tentación de Jesús

Mateo 4:1-11; Hebreos 2:18.

Divida la clase en tres grupos. Asigne una sección de la historia bíblica a cada uno de ellos. Usted como maestro puede presentar la primera sección de la historia. Permita que los grupos presenten la historia en forma ordenada.

Maestro (Sección 1)

Entonces Jesús fue llevado por el Espíritu al desierto para ser tentado por el diablo. Ayunó por 40 días y 40 noches. No comió en todo este tiempo. Tuvo hambre.

Grupo 1 (Sección 2)

Mientras el Señor estaba en el desierto, el diablo vino a tentarlo. Satanás quería apartar al Hijo del Padre.

El diablo miró a Jesús. Probablemente lo estaba observando con desprecio. "Si eres Hijo de Dios", le dijo, "di que estas piedras se conviertan en pan".

Jesús supo lo que el diablo trató de hacer, sabía que era malo. Entonces usó las Escrituras para responderle. "Escrito está: No solo de pan vivirá el hombre, sino de toda palabra que sale de la boca de Dios". El Señor conocía estos importantes versículos. Todos pueden leerlos en el Antiguo Testamento, Deuteronomio 8:3. Él usó las Escrituras para resistir la tentación. La Palabra es un arma muy poderosa.

Grupo 2 (Sección 3)

El diablo no estaba dispuesto a rendirse. Pretendía que Jesús traicionara a Dios. Luego lo "llevó a la santa ciudad, y lo puso sobre el pináculo del templo". Cuando el Señor miró Jerusalén, Satanás trató de usar la Escritura contra él. "Si eres Hijo de Dios, échate abajo; porque escrito está: A sus ángeles mandará cerca de ti, y, en sus manos te sostendrán. Para que no tropieces con tu pie en piedra". El diablo pensó con astucia, "Ya lo engañé, ja-ja, ya lo tengo. No podrá contradecirme si uso las Escrituras".

Pero estaba equivocado. Jesús conocía el verdadero significado del pasaje y le respondió: "Escrito está también: No tentarás al Señor tu Dios". Este verso es Deuteronomio 6:16. El Señor sabía de qué hablaba el enemigo.

Grupo 3 (Sección 4)

¿Creen ustedes que con esto el diablo cesó en su empeño? No. Continuó tentando a Jesús para que traicionara a Dios. Decidió intentarlo una vez más.

"Otra vez le llevó el diablo a un monte muy alto, y le mostró todos los reinos del mundo y la gloria de ellos". Algo hermoso para ser visto. "Todo esto te daré si postrado me adorares".

Esta era una mentira aún mayor. El diablo no es el dueño del mundo, por lo tanto, no puede darlo o tomarlo. El mundo es creación de Dios. Jesús le dijo, "Vete, Satanás, porque escrito está: 'A Jehová, tu Dios, temerás, a él solo servirás...'". Esta vez usó este pasaje de Deuteronomio 6: 13 para decirle al diablo: "Déjame tranquilo. Abandona ya. Nada que puedas decir o hacer me apartará de Dios". ¡Qué triunfo extraordinario!

Satanás captó el mensaje. Abandonó a Jesús y Dios envió sus ángeles para que cuiden a su Hijo. El Señor utilizó las Escrituras para derribar la tentación. Nosotros también podemos usar la Biblia para resistirla.

Después de la historia, use las preguntas del libro del Alumno (lección 39), para ayudar a los estudiantes a repasar la lección. Pregunte: "¿Cómo usó Jesús la armadura de Dios cuando enfrentó la tentación?" (Él escogió confiar en Dios y respondió al diablo con su Palabra). "¿Cómo utilizó Jesús el cinto de la verdad?" (Recordó y tomó versículos de la Biblia). "¿Qué mentiras empleó Satanás contra Jesús?" (El diablo le dijo a Jesús que tendría poder si rechazaba la autoridad de Dios y confiaba en él). "¿Cómo respondió Jesús?" (El Señor escogió confiar y obedecer a Dios).

"Justicia, significa estar en correcta relación con Dios. También simboliza hacer lo que él nos pide. ¿Cómo usó Jesús la coraza de justicia? ¿Cómo respondió Jesús en justicia al ser tentado?"(Escogió confiar en Dios en lugar de obtener alivio inmediato para sí mismo. Justicia incluye confiar en Dios y obedecerlo. Jesús lo hizo al ser tentado en el desierto). "Soportó tentaciones, por lo tanto, sabe lo que nosotros vivimos al ser tentados".

Lea con los alumnos Hebreos 2:18. El mismo dice que nosotros podemos confiar en él para reconocer la tentación, y con su ayuda, vencerla.

ACTIVIDADES
Mi compromiso

Entregue a los niños la última actividad del libro del Alumno (lección 39). Pídales que completen el compromiso. Explique: "Ustedes pueden confiar en Dios cuando se colocan su armadura. Pónganse firmes en su verdad. Estudien su Palabra. Confíen en su amor y pasen tiempo hablando con él por medio de la oración".

Luego pídales que busquen en sus Biblias: Mateo 4:4, 4:7 y 4:10. Pregunte a los niños cómo dirían esos versículos con sus propias palabras. Diga: "Esos versículos nos dicen cómo Jesús resistió la tentación. Nosotros también podemos hacerlo". Señale lo que Mateo 4:10 significa para usted. Luego lean Hebreos 2:18. Pregunte: "¿A quién podemos acudir cuando enfrentamos a la tentación?" (A Jesús). "El Señor fue tentado, él sabe y nos comprende muy bien cuando nosotros somos tentados. Podemos confiar en que Jesús nos ayudará a estar firmes frente a la tentación".

Memorización

Antes de la clase, escriba el texto a memorizar en tarjetas, cada palabra por separado, y escóndalas por todo el salón. Luego escriba el texto en la pizarra y pida a los alumnos que lo repitan varias veces. Al terminar, que los niños busquen las tarjetas y armen sobre la mesa el versículo bíblico, en el orden correcto. Puede usar esta actividad en las demás clases de esta unidad.

Para terminar

Oren juntos pidiendo al Señor que los ayude a mantenerse firmes frente a cualquier tentación que Satanás les presente.

Si hay tiempo hable con los niños que tienen luchas difíciles. Asegure a cada uno que Jesús lo comprende y le puede dar la fortaleza necesaria para vencer sus tentaciones. Terminen cantando un coro apropiado.

LECCIÓN 40

Usa las sandalias y el escudo

Base bíblica: Efesios 6:15-16; Filemón
Objetivo de la lección: Que los primarios comprendan que la salvación nos libra del temor y del pecado. Onésimo es un buen ejemplo de cómo por medio de su confianza en Dios no temió regresar a una situación difícil.
Texto para memorizar: "Por tanto, tomad toda la armadura de Dios, para que podáis resistir en el día malo y, habiendo acabado todo, estar firmes" (Efesios 6:13).

¡PREPÁRESE PARA ENSEÑAR!

¡Luchar o escapar! Cuando Onésimo estuvo en problemas, escogió escapar. Cuando los niños están en problemas, el mundo les dice que tienen dos opciones: luchar o escapar. Onésimo descubrió una tercera opción: comprendió que la confianza en Dios trae salvación. Y la salvación brinda el valor para enfrentar el temor y abrazar la libertad, rechazando la tiranía del pecado.

Esta lección provee la oportunidad de presentar esta tercera opción a los primarios. Ellos no tienen que resignarse a pelear. Tampoco tienen que huir de sus miedos. Ellos pueden encontrar fortaleza en el poder de Dios, ponerse la armadura que él provee, y confiar en el Señor cuando las cosas van mal.

Aliente a los estudiantes contando una situación difícil (apropiada para su edad) que usted fue capaz de enfrentar y vencer con la ayuda de Dios. Anímelos a pensar en las situaciones que ellos pueden enfrentar. Utilice esta historia para ayudarlos a estar listos y usar la fe que Dios les dio, para perseverar en cualquier circunstancia.

COMENTARIO BÍBLICO
El problema

La esclavitud es un problema con el que la sociedad luchó desde siempre. Fue la causa de innumerables luchas a través de los siglos y la Iglesia primitiva, no fue la excepción, ya que al nacer el imperio romano aceptaba a la esclavitud como una práctica común.

Nuestra historia de hoy es sobre la esclavitud de una persona: Onésimo. El era un esclavo, un objeto poseído por un amo a quien él robó algo y escapó buscando su libertad. El hombre huyó desde Colosas hasta Roma. Lo que Onésimo descubrió en Roma fue la verdadera libertad al creer en Cristo. Mientras tanto, su amo Filemón, permaneció en Colosas. También él al haber confiado en Jesús como su Salvador personal experimentaba una nueva libertad. Ahora era un cristiano, una nueva creación en Cristo, un líder en la iglesia en Colosas y abrió su hogar para celebrar reuniones y tener comunión con otros creyentes. Mientras era aún poseedor de esclavos, él estaba respondiendo a un llamado más elevado para su vida, el llamado de Cristo.

La apelación

Pablo conoció la situación que Onésimo enfrentaba en Colosas. La ley romana declaraba que si un esclavo robaba y huía de su dueño podía ser condenado a muerte. Alguien capaz de hacer algo así era considerado inútil para su amo. Pablo, también entendió que la utilidad de Onésimo no estaba basada en los beneficios que pudiera brindar como esclavo y objeto, sino en llegar a ser parte de una comunidad de creyentes. Esta es la apelación que Pablo presenta en su carta personal escrita a Filemón, desde la prisión en una casa en Roma. El apóstol escribió: "Quizá se apartó (Onésimo) de ti por algún tiempo para que lo recibas para siempre, no ya como esclavo, sino como más que esclavo, como hermano amado, mayormente para mí (Pablo), pero cuanto más para ti (Filemón), tanto en la carne como en el Señor" (Filemón 15-16).

Pablo pudo ordenar a Filemón que trate a Onésimo como alguien igual a él. Pero en lugar de esto, apeló al amor de Filemón por Cristo. El apóstol hizo esto sabiendo que si daba a Filemón la libertad de escoger qué hacer con Onésimo, éste lo trataría como a un igual, sin rencor, por amor a Jesús. La esperanza de Pablo era que Filemón extendiera el perdón que recibió de Jesucristo a su antiguo esclavo, recibiéndolo como a un hermano en Cristo.

La libertad

Onésimo ya experimentaba verdadera libertad en Cristo. Recibió el perdón de Dios y comenzó una íntima relación con él. Pero también necesitó restaurar su relación humana con Filemón. Es por esta razón que Onésimo regreso a Colosas. La salvación no lo eximió de enfrentar las consecuencias de sus actitudes pasadas. Como sea, era la confianza en Dios que lo llevó a regresar a su amo. Pablo confió, al enviar a Onésimo de regreso a Filemón, que la Iglesia primitiva se desempeñaría como un lugar de perdón, gracia y libertad. Ya no habría allí esclavos o libres, solo estaban los perdonados por Cristo.

Lo que cuenta es el amor que trasciende nuestras diferencias y la fe que nos libera del pecado. Enseñe a sus estudiantes a amar, aceptar y extender la gracia de Dios a todos los que encuentren en su camino.

DESARROLLO DE LA LECCIÓN
Zapatos y libertad

Antes del comienzo de la clase escoja una buena variedad de zapatos. Comience con zapatos de bebés, deportivos, de trabajo, de damas, de fiesta, para nieve, sandalias para la playa/verano, etc. Si no tiene toda esta variedad de zapatos, consiga algunos que sean prestados.

En clase, colóquelos en una mesa en un rincón del salón. Pida a los niños que los observen con atención y que expliquen para qué sirven esos zapatos y en qué ocasiones los usarían. Pregunte: "¿Han tratado de cruzar una calle sin zapatos, durante pleno verano? El pavimento está extremadamente caliente. ¿Trataron de caminar por la playa sin sandalias? Es casi imposible, la arena quema los pies y causa dolor. ¿Alguno trató de caminar sin zapatos apropiados sobre el hielo? ¡Es insoportable... el frío es muy intenso! ¿Qué libertad nos da usar zapatos?

Guíe a los niños hacia la actividad del libro del Alumno (lección 40). Entregue lápices, lapiceros, marcadores, crayones, etc. Diga que piensen en palabras o dibujen cosas que describan la libertad. ¿Qué libertad les da Dios a ustedes? Dé tiempo para que piensen, escriban, dibujen y contesten.

Palabras importantes

Escriba en tarjetas las palabras y su significado. Luego que las haya enseñado a los niños y brindado ejemplos, puede colocarlas al lado de cada una de las figuras que ya estarán puestas en el mural preparado para esta unidad: "La armadura de Dios".

Calzado / sandalias (Efesios 6: 15): esta pieza de la armadura de Dios nos recuerda que como sus hijos, debemos estar siempre listos para contar a otros las Buenas Nuevas de salvación por medio de Jesucristo. Hablarles a otros sobre Jesús, es la mejor noticia que se le pueda dar a una persona.

Escudo de la fe (Efesios 6: 16): esta pieza de la armadura de Dios nos protege de momentos que nos puedan desanimar o que nos generen el deseo de regresar a nuestra antigua manera de vivir y darle la espalda al Señor. Cuando escogemos tener fe y creer en Dios, decidimos vivir valientemente, con el coraje que él nos brinda. Aún si otros se ríen, se burlan de nosotros o nos persiguen.

Si desea, puede hacer otro juego de palabras con los términos importantes que vieron en la clase pasada y en la de hoy. Escríbalas en tarjetas de tamaño mediano (10 cm. x 10 cm.), y colóquelas en un bolsa o sobre. Pida a los niños que formen un círculo. Mientras usted se coloca fuera del redondel, dando la espalda y palmeando, los niños hacen circular la bolsa o sobre. Cuando usted gira y deja de aplaudir, mire rápidamente al grupo, el niño que tiene la bolsa saca una tarjeta y dice el significado de la palabra que figura en ella. Si no lo sabe, puede caminar hasta el mural y leerlo. Continúe con el juego por varios minutos o hasta que el tiempo se lo permita.

HISTORIA BÍBLICA
Filemón

Antes del comienzo de la clase, fotocopie y corte la sección sobre los acontecimientos en la vida de Filemón y Onésimo. Pegue cada una de ellas en un papel que aparente ser un rollo o pergamino antiguo. Enróllelos y numérelos: 1, 2, 3, y 4.

En clase, entregue a cuatro voluntarios los rollos. Que cada uno de ellos lo abra (en orden del 1 al 4) y lo lea. Ayude al resto de los alumnos a responder.

1. El saludo

Lector 1: Estimado Filemón, es tan bueno poder escribirle a un compañero de labor para Cristo. Soy prisionero por causa del Señor, pero Timoteo y otros hermanos son de gran ayuda para mí. Elevo mis oraciones. "Gracia y paz a vosotros, de Dios nuestro Padre y del Señor Jesucristo" (v.1).

Clase: Pablo comienza su carta apelando a Filemón como un hermano y compañero de labor en Cristo.

2. Expresión de gratitud y oración

Lector 2: Mi estimado amigo, doy gracias a Dios, presentándote siempre en mis oraciones. Escuché cosas muy buenas sobre ti. Oí de tu gran fe en Jesús. También del amor que tienes por tus hermanos y hermanas en Cristo. Oro "para que la participación de tu fe sea eficaz en el conocimiento de todo el bien que está en vosotros por Cristo Jesús" (v.6). Cuando tengas tiempo de compartir tu fe en Jesús con otros, el amor de Dios crecerá aún más en ti. Tenemos gran gozo y consolación en tu amor; te agradezco por todo lo que me diste.

Clase 2: Pablo hablaba sobre el amor de Filemón por otros y cómo esto lo animaba. Él describe sus oraciones por Filemón y todo lo que este hizo por él.

3. El ruego

Lector 3: Es tu gran amor el que me ayuda a saber que puedo escribir esta carta y pedirte algo tan grande. Soy un hombre anciano y un prisionero, confío que tú harás lo correcto. Sé que harás lo que Dios te pida hacer, y también lo que te pido por el amor que tienes hacia Jesús.

Te escribo sobre alguien que tú y yo conocemos. Me refiero a Onésimo quien fuera esclavo tuyo. Estuvo conmigo y llegó a ser como un hijo para mí. ¡No podrás creer el tremendo cambio que Dios realizó en su vida! Ahora es un creyente en Cristo. Ama a Jesús y reconoce el mal que te hizo. Admito que en otro tiempo te fue inútil, pero ahora a ti y a mí nos es útil (v. 11). Esta es la razón por la que "vuelvo a enviarte" a este hombre. Yo quisiera retenerlo conmigo, para que en lugar tuyo me sirva aquí en la prisión (v.13), para hablar de Cristo con otros, pero no haré esto sin hablar primero contigo.

Tú debes decidir qué hacer con Onésimo. Yo sé, y confío que harás lo que es correcto. ¿No es algo maravilloso que él regrese a ti? No ya como esclavo, sino como más que esclavo, como un hermano amado (v.16). Así que, si me tienes por compañero, recíbelo como a mí mismo (v.17). Si él te debe algo, yo te lo pagaré. Trata a Onésimo como me tratarías a mí. Te he escrito, confiando en tu obediencia, sabiendo que harás aún más de lo que te digo (v.21).

Clase 3: Pablo apela al amor de Filemón por Jesús y su amistad con él. Confía que tratará a su antiguo esclavo como lo trataría a él personalmente.

La despedida

Lector 4: Esto es todo lo que tengo para escribirte. Quiero que me prepares alojamiento.

Espero estar libre y visitarte pronto. Gracias por recibir a Onésimo con el amor de Jesús, estoy orando por ti. Que Jesús esté contigo. Firma: Pablo.

Clase 4: Pablo concluye su carta con una nota sobre su esperanza de visitar a Filemón. Lo bendice y espera que Filemón sea de bendición para Onésimo.

Después de la historia, use las siguientes preguntas, para ayudar a los estudiantes a repasar la historia bíblica. Puede decir: Como un esclavo que robó de su amo y huyó, si Onésimo retornaba, podía enfrentar la muerte. ¿Qué liberó a Onésimo de su temor? (La salvación, su fe en Jesús). ¿Qué cambió en Onésimo? (Llegó a ser un creyente, un seguidor de Jesús. Reconoció su pecado y se arrepintió. Supo que sin importar lo que pasara Jesús estaría con él). ¿Cómo se relaciona la armadura de Dios con esta lección? (El calzado nos dispone para la salvación y Onésimo estuvo dispuesto a esto). Pablo habló del Evangelio con él. El escudo de la fe es la libertad del temor por medio de la fe en Dios. Onésimo supo que podía tener libertad en Cristo, libertad de regresar a una situación difícil sin miedo, porque Dios estaría con él. Ustedes, ¿cómo pueden tener la misma libertad que Onésimo? (Cuando creemos en Jesús y llegamos a ser sus seguidores, somos hechos Hijos de Dios. Entonces, no importa lo que pase, él está con nosotros. Podemos ser liberados del temor confiando en el Señor).

ACTIVIDADES

Querido _____ (tu nombre)

Entregue a los niños la actividad del libro del Alumno (lección 40). Pida que escriban sus nombres en el renglón provisto, de la carta de Dios a ellos. Permita que cada uno la lea en silencio. Explique: "Pueden confiar en Dios cuando se colocan su armadura. Pueden confiar en que él los ama, que quiere lo mejor para ustedes y desea que todos crean en su Hijo Jesucristo. Él anhela que ustedes también sean sus hijos.

Mientras el Espíritu Santo lo guía, invite a los alumnos a inclinar sus cabezas y a orar. Pregunte si alguno tiene interés en ser salvo. Use la invitación para que los niños acepten a Jesús como su Salvador. El ABC de la salvación lo encuentra en la lección 3.

Haga de este, el momento más importante de su vida, como maestro de esta clase en particular. Piense como que este instante no se repetirá otra vez. Siempre cuente con un asistente que pueda continuar con la clase cuando usted tiene este tipo de invitación. Ore con y por ellos. Cuente a los padres de la decisión de sus hijos. Su clase, la iglesia y los padres, son sus mejores aliados para cuidar y moldear la vida de estos pequeños que comienzan su caminar con Cristo. Agradezca al Señor porque usted es una parte clave en la vida de los niños.

Memorización

Antes de la clase, escriba el texto a memorizar en tarjetas, cada palabra por separado, y escóndalas por todo el salón. Luego copie el pasaje en la pizarra y que los alumnos lo repitan varias veces. Al terminar, que los niños busquen las tarjetas y armen sobre la mesa el versículo bíblico, en el orden correcto. Puede usar esta actividad en las dos clases siguientes.

Para terminar

Canten un coro o himno apropiado. Luego ore con los niños para que el Señor los ayude a tener siempre su armadura puesta para vencer a Satanás. Ruegue que Dios les dé la fortaleza necesaria para anunciar el amor de Dios a otras personas.

Invite a los alumnos a regresar a la próxima clase para seguir aprendiendo más sobre la armadura de Dios.

Mis notas:

LECCIÓN 41

Usa el casco y la espada

Base bíblica: Efesios 6:17; Hechos 8:26-40
Objetivo de la lección: Ayudar a los niños a comprender que podemos encontrar respuestas, especialmente sobre la salvación, en la palabra de Dios. También debemos decirlo a otros.
Texto para memorizar: "Por tanto, tomad toda la armadura de Dios, para que podáis resistir en el día malo y, habiendo acabado todo, estar firmes" (Efesios 6:13).

¡PREPÁRESE PARA ENSEÑAR!

En el mundo en que vivimos, los niños frecuentemente reciben el mensaje de que la verdad es relativa o, en el mejor de los casos, es lo que deseamos que sea. ¿Qué es verdad en una situación determinada? Es una forma muy común de intentar resolver las situaciones que se enfrentan. Lo que los niños necesitan saber es que la verdad no es relativa a nosotros. La verdad es definida por Dios, el Creador y Sustentador del universo y todo lo que está en él.

Es decir, si Dios es quien define la verdad para nosotros, ¿dónde podemos encontrar esa verdad? La respuesta está en su Palabra. Encontramos la verdad para una vida honrada y digna en la Biblia. La Palabra de Dios es el mapa que debemos seguir. Aprendemos de ella lo que es amar y servir, quién es Cristo, cómo podemos ser sus seguidores y qué espera Dios de nosotros. Al enseñar esta lección, utilice la Biblia y anime a los estudiantes a hacerlo frecuentemente. Así les proveerá un mapa de la carretera que podrán seguir por el resto de sus vidas para hallar la verdad.

COMENTARIO BÍBLICO

La Salvación es un regalo de Dios. Es un obsequio que los cristianos debemos compartir con otros y no guardarlo solo para nosotros. Algunas veces este llamado a compartir puede parecer abrumador. Podemos sentir que la tarea es imposible. Cuando nos sentimos incapaces o agobiados necesitamos detenernos, dar un paso atrás, tomar aliento, y dejar de depender de nosotros mismos. Precisamos recordar que no depende solo de nosotros, que no estamos solos.

Cuando vivimos equipados con toda la armadura de Dios, estamos rodeados, llenos, capacitados con el poder del Espíritu Santo. Cuando aparezcan las dudas, podemos usar el casco de la salvación para protegernos de ellas. Recuerde que Dios está obrando a su alrededor cada día y toma, no la defensiva, sino la ofensiva. Apóyese en la Palabra de Dios y ore. Luego permitamos que él nos capacite para testificar y preparar a la gente que aceptará el mensaje. ¡Tan simple como eso!

Como Felipe, podemos ser obedientes y hablar de la salvación, aún cuando pueda suceder algo inesperado. Felipe no planeó terminar en un camino en medio del desierto hablando con un etíope oficial del gobierno, pero así sucedió. Su obediencia brindó a este hombre, buscador de la verdad, la ayuda para comprender lo que necesitaba. Su paso siguiente era el del peregrinaje espiritual, él necesitaba recibir la salvación.

¿Cuál fue el resultado? El etíope regresó a su hogar regocijándose en su nueva fe. Entendió mejor las Escrituras, comprendió que el cumplimiento de la profecía de Isaías es Jesucristo y cambió su mundo (Etiopía) para Cristo.

¿Qué podemos aprender de esta historia?

Primero. Que Dios solo requiere obediencia para responder a su llamado. Él prepara el terreno. Él hace los planes. Solo tenemos que responder y seguirlo.

Segundo. Cuando nos pide que vayamos, debemos ir, buscar y encontrar a la gente en su lugar de necesidad. Escuchar lo que preguntan. Después preguntarse, ¿Cómo puede usarme Dios para satisfacer esta necesidad? Ir, es la respuesta para un mundo desorientado y sufriente. Nuestra tarea es ir a este mundo.

Finalmente. Cuando obedecemos, cuando vamos, cuando decimos... él está presente. El Señor abrirá las puertas y cambiará las vidas. Podemos confiar y obedecer a Dios, porque sabemos que él está trabajando en nuestras vidas y en las de quienes encontramos a nuestro paso.

DESARROLLO DE LA LECCIÓN
¿Dónde buscas respuestas?

Que los niños busquen la actividad del libro del Alumno (lección 41). Pida que hagan un círculo alrededor de dónde ellos buscan ayuda o respuestas cuando las necesitan. Pregunte: "¿Hay alguien o algo donde buscas respuestas?" (Las respuestas de los niños serán diferentes). Asegure: "Hay un lugar donde todos podemos ir y siempre encontrar respuestas. Veamos qué nos enseña la Biblia sobre esto".

Palabras importantes

Como en las clases anteriores, escriba en cartulina las palabras importantes y su significado para colocarlas en el mural y hacer referencia a ellas cada vez que las mencione durante las lecciones. Confeccione otro juego de tarjetas para colocar en la bolsa o sobre y luego utilizarlas para aprender, jugando con los alumnos. Puede usar la modalidad de la clase pasada: jugar en círculo y sacar las tarjetas, si así lo desea.

Yelmo / casco de la salvación (Efesios 6:17): esta pieza de la armadura de Dios nos ayuda a escoger la salvación. Dios colabora con nosotros para que hagamos lo que es bueno y correcto. Nos ayuda a vivir cada día para él, y nos apoya para que podamos elegir lo que él desea para nosotros. Espada del Espíritu (Efesios 6:17): este componente de la armadura de Dios nos ayuda a depender de la fortaleza que Dios nos brinda al momento de enfrentar dificultades. Cuando oramos y hablamos con el Señor, él está con nosotros en todo momento y en cualquier lugar. ¡No estamos solos nunca!

Competencia de dibujos

Entregue a los niños una hoja de cartulina. Provea colores, crayones, pintura, etc. Pida que dibujen las diferentes piezas de la armadura de Dios. Al lado de cada una de ellas colocarán el nombre y su significado. A medida que van terminando, pueden ponerse de pie y mostrar a la clase sus trabajos y comentar sobre lo aprendido. Usted prepare de antemano preguntas apropiadas de las dos clases anteriores, a modo de repaso.

Si hay niños que nos son hábiles dibujando o coloreando, pueden escribir una carta a un amigo contándole lo que saben sobre la armadura de Dios. El propósito de esta actividad es que recuerden lo aprendido y que puedan expresar en voz alta los nombres de las partes de la armadura, su significado y lo que representa cada pieza para ellos mismos.

HISTORIA BÍBLICA
Un etíope busca la verdad

Después de la historia de Felipe y el etíope, que los estudiantes abran sus Biblias en Hechos 8:26-40. Divida a la clase en dos grupos. Que un grupo prepare tres preguntas sobre Felipe y el otro hará lo mismo sobre el etíope. Un integrante de cada grupo presentará al otro las tres preguntas. Puede decir: "Dios dijo a Felipe que vaya al etíope y le hable de Jesús. ¿Qué sucedió cuando Felipe obedeció? Dios llama a sus seguidores, también hoy, a ir y contarle a otros sobre Jesús. Como cristianos debemos hablar con otros de nuestro Amigo y Salvador, Jesucristo."

ACTIVIDADES
La verdad en la palabra de Dios

Divida a la clase en tres grupos. Asigne las letras A, B, y C a cada uno de ellos. Pídales que lean y piensen en los pasajes indicados en la última actividad del libro del Alumno (lección 41). Que contesten las preguntas de cada grupo.

Señale: "Ustedes escogen. Pueden vivir en una relación correcta con Dios. Pueden amar y servir a Jesús. Pueden decidir seguir e ir a Jesús por las respuestas". Permita que los alumnos hagan un compromiso con el Señor. Unos minutos de silencio les serán de utilidad para completar los espacios provistos en "Mi Promesa".

Anímelos: "Una vez que decidieron vivir por Jesús, pueden ir a contárselo a otros, como Felipe lo hizo con el etíope".

Competencia de repaso

Escriba en tiras de papel una serie de preguntas sobre la lección de hoy. Por ejemplo: ¿De dónde era el hombre que viajaba en el carro? (De Etiopía). Coloque las preguntas en una caja o cesta. Divida el grupo en dos, pueden ser niñas y muchachos, o como usted lo crea más conveniente. Deben sacar las preguntas, un equipo a la vez, y un niño será el apuntador y otorgará un punto por cada respuesta correcta. El equipo con más preguntas bien contestadas –o sea con más puntos- será el ganador. Puede preparar premios para todos. Recuerde que una fruta es mucho más saludable que dulces o caramelos.

Memorización

Divida a la clase en dos grupos. Entregue a cada uno de ellos una hoja de papel en blanco y lápices. Todos juntos repasen el texto varias veces. Al terminar, que cada niño escriba una palabra del versículo en el orden correcto y la cita bíblica al final. El equipo que termine primero y sin errores, será el ganador.

Para terminar

Canten un coro apropiado. Luego oren por los misioneros que cumplen la tarea de predicar y enseñar a otros, como lo hizo Felipe. Si tiene oportunidad, pida al Señor que lo guíe para hacer una invitación a los niños que deseen servir a Dios en ministerios especiales, como lo es el ser misioneros o pastores. Anímelos a seguir buscando la voluntad de Dios para sus vidas. Ellos pueden desde ya, comenzar a servir al Señor contando a otros sobre Jesús y la salvación que solo él puede dar.

LECCIÓN 42

¡Armados y listos para la acción!

Base bíblica: Efesios 6:18-20; Santiago 5:13-20
Objetivo de la lección: Que los primarios comprendan que la oración es un recurso indispensable en nuestra lucha contra el mal y que podemos orar por todas nuestras necesidades.
Texto para memorizar: "Por tanto, tomad toda la armadura de Dios, para que podáis resistir en el día malo y, habiendo acabado todo, estar firmes" (Efesios 6:13).

¡PREPÁRESE PARA ENSEÑAR!

Algunos niños ven la oración como algo que se practica antes de comer, de ir a la cama, o en el tiempo de devocional con la familia. Repiten las oraciones que aprendieron cuando eran más pequeños sin pensar acerca del gran recurso que es la oración. Los primarios deben entender que la oración es acceso directo a Dios. Orar es más que repetir palabras sin sentido. Es más que agradecer por la comida, o que Dios nos acompañe por el resto del día sin tener grandes complicaciones. Orar es conversar, como las conversaciones que tenemos con nuestros padres, hermanos o amigos.

Para que realmente entiendan el poder y la importancia de la oración sus estudiantes necesitan verla en acción. Puede hacer dos cosas. Primero, orar con y por sus estudiantes en su presencia. Segundo, anote las peticiones, o necesidades, y las respuestas a las oraciones. Incluya sus propias peticiones. Mantenga un diario de oración. Durante la clase vaya a las semanas previas. Repase las peticiones y anime a los estudiantes a contar las respuestas recibidas. Continúe orando por aquellas necesidades "aún pendientes". Esta interacción en la oración debe ser algo destacado, una prioridad, en su salón de clases. Es importante en estos tiempos que sus estudiantes crezcan en su comprensión del poder y en el privilegio de orar.

COMENTARIO BÍBLICO

Muy frecuentemente como cristianos, vemos la oración como el último recurso. Es aquello a lo que recurrimos cuando todo lo demás falla. Esta perspectiva es la contraria a la correcta. La oración es nuestra mayor arma ofensiva en un mundo abrumado por el pecado. La oración es donde nosotros encontramos lo asombroso pues tenemos una conversación, en dos direcciones, personal con Dios.

El cristianismo es único en el sentido de ser la única religión que tiene un Dios personal y viviente. Es la única religión donde es posible tener acceso al Creador. Es la única religión que provee a su gente de conversación en oración con Dios. En respuesta a este sorprendente regalo nosotros debemos vivir en oración incesante. ¿Cómo puede ser posible? Nuestras vidas pueden estar tan bien sintonizadas con Dios que todo lo que hacemos, decimos y escogemos es una oración. Además, oración puede ser ambas cosas, un ritual y un hábito. Al pasar tiempo, tiempo de calidad, tiempo planeado cada día con Dios, la oración se transforma en una reacción espontánea para cada situación y todas las situaciones. ¿Recibimos una llamada telefónica de un amigo? Nuestra respuesta puede ser ofrecer una breve oración. ¿Recibimos una carta, o un correo electrónico de un miembro de la familia en un momento de crisis? Oramos.

Al crecer el hábito de la oración, encontraremos mayor dependencia en Dios. Cada elección, cada deseo, cada necesidad puede ser presentada a nuestro Señor en oración.

Ore sin cesar, ore en fe, y como dice Santiago, oremos los unos por los otros. Viva una vida de oración delante de sus estudiantes. Sobre todo, ore por sus compañeros creyentes. Es el apoyo en oración que nos da el discernimiento espiritual que necesitamos para vivir en victoria sobre el pecado. Es la oración que nos dará la fortaleza que necesitamos, para estar fuertes para Dios aun cuando nos enfrentemos con un mal incomprensible.

El poder de Dios es más grande de lo que podemos imaginar. Los resultados de la oración, las respuestas que recibimos, irán más allá de lo que imaginen nuestros pensamientos. Orar sin cesar es tener esperanza ilimitada.

Retiro de oración

Al preparar esta lección sobre la oración, separe un tiempo para orar. Reserve unas horas, un día o el tiempo que pueda, para usted y

Dios. Pase una noche de quieta y amorosa conversación con él. Permita que Dios dirija su oración. Permítale guiarlo en qué, porqué y por quién orar.

DESARROLLO DE LA LECCIÓN
Palabras importantes

Escriba las palabras importantes y su significado en cartulina, para agregar al mural de la armadura de Dios.

Oración/orar: Conversar con Dios. Incluye una introducción como un saludo: "Amado Dios...". También incluye adoración o alabanza y el tiempo de gratitud. No hay un orden establecido para la forma en que debemos orar.

Oración con peticiones: Necesidades personales y como parte del cuerpo de Cristo, por las que solicitamos la intervención de Dios.

Fe: Confiar en que Dios hará lo que prometió. Tenemos fe en Dios cuando lo ponemos en el primer lugar en nuestras vidas y le permitimos que nos dirija en la toma de decisiones.

Letras y palabra escondida

Diga a los niños que encuentren las letras escondidas en la primera actividad del libro del Alumno (lección 42), para descifrar la palabra (ora). Pregunte: ¿en qué momentos ustedes prefieren comunicarse con Dios? ¿Tienen momentos especiales con sus familias para orar? ¿Cuál es la petición más importante que le hayan hecho al Señor? ¿Pueden contar sobre eso? Usted mismo/a puede contar a los niños sobre peticiones especiales que haya hecho y que el Señor contestó o que no contestó, y cómo se sintió usted. Aproveche para explicar que la oración no quiere decir que el Señor contestará a todo lo que pidamos con un sí. O que el Señor no nos escucha porque no hay respuesta de acuerdo a lo que deseamos, o a la forma en que queremos.

HISTORIA BÍBLICA
La oración de fe basada en Santiago 5:13-20

Después de la actividad del libro del Alumno (lección 42), diga: Esto es lo que Dios nos llama a hacer una vez que nos hallamos colocado toda la armadura y estemos listos a permanecer firmes por él. Pregunte: ¿Por qué piensan que Dios nos llama a orar? (La oración es nuestra oportunidad de hablar con él. Es por medio de la oración que ganamos fortaleza y entendimiento). Orar es conversar con Dios. Cuando amamos a alguien queremos hablar con esa persona. Cuando amamos a Dios, queremos hablar con él. ¿Cómo saben ustedes cuando sus padres desean que hagan algo? (Los padres nos dicen). ¿Sabríamos lo que nuestros padres quieren si nunca habláramos con ellos? ¿Sabremos las cosas si no escuchamos? (No) Lo mismo sucede con Dios. Necesitamos pasar tiempo hablando con él para saber qué quiere que hagamos. Tenemos que escuchar lo que nos dice por medio de la Biblia, de otras personas y también, por nuestra conversación con él por medio de la oración.

ACTIVIDADES
Ellos hablaron con Dios

Antes de la clase, escriba en tiras de papel nombres de personajes de la Biblia que oraron/hablaron con Dios. En la misma cantidad de tiras, separadas, escriba las pistas sobre lo que aconteció con esas personas. Coloque las tiras con nombres en una caja, y las pistas en otra caja. Prepare una buena cantidad para que haya una tira escrita para cada niño.

Pistas y personajes:

1. Este rey le pidió a Dios que le diera sabiduría (Salomón).

2. Este personaje le pidió a Dios que cuidara a sus discípulos (Jesús).

3. Este profeta le pidió a Dios que lo ayudara a descifrar el sueño del rey (Daniel).

4. Estos tres hombres que alabaron y hablaron de Dios fueron echados en un horno de fuego ardiendo y el Señor los protegió (Sadrac, Mesac y Abed-nego).

5. Esta mujer obediente dijo: "He aquí la sierva del Señor, hágase conforme a tu palabra" (María la madre de Jesús).

6. Este hombre habló con Dios y las puertas de la prisión fueron abiertas (Pedro).

7. Este hombre habló con Dios y Egipto dejó salir a los israelitas (Moisés).

8. Esta mujer oró a Dios, y Dios le dio un hijo (Ana la mamá de Samuel).

9. Este hombre estuvo dispuesto y dijo: "Heme aquí, envíame a mí" y Dios lo usó (Isaías).

10. Este hombre dio la gloria a Dios y mató a un gigante (David).

11. Este hombre suplicó y dijo: "Señor, no tengo quien me meta en el estanque" (El paralítico de Betesda a Jesús antes de ser sanado, Juan 5:7).

12. Estos 10 hombres pidieron misericordia a Jesús y fueron sanados (los 10 leprosos, Lucas 17:13-14)

13. Este hombre clamó a Jesús: ¿Qué tienes conmigo Jesús...? y fue sano (el endemoniado gadareno).

14. Esta mujer escuchó a Pablo. Ella escogió

orar y entregar su vida a Jesús (Lidia).

Si desea puede agregar más acontecimientos de respuestas a las oraciones.

En la clase diga: Hoy hemos aprendido sobre una de las importantes partes de la armadura de Dios. ¿Qué es? (La oración). ¿Quién puede hablar con Dios? (Cualquiera) ¿La gente en la Biblia habló con Dios? (Sí). ¿Pueden nombrar a algunos de esos personajes que hablaron con Dios? (Deje que los niños contesten). Jugaremos a un juego que nos ayudará a recordar varios personajes que oraron al Señor. Pida a cada alumno que llegue a cada caja y recoja una tira de papel. Diga: cada uno de ustedes tiene una tira de papel que dice algo sobre un personaje de la Biblia que oró a Dios. Otros de ustedes tienen el nombre de ese personaje. Ahora, en forma tranquila, y sin hablar en vos alta, deben buscar al personaje que concuerda con la pista dada. Dé tiempo para que los niños encuentren a su pareja. Diga: la Biblia es la palabra de Dios. En ella vemos por todas sus páginas que hubo personas que oraron a Dios y que Dios respondió a sus peticiones. Podemos aprender de estos ejemplos. Podemos orar a Dios en todo momento y en cualquier lugar.

Pirámide de Oración

Entregue a los niños la actividad del libro del Alumno (lección 42). Pídales que sigan las instrucciones. Anime a sus niños a usar la tarjeta de oración para recordar las peticiones que presentan al Señor. Cada día podrán recordar con más facilidad si ven escritas las peticiones. Esa tarjeta pueden colocarla en la mesa al lado de su cama o sobre la mesa del desayuno.

Memorización

Como esta es la última lección de la unidad, prepare premios especiales y sencillos en la medida de sus posibilidades para los niños que aprendieron el texto bíblico.

Si desea tenga una pequeña fiesta para los niños que aprendieron toda la armadura de Dios y su significado.

Para terminar

Ore por sus niños. Dé gracias a los que colaboraron en el armado del mural. Pregunte si desean dar gracias a Dios por su bondad y por todo lo que aprendieron en la unidad. Usted mismo/a puede tener momentos de agradecimiento al Señor.

Finalice con una oración especial por sus niños y pídales que ellos oren por usted.

Entregue los trabajos para que los lleven a casa. Invite a cada uno para la próxima unidad.

Mis notas:

Año 3

Introducción • Unidad XI

EL CAMINO AL GOZO

Bases bíblicas: Mateo 5:1-12; Lucas 14:1, 7-11; Mateo 5:4,6; Lucas18:9-14; Mateo 5:7,9; 18:21-35; Mateo 5:8; 13:44-46; Mateo 5:10-12, 43-48; Lucas 23:26-27, 32-43
Verdad bíblica: Los cristianos experimentan gozo verdadero al tener una adecuada relación con Dios y con las demás personas.
Texto de la unidad: "Bienaventurados los que tienen hambre y sed de justicia, porque serán saciados" (Mateo 5:6).

Propósitos de la unidad

Esta unidad ayudará a los primarios a:
- Descubrir como pueblo de Dios –y a la luz de las bienaventuranzas– las actitudes y prioridades que nos ayudan a vivir una vida de gozo creciente.
- Conocer la diferencia entre el concepto que el mundo tiene sobre la felicidad y el gozo que los cristianos experimentan.

Lecciones de la unidad
Lección 43: El camino a la humildad y la generosidad
Lección 44: El camino a la justicia
Lección 45: Caminos de misericordia y paz
Lección 46: El camino de un corazón puro
Lección 47: El camino de la persecución

Por qué los primarios necesitan la enseñanza de esta unidad
En nuestro mundo, muchos dirían que la felicidad es tener lo que quieren y en el momento en que lo desean. Muchos publicistas apelan a este sentimiento en los primarios, haciéndo que se sientan infelices si se ven privados de todo aquello que la moda les impone. Muy fácilmente los convencen de que la felicidad se encuentra en las posesiones materiales.
Jesús, en el Sermón del Monte, enseña cuál es la verdadera fuente del gozo.
Al estudiar las bienaventuranzas, los primarios aprenderán a vivir un estilo de vida que es contrario a toda esa cultura. Es importante que examinen sus motivaciones y deseos, y que sepan cómo Dios quiere que ellos vivan en un mundo ambicioso, que busca el placer que nunca los hará sentir satisfechos de verdad.

LECCIÓN 43

El camino a la humildad y la generosidad

Base bíblica: Mateo 5:1-12; Lucas 14:1, 7-11
Objetivo de la lección: Ayudar a los primarios a entender que Las Bienaventuranzas son para vivirlas aquí y ahora; y que comprendan especialmente lo que significa ser "pobre de espíritu" y "manso".
Texto para memorizar: "Bienaventurados los que tienen hambre y sed de justicia, porque serán saciados" (Mateo 5:6).

¡PREPÁRESE PARA ENSEÑAR!

Decía una placa en una tienda de artículos para regalos: "Querido Dios, me gustaría tener la oportunidad de probar que el dinero no compra la felicidad".

¿Qué trae la felicidad en este mundo? Con demasiada frecuencia, como el pensamiento de arriba sugiere, nos enfocamos en el dinero, bienes materiales, logros personales o en circunstancias externas. Pensamos que si encontramos el trabajo correcto, o poseemos el último aparato electrónico, seremos felices. Muchos niños primarios se encuentran a sí mismos basando su felicidad en sus posesiones y logros, especialmente cuando comparan lo que ellos tienen con lo que poseen sus pares.

Dios tiene un plan diferente. El contentamiento verdadero y el gozo no se encuentran en lo que hacemos o tenemos, sino en a quien servimos. Jesús desarrolla este mensaje en Las Bienaventuranzas.

Los primarios están desarrollando su concepto de la vida. Están comenzando a hacer sus propias elecciones de acuerdo con lo que más valoran, por qué cosas vale la pena luchar y sobre lo que la fe significa para ellos. Están construyendo una imagen propia que está bajo el ataque despiadado de sus compañeros que con frecuencia se oponen y los menosprecian. Las palabras de Jesús son verdad y son dignas como para ser nuestra norma de vida. Los niños de esta edad pueden pasar su vida intentando alcanzar una imagen infructuosa que les dé paz, o pueden descubrir que el gozo y la paz verdaderos se logran cuando reconocemos la tremenda necesidad que tenemos de Dios y vivimos nuestra vida en humildad y generosidad.

COMENTARIO BÍBLICO

Un momento destacado de mi niñez fue cuando formamos la "Banda del oeste". Aunque por el nombre no lo parece, este grupo era formado por una docena de niños que montaban sus bicicletas, corrían tan rápido como podían y gritaban como locos incesantemente, de arriba hacia abajo por las calles del barrio. El grupo era enorme.

Esta banda, pronto necesitó de algunos requisitos para su membresía, que eran pocos pero muy específicos. Cada miembro debía poseer una bicicleta, comprometerse a correr en ella salvajemente y hacer un montón de ruidos ensordecedores. Fue una gran banda mientras duró: alrededor de medio día. A pesar de su corta subsistencia, le veo un paralelo con el Sermón del monte y Las Bienaventuranzas.

Las Bienaventuranzas (Mateo 5:1-12) marcan el inicio del llamado sermón del monte. La palabra beatitud no se halla en la Biblia. Viene de la palabra latina bendición. Algunas traducciones de la Biblia usan la palabra feliz. Pero muchas veces la felicidad es relacionada con circunstancias de una vida afortunada. En cambio bienaventurado se refiere al bienestar más profundo y al gozo espiritual que llega al estar en correcta relación con Dios. El sentido de Las Bienaventuranzas es que los cristianos podemos experimentar paz y gozo interior a pesar de las circunstancias externas. No es una emoción en sí misma, a pesar de que resulta en gozo.

Las Bienaventuranzas anunciaron los importantes valores del reino de Dios, que Jesús advertía. La pertenencia al reino de Dios impuso, tal como en la "Banda del oeste", requisitos específicos a sus miembros. Ciertas características deben identificar a quienes reclaman ser parte del mismo.

Se hace evidente de manera instantánea que los valores del reino de Dios se oponen directamente a los del mundo. Por ejemplo, sus miembros deben ser "pobres en espíritu" (Mateo 5.3). En lugar de ser arrogantes, buscar la justicia propia y la autosuficiencia, el pueblo de Dios debe reconocer su absoluta pobreza delante de Dios. Ellos comprenden que deben depender completamente en Dios para su vida, salvación y justicia. Esta actitud es incompatible con el orgullo espiritual. La verdadera humildad se logra cuando reconocemos todo lo que somos, o esperamos llegar a ser, viene de parte de Dios.

El término "manso", usado en Mateo 5:5, es con frecuencia malinterpretado. Mucha gente asocia mansedumbre con timidez o falsa humildad. Mansedumbre no es una forma de debilidad. Más bien, proviene de nuestro reconocimiento de la soberanía de Dios y la humilde aceptación de nuestra pobreza. Al reconocer que somos "pobres", nos disciplinamos para responder a otros con generosidad y paciencia, no con arrogancia. Las circunstancias de la vida son aceptadas de la mano de Dios sin resentimiento. Esto puede incluir aceptar un bajo estatus social, como se ilustra en Lucas 14:1, 7-11, en la parábola de los convidados a la boda.

Las Bienaventuranzas son tan válidas hoy como lo eran 2.000 años atrás. Ore para que usted y sus estudiantes descubran el gozo de vivir como miembros del reino de Dios.

DESARROLLO DE LA LECCIÓN

Escoja alguna actividad para ayudar a los alumnos a comprender las verdades bíblicas de hoy.

Mural: Pasos hacia el gozo

Ustedes necesitarán tijeras, papel afiche o de construcción color madera para forrar el mural, papel de diversos colores para las huellas de zapatos, varias medidas de huellas fotocopiadas o hechas en cartón para trazar en papel, pegamento o grapas, etc. Forren el fondo del mural. Luego pida a los niños que corten diversas medidas de huellas. Estas serán para pegar en los contornos del mural y crear un borde con ellas. Escriban en una cartulina grande: Las Bienaventuranzas. Pida a los alumnos que escriban con buena letra una lista de las cosas que hacen feliz a la gente. Luego, que las coloquen en el mural desde la más importante hasta la menos significativa. En el centro del mural pueden pegar una imagen de Jesús.

Mientras trabajan, pregunte a los alumnos qué hace feliz a la gente. Diga que todas las personas deseamos ser felices. Pasamos la mayor parte del tiempo tratando de hacer cosas para lograrlo. El estudio de hoy nos enseñará que hay solo una cosa que nos puede brindar verdadera felicidad. En las próximas cinco semanas, estudiaremos el pasaje bíblico de Mateo llamado Las Bienaventuranzas. Esto es la enseñanza de Jesús sobre lo que nos dará verdadero gozo. Cada semana, agregaremos al mural nuevas ideas que surjan de nuestro estudio de Las Bienaventuranzas. Este pasaje de la Biblia es uno de los más bellos para estudiar y obtener enseñanzas.

Busco Trabajo

Guíe a los estudiantes a la primera actividad del libro del Alumno (lección 43). Pídales que hagan un círculo alrededor de la persona / profesión que a ellos les gustaría ser cuando sean grandes. Pregunte: ¿Qué quieres ser cuando seas grande?

Luego dirija la atención a la segunda pregunta: ¿Quién quieres ser cuando seas grande? Explique que la primera pregunta se refiere a nuestro accionar, nuestro papel y responsabilidades en la vida. La segunda, en cambio, tiene que ver con nuestra vida interior, con nuestro carácter. Solicite a los alumnos que describan el tipo de carácter que les gustaría tener.

Diga: Decidir lo que 'haremos' en la vida es muy importante. Y podemos servir a Dios con casi cualquier carrera que escojamos. Quiénes seremos como personas adultas es un tema mucho más importante. Ello dependerá de las decisiones que tomemos hoy mismo. En las próximas semanas, aprenderemos lo que Jesús nos enseña sobre el estilo de vida de alguien que desea seguir a Dios. En Las Bienaventuranzas, las cuales encontramos en Mateo 5: 1-12, Jesús describe el carácter, las cualidades y el accionar que el cristiano debe tener.

Palabras Importantes

Bendecidos: Gozar de la aprobación de Dios y experimentar deleite espiritual como resultado. Las personas que son miembros del reino de Dios y que viven de la manera que él quiere, son bendecidas.

Pobres de espíritu: Se designan así a las personas que son humildes. Las que se dan cuenta que no pueden hacer nada sin la ayuda del Señor. Los que dependen de Dios en vez de depender de sí mismos.

Mansos: Se denominan así a las personas que son humildes delante de Dios y pacientes con otros. Los mansos son los que se dan cuenta que en todo dependen en Dios.

Escriba las palabras importantes y su significado en cartulinas de colores llamativos para que las coloquen en un costado del mural.

Si desea, haga otro juego de palabras para esconder en el aula y organizar una competencia entre muchachos y niñas. Pida que busquen las palabras, y al encontrarlas, digan cuál es su significado. Los que las encontraron primero y saben lo que significan, son los ganadores. Prepare pequeños premios para que al llegar al fin de la unidad, pueda entregarlos a los que participaron, al igual que a los que aprendieron el texto.

Todo el pasaje de Las Bienaventuranzas es una hermosa porción bíblica para que los niños aprendan de memoria.

HISTORIA BÍBLICA
"Luchando por sentarse en la fiesta"

Prepare a un invitado para presentar el monólogo durante la clase. Este está en el libro del Alumno (lección 43). Disponga de una vestimenta de la época de Jesús, si desea. Monólogo basado en Lucas 14:1, 7-11

Pregunte a los niños si han pasado por una experiencia similar. Permita que ellos hagan preguntas sobre la historia. Aplique las enseñanzas de Las Bienaventuranzas con respecto al monólogo.

Hablemos sobre el monólogo

● Diga: "En la escala del 1 al 10, ¿cómo clasificarían las actitudes de la gente en la fiesta de bodas?" Pida que expliquen sus respuestas.

● ¿Qué actitudes guiaron a las personas a comportarse de la forma que lo hicieron? (Orgullo, posiblemente pensaron que ellos eran más importantes que otros y que se merecían los mejores asientos).

● ¿Qué cualidades podrían haber tenido esas personas que se parecieran más a las que Jesús enseñó en Las Bienaventuranzas? (Ser humildes, pensar que otros son importantes)

Solicite a los alumnos que lean Mateo 5: 3 y 5. Destaque las bendiciones para los que son pobre de espíritu y para los mansos.

● Que los alumnos adviertan que los pobres de espíritu y los mansos ya están gozando del reino de los cielos aquí en la tierra; "porque de ellos es el reino de los cielos" (v.3).

ACTIVIDADES
Las Bienaventuranzas

Esta es una excelente unidad con cinco lecciones. Los niños tendrán tiempo para aprender todas Las Bienaventuranzas de Mateo 5: 3 -12. Prepare un premio especial para los que recuerden todos los versículos de memoria. Desafíelos a hacerlo. Prometa que al final de la unidad, recibirán una recompensa. Si desea puede tener el premio en algún estante del aula para que lo vean cada día de clase. Puede premiar al primer, segundo y tercer lugar. Use su creatividad y recursos en cuanto al galardón. El propósito es que los niños aprendan esta importante porción de la Palabra, la cual encierra grandes enseñanzas para la vida cristiana gozosa. Entregue el premio al final de la unidad. Piense en pequeños regalitos para el resto de los niños. Hable con su líder de Escuela Dominical en relación a los recursos necesarios y el presupuesto para su clase. También hay padres y adultos que desean y pueden colaborar para este tipo de proyectos. No sienta que está solo.

Vamos a esquiar

Dirija a la clase para que realicen la actividad del libro del Alumno (lección 43). Es necesario que lean Lucas 14:1 y Lucas 14:7-11, y luego completen la actividad de la página. Cuando terminen, comenten entre todos las respuestas. Discuta con los alumnos las preguntas que hablan de las actitudes en el libro del Alumno. Brinde oportunidades para preguntas. (Aclare conceptos).

● ¿Vives como si necesitaras a Dios, o generalmente tratas de hacer las cosas solo?

● ¿Siempre quieres ser el primero en todo, o está bien que a veces no lo seas?

● ¿Menosprecias a otros para sacar ventaja, o solamente dices lo bueno acerca de los demás y los tratas de la manera en que merecen?

Memorización

Escriba el texto bíblico a memorizar en 13 tarjetas. Antes de la clase, escóndalas en diferentes lugares del salón. Redacte el pasaje en la pizarra para que lo repasen varias veces. Luego pida a los niños que las busquen y armen el rompecabezas. Si desea tener una competencia entre muchachos y niñas, prepare dos juegos de tarjetas. Recuerde que ellos aprenden jugando y divirtiéndose.

Exprésales palabras de ánimo a los que lo aprendieron. Desafíe a los que necesitan más tiempo. Recuerde que no todos lo hacen a la misma velocidad.

Para terminar

Oren juntos para que el Señor los haga pobres de espíritu y mansos, cualidades indispensables para vivir en paz y armonía con los demás. Y por sobre todo, condiciones muy especiales para que el Señor siga trabajando en su vida y en la de los alumnos.

Si hay un coro o himno relacionado con el tema, pueden cantarlo en este momento.

Despida a los niños y dígales que lean Mateo 5: 4, 6 y Lucas 18: 9-14 para el próximo domingo.

LECCIÓN 44

El camino a la justicia

Base bíblica: Mateo 5:4, 6; Lucas 18:9-14
Objetivo de la lección: Ayudar a los primarios a comprender los conceptos y significado de "llorar" (sentir dolor) y tener "hambre y sed de justicia", de acuerdo a Las Bienaventuranzas; porque Dios les promete que serán bendecidos.
Texto para memorizar: "Bienaventurados los que tienen hambre y sed de justicia, porque serán saciados" (Mateo 5:6).

¡PREPÁRESE PARA ENSEÑAR!

Los niños a esta edad, conciben la fe de formas diferentes. Muchos ven su asistencia a la iglesia como una oportunidad para estar con sus amigos. Algunos, que crecieron asistiendo a la iglesia, comienzan a pensar, ¿habrá algo más que esto? Otros, aún asumen que ser cristiano es asunto de obedecer cuidadosamente una lista de cosas que se pueden hacer y relegar otras, que están prohibidas.

Jesús fue claro al enseñar que la vida de fe es mucho más que esto. Los primarios ya están listos para asumir la responsabilidad de desarrollar personalmente su relación con Dios. Ser lo que Dios quiere que seamos incluye un compromiso completo: amar y obedecer a Dios. Es el deseo, no solo de ser bueno como persona, sino de trabajar activamente en la extensión del reino de Dios aquí en la tierra.

Los primarios no son demasiado niño como para no entender este concepto. Más bien, si no son desafiados con el real mensaje del Evangelio, pueden terminar rechazando la fe por considerarla muy simplista y, por lo tanto, inadecuada para saciar la necesidades de sus vidas. Esta lección los desafía a buscar satisfacción y gozo en el compromiso con Dios y la justicia que él desea.

COMENTARIO BÍBLICO

Mateo 5:4-6. Algunas veces hacemos un buen trabajo disimulando nuestras verdaderas necesidades, ocultándolas de algunas formas que pueden ser buenas, pero que en definitiva, hacen que olvidemos que solo en Dios nuestras vidas hallan significado y realización.

El primer paso para ir a Dios es "llorar" (o sentir dolor). Esto incluye la pena por nuestras faltas y repulsión por el pecado que infecta al mundo entero. Aún en medio de esta pena hay consuelo, porque Dios envió un Salvador que perdona nuestros pecados. Un día, el Señor destruirá a todos sus enemigos.

La palabra "justicia" tiene muchos significados. Primero, es estar en correcta relación con Dios. Pero el verso 6 abarca otros dos aspectos: la justicia personal, es decir, hacer lo que Dios pide diligentemente. Y la justicia social, o el deseo de que toda la gente experimente lo que es correcto y justo. Por eso, no nos contentamos con solo un tipo de justicia, debemos anhelar ambos.

Para entender mejor los conceptos "hambre" y "sed" debemos ubicarnos en los tiempos de Jesús. En esa época el salario diario era apenas suficiente para no morir de inanición, o hambre. Hallar agua clara y bebible era muy dificultoso, y el clima era caluroso y polvoriento. Cuando Jesús habla aquí de "hambre" y "sed", se refiere al apetito y la sed de quienes están desesperados por un poco de comida o que morirán si no beben algo de agua pronto. Así vista, esta bienaventuranza es un pedido, un desafío y una demanda. ¿Cuánto deseamos realmente la bondad? ¿La anhelamos tanto como alguien que está muriendo de hambre o de sed?

Lucas 18: 9-14. Estos versículos muestran la diferencia entre el deseo de justicia interna y la piedad e hipocresía externa. Esa diferencia no es siempre clara en nuestras vidas. Los fariseos eran personas que honestamente trataban de seguir a Dios con todo su corazón. En realidad eran un ejemplo de una espiritualidad errada en su cultura. Pero, algunas veces, lo que se ve bueno en el exterior puede no serlo tanto en el interior.

La clave para entender este pasaje es cómo nosotros escogemos aproximarnos a Dios. La oración de los fariseos era una lista de sus buenas obras y comparaciones, que hacían entre sí mismos y con otros, para aparecer ellos como buenos. Pero, la oración del publicano (cobrador de impuestos) mostró un profundo reconocimiento de que necesitaba a Dios con desesperación. Él clamó por misericordia.

Cuando nos acercamos a Dios, debe ser con una profunda conciencia de nuestra necesidad de gracia y perdón de su parte. Intentar probar nuestra dignidad por medio de obras, comparándonos con otros, nos hace peores pecadores. Y usar la oración para tratar de convencer a Dios de que hay algo bueno en nosotros, no es lo que él desea.

Pero, presentarnos ante Dios hambrientos y sedientos de justicia, nos guía a recibir su provisión.

DESARROLLO DE LA LECCIÓN

Escoja de entre estas actividades para presentar los conceptos bíblicos de la clase de hoy.

Palabras importantes

Escriba en tarjetas de cartulina las palabras importantes y sus significados.

Llorar: sentir profundo dolor por los pecados cometidos, y por todo el pecado y maldad que hay en el mundo.

Justo o recto: significa estar en correcta relación con Dios y obedecerlo.

Justicia: Aquel que la busca es recto y justo en pensamientos, palabras y acciones. También incluye el deseo de que todas las personas experimenten lo que es bueno y justo.

Al llegar a la clase, colóquelas en el mural. Dé ejemplos de cada una. Puede usarlas para organizar alguna competencia con los niños de su clase para que se familiaricen con ellas.

Historias del comedor

Diga: "En el libro del Alumno (lección 44), encontrarán tres escenarios que muestran tres posibles maneras de satisfacer el hambre y la sed". Pida a los niños que dramaticen las escenas.

Pregunte:
- "¿Cuál de estos métodos para satisfacer el hambre y la sed es el mejor?" (Ninguno de los métodos muestra la forma correcta de hacerlo).
- "¿Qué está mal en estos procedimientos para satisfacer el hambre y la sed?"
- "Si tienen que hablar con otros niños, ¿qué le dirían sobre satisfacer el hambre y la sed?" (Hacer chistes groseros no los ayudará cuando tengan sed o hambre; no hablar; no es importante satisfacer tu hambre y sed; no te preocupes, puedes soportar el hambre y la sed, etc.).

Comente: "Humanamente hablando todos tenemos la necesidad de satisfacer nuestro hambre y sed. Pero hay otra clase de hambre y de sed que los seres humanos sufrimos, y esos son el hambre y la sed espiritual. En la historia bíblica de hoy, aprenderemos sobre ello. Descubriremos cómo satisfacer esas necesidades con la aprobación de Dios".

Yo me siento así cuando tengo hambre y sed

Escriba esta frase dos veces en la pizarra, una a la derecha y la otra a la izquierda. Divida al grupo en dos. Todos los niños tienen que pensar en cómo se sienten cuando tienen hambre y sed, uno a la vez, y escribir en la pizarra. No vale copiar. Cuando terminen, compare las listas.

El equipo que escribió más descripciones puede tener dos dulces y el segundo un solo caramelo u otro premio pequeño. Para marcar el tiempo use su reloj o concluya el juego cuando uno de los equipos haya terminado de escribir.

Comente sobre lo difícil que es sentir hambre. Pida a los niños que cuenten sobre alguna situación en la que padecieron hambre o sed. Relate alguna experiencia suya. ¿Cómo se sintió?

Exponga: "Pasar hambre y sed no es una experiencia agradable. Cuando tenemos hambre, deseamos comer y satisfacer nuestro estómago una y otra vez. Cuando tenemos sed, deseamos con desesperación tomar agua. Nuestro estudio bíblico habla sobre cierta forma de tener hambre y sed. Descubriremos cómo satisfacer esas necesidades. Mientras estudiamos la palabra de Dios, recuerden esto que estamos hablando sobre sentir hambre y sed".

HISTORIA BÍBLICA

Antes de comenzar el estudio bíblico, explique a los alumnos que hay algunos términos que necesitan saber para comprender lo que la Biblia nos dice. Estos vocablos están en Mateo 5:4 y 6. Uno es "llorar", el cual es sinónimo de dolor o pesar; los otros son "hambre y sed" y el último "justicia" (ya tendrá las palabras colocadas en el mural).

Pregunte si saben el significado. Agregue sus comentarios.

Explique: "Llorar, en Mateo 5:4, es sentir un profundo dolor por nuestros pecados, y por toda la maldad que existe en el mundo. En Mateo 5:6, hambre, es lo que las personas sentimos cuando nos faltan los alimentos. Sed es el deseo que sentimos cuando no tenemos agua para beber. Justicia es lo bueno que resulta de una correcta relación con Dios por hacer su voluntad. Tengan estas palabras en mente cuando hablemos de la historia bíblica".

El fariseo y el publicano

Pida a algunos voluntarios que lean la historia bíblica. Solicíteles que sean expresivos al hacerlo. Aclárales: "Estas dos personas eran hombres hambrientos y sedientos por las cosas espirituales. Los dos deseaban recibir la aprobación de Dios. Los dos deseaban tener la paz y el gozo que se recibe del Señor. Aunque lo hicieron en maneras diferentes. Discutiremos quién lo hizo mejor y por qué". Genere un debate sobre las preguntas al final de la historia del fariseo y el publicano, del libro del Alumno (lección 44).

● ¿Qué hizo mal el fariseo? (Se ensalzó a sí mismo. Dio a entender que él era el justo, y que el publicano era el ladrón, el injusto).

● ¿Qué pensaría el fariseo si hubiera escuchado a Jesús decir que él estaba equivocado y que el publicano estaba en lo correcto? (No hubiera creído lo que Jesús decía. Posiblemente se hubiera amargado y enojado porque estaba seguro que él era justo. Seguramente se hubiera molestado mucho con Jesús).

● ¿Por qué fue correcta la actitud del publicano? (Fue humilde delante de Dios. Rápidamente admitió que era pecador y que necesitaba la ayuda del Señor). (Bienaventuranza 1, Mateo 5:3). Sintió dolor / lloró por sus pecados (Bienaventuranza 2, Mateo 5:4). Él tenía "hambre" de justicia, olvidó su orgullo y pidió a Dios que lo ayudara. (Bienaventuranza 4, Mateo 5:6).

● ¿Cómo nosotros, en nuestro rol de cristianos, podemos parecernos más al publicano y menos al fariseo? (Tratando de vivir como Las Bienaventuranzas nos enseñan: siendo humildes, sentir dolor / llorar por nuestros pecados, y tener hambre y sed por la justicia de Dios).

Termine la historia y pida a los alumnos que citen Mateo 5:6. Diga: "Jesús prometió que si tenemos hambre y sed de justicia, él nos ayudará a saciarnos. Además, si sentimos dolor real por el pecado y tenemos deseos por la justicia, como hemos hablado, nuestra bondad aumentará. De esa manera nuestro gozo crecerá, al saber que Cristo nos perdona y aprueba lo que hacemos. Todo esto, nos dará la seguridad de que cuando Cristo regrese, nos encontrará fieles y justos".

ACTIVIDADES
Juego y repaso

Forme un círculo con todos los alumnos. Traiga a clase una pelota suave o una bolsa pequeña llena de semillas o arena. Usted estará parado en el centro del círculo, arrojará la pelota suavemente a un niño y hará alguna de las preguntas que se encuentran a continuación. Debe estudiarlas con anticipación. El niño que no sepa la respuesta, tendrá que salir del círculo y buscar y leer la respuesta en su libro. Una vez que la sepa, levantará la mano y pedirá permiso para regresar al círculo, repetirá la pregunta con su respuesta, y volverá al juego. El que regresa, y olvida la pregunta y la respuesta, sale del círculo, regresa a la silla y lee la historia del fariseo y el publicano otra vez.

Preguntas:

1. ¿Quiénes son los personajes de la historia? (El fariseo y el publicano).

2. ¿Qué buscaban estos dos hombres? (La aprobación de Dios, paz interior, satisfacer su hambre y sed espiritual, ser justos).

3. ¿Cómo buscaba el fariseo la aprobación de Dios? (Hizo saber a Dios "lo bueno que él era"; se comparó con el publicano; lo consideró con desprecio).

4. ¿Cómo el publicano buscaba ser justo? (Con dolor y humildad confesó sus pecados a Dios y pidió ayuda al Señor).

5. ¿Qué oración fue del agrado de Dios y por qué? (La oración del publicano, porque reconoció su necesidad, sintió dolor por sus pecados y dependió de Dios para recibir misericordia y salvación).

6. Di una de Las Bienaventuranzas en las que falló el fariseo (Las 4 que hemos estudiado).

7. Di Las Bienaventuranzas por las que vivía el publicano (1, 2, y 4).

8. ¿Qué quiere decir "llorar"? (Sentir dolor, sufrir por nuestro pecados y por toda la maldad que hay en el mundo).

9. ¿Qué clase de consuelo promete Dios para aquellos que lloran? (El consuelo de saber que Jesús perdona los pecados y que algún día Dios quitará todo mal).

10. ¿Qué es justicia? (Estar en buena relación con Dios y hacer lo que a él le agrada. Eso incluye tratar de ayudar a que otras personas sean justas).

11. ¿Qué significa tener "hambre y sed de justicia?" (Desear hacer la voluntad de Dios con todo el corazón y buscar su ayuda para lograrlo).

12. ¿Qué quiso decir Jesús cuando expresó: "Aquellos que tienen hambre y sed de justicia serán saciados"? (Ellos serán más y más justos, y eventualmente serán completamente justos cuando venga el reino de Dios).

Cuadro: Bienaventurados los...

Distribuya crayones de colores, cartulina, calcomanías, pegamento, etc. Entregue la última hoja de actividades de esta lección del libro del Alumno (lección 44). Pida a los niños que lo coloreen para llevar a sus casas y colgarlo en una pared en su dormitorio. Si desean pueden pegarlo en un trozo de cartulina o cartón del mismo tamaño, para que quede más firme. Diga:

"Esto les recordará que seremos saciados de bendiciones espirituales. Esta es una promesa de parte del Señor para todos los que lo buscamos. "Bienaventurados los que tienen hambre y sed de justicia porque, serán saciados" (Mateo 5:6)

Memorización

Ya tiene el texto bíblico para memorizar en las 13 tarjetas que escribió la clase pasada. Antes de la clase, esconda las tarjetas en distintos lugares del salón. Escriba el pasaje en la pizarra para que lo repasen varias veces. Luego pida a los niños que busquen las tarjetas y armen el rompecabezas. Si desea tener una competencia entre muchachos y niñas, prepare dos juegos de tarjetas. Puede entregar pequeños incentivos a los que ya lo saben.

Para terminar

Termine la clase con una invitación a los niños que desean buscar la justicia de la que se habló en la lección. Sin duda habrá corazones dispuestos que tienen hambre y sed de justicia. Pida la dirección del Señor sobre sus alumnos, y sobre usted para guiar esta invitación.

Si hay niños que aceptan la invitación, solicite la ayuda de otro maestro o asistente para dejar salir a los niños, y así poder hablar y orar con tranquilidad después que despidió a la clase.

Ore por los niños. Para que Jesús siga moldeando sus dóciles corazones.

Termine la clase con un coro o himno apropiado.

Mis notas:

LECCIÓN 45

Caminos de misericordia y paz

Base bíblica: Mateo 5:7, 9; 18:21-35
Objetivo de la lección: Ayudar a los niños a reconocer la importancia de lo que significa ser "misericordioso" y procurar lograr la paz entre las personas que los rodean.
Texto para memorizar: "Bienaventurados los que tienen hambre y sed de justicia, porque serán saciados" (Mateo 5:6).

¡PREPÁRESE PARA ENSEÑAR!

Algunos niños de mediana edad enfrentan un aluvión constante de desprecio de parte de sus hermanos, compañeros y hasta de los adultos. Cuando son lastimados, la reacción natural es responder de la misma manera. Palabras hirientes parecen la norma, no es la excepción a esta edad. Sin la ayuda de Dios, muchos primarios suelen guardar rencor contra quienes los ofenden. Pueden planear formas de vengarse y lastimar a sus atormentadores tanto como ellos fueron lastimados.

Algunos padres enseñan a sus hijos a pegar cuando son golpeados y a defenderse de alguna manera cuando son atacados. Aunque esta lección no le dirá a los estudiantes que dejen que otros los golpeen, los ayudará a entender que Jesús enseñó sobre misericordia, perdón e instó a tratar de lograr la paz entre las personas.

El perdón es el corazón de nuestra relación con Dios y con nuestro prójimo. El perdón de nuestros pecados, es lo que hace posible que perdonemos a los que nos hieren. Los primarios deben saber que por medio de la gracia de Dios, podemos mostrar esta misericordia. También pueden ayudar a otros a descubrir cómo vivir en amor y paz.

COMENTARIO BÍBLICO

Mateo 5:7. Misericordia es más que compasión. Compasión es una respuesta emocional a una situación que lleva a la persona a sentir pena, pero no a involucrarse. Misericordia, equivale a reconocer la necesidad y también aceptar la responsabilidad de hacer algo al respecto. La misericordia es activa, no pasiva; es algo que hacemos.

La palabra hebrea para misericordia es chesed, y significa que una persona se pone en lugar de otra y piensa y siente como esta lo hace.

Chesed (misericordia) también incluye la idea de buscar las raíces de las actitudes de la otra persona, entender porqué actúa de esta o aquella manera. Esto no es fácil, cuando alguien nos lastima, es natural sentirnos enojados y ofendidos.

En tiempos de Jesús, lo romanos no mostraban ningún tipo de misericordia o pena, nada que ellos consideraran que fuera percibido como señal de debilidad o fragilidad. Los fariseos no tenían misericordia hacia quienes no alcanzaban su estándar. El sufrimiento era el castigo merecido por su pecado, y "ojo por ojo" era la regla de su tiempo. Nuestro mundo no es diferente. El mensaje de Jesús es el mismo para nosotros hoy. Aún cuando nos lastimen, mostrar misericordia es el camino para vivir como Dios lo planeó.

Este punto es ilustrado en Mateo 18:21-35, en la parábola del siervo que no quiso perdonar. La capacidad de mostrar misericordia está enraizada en la realización de la misericordia que Dios nos mostró. Tenemos que reconocer lo terrible de nuestro estado como pecadores condenados, si no fuera por la misericordia de Dios. Como el siervo sin misericordia, nunca podremos pagar nuestra deuda a Dios. Debemos tener misericordia o pereceremos.

El punto principal de esta parábola es demasiado enfático. Si queremos perdón de un Dios perfecto y no podemos extender la misma gracia a alguien que nos hizo mal, perdemos de vista totalmente lo que Jesús vino a hacer y lo que nosotros debemos hacer. Dios quiere que veamos las cosas a través de sus ojos, que son ojos de amor y de gracia. Perdonamos a otros, no porque tengamos miedo a las consecuencias de no hacerlo, sino porque deseamos imitar a nuestro Padre celestial y a su Hijo, Jesús.

Mateo 5:9. Como en el caso de mostrar misericordia, ser pacificadores es una actividad deliberada. El concepto hebreo de paz -shalom- no es simplemente la ausencia de conflicto o problemas. Este versículo fue escrito para gente que vivió bajo la "Pax romana", es decir, la paz impuesta por el dominio del ejército romano. Con sus legiones, lograron terminar la guerra, pero no lograron establecer shalom, o sea, cooperación armoniosa dirigida al bienestar de todos. Este es el trabajo de Dios y debe ser también, el trabajo de su pueblo.

Pacificadores son los que se dedican a la tarea de reconciliar gente hostil (individuos, familias, grupos y naciones). Puede que no logremos traer la paz que deseamos, pero por nuestros esfuerzos, mantenemos viva la visión de Dios, de amor y bienestar para todos.

DESARROLLO DE LA LECCIÓN
Palabras Importantes

Misericordia / Misericordioso: misericordia incluye comprensión, paciencia, amabilidad, amor, ayuda, y perdón de unos hacia los otros. Es recordar constantemente lo que Dios hace por cada uno de nosotros y hacer lo mismo por los demás.

Pacificadores: que pacifica y establece la paz; que apacigua los ánimos de los que disputan o están enemistados.

Escriba las palabras importantes en carteles apropiados y de buen tamaño para colocar en el mural.

¿Quién necesita misericordia?

Dirija la atención de los niños a la primera actividad de la lección 45, del libro del Alumno. Discutan el significado de misericordia. Luego pregunte: "¿Quién necesita misericordia en la ilustración?" (Todos necesitan la misericordia de Dios y de otras personas). Agregue: "Tal vez nunca pensaron que ustedes necesitan recibir y dar misericordia. Hoy aprenderemos más sobre lo que es misericordia y por qué es tan importante."

Misericordia. ¿Qué es eso?

Divida A la clase en dos grupos. Facilite unos minutos para que encuentren una o dos definiciones de misericordia. Pida que expliquen sus definiciones. "Misericordia es..." Corrija cualquier equivocación. (Es posible que den ideas como: ser amables con otras personas, no vengarse, ayudar a los demás, tratar a las personas mejor de lo que se merecen).

En los escritos originales la palabra misericordia, tenía varios significados. Misericordia es mucho más que un simple sentimiento hacia otras personas. Misericordia es una palabra o verbo activo. Algunas veces, es dar a alguien algo que necesita, lo cual puede ser dinero o alimentos. La misericordia bíblica también significa que debemos tratar de entender a la gente, por qué hace lo que hace para que podamos amarlas cuando nos hieren. Las personas misericordiosas recuerdan cuánto Dios las ama y cuántas veces las ha perdonado. Esto los ayuda a perdonar a otros. En nuestro estudio bíblico, aprenderemos más sobre ser misericordiosos.

HISTORIA BÍBLICA
El siervo que no quiso perdonar

Pida que los alumnos se agrupen en equipos de cuatro integrantes. Explíqueles: "En sus grupos, tendrán la oportunidad de escuchar a Dios y a sus compañeros al aprender la historia bíblica. Leeré dos veces una historia (parábola) de la Biblia. Jesús enseñó esta historia después de que Pedro le preguntó cuántas veces debía perdonar a alguien. ¿Hasta siete veces?, preguntó Pedro. A lo que Jesús respondió que debía estar dispuesto a perdonar hasta setenta veces siete".

Aclare: "La primera vez que yo lea, solo escuchen. Oigan si hay alguna palabra o frase que les llame la atención. Cuando lea la historia por segunda vez, escojan la palabra o frase que consideren la más importante. Antes de leer, oremos para que el Señor nos ayude a escuchar lo que tiene para decirnos hoy".

Lea Mateo 18: 23-35 dos veces. La segunda vez haga énfasis en algunas palabras. Al terminar de leer, diga: "Les daré un minuto de silencio". Refiérase a la segunda actividad del libro del Alumno (lección 45). Pida a los niños que comenten entre ellos las palabras o frases que llamaron su atención. Dígales que expliquen porqué escogieron esas frases. Cuando vea que terminaron de hablar diga: "Gracias por sus comentarios. Ahora todos deseamos saber qué llamó su atención de la lectura bíblica. ¿Qué pensaron que Jesús quiso enseñar con esta historia?" Déles tiempo para que hablen. (Esperamos que comprendan el punto principal de la historia, la necesidad de mostrar misericordia unos por los otros. Algunos notarán el contraste de actitud de los siervos, otros la necesidad de sentir lástima por los demás, terceros hablarán de la importancia de perdonar, de tener paciencia, etc.).

Luego guíelos a las preguntas de la misma página. Mientras hablan haga énfasis en los siguientes puntos:

1. Ya sea que la persona merezca o no misericordia, igual debemos ser misericordiosos.

1. Guíe a los niños a Romanos 5:8 y 10, donde se describe la misericordia de Dios hacia nosotros, quienes no la merecemos.

3. Perdonar con el corazón, tiene más de un significado. a) Es perdonar a otros con un corazón lleno de amor hacia Dios, quien nos perdonó primero. b) Nos muestra que el perdonar no es solamente un sentimiento acogedor, sino que es un sentimiento hacia los demás. Cuando otros nos han maltratado, tomará un tiempo para que los sentimientos hacia esa persona/s cambien. Pero en la Biblia, el "corazón" incluye nuestra voluntad, o sea la determinación de hacer lo que es correcto. Cuando perdonamos con el corazón, determinamos tratar a esa/s persona/s como Jesús las hubiera tratado: con paciencia y amor; c) Perdonar con el corazón, es más que decir meras palabras. Incluye nuestros sentimientos, y nuestra determinación de hacer lo que es correcto.

4. Termine el estudio pidiendo a los alumnos que escriban en una sola oración el resumen de lo que aprendieron hoy.

ACTIVIDADES
La opinión pública

Divida la clase en dos equipos, los que estarán a favor y los que estarán en contra.

Explique: "Los que están a favor tratarán de convencerme de que todo este tema de tener misericordia es la mejor forma de encontrar gozo en la vida. Los que están en contra, intentarán persuadirme de que el ser misericordiosos es una mala idea".

Dé tiempo para que los niños preparen sus argumentos a favor y en contra. Luego pídales que den sus explicaciones. Esperamos que los alumnos se diviertan con esta manera de aprender. Dé el tiempo a los que trajeron los argumentos en contra de tener misericordia. Dígales que se esmeraron en hacer su presentación, que hicieron un buen resumen de lo expuesto, etc. Luego exprese su "veredicto". Si es posible cuente alguna experiencia personal sobre el tener misericordia hacia alguien y los resultados finales. Finalice con un aplauso para todos los participantes.

Mi declaración

Pida a los niños que vayan a la página siguiente del libro del Alumno (lección 45). Diga: "Hemos hablado mucho sobre mostrar misericordia a otros. Pero misericordia es una palabra que tiene acción, es algo que hacemos, no solamente algo de lo que hablamos. Es importante que expresemos cómo viviremos esta importante bienaventuranza". Dígales que lean la Declaración en voz alta y todos juntos. Pídales que busquen un lugar en el cuarto para evitar que otro compañero mire su escrito. Solicíteles a los alumnos que completen la Declaración y escriban nombres de personas a quienes ellos mostrarán misericordia esta semana. Luego firmen la Declaración. La pueden doblar por la mitad así nadie lee lo que cada uno escribió.

Memorización

Realice la actividad de la clase pasada. Anime a los niños a decir el texto por ellos mismos. Para esta clase deben saber muy bien el pasaje. Si hay niños que no lo saben o que son nuevos en la clase, pida a los que ya lo aprendieron que los ayuden a estudiarlo. Puede organizar una competencia de niñas y muchachos. Pídales que pasen una pareja a la vez y escriban el texto en la pizarra. Sume 10 puntos a quien lo escribió sin errores.

Para terminar

Oren y canten. Pidan que Dios los ayude a ser misericordiosos y a llevar a cabo el compromiso hecho en la Declaración.

Mis notas:

LECCIÓN 46

El camino de un corazón puro

Base bíblica: Mateo 5:8; 13:44-46
Objetivo de la lección: Que los niños comprendan su compromiso con Dios y que reconozcan el lugar que él debe ocupar en sus vidas.
Texto para memorizar: "Bienaventurados los que tienen hambre y sed de justicia, porque ellos serán saciados" (Mateo 5:6).

¡PREPÁRESE PARA ENSEÑAR!

Las parábolas para estudiar hoy representan lo más importante en la vida: una relación de compromiso profundo con Dios. Esta relación no es solamente otra actividad, es un punto central de toda nuestra existencia.

Los estudiantes de esta edad se encuentran en una etapa de desarrollo, y es ahora cuando su conciencia comienza a ofrecerles opciones engañosas. Muchas veces se sienten verdaderamente culpables como resultado de las malas decisiones tomadas. Frecuentemente atribuimos el trabajo de nuestra conciencia a la voz del Espíritu Santo, que gentilmente nos inquieta para ayudarnos a considerar nuestras acciones y hacer lo correcto.

La Biblia habla en muchos lugares sobre la pureza de corazón. Los niños pueden sentir que este es un objetivo inalcanzable; pero es simplemente un llamado a confiar en Cristo, para vivir como él vivió. El llamado a vivir en pureza es tanto una promesa como un mandamiento.

La meta más significativa que usted puede tener como maestro, es ayudar a los niños de esta edad a tomar una decisión por Cristo, antes que terminen la escuela primaria e ingresen en el terreno incierto de la adolescencia. La lección de hoy es una oportunidad para que los primarios examinen su relación con Cristo e inculcarles el deseo y el poder de tener un corazón puro.

COMENTARIO BÍBLICO

Mateo 5:8. La idea de pureza recorre toda la Biblia y es uno de los temas más unificadores.

Pureza. Frecuentemente nos hace pensar en actuar de una manera correcta y agradable a Dios. Pero también incluye la idea de ser íntegro. Ser puro de corazón implica la limpieza divina realizada por Dios que, como resultado, produce unidad de propósito y deseo. Recuerde que el corazón era considerado, en los tiempos bíblicos, el centro de la voluntad y las emociones de la persona. El corazón representa la más pura esencia de quién y qué es una persona.

Muchas veces estamos concientes de la volubilidad e inconstancia de nuestro corazón en su deseo de ser lo que Dios aspira que seamos. En ocasiones la confusión llega por tentaciones. Otras veces, nuestra vida está llena de cosas buenas, que nos agradan y eso nos distancia lentamente del Señor. Jesús nos recuerda que el mayor tesoro que podemos poseer es nuestra relación con Dios. Un corazón centrado en el propósito de vivir con Jesús como Señor. Un corazón puro, muestra evidencia de un compromiso total y comunión plena con Dios.

Mateo 13:44-46. Este capítulo está colmado de parábolas muy coloridas. Las dos incluidas en el pasaje de nuestro estudio, a pesar de hallarse entre las más cortas, son retratos significativos del valor del reino de Dios, otra manera de referirse a nuestra relación con Cristo.

Estas dos parábolas son similares en su significado y nos llevan, básicamente, al mismo punto. Ya sea que encontremos el tesoro por casualidad (escondido en un campo), o después de una búsqueda cuidadosa (la perla de gran precio), el personaje de cada historia demuestra que en la vida hay cosas que tienen un valor incalculable, que no pueden medirse en términos humanos. Todo lo que pudiéramos tener es nada comparado con el valor de lo hallado. ¿Experimentó alguna vez esos momentos de lucidez, de visión clara en que Dios le manifiesta las maravillas de su amor y gracia? Sus deseos, como el de la gente en estas parábolas, están concentrados en regocijarse sobre el increíble tesoro de su relación con Dios.

Un punto clave en estas narraciones es que cuando se encuentra el reino de Dios (el tesoro o la perla), quien lo halla tiene siempre la necesidad de hacer una elección. Debe escoger entre si hará o no, el esfuerzo por obtenerlo. El costo es muy alto, en este caso implica entregar la vida entera. Pero el valor de esta decisión es incalculable. Las parábolas nos enseñan que, aunque el costo sea elevado, vale muy bien la pena.

DESARROLLO DE LA LECCIÓN

Escoja alguna de estas actividades para enfatizar la enseñanza de hoy.

Palabras importantes

Compromiso: es un acuerdo para hacer algo. Otro significado incluye estar completamente a favor de alguien o de algo y entregarse totalmente a esa persona, actividad o cosa.

Pureza de corazón: una persona "pura de corazón" está llena de amor por Dios. Él ocupa el primer lugar en su vida. Siendo que la persona ama a Dios completamente, él o ella hace la voluntad del Señor... ¡siempre!

Escriba las palabras importantes y su significado en cartulina de buen tamaño para colocarlas en el mural.

¿Qué es lo más importante? Mural

Necesitará: revistas con abundantes ilustraciones, tijeras, papel afiche o cartulinas de tamaño grande, pegamento, marcadores.

Mientras los alumnos llegan al salón, permita que busquen entre las revistas que usted trajo a clase. Dígales que recorten figuras de cosas o situaciones que la sociedad / gente valora mucho. Luego que las peguen en un cartelón para hacer un mural. Acláreles que dejen un espacio para colocar el título.

Al terminar el cuadro, haga mención que todo lo que hay allí, son cosas o situaciones que la gente valora. Pregunte:

● ¿Cuál de todas estas cosas o situaciones son las más importantes para ustedes?

● ¿Hay alguna cosa que no pegaron en este afiche que tenga mayor valor para ustedes? ¿Qué es? (tal vez mencionen la familia, los amigos, el amor de los seres queridos, la salud o los estudios. Acepte sus respuestas).

Continúe: "Jesús tiene algo para enseñarnos hoy, algo que posee un gran valor. Es tan alto que no hay nada con lo que lo podamos comparar".

Guíe a los niños a la primera página del libro del Alumno (lección 46). Dígales que lean las instrucciones y completen la actividad.

El tesoro escondido

Antes que lleguen los alumnos, esconda un billete verdadero o una moneda, en algún rincón del salón. Dibuje un billete o moneda como el que escondió. Muestre a los alumnos el dibujo, mientras les explica que deben "buscar el tesoro escondido", el cual es la réplica del que usted tiene en sus manos. Si los alumnos no encuentran el billete o moneda, entonces usted debe buscarlo. Si alguien lo halla, permítale que lo conserve. Considere tener un pequeño premio (dulce) para el resto del grupo.

Pregunte: "¿Cuántos de ustedes sabían que escondí dinero de verdad? ¿Cuántos de ustedes pensaron que podían quedarse con el dinero?" Basado en las respuestas que den los niños, escoja algunas de las preguntas que siguen:

● ¿Qué tanto interés / deseo tenían de encontrar el "tesoro"? (Expliquen).

● ¿Cómo el nivel de interés en el "tesoro" afectó la forma en que lo buscaron?

● ¿Qué habrían hecho si hubieran sabido que el dinero era de verdad y que se lo podían quedar?

● ¿Qué clase de tesoro considerarían lo suficiente valioso para buscar con todas sus ganas y con mucha persistencia?

Señale: "Nuestro estudio bíblico se refiere a encontrar un tesoro escondido. ¿De qué clase de tesoro creen que habla la Biblia?"

HISTORIA BÍBLICA
Corazones puros y tesoros incalculables

Pida a los alumnos de su clase que lean Mateo 5:8. Pregúnteles: "¿Qué creen que Jesús pretende enseñar en esta bienaventuranza?" Explíqueles el significado de un corazón puro. Es un corazón que fue entregado completamente a Dios. Una persona de corazón puro desea una relación íntegra con el Señor más que cualquier otra cosa en el mundo. Estas personas dan todo lo que tienen en la vida por vivir como Dios espera que lo hagan. Con su ayuda, sus corazones permanecen limpios y libres de pecado.

"En una ocasión Jesús contó dos historias para ilustrar la importancia de desear un corazón puro. Veamos estas parábolas".

Divida la clase en dos grupos. Provea de Biblias a ambos grupos. Pídales que busquen formas de presentar una de las historias. Asigne una historia a cada grupo, que están en el libro del Alumno (lección 46). Pídales que también lean el pasaje bíblico donde se encuentra la parábola. (Pueden presentarla leída, con mímicas, como drama, etc.)

Al terminar las presentaciones, solicite que contesten las preguntas que se encuentran al final de la actividad.

● ¿Qué diferencia hay entre estas dos parábolas? (Los tesoros son diferentes: un tesoro está escondido bajo tierra; la perla posiblemente está a la venta).

- ¿Qué tienen de parecido? (Los dos hombres tienen gran interés, uno en su tesoro y el otro en la perla; tanto el tesoro escondido como la perla son muy importantes para ellos. Existe preocupación, los dos venden todo lo que tienen para obtener el tesoro y la perla preciosa).

- ¿Por qué crees que Jesús comparó el reino de Dios con estas dos historias? (Explique a los niños lo que es el reino de Dios: es donde quiera que el Señor sea el Rey. Dios reina en las vidas y los corazones de las personas que lo aman y obedecen, o sea los cristianos. Jesús dice que pertenecer al reino de Dios, o sea tener una relación con él, es como buscar un tesoro tan grande que daríamos todo lo que tenemos en la vida para poseerlo).

- ¿Qué nos dicen estas historias acerca de nosotros, los hijos de Dios? (Esperamos que los niños capten la idea principal. O sea que estar en el reino de Dios, y tener una relación con él, es el tesoro más importante que podamos poseer en la vida).

- Que los niños lean la bienaventuranza de Mateo 5:8 al unísono. Pregúnteles: "¿Cómo se relaciona esta bienaventuranza con las dos parábolas que estudiamos?" (Aquellos que son puros de corazón verán al Señor. Ellos harán lo imposible para ser parte del reino de Dios, y lo amarán y obedecerán).

Explique a los niños que esta bienaventuranza tiene una promesa para este tiempo y para el futuro. Las personas que aman a Dios lo "verán" en esta vida. Ellos ven el amor, los cuidados y el poder de Dios todos los días. También "verán a Dios" en el futuro, en el cielo. Es por eso que el tener un corazón puro es una garantía para obtener gozo.

ACTIVIDADES
¿Soy puro de corazón?
Guíe a los niños a la última actividad de la lección 46, en el libro del Alumno. Dígales que contesten las preguntas. Permita que todos participen dando sus respuestas. Realice preguntas y haga comentarios para cerciorarse que los niños comprendieron la lección.

Memorización
Anime a los niños a decir el texto por ellos mismos. Para esta clase deben saber muy bien el pasaje. Si hay niños que no lo saben o que asisten por primera vez, pídales a los que ya lo saben que los ayuden. Puede organizar una competencia entre niñas y muchachos. Solicíteles que pasen una pareja a la vez y escriban el texto en la pizarra. Sume un punto al equipo que lo haga sin errores.

Para terminar
Ore por los niños para que puedan gozar de un corazón puro en esta temprana edad. Recuerde como maestro, la gran responsabilidad que tiene de guiar a los primarios al Señor. Esta lección es muy apropiada para invitarlos a aceptar al Señor como el Rey de sus vidas.

Prepare un coro o himno apropiado para la enseñanza de hoy.

Después de la oración y del himno, despida a los niños con una cálida invitación para la próxima clase, la última de esta unidad.

Tal vez desee preparar una pequeña celebración para los niños con buena asistencia, y para lo que aceptaron a Cristo en sus corazones.

Mis notas:

LECCIÓN 47

El camino de la persecución

Base bíblica: Mateo 5:10-12, 43-48; Lucas 23:26-27, 32-43
Objetivo de la lección: Que los primarios comprendan que los cristianos no debemos sorprendernos si somos perseguidos, que es un privilegio sufrir por Jesús y que, a su vez, Dios nos sostendrá con su presencia y sus promesas.
Texto para memorizar: "Bienaventurados los que tienen hambre y sed de justicia, porque serán saciados" (Mateo 5:6).

¡PREPÁRESE PARA ENSEÑAR!

¿Los primarios enfrentan persecución en este tiempo? Algunos afirmarán que sí. Es muy difícil identificar la persecución religiosa en un mundo que hace de la tolerancia una de sus mayores virtudes. Para sorpresa, aquellos quienes proclaman tolerancia con más ahínco, son quienes menos toleran a los cristianos. Estos, con frecuencia son ridiculizados y presentados con desagrado por los medios de comunicación. Mientras los niños de esta edad no sufren persecución física, deben ser capaces de identificar en qué otras formas se presenta la persecución a los cristianos en la actualidad.

Los primarios atraviesan una etapa de sus vidas en la que no quieren ser diferentes de sus pares. Y el simple hecho de asistir a la iglesia genera alguna discrepancia con otros de su edad. Los estudiantes de este grupo que expresan su fe con seriedad y viven de acuerdo con esos valores se afirmarán. Es posible que algunos de ellos sean ridiculizados y condenados al ostracismo por sus convicciones religiosas.

La Biblia habla bastante sobre este asunto. Jesús fue perfecto y no cometió pecado alguno, y por esta causa, padeció persecución hasta el extremo de la muerte. Él nos dejó un modelo para vivir en compromiso profundo con Dios, sin importar el costo o las consecuencias.

Esta lección apunta también a las promesas de Las Bienaventuranzas que Dios brinda a quienes experimentan persecución en su nombre. Los estudiantes aprenderán que el Señor estará con ellos cuando esta se presente.

COMENTARIO BÍBLICO

Mateo 5:10-12. Las enseñanzas de Jesús sobre la persecución en el Sermón del Monte, inquietan a la mayoría de las personas. La razón es que no representan el pensamiento común de nuestro tiempo, como tampoco lo fue en el primer siglo del cristianismo.

Aún así, representa el corazón de las enseñanzas de Jesús sobre cómo Dios quiere que sus hijos piensen y vivan. No es de sorprenderse que el Sermón del Monte sea descrito como "el reino al revés" o también como "contracultura cristiana"; porque muchas de las ideas de Jesús están directamente en oposición a como la gente piensa que es natural. Y es exactamente de allí, de donde el poder del reino de Dios deriva. Lo que parece necedad a los ojos del mundo, es en realidad la sabiduría de Dios.

Jesús comienza su enseñanza contradictoria sobre la persecución diciendo que no debemos enojarnos o desanimarnos cuando enfrentamos la ira de los no creyentes, más bien, regocijarnos. Cuando experimentamos persecución, somos parte de una larga y prestigiosa línea de creyentes que fueron atacados y heridos por aquellos que no creyeron. Cuando somos acosados por motivo de Cristo, podemos regocijarnos porque somos contados con los que pertenecen al reino de los cielos, no al reino de la tierra.

Por si esto no es suficiente, las enseñanzas "incomprensibles" continúan. En Mateo 5:43-48, dice que regocijarnos en la persecución no es suficiente, sino que somos llamados a amar y a orar por quienes nos persiguen. Amar a los que nos aman es fácil, pero amar a los que nos odian es difícil. En realidad, es imposible; tan imposible como ser "perfecto... como nuestro Padre que está en los cielos es perfecto". Es imposible si nos limitamos a usar nuestros recursos e inclinaciones humanas. Nuestra respuesta natural a la persecución es la ira, el odio y la venganza. Es únicamente porque el Espíritu Santo de Dios llena nuestros corazones de su amor y perspectiva, que podemos hallar la manera de regocijarnos en la persecución y amar y orar por nuestros enemigos. En otras palabras ser perfectos de corazón como Dios lo es.

Lucas 23:26-43. Jesús respaldó sus palabras

de enseñanza sobre la persecución, presentando el mejor ejemplo. A pesar de su inocencia, él resistió una enorme angustia mental y física antes de su crucifixión. Sufrió azotes, burlas y otros abusos. Lo escarnecían las mismas personas por las cuales él estaba dando su vida por amor.

Puede leer la respuesta de Jesús a la persecución en Lucas 23:34: "Padres, perdónalos, porque no saben lo que hacen". ¡Jesús practicó lo que predicó! Él oró por los que lo enviaron a una cruz de persecución, sufrimiento, y muerte. Al hacerlo, hizo posible que nosotros tuviéramos una relación auténtica con Dios. Él es digno de que le consagremos nuestra vida, aún cuando nos persigan.

La persecución fue una amenaza real para la iglesia primitiva también. Leemos de mártires asesinados por leones o por espada. No oímos tanto sobre persecución en nuestro tiempo.

Pero la realidad es que más cristianos murieron por su fe en los últimos 100 años que en los 2.000 anteriores. Muchos países alrededor del mundo hacen del cristianismo un crimen que merece el castigo de prisión o aún la misma muerte. Algunos de nosotros experimentamos la libertad de un gobierno tolerante. Pero, de todas maneras, la idea de persecución no está tan lejos como pensamos. El mundo nunca será un verdadero amigo del cristiano; verdad no puede. Los cristianos en todos los países siempre estarán en pugna con los inconversos y, estos, siempre sentirán el aguijón de la oposición, ya sea en hostilidad expresada en forma de latigazos o a través de palabras.

Las palabras del Sermón del Monte no son fáciles de digerir, especialmente aquellas que tratan sobre la persecución y los enemigos. Pero al encontrar la fortaleza espiritual para sobreponernos a la desesperación, producida por la persecución y la dificultad de amar a nuestros enemigos, hallaremos que nos acercamos al mismo corazón de Dios.

DESARROLLO DE LA LECCIÓN
Palabras importantes

Persecución: abuso físico, ridiculización, escarnio u otra clase de sufrimientos que una persona experimenta de parte de otra, por causa de lo que él o ella cree.

Justicia / rectitud: es estar en relación correcta con Dios y obedecerlo por causa de esa relación. Ser justos / rectos en pensamiento, palabra y acciones.

Escriba las palabras importantes y su significado en cartulina, para agregar al mural.

Persecución

Dirija a los niños a la primera actividad del libro del Alumno (lección 47). Pregúnteles: "¿En qué piensas cuando escuchas la palabra persecución? Expresa tus ideas con un dibujo o escribiendo en el espacio provisto". Escuche los comentarios, explique el significado de la palabra persecución, cuente alguna experiencia que usted haya tenido al respecto.

Pida que alguien lea Mateo 5:10 -12. Diga: "Cuando piensan lo que significa persecución, ¿vienen a su mente las palabras "regocijo" y "gozo"?" Permita que los alumnos contesten. "Eso no es lo que yo pienso en un primer momento; pero aún así, Jesús dice que nos "regocijemos y alegremos".

Cristianos perseguidos: la tradición nos dice que muchos de los discípulos y primeros cristianos sufrieron la persecución, como Mateo quien fuera arrastrado hasta morir; Juan fue puesto en un recipiente de aceite hirviendo, sobrevivió y lo desterraron a la isla de Patmos; de Pedro se dice que fue crucificado con la cabeza hacia abajo; Santiago fue decapitado; Judas fue muerto con flechas; a muchos cristianos se los cubría con brea y se les prendía fuego como antorchas; lo cual se hacía como tributo al emperador romano Nerón; otros fueron tirados a los fosos de los leones. En la actualidad una mujer cristiana de 23 años fue enviada a un campo de trabajos forzados y allí le pegaban cada día; un cristiano fue obligado a sentarse por tres días en agua congelada, desnudo, mientras le hacían preguntas sobre su fe en Cristo. En un país, uno de cada cinco cristianos está en prisión por creer en Jesucristo. En otro, los cristianos son llevados prisioneros y reciben choques eléctricos, que llegan a causar la muerte de algunos de ellos.

HISTORIA BÍBLICA
Del sermón al sufrimiento

Entregue a los niños las hojas de actividades del libro del Alumno (lección 47). Pídales que lean de la Biblia Mateo 5: 10-12 y 43-48. Luego pregunte:

● En Mateo 5:10, ¿de qué clase de sufrimientos está hablando Jesús? (Sufrimientos por tratar de vivir rectamente para Dios) Maestro, esté seguro que los niños entienden lo que es justicia y rectitud. Refiérase a la palabra importante en el mural.

● De acuerdo al v. 12, ¿cuál es la razón por la que debemos "regocijarnos y alegrarnos" cuando somos perseguidos por causa de la justicia? (Podemos mirar con esperanza la recompensa en el cielo; somos parte de un inmenso grupo de cristianos que sufrieron y sufren en nuestro días).

● De acuerdo a los v. 43-45, ¿cómo debemos tratar a quienes nos persiguen? (Con amor, amabilidad y oración).

● ¿Qué tan razonables son estas indicaciones? ¿Es fácil hacerlo? (Acepte las respuestas de los alumnos. Si usted tiene alguna experiencia puede contarla. Tal vez ellos están sufriendo burlas o desprecios por su fe. Este es el momento oportuno para darles ánimo y desafiarlos a seguir mostrando amor y paciencia para aquellos que los hieren y no creen en Jesús).

● ¿Cómo trató el Señor a aquellos que lo hicieron sufrir? (Jesús pidió al Padre que los perdonara. No respondió con enojo a ninguno de los que lo insultaron. Perdonó al ladrón que estaba junto a él, cuando se arrepintió. Y lo más importante es que él murió por los pecados de toda la humanidad).

● ¿Cómo debemos tratar a los que nos maltratan? (Tenemos dirección en todo Mateo 5. Debemos seguir el ejemplo de Jesús de amar y perdonar).

● ¿Cómo el sufrimiento nos puede llevar al gozo? (No es fácil, pero tampoco es imposible. Dios está atento para ayudarnos a luchar con las armas del amor de Jesús. Cuando estamos cerca de Dios, él nos da pensamientos de paz y amor hacia aquellos que nos hacen mal).

Pida a los niños que completen las preguntas de la actividad del libro del Alumno y escriban un artículo para El Periódico de Jerusalén acerca de la persecución de Jesús y cómo actuó él con aquellos que lo hicieron sufrir.

Dé la oportunidad para que los niños hagan preguntas si quedó algo pendiente. Anímelos a saber que aunque no es fácil amar a los que nos hacen mal, no es imposible tratarlos como Jesús trató a los que lo persiguieron y crucificaron.

ACTIVIDADES
Camino al gozo

Entregue a los niños la última actividad del libro del Alumno de la lección 47. Lean las instrucciones y bríndeles tiempo para que completen la tarea sobre "Camino al gozo". Al terminar, comparen si las respuestas están bien con el comienzo de Las Bienaventuranzas.

Premio Especial

Sin duda los niños habrán esperado este momento con mucho entusiasmo, especialmente aquellos que se prepararon y aprendieron Las Bienaventuranzas de Mateo 5: 3-12. Pídales que tomen asiento para que comience "el concurso". Escuche a los participantes con atención y con la Biblia abierta. Acepte la versión de la que el niño/a aprendió el pasaje. Escoja para el primer premio a quien lo recite sin equivocaciones. Usted puede designar los parámetros para otorgar los premios. Otra idea es dar premios iguales a todos los que aprendieron muy bien el pasaje asignado. Tenga el cuidado de que no haya niños ofendidos o tristes por no recibir un premio.

Para llevar a casa

Escriba en una página Las Bienaventuranzas y entregue una hoja a cada niño. Luego pídales que coloreen los márgenes o peguen calcomanías, brillantina, etc. Lleve cartulina del mismo tamaño y guíelos para que peguen la hoja con Las Bienaventuranzas sobre la cartulina. Indíqueles que realicen dos perforaciones para pasar un hilo. Al concluir que lleven el cuadro a casa, que lo lean cuando otros se burlan o hacen cosas que a ellos los entristece. Que cuenten a sus padres lo que significan Las Bienaventuranzas. Asegúreles que sí podemos vivir la vida cristiana con gozo.

Para terminar

Pida a los alumnos que den gracias en oración por:

● Lo que aprendieron de Las Bienaventuranzas.
● Por el ejemplo que Jesús nos dejó.
● Por las historias aprendidas.
● Por el tesoro y la perla de gran precio que tenemos en la salvación que Jesús nos brinda.
● Porque nos promete el reino de los cielos.
● Porque si lloramos, él nos consuela.
● Porque si tenemos hambre y sed de justicia, él nos sacia.
● Porque si somos limpios de corazón, veremos a Dios en el cielo.

Prepare una celebración por terminar esta unidad tan especial. Puede ofrecerles galletitas, fruta y leche o agua. Disfrute con los niños. Felicite a los que aceptaron a Jesús. Invite a los padres, ellos son parte crucial en la vida de los pequeños. Recuerde, usted no solo está enseñando a los primarios, sino que está tocando la vida de cada familia.

Año 3

Introducción • Unidad XII

LA VERDADERA CELEBRACIÓN

Bases bíblicas: Lucas 1:5-25, 57-70, 76-77; Juan 1:6-9; Lucas 1: 26-49; Mateo 1:18-25; Juan 1:1-18; Lucas 2: 1-20; Lucas 2:21-40
Verdad bíblica: Jesús, el Hijo de Dios, vino a la tierra para ser nuestro Salvador.
Texto de la unidad: "Y el Verbo se hizo carne, y habitó entre nosotros lleno de gracia y de verdad; y vimos su gloria, gloria como del unigénito del Padre" (Juan 1:14).

Propósitos de la unidad

Esta unidad ayudará a los primarios a:
- Comprender que en la Navidad celebramos el plan de Dios para salvar a las personas de sus pecados.
- Entender el significado de la encarnación y por qué es importante para ellos.
- Apreciar la fidelidad de Dios, la que nos capacita para llevar a cabo sus planes.
- Recibir el regalo de la salvación de Dios, reafirmando lo que realmente él hizo por ellos.
- Celebrar la Navidad este año reconociendo su verdadero significado.

Lecciones de la unidad
Lección 48: Celebremos el plan de Dios
Lección 49: Celebremos la encarnación
Lección 50: Celebremos el nacimiento del Salvador
Lección 51: Celebremos la fidelidad de Dios

Por qué los primarios necesitan la enseñanza de esta unidad
Como los primarios están inmersos en el materialismo y demás aspectos seculares de la Navidad, pueden haber perdido de vista algunas de las verdaderas maravillas de este momento. Esta unidad los ayudará a descubrir y apreciar mejor el camino que Dios planificó, preparó y nos dio a través del nacimiento de Cristo.
Es bueno alentar a los niños a celebrar la encarnación de Jesús, quien nació de la virgen María, además de que es el Hijo de Dios. El eterno Hijo de Dios vino al mundo en forma de bebé. Jesús tenía las dos naturalezas: la divina y la humana.
En una de estas lecciones celebrarán el mayor anuncio jamás pronunciado. No fue anunciado por la prensa en una gran ciudad, sino a través de humildes pastores de una de las laderas de Belén. Los ángeles dijeron: "Os ha nacido hoy, en la ciudad de David, un Salvador, que es Cristo el Señor". El tan largamente esperado y prometido Mesías, había venido a redimir al pueblo de sus pecados. Los niños al ver la fidelidad del Señor con Simeón y Ana, podrán confiar en que Dios también será fiel en cumplir sus promesas.
Por último, al ver los caminos que Dios preparó para el nacimiento del niño Jesús, también se animarán a confiar en que Dios tiene la capacidad de llevar a cabo su voluntad en cualquier situación. A través de esta unidad, ayude a los alumnos a tomarse el tiempo para celebrar todas las maravillas de la historia de Navidad, agradeciendo a Dios por todo lo que él ha hecho, hace y hará en sus vidas.

LECCIÓN 48

Celebremos el plan de Dios

Base bíblica: Lucas 1:5-25, 57-70, 76-77; Juan 1:6-9
Objetivo de la lección: Que los primarios comprendan el ministerio de Juan el Bautista, quien preparó al pueblo para recibir al Salvador, que también se alisten para celebrar el verdadero significado de la Navidad: el nacimiento de Jesús.
Texto para memorizar: "Y el Verbo se hizo carne y habitó entre nosotros lleno de gracia y de verdad; y vimos su gloria, gloria como del unigénito del Padre" (Juan 1:14).

¡PREPÁRESE PARA ENSEÑAR!

La Navidad es un tiempo de variadas actividades para la mayoría de los primarios. Muchos están envueltos en una vorágine de programas y fiestas, actividades de la iglesia, y tradicionales festejos navideños con sus familias.

Para ellos, el simple hecho de estar con toda la familia representa mucho tiempo y esfuerzo.

También es cierto que los aspectos seculares de la celebración de la Navidad parecerían ser los más divertidos para la mayoría. ¿A qué niño no le gusta divertirse, recibir regalos y tener horas libres?

Lo que podemos hacer a lo largo de esta unidad es ayudarlos a centrar su atención en la maravillosa historia del nacimiento de Cristo y de la persona de Jesús. Nuestro objetivo no es necesariamente que los niños olviden a Papá Noel (Santa Claus) y todo lo que esa historia representa, pero podemos intentar cambiar ese enfoque tan fuerte de celebrar la Navidad.

Cada una de las próximas lecciones está destinada a ayudar a los primarios a que entiendan mejor y le agradezcan a Dios por todo lo que él nos dio en aquella primera Navidad.

Ore mucho en este mes por cada lección. Pida a Dios que lo ayude a que cada niño pueda celebrar con su significado real el nacimiento de Jesús, y que lo reciba como su Salvador y Señor.

Una reflexión final: si los primarios parecen más distraídos o se comportan peor que lo habitual, comprenda que "tiene que ver con la fecha" y sea paciente. Muchos pueden estar con abundante entusiasmo o muy cansados.

COMENTARIO BÍBLICO

Para la mayoría de nosotros, la Navidad es un tiempo de intensa preparación: regalos, comidas elaboradas, programas especiales, y eventos sociales festivos. Los cristianos llamamos al período previo de la Navidad: "tiempo de adviento", lo cual significa que está "viniendo" o "llegando". Durante el tiempo de adviento preparamos nuestros corazones para celebrar el nacimiento del Salvador. Ello implica ayuno, oración, y reflexiones sobre nuestras vidas.

Sin embargo, la preparación para la Navidad no se origina en nosotros. El nacimiento de Cristo fue el resultado del plan de Dios ideado antes de la creación del mundo, y de una cuidadosa preparación llevada a cabo paso a paso a través de cientos de años. Por medio de Abraham, Dios formó una familia que se transformó en la nación en la que el Salvador nacería. A través de los profetas, Dios habló sobre la venida de un Mesías y de la tarea que él llevaría a cabo. Finalmente, como el tiempo del nacimiento de Jesús se acercaba, Dios envió un precursor que ayudaría a la gente a prepararse para la salvación que Dios les ofrecía. Este "preparador" fue Juan el Bautista.

Los padres de Juan eran un piadoso matrimonio, ambos provenientes de familias sacerdotales. Si bien eran seres humanos imperfectos, el uso del término "sin reprensión" indica que sus corazones eran rectos y enfocados hacia Dios.

En ese tiempo, en el judaísmo había una cantidad de sacerdotes que servían por turnos en el templo. Los sacerdotes estaban organizados en 24 grupos de cerca de 1.000 cada uno. En el momento de esta historia, el grupo de Zacarías estaba en servicio, y él había sido elegido, después de varias selecciones, para encender el incienso en el lugar santo. Para la mayoría de los sacerdotes, esa era una oportunidad que se daba una vez en la vida. Podemos estar seguros de que la aparente coincidencia en la elección de Zacarías en ese tiempo en particular, no fue una casualidad, sino una parte del plan y proyecto de Dios.

Luego de su temor inicial, Zacarías se tranquilizó y el ángel le dijo en primer lugar que Dios había respondido sus oraciones. Es muy probable que Zacarías hubiera orado tanto por la llegada del Mesías como por la de un hijo. En esa cultura, el ser estéril era una desgracia, y a menudo era considerado como una señal de la desaprobación de Dios. El nacimiento de un hijo quitaría ese estigma.

El nombre Juan significa: "el Señor es lleno de gracia". Y verdaderamente su nacimiento fue un regalo de gracia para Zacarías y Elizabet. Además, parte de la tarea de Juan como precursor sería hacerle saber al pueblo, que Dios no los había olvidado, y que enviaría por gracia al Salvador prometido mucho tiempo atrás.

El papel de Juan era muy parecido al de los profetas del Antiguo Testamento, particularmente al del vehemente profeta Elías. Tenemos la tendencia a pensar en los profetas únicamente como quienes predecían los eventos futuros. Sin embargo, un aspecto importante en sus ministerios era la preparación del pueblo para algo nuevo que Dios realizaría a su favor. Los profetas trataban de ayudar a las personas a alejarse de su pecado y volver a Dios. Eso es lo que Juan haría al preparar a los judíos para la llegada de Jesús.

Si bien ellos no adoraban ídolos, como en el tiempo de Elías, para muchos la adoración a Dios era más un ritual que una realidad. Juan denunciaría sus pecados, y los ayudaría a tomar conciencia de su necesidad de un Salvador. Luego los guiaría a responder con arrepentimiento.

La primera respuesta de Zacarías al mensaje del ángel fue de incredulidad. Pero en el momento en que Juan nació pudo captar el significado de ese evento, y se refirió a la profecía de Isaías sobre un precursor (40:3-5) aplicándola a su hijo.

La preparación de Dios para el primer tiempo de adviento estaba casi completa. Pronto, el Salvador, y su precursor, nacerían.

DESARROLLO DE LA LECCIÓN

Utilice estas actividades para ayudar a sus primarios a centrar su atención y prepararse para aprender la verdad bíblica de hoy.

Símbolos navideños

Muestre a los estudiantes la figura de Papá Noel o Santa Claus. Dígales: "¿Qué piensan cuando ven este símbolo de Navidad?" Permítales que den su opinión (Diversión, alegría, dar o recibir regalos, bondad, cálidos sentimientos de felicidad). Señale que tener a Papá Noel / Santa Claus como símbolo de la Navidad no está mal, ya que proviene de leyendas sobre una simpática persona llamada San Nicolás. Podemos decir muchas cosas buenas sobre Papá Noel / Santa Claus.

Ahora muestre una figura del niño Jesús en el pesebre. Pregunte: "¿Qué piensan cuando ven este símbolo de Navidad?" (Dios, salvación, perdón, alguien que se despojó de todo para venir a la tierra por nosotros).

Diga: "El título del grupo de lecciones que vamos a estudiar durante las próximas semanas es: 'La verdadera celebración'. ¿Qué viene a tu mente cuando escuchas este título?" (Que en la Navidad tenemos un mejor símbolo que Papá Noel. Jesús nos recuerda el verdadero significado de la Navidad: el plan de Dios para salvarnos del pecado. Podemos disfrutar la alegría que trae Papá Noel / Santa Claus, pero el símbolo real/verdadero de la Navidad para los cristianos es el Niño en el pesebre: Jesús).

Palabra importante: precursor

Usted necesitará en la clase dos diccionarios: uno de español y otro bíblico. Explique a los estudiantes que una palabra importante en esta lección es "precursor". Haga que uno de ellos la busque en el diccionario, mientras otro la busca en un diccionario bíblico. Conversen acerca del significado del término. Comente que en tiempos antiguos, cuando un rey iba a un nuevo lugar, enviaba un mensajero especial, un precursor, delante de él. Este mensajero le contaba a la gente que el rey estaba por llegar, y así ellos se podían preparar para su arribo. Los preparativos necesarios eran a menudo extensos: el mejoramiento de las rutas, la búsqueda de lugares para que el rey se alojara, y la provisión de comida para él y su corte.

Diga: "Nuestro estudio bíblico de hoy trata sobre Juan el Bautista, a quien se lo llama el 'precursor' de Jesús. Teniendo en cuenta lo que hemos visto recién, ¿cuál piensan que fue la tarea que Dios le habrá dado a Juan el Bautista?" (Preparar a la gente para la llegada de Jesús). "Aprenderemos más sobre esto hoy".

HISTORIA BÍBLICA
"Preparativos para la primera Navidad"

Presente el estudio bíblico diciendo: "Dios preparó cuidadosamente la primera Navidad. Nuestro estudio bíblico de hoy describe una parte muy importante de esos preparativos".

Guíe a los niños a la segunda actividad del libro del Alumno, lección 48. Asigne cada uno de estos pasajes a un estudiante, a dos, o a un grupo pequeño. Dé tiempo para que los lean, escriban un breve párrafo y le pongan un título. Luego reagrúpelos y pídales que comenten lo que escribieron con el resto de la clase. Si fuera necesario, agregue los siguientes comentarios a lo que sus estudiantes digan.

Grupo 1: Lucas 1:5-17. El anuncio del ángel. Mientras Zacarías, un piadoso sacerdote, estaba ofreciendo incienso en el templo, se le apareció un ángel con sorprendentes noticias. Zacarías y su esposa Elizabeth tendrían un hijo que se llamaría Juan. Juan sería lleno del Espíritu Santo y ayudaría a la gente a estar bien con Dios. En muchas maneras Juan se parecía al profeta Elías.

Grupo 2: Lucas 1:18-25. "¡No lo puedo creer!" Por el hecho de que eran ancianos, a Zacarías le resultó difícil creer el mensaje del ángel. Gabriel respondió: "Porque no creíste en el mensaje que te di de parte de Dios, no podrás hablar hasta que se cumpla esta promesa". Lo cierto es que, cuando Zacarías dejó el templo no podía hablar, solo se comunicaba por señas. Sin embargo, no mucho tiempo después, Elizabeth y él sabían con certeza que iban a tener un hijo.

Grupo 3: Lucas 1:57-66. "Es un niño, y su nombre es Juan". Cuando Elizabeth tuvo el bebé, sus vecinos vinieron a festejar con ella y Zacarías. Ellos asumían que el bebé se llamaría Zacarías, como su padre. "No", dijo Elizabeth, "lo llamaremos Juan". Todos quedaron sorprendidos, porque ese nombre no pertenecía a ninguno de sus familiares. Por eso lo corroboraron con Zacarías para ver qué era lo que él pensaba. En una tablilla él escribió: "Su nombre es Juan", e inmediatamente recuperó el habla. Sus primeras palabras fueron de alabanzas a Dios.

Grupo 4: Lucas 1:67-70, 76-77. Alabanzas y profecías. Lleno del poder del Espíritu Santo, Zacarías alabó a Dios por haber cumplido la promesa de salvar a su pueblo. E hizo referencia a las promesas que Dios le había hecho al rey David y al pueblo a través de los profetas. También habló acerca del papel que a su hijo, le tocaría desempeñar en el gran plan de salvación de Dios: Juan prepararía a la gente para recibir a Jesús; los ayudaría a saber que ya estaba viniendo, y los exhortaría a arrepentirse de sus pecados.

Grupo 5: Juan 1:6-9. "Testimonio de la luz". Dios envió a Juan a hacer una tarea especial. Esa tarea era testificar (contar) a la gente acerca de Jesús, "la luz del mundo", para que ellos pudieran creer en él. Juan no era el Salvador que Dios había prometido, pero era quien testificaba acerca del Salvador.

Termine el estudio bíblico preguntándoles: "¿Por qué piensan que Dios preparó tan cuidadosamente la venida de su Hijo al mundo? ¿Por qué enviar a un precursor? ¿Por qué no enviar simplemente a Jesús a hablar por sí mismo?" (Posibles respuestas: un evento importante requiere cuidadosos preparativos. La venida de Jesús era el mayor evento de la historia, y una parte importante del plan de salvación de Dios).

Haga que los estudiantes busquen y lean Marcos 1:4-5 al unísono. Señale que el ministerio de Juan fue exitoso porque ayudó a que muchas personas se arrepintieran de sus pecados. Ese fue el mejor preparativo para la venida de Jesús.

ACTIVIDADES

Elija alguna de estas actividades para ayudar a los primarios a conectar la historia bíblica con sus vidas.

Más acerca de Juan

Dirija a los niños a la tercera actividad del libro del Alumno. Pídales que busquen los versículos para completar el acróstico. Tome como base las preguntas que allí aparecen y dé tiempo suficiente para que las respondan.

Preparativos para esta Navidad

Guíe a los primarios a que, a través de una lluvia de ideas, piensen cómo celebrarán con su familia esta Navidad, teniendo en cuenta el verdadero significado. Dígales que hagan una lista en la pizarra o en un afiche con todas las ideas que se les ocurran para realizar el festejo. (Por ejemplo: leer la historia de la Navidad de la Biblia; escuchar y cantar villancicos; colocar adornos navideños con un significado especial, incluyendo un pesebre y los personajes de la historia bíblica que ellos mismos hayan confeccionado; dramatizar entre los hermanos y primos la historia de la Navidad; elegir alguna familia necesitada para ayudarla en esta fecha especial; reducir los gastos en los regalos para su familia y usar el dinero para ayudar a otros, etc.).

Cuando terminen, diga que consideren seriamente qué es lo que ellos personalmente harán para preparar la Navidad este año. Si es posible, permita que se dividan en pequeños grupos y hablen de lo que piensan sobre esto y tomen nota de sus ideas, para luego aplicarlas en sus familias. Luego reagrúpelos nuevamente, y pida que un voluntario de cada grupo lea lo que anotaron.

Memorización
Cartelera/Mural: "Estrellas de Navidad"

Necesitará: papel afiche o para forrar, cartulina, cartón, papel plateado o de aluminio, pegamento, marcadores, cinta adhesiva. Antes de la clase, prepare 27 estrellas de papel, y escriba en cada una de ellas las palabras del versículo de la unidad (incluyendo la cita en la estrella 27). Si desea puede hacer una estrella de mayor tamaño que el resto, y colocarla en uno de los rincones del mural.

Permita a los primarios que lo ayuden a armar la cartelera de esta unidad para poder memorizar juntos el versículo. Provéales una cartulina o papel afiche de color azul oscuro, con el que puedan cubrir la cartelera, a modo de cielo (también podrían pegarlo en una de las paredes del salón). Lleve dos o tres muestras hechas en cartón de las estrellas que usted realizó. Provea hojas plateadas, en las que puedan marcar el contorno de las estrellas y recortarlas (o que hagan estrellas en cartulina o cartón y las forren con papel aluminio). Pida a los niños que realicen 27 estrellas, una por cada palabra del versículo (si no desea hacer tantas estrellas, divida el texto y escriba frases cortas en cada estrella). Luego, pueden pegarlas en la cartelera de modo que quede un lindo arreglo. Al terminar, peguen las estrellas con el texto a memorizar, de modo que permanezca el versículo ordenado correctamente, sobre las estrellas plateadas (colocar las que tienen el versículo levemente hacia la izquierda o derecha, como para que las plateadas queden detrás de ellas y se puedan ver). Coloquen un título a la cartelera.

Diga: "Una estrella especial guió a los sabios hacia el recién nacido Jesús. Estas estrellas nos ayudarán a aprender y recordar una verdad especial acerca del Señor. Esta verdad es la idea clave para esta unidad".

Ayude a los estudiantes a prestar atención a las palabras del versículo del mes. Cuando terminen la cartelera, lean juntos el pasaje bíblico, y repítanlo varias veces.

Para terminar

Finalice con una oración, agradeciendo a Dios por preparar tan cuidadosamente aquella primera Navidad. Pida al Señor que ayude a cada niño a que piense en Jesús al hacer sus preparativos para esta Navidad.

Mis notas:

LECCIÓN 49

Celebremos la encarnación

Base bíblica: Lucas 1:26-49; Mateo 1:18-25; Juan 1:1-18.
Objetivo de la lección: Que los primarios entiendan lo que significa la encarnación. Que le agradezcan a Dios por lo que él hizo al identificarse con nosotros y salvarnos, y que reciban el perdón de Jesús por sus pecados.
Texto para memorizar: "Y el Verbo se hizo carne y habitó entre nosotros lleno de gracia y de verdad; y vimos su gloria, gloria como del unigénito del Padre" (Juan 1:14).

¡PREPÁRESE PARA ENSEÑAR!

Si se les pregunta: "¿Qué hace que la Navidad sea especial?", la mayoría de los primarios que asisten a la iglesia responderán: "Que Jesús nació". Pero si indaga aún más profundo y les pregunta: "¿Por qué el nacimiento de Jesús fue especial?", logrará que se queden en blanco o que le respondan con un: "no sé".

Esta lección ayudará a que los niños puedan responder a esta pregunta.

Como Dios se hizo hombre y vivió aquí en la tierra, él sabe lo que nos acontece. Sabe lo que es el amor, la amistad, y el tener buenos momentos. También sabe lo que es el dolor, el hambre y el sufrimiento. Él sabe mucho mejor que nosotros, y sabe cómo podemos resistir la tentación. En términos de hoy, podríamos decir que: "Él ya pasó por eso y lo superó".

Esa es una importante verdad en la que los primarios se pueden afirmar. Ellos están comenzando a descubrir lo que significa ser independientes, realizar algunas elecciones y tomar decisiones propias. Están luchando por afirmar su identidad y quieren que alguien entienda lo que les sucede.

Un viejo coro afirma: "Nadie nos entiende como Jesús". Los estudiantes necesitan conocer al Dios que comprende las emociones y pensamientos. Esa persona es Jesús, quien fue hombre y Dios al mismo tiempo. Él no vino solamente para experimentar la vida humana sino para cambiar la vida de las personas. Vino para darnos salvación, para ayudarnos a vencer al pecado y restaurar nuestra relación con Dios.

COMENTARIO BÍBLICO

La encarnación es uno de los más grandes misterios de la fe cristiana, por dos razones:

1) "Encarnación" significa que Jesús "se hizo carne". Por lo cual, el primer misterio es entender cómo alguien que era totalmente Dios pudo al mismo tiempo convertirse en totalmente hombre, sin disminuir ninguna de las cualidades divinas.

2) Asimismo, es igualmente difícil entender por qué el Todopoderoso Dios se dispuso a rebajarse a la condición de un humilde ser humano. La única respuesta es: por su gran amor por el mundo. Es algo que podemos aceptar solo por fe, no por la razón.

¿Cómo habrá sido ser los padres del Dios-Hombre Jesús? Ciertamente no debió ser nada fácil. No obstante, José y María aceptaron el desafío y se convirtieron en los padres terrenales de Aquel que vino a salvar a su pueblo de sus pecados.

Lucas 1:26-49. José y María estaban comprometidos (desposados) para casarse. Los compromisos en esa época eran más significativos y creaban un lazo mayor que el que existe hoy en día. A menudo, pasaban muchos meses entre el compromiso y el casamiento. Además el compromiso solo podía romperse con el divorcio.

María quedó perpleja ante el mensaje del ángel Gabriel de que iba a tener un bebé. Ella sabía que era virgen. ¿Cómo podría entonces ser madre? El ángel le dijo que el bebé sería concebido por el Espíritu Santo. Es posible que María conociera la profecía de Isaías 7:14: "La virgen concebirá y dará a luz un hijo..." Pensar que se podría referir a eso seguramente la habrá reconfortado. El hecho de que una virgen sería la madre del Mesías era una clara señal de que verdaderamente ese niño era el Mesías. En cada acontecimiento, María confió en Dios y se sometió a sus planes, a pesar de que ello podía echar a perder su futuro casamiento, causándole una vergüenza pública e inclusive la muerte.

Más tarde, llena del Espíritu Santo, Elisabet le confirmó a María el mensaje de parte de Dios. Ella respondió con un cántico de alabanza a Dios por su poder, su santidad, su misericordia, y su fidelidad para con ella y su pueblo.

Mateo 1:18-25. Imagine los sentimientos de José cuando descubrió que María iba a tener un bebé. Él sabía que no era el padre. Sin embargo conocía a María. ¿Cómo pudo haber sucedido eso? José podía decidir avergonzar a María públicamente o divorciarse de ella secretamente. Pero tuvo compasión y se decidió por la segunda opción. Sin embargo, antes de poder llevarlo a cabo, un ángel le aseguró que el hijo de María había sido concebido por el Espíritu Santo. Así como María, José también aceptó el encargo que Dios le hacía: ser el padre terrenal del Salvador, el "Dios con nosotros".

Juan 1:1-18. Jesús es Dios encarnado, Dios hecho carne. Solo conocemos de Dios lo que él nos quiso revelar. Jesús nos revela el profundo corazón y carácter de Dios.

El "Life Application Study Bible" (Estudio bíblico de aplicación para la vida) destaca que al encarnarse, Cristo se convirtió en nuestro perfecto maestro, mostrándonos cómo piensa Dios y cómo debemos pensar nosotros. También se convirtió en nuestro perfecto ejemplo, siendo para nosotros nuestro modelo de vida. Finalmente, en nuestro perfecto sacrificio, haciendo posible la remoción de nuestros pecados.

Reflexión personal: Durante esta semana piense en todas las circunstancias que el ser humano debe atravesar, buenas y malas. Reflexione en el hecho de que el Hijo de Dios eligió vivir en esa condición -con todo lo que ello incluía, excepto el pecado- para redimirnos de nuestras faltas. Luego, exprese su agradecimiento a Dios por ser "Dios con nosotros", nuestro Salvador.

DESARROLLO DE LA LECCIÓN
¿Cómo van tus preparativos?

Antes de la clase, escriba el nombre de cada uno de los primarios en pequeños papeles. Luego dóblelos y póngalos en una bolsa de regalo.

En clase, diga: "La semana pasada nos comprometimos a centrar nuestros preparativos de Navidad en Jesús. Dejen que les cuente lo que haremos ahora".

Entregue la bolsa de regalo a uno de los niños. Pida que saque un papel y lea el nombre que allí aparece. Esa persona debe contar cómo van sus preparativos para colocar a Jesús como lo más importante. Reafirme los esfuerzos que ese alumno haya hecho, y permita que otros le hagan sugerencias para ayudarlo. Luego, él será quien saque el próximo nombre. Continúen de esa forma, hasta que todos hayan tenido la oportunidad de participar.

Aclare: "Todos hicimos esfuerzos para centrar nuestros preparativos de Navidad en Jesús. Seguramente descubrimos que no era una tarea fácil. Pero la buena noticia de la Navidad es que Jesús vivió como ser humano. Él sabe exactamente lo que nosotros podemos hacer y lo que no podemos hacer.

¿Qué hubiera pasado si Jesús no hubiese venido al mundo?

Divida a los niños en cuatro grupos. Luego dirija su atención a las preguntas de la primera actividad del libro del Alumno. Cada grupo debatirá sobre una de ellas. Dé varios minutos para el debate. Luego, reagrúpense y que cada equipo hable sobre sus respuestas.

1. ¿Cómo sería el mundo si Jesús nunca hubiese venido? (No habría cristianos, no seríamos perdonados, no habría cruces ni ningún otro símbolo cristiano, no habría iglesias, no se celebraría la Navidad, no existiría el Nuevo Testamento).

2. ¿Cómo serían nuestras creencias en Dios? (No tendríamos las enseñanzas de Jesús para ayudarnos a entender lo grande del amor de Dios por nosotros. Nuestras creencias serían más parecidas a las del pueblo del Antiguo Testamento. Probablemente no creeríamos en Dios como nuestro "Padre").

3. ¿Cómo sería la vida en nuestro país? (Nadie sería cristiano, todos perteneceríamos a otras religiones. Las leyes del país no recibirían la influencia de los cristianos. Nuestro país sería un lugar aún más peligroso para vivir).

4. ¿Cómo sería la vida de los niños de tu edad? (Acepte sus respuestas).

Diga: "Creo que estamos de acuerdo en que nuestras vidas serían totalmente diferentes si Jesús no hubiera venido a la tierra aquella primera Navidad. La palabra que usamos para describir lo que hizo Jesús al venir a la tierra como un bebé es "encarnación". Encarnación significa que "se hizo hombre". El Hijo de Dios siempre existió y siempre existirá. Pero, en un determinado momento, vino a la tierra como ser humano. Este evento cambió la historia en muchas maneras, más de lo que nos imaginamos. Esto es muy importante para cada uno de nosotros. Descubriremos más acerca de esto en nuestro estudio bíblico de hoy.

HISTORIA BÍBLICA
El milagro de la encarnación

Puede presentar el estudio bíblico de hoy de diferentes formas. Luego de la lectura de cada pasaje, hablen sobre las preguntas provistas.

Opción 1: En pequeños grupos

Divida a la clase en tres grupos. Pida a uno de

ellos que represente la dramatización de Lucas 1:26-49 del libro del Alumno. Si es posible, provea trajes típicos de los tiempos bíblicos, o que ellos los traigan de sus casas. Haga que un segundo grupo lea por turnos Mateo 1:18-25 de sus Biblias. Finalmente, que el tercer grupo recite el pasaje de Juan 1:1-5, 10-14 del libro del Alumno diciéndolo todos a coro.

Dé tiempo a los tres grupos para que se preparen antes de presentarlo al resto de la clase.

Opción 2: El grupo completo

Asigne un papel de la dramatización de Lucas 1:26-40 del libro del Alumno a diferentes estudiantes (Necesitará cuatro voluntarios que hagan las veces de narrador, ángel, María y Elisabet).

Luego, pida que lean los otros dos pasajes mencionados (Mateo 1:18-25 y Juan 1:1-5, 10-14).

Preguntas para debatir:

Use las preguntas sin importar la opción que usted haya elegido (grupos pequeños o un solo grupo).

1. Después de la dramatización de Lucas 1:26-40:

● Según este pasaje, ¿cómo podemos saber que Jesús es Dios? (Él fue llamado "Hijo del Altísimo" e "Hijo de Dios". Elisabet llamó a Jesús: "mi Señor". María dijo: "Dios es mi Salvador").

● ¿Cómo podemos saber que Jesús también era humano? (Nació de una madre humana)

2. Después de leer Mateo 1:18-25:

● ¿Qué dos nombres le dio el ángel a María para el niño que vendría? (Jesús y Emanuel). "Jesús" significa "el Señor salva", y Emanuel: "Dios con nosotros".

● ¿De qué manera estuvo "Dios con nosotros" cuando Jesús vino a la tierra? (El Hijo de Dios vivió con los hombres como ser humano).

3. Luego de leer Juan 1:1-5, 10-14:

● ¿Hay alguna información sobre Jesús en este pasaje que te haya sorprendido? (Quizás que Jesús estuvo presente en la creación del mundo). Recuerde a los primarios que antes de venir al mundo como Jesús, el Hijo de Dios, vivía con Dios y participaba de todo lo que él hacía.

● ¿De qué otra manera podemos decir "El Verbo se hizo carne y habitó entre nosotros"? (El Hijo de Dios se hizo hombre y vivió con nosotros).

Termine diciendo: "El título de este estudio bíblico de hoy es 'El milagro de la encarnación'. Teniendo en cuenta lo que leímos y conversamos, ¿qué fue lo 'milagroso' del hecho de que el Hijo de Dios se hizo hombre y vivió en la tierra?" (Acepte las respuestas de los estudiantes. "Como Jesús se hizo hombre, sabe lo que es ser hombre y comprende lo que nos sucede. Pero como también es totalmente Dios y nunca pecó, puede llevar nuestros pecados y ayudarnos a vivir para Dios").

ACTIVIDADES

¿Jesús lo experimentó?

Antes de la clase, escriba las siguientes acciones en hojas pequeñas, una en cada hoja. Dóblelas y póngalas en una bolsa o caja:

Tener hambre / Jugar con otros niños / Cansarse / Ensuciarse / Amar a su mamá y a su papá / Ayudar en las tareas de la casa / Llorar / Lastimarse / Alegrarse / Desobedecer a los padres / Escuchar y leer la Torah (Biblia judía) / Ir a la escuela / Ser tentado a hacer algo malo / Adorar a Dios / Llevarse bien con sus hermanos / Estar desanimado.

En clase, haga que los primarios se turnen para sacar de la bolsa una hoja cada uno y que digan si es algo que Jesús experimentó como ser humano cuando vivió en la tierra.

Luego dígales que Jesús experimentó todas esas cosas -inclusive fue tentado a pecar- pero no hizo nada pecaminoso (como desobedecer a los padres o a Dios).

Termine esta actividad pidiendo a los niños que le digan por qué Jesús es nuestro perfecto Salvador. (Su vida nos muestra que podemos amar y obedecer a Dios y vencer la tentación, sin hacer cosas malas. Él conoce a Dios y nos lo puede revelar a nosotros. En el cielo, él ora por nosotros). "Jesús es nuestro perfecto Salvador porque es Dios y hombre a la vez".

Lo que hizo Dios

Brinde a los estudiantes tiempo para completar la actividad 4 del libro del Alumno. Allí tienen que escribir una carta a un amigo contando lo que hizo Dios al venir a la tierra como hombre y por qué eso es importante para ellos y para otros. Luego pida voluntarios que cuenten lo que escribieron.

Memorización

Si los primarios no hicieron la cartelera de estrellas la semana pasada, permítales que la hagan ahora. Practiquen este juego para que puedan aprender el versículo de la unidad. Elija a uno de ellos para participar en primer lugar. Mientras el resto cierra los ojos, él sacará dos estrellas de la cartelera. Luego le dirá al resto que abran los ojos y que identifiquen cuáles son las dos palabras faltantes. Luego digan todos juntos el versículo. Después, ese niño le dará las estrellas a otro. Mientras el grupo cierra los ojos, este colocará nuevamente una de las estrellas en la cartelera y sacará otra. Luego, los demás deberán identificar qué palabra fue reemplazada y cuál sacó. Nuevamente digan juntos el versículo. Continúen haciéndolo mientras el tiempo se los permita o hasta que todos hayan tenido la oportunidad de sacar y cambiar estrellas.

Diga: "La palabra que resume lo que este versículo dice sobre Jesús es 'encarnación' Repitamos esta palabra juntos". "Encarnación significa que 'se hizo carne', o en otras palabras: 'se convirtió en ser humano'. A través de la encarnación, Jesús siendo Dios se hizo hombre. Él era completamente Dios, pero ahora también se había hecho completamente hombre. Nosotros no podemos entender este misterio, pero lo creemos por fe".

Para terminar

Diga: "La segunda semana de adviento nos recuerda el amor de Dios. Él nos amó tanto que envió a su único Hijo a la tierra como hombre para "mostrarnos y contarnos" acerca de su amor. La Navidad es un tiempo especial para deleitarnos en el amor de Dios y gozarlo con otros. Durante esta semana pensemos en el amor de Dios y el sacrificio que Jesús hizo cuando vino a la tierra como hombre. No olvidemos de hablar de este gran amor a las personas que nos rodean".

Tómese un tiempo para orar por los niños. Pídale a Dios que los ayude a comprender el misterio de la encarnación, cuyo único fin fue brindarnos su gran amor a cada uno de nosotros.

Mis notas:
_____
_____
_____
_____
_____
_____
_____
_____
_____
_____

LECCIÓN 50

Celebremos el nacimiento del Salvador

Base bíblica: Lucas 2:1-20
Objetivo de la lección: Que los alumnos reconozcan que el nacimiento de Jesús fue un evento crucial en los planes de Dios para salvar a al mundo de sus pecados. Que se alegren y reciban el regalo de la salvación, al comprender lo que realmente Dios hizo por nosotros.
Texto para memorizar: "Y el Verbo se hizo carne y habitó entre nosotros lleno de gracia y de verdad; y vimos su gloria, gloria como del unigénito del Padre" (Juan 1:14).

¡PREPÁRESE PARA ENSEÑAR!

Los primarios generalmente disfrutan de los regalos que reciben en la Navidad, especialmente si se trata de lo que habían pedido. Se regocijan con la diversión de dar y recibir regalos. Y a menudo son bastante creativos a la hora de elegirlos.

Un jovencito escribió un poema de una página entera sobre cada uno de los miembros de su familia (10 en total), expresando lo que cada uno de ellos significaba para su vida. Luego lo escribió en la computadora, buscó las fotos adecuadas, las adjuntó, y se los envió. Para los destinatarios fue un regalo que no tenía precio, y que será guardado como un tesoro para siempre.

En esta lección, los primarios recordarán el mayor de todos los regalos: el de la salvación, que fue posible a través de Jesús, nuestro Salvador. Escucharán la historia de su nacimiento y el maravilloso mensaje que los ángeles les dieron a los pastores. Y entenderán que ese mismo mensaje tiene valor para ellos hoy: "Que os ha nacido hoy, en la ciudad de David, un Salvador, que es Cristo el Señor" (Lucas 2:11).

La salvación es el presente más importante que un niño podría recibir jamás. Pida la guía del Espíritu Santo para saber quiénes en su clase están preparados para recibir ese regalo. Los que ya son cristianos tal vez quieran reafirmar su decisión y buscar una mayor profundidad en su relación con Cristo. Algunos tal vez no estén listos para recibir al Salvador, pero necesitan oír el plan de salvación de Dios. Esta lección les brindará esa oportunidad.

COMENTARIO BÍBLICO

Un decreto de un emperador invasor, el cobro de impuestos, y una mujer por dar a luz en un establo no es el marco con el cual uno relacionaría al evento más feliz de la historia. Sin embargo, esos hechos nos resultan familiares a aquellos que conocemos la historia de la Navidad.

Quizás esa familiaridad que tiene para nosotros permite que veamos la increíble ironía de la situación. Roma estaba oprimiendo a Israel. Los recaudadores de impuestos cobraban de más, estafando a la gente. No había un cuarto decente donde José y María pudieran albergarse luego de ese largo y doloroso viaje de Nazaret a Belén. Pero en medio del dolor y el sufrimiento, Dios estaba obrando. Jesús, el Salvador del mundo, había nacido.

Tan importante evento requería un anuncio espectacular. Era una costumbre en el imperio romano que los poetas y oradores declararan paz y prosperidad ante el nacimiento de alguien que se convertiría en emperador. Cuando Jesús nació, los ángeles proclamaron Buenas Nuevas de gozo y paz, no por la llegada de un emperador, sino por el nacimiento del Salvador, Cristo el Señor.

Sin embargo, podemos notar nuevamente la ironía. ¿Quién recibió el mensaje? Ni hombres ricos, ni príncipes aristocráticos en grandes palacios, ni la elite política, sino humildes pastores del campo.

Esos hombres pertenecían a una de las clases más bajas de la sociedad judía. Los pastores raramente asistían a ceremonias religiosas porque no podían dejar solos a sus rebaños. La gente los veía como personas muy sucias. Eran marginados sociales. Aun así, fueron los primeros a los que Dios escogió para darles la maravillosa noticia.

¿Cuál era el mensaje de los ángeles? Era el más grande mensaje que jamás había recibido la humanidad. Un mensaje de gran gozo. Y para todo el pueblo, aun para los humildes pastores. ¡El tan esperado Salvador había llegado! Una multitud de ángeles alabó a Dios y anunció paz a los hombres.

La venida de Cristo significa paz. Paz con Dios para aquellos que creen y reciben al Salvador. Esa paz viene a nuestras vidas cuando entablamos una adecuada relación con el Señor y vivimos en armonía unos con otros.

¿Qué hicieron los pastores? Fueron de prisa a Belén a buscar al niño Jesús. La palabra griega "Cristo" es equivalente a la hebrea "Mesías".

Luego de encontrar al niño, los pastores fueron a contarle a la gente lo que habían visto y oído. Les relataron todo con tal entusiasmo, que la gente que los escuchaba no podía rechazar el mensaje. "Todos los que oyeron, se maravillaron de lo que los pastores les decían" (Lucas 2:18).

Cuando los pastores volvieron con sus rebaños, nunca más pudieron ser los mismos. Ni tampoco pudo serlo el resto del mundo. ¡El Salvador había llegado!

Reflexión para usted maestro: reflexione sobre lo que significó la llegada del Salvador a su vida. Luego imagine por un momento que usted forma parte de aquel coro angelical. Escriba palabras de gozo y alabanza al Salvador.

DESARROLLO DE LA LECCIÓN
Volver a repasar

Antes de la clase, prepare dos hojas para colocar en la cartelera. Divida cada una por la mitad en sentido vertical. Del lado izquierdo escriba "Divino" (Dios) y del lado derecho "Humano".

En la clase, repase con los primarios el significado de la palabra "encarnación" (El momento en el que Jesús, el Hijo de Dios, se hizo hombre). Luego divida a la clase en dos equipos. Entregue una de esas hojas y un marcador a cada uno. Explique que cuando usted dé la señal, cada equipo debe hacer una lista del lado izquierdo con la mayor cantidad de evidencias posibles que afirmen que Jesús es divino. Cuando usted lo indique, los estudiantes dejarán de escribir. A la segunda señal, deberán anotar del lado derecho la mayor cantidad de evidencias posibles que afirmen que Jesús se hizo hombre. Cuando usted lo vuelva a indicar, dejarán de escribir.

Luego, cada equipo leerá su lista sobre las características que confirman la divinidad de Jesús (Su padre es Dios, él siempre estuvo con Dios, estuvo presente durante la creación, fue concebido por el Espíritu Santo, etc.). Observe cuál de los dos equipos escribió la mayor cantidad de evidencias.

Luego, pida que lean la lista de características que confirman la humanidad de Jesús. (Que nació de una madre humana, experimentó emociones humanas, tuvo dolor, hambre, cansancio, etc.). Nuevamente mire cuál de los dos equipos escribió la mayor cantidad de evidencias.

Diga: "Jesús fue divino y humano. Es el único ser del universo que tiene ambas naturalezas. Eso lo hizo perfecto para transformarse en el Salvador del mundo. Hoy hablaremos más sobre esta feliz noticia: que Jesús es el Salvador del mundo, pero que también es nuestro Salvador.

¡Es más bienaventurado dar que recibir!

Dirija la atención de los primarios a la primera actividad del libro del Alumno. Dé tiempo para completarla. Pídales que enseñen al resto de la clase uno o dos de los nombres que escribieron, y los regalos que desean hacer a esas personas.

Diga: "Hacer regalos es una parte importante de la celebración de la Navidad. Y aunque muchas veces puede quitar del centro a la verdadera celebración, no olvidemos que hacer un regalo fue una parte importante de la primera Navidad. ¿Cuál fue ese regalo? (El nacimiento de Jesús, nuestro Salvador). En nuestra historia bíblica de hoy aprenderemos más sobre este regalo tan especial.

HISTORIA BÍBLICA
¡Regocíjense, vuestro Salvador ha nacido!

Dirija a los niños a la historia bíblica de hoy, del libro del Alumno, la que podrán recitar.

Divida a la clase en dos grupos. Proporcione bastante tiempo para que cada grupo lea bien su parte y "todas" las demás. Luego, pida que se reúnan nuevamente y lean todos juntos. Donde dice "maestro" leerá usted, luego le contestará toda la clase donde dice "todos", y finalmente donde indica que lea cada grupo, lo hará el que le corresponda. Anime a los estudiantes a leer lentamente y con mucha expresión.

Cuando terminen de hacerlo, diga a los dos grupos que tienen que contestar las preguntas de la entrevista, que se encuentran en la siguiente hoja del Libro de actividades del Alumno.

Entregue al primer grupo las tres primeras preguntas, y al segundo las tres últimas. Cuando se vuelvan a reagrupar todos, permita que los del grupo dos se turnen para ser los entrevistadores y hacer las preguntas a los del grupo uno. Escoja algunos estudiantes del grupo uno para hacer de pastores y responder las preguntas.

Luego, que los del grupo uno realicen las preguntas a los del grupo dos.

Concluya el estudio bíblico preguntando:

- ¿Cuál fue la noticia que los ángeles les dieron a los pastores? (Que Jesús, el Salvador, había nacido; que esas noticias eran para todo el pueblo; que a través de Jesús, Dios había traído paz).

● Según lo dicho por los ángeles, ¿cuál era el propósito del nacimiento y la vida de Cristo? (Ser el Salvador de todos los hombres).

● En tu opinión, ¿qué hizo que estas noticias fueran "buenas noticias"? (Acepte lo que los estudiantes respondan: que Jesús vino para salvar a todos los hombres; que podemos tener paz en nuestras vidas si aceptamos a Jesús como Salvador).

ACTIVIDADES

Elija alguna de estas actividades para ayudar a que los primarios conecten la verdad bíblica con su vida.

Los ángeles celebran

Elija un villancico o himno navideño. Pida que algún músico lo acompañe con un instrumento, o ponga un CD o casete que tenga ese tema. Anime a los primarios a cantarlo si lo conocen. Luego de haber cantado, distribuya hojas y marcadores. Pida que hagan dibujos ilustrando lo que dice el villancico. Pueden retratar a los ángeles llenos de gozo dando la noticia, a los pastores, o alguna otra de las escenas que se mencionan en el himno. Anímelos a que muestren su obra a todos y cuenten lo que dibujaron. Si desea pueden colocar las figuras en el mural.

No puede limpiarse por sí misma

Antes de la clase, prepare lo siguiente: una prenda (ropa) manchada y otras limpias, y esté seguro de que las manchas que le hizo no salen solo con agua, sino con el producto de limpieza que usted llevará.

En la clase, muestre a los estudiantes la ropa manchada.

Pregunte: "¿Esta prenda puede limpiarse por sí misma? Imaginemos jugando que esta prenda pudiera pensar y hablar. ¿Qué pasaría si se dijera a sí misma: 'quiero limpiarme, voy a hacer todo mi mayor esfuerzo por quedar lo más limpia posible'? ¿Podría hacerlo?" Espere que le respondan. "¿Qué pasaría si yo pusiera esta prenda junto a otras que están limpias?" Permita que miren cuando usted las pone junto a las prendas limpias. "¿Podrá la ropa limpia que está alrededor hacer que la sucia quede sin manchas?". Deje que respondan. "¿Y qué pasaría si yo la pusiera en este balde de agua limpia? ¿Qué sucedería?" Deje que observen cómo la prenda se remoja en el agua por unos momentos, y pida que respondan. Luego ponga sobre la prenda algún producto de limpieza (jabón en polvo o líquido) y comience a frotarla. Muestre a la clase el proceso por el cual la suciedad de la prenda comienza a ser removida y finalmente queda limpia.

Dígales: "Esta prenda representa nuestra vida, y la suciedad el pecado que hay en ella. Nosotros no podemos quitar nuestros pecados solo por pensar cosas buenas o por tratar de ser mejores. No podemos quitar nuestros pecados simplemente por juntarnos con personas buenas (como cuando puse la prenda sucia con las limpias) o por ir a la iglesia (cuando la metí en un balde con agua limpia). El jabón que yo usé representa a Cristo. El propósito de Cristo al venir a la tierra fue salvarnos del pecado y presentarnos limpios y puros ante Dios. No hay otra manera a través de la cual podemos recibir el perdón por nuestros pecados y restaurar nuestra relación con Dios, excepto a través de Jesús. Mediante su nacimiento, vida, muerte y resurrección, él hizo posible que nuestra existencia fuera libre de todo pecado, como el jabón lo hizo con la prenda sucia (mostrarlo).

Memorización

Hoy trabajaremos con algunas partes del texto a memorizar (Juan 1:14). Que los primarios, de pie, formen un semicírculo. Arroje una pelota a uno y diga la primera parte del versículo. Este debe repetirla y arrojar la pelota de vuelta a usted. Continúe así lanzando la pelota al resto de los estudiantes, pero cambiándole la consigna a cada uno. Por ejemplo a uno dígale: "Di la parte que te dije y agrega algunas pocas palabras más", a otro: "Di menos palabras que antes", a otro: "Di la frase siguiente a la que se dijo antes", a otro: "Di solo la cita", a otro: "Di solo las palabras importantes del versículo". Continúen así hasta que todos logren decir el versículo de corrido.

Explique: "Este versículo dice que cuando Jesús vino vimos su gloria como del unigénito.... ¿Quién es el unigénito? (Jesús, que es el único Hijo de Dios). Jesús fue el unigénito del Padre, y se convirtió en nuestro Salvador".

Para terminar
Salvación: El mejor regalo de Navidad

Antes de la clase, prepare cuidadosamente la manera en la que hará la invitación o el llamado a los primarios a entregar su vida a Cristo. Asigne los tres versículos de la actividad 4 del libro del Alumno a tres voluntarios. Antes de la clase, pida a algunos niños que ya entregaron su vida a Jesús que tengan preparado su testimonio para contar a la clase. Tenga pensado un lugar tranquilo donde poder orar con los primarios que respondan al llamado o invitación. Si es posible, póngase de acuerdo con otra persona para que se quede con los demás alumnos mientras usted ora con ellos.

En clase, dirija la atención de los alumnos a la última actividad de la lección 50 del libro del Alumno. Diga: "Hoy hablamos acerca de las buenas noticias que los ángeles les dieron a los pastores. ¿Cuál era la buena noticia? (Que Jesús, el Salvador prometido, había nacido). Los ángeles enfatizaron que esas buenas noticias eran para 'todas las personas'. ¿A quiénes incluía todas? (A ancianos, adultos y niños de todas las razas, países e idiomas). Todas las personas del mundo pueden tener paz con Dios y una buena relación con él si aceptan a Jesús como su Salvador. Quizás algunos de ustedes ya dieron ese paso. Y quizás otros aún no. Veamos cómo cada uno de nosotros puede recibir el mejor regalo de Navidad de todos los tiempos".

Lea los pasos del ABC de la salvación de la última actividad del libro del Alumno. Solicíteles a los que había designado, que lean los pasajes de las Escrituras que corresponden a cada frase. Luego de haber leído cada paso, pregúnteles si todos entendieron o si tienen dudas o preguntas.

Luego pida a los voluntarios que usted preparó que cuenten lo que Jesús hizo en sus vidas.

Diga: "Si alguno nunca le ha pedido a Jesús que sea su Salvador, esta es una buena oportunidad para hacerlo". Mencione que usted está feliz de orar con ellos.

Ore con aquellos que respondan al llamado. Pida a los otros miembros de la clase que en ese momento oren en silencio. O diga a su ayudante que se quede con el resto de los alumnos realizando otra actividad (como hacer tarjetas navideñas). Si ninguno hace la oración de entrega, pida que un voluntario ore dando gracias a Dios por haber enviado a Jesús como nuestro Salvador.

Pueden terminar cantando nuevamente el villancico que entonaron al principio.

Mis notas:

LECCIÓN 51

Celebremos la fidelidad de Dios

Base bíblica: Lucas 2:21-40
Objetivo de la lección: Que los primarios tengan la certeza de que Dios siempre cumple sus promesas. Que confíen en las promesas de salvación de Dios, y lo demuestren en su vida diaria.
Texto para memorizar: "Y el Verbo se hizo carne y habitó entre nosotros lleno de gracia y de verdad; y vimos su gloria, gloria como del unigénito del Padre" (Juan 1:14).

¡PREPÁRESE PARA ENSEÑAR!

Los primarios viven en un mundo de cambios y a un ritmo muy acelerado. Muchas veces los padres, aunque bien intencionados, se encuentran atrapados en ese ritmo y les es difícil recordar todo lo que prometieron a sus hijos. Algunos niños se molestan con sus padres o amigos cuando estos fallan en cumplir sus promesas.

La alentadora verdad de esta lección es que hay Alguien que siempre fue y será fiel. Desde los días tranquilos del Antiguo Testamento, hasta los días más agitados en el Nuevo Testamento, y hasta el increíble ritmo en el que vivimos en la actualidad, Dios siempre permaneció fiel. Él no se olvida de lo que dijo que hará; él siempre cumple sus promesas.

Al estudiar la historia de la fidelidad de Dios con Ana y Simeón, los pequeños se sentirán animados. Dios nos hizo muchas promesas: de salvación, de victoria sobre la tentación y el pecado, y de un hogar eterno en el cielo. El registro de las promesas cumplidas de Dios a lo largo de la historia es impecable. Los niños de hoy pueden contar con que Dios será fiel con ellos también.

Como maestro de primarios, usted es alguien importante en el proceso de construcción de la fe de los estudiantes. Los cristianos fieles son una visible expresión de lo que es la fidelidad de Dios. Pídale que lo ayude a ser el fiel maestro que ayude a construir en sus alumnos una fe inquebrantable en él.

COMENTARIO BÍBLICO

La fidelidad no es una cualidad fácil de encontrar en estos días. Lamentablemente, siempre están aquellos que prometen con facilidad, y con la misma facilidad rompen sus promesas. Demasiado a menudo, los niños son víctimas de esa infidelidad. Una madre contó cómo su ex esposo, del cual se había divorciado, le había prometido repetidamente a sus hijos que los iría a buscar para llevarlos a divertirse juntos. Sin embargo, vez tras vez, rompió su palabra, ¡sin ningún llamado telefónico ni explicación de por medio!

Por el contrario, el texto de hoy es una historia de fidelidad, tanto divina como humana. Como vimos en las lecciones anteriores, Dios siempre cumple sus promesas. En esta lección, veremos nuevamente cómo Dios fue fiel, tanto con José y María como con Simeón y Ana.

Jesús nació de padres judíos. José y María vivían en armonía con la ley mosaica y las costumbres religiosas del pueblo de Dios. La ley exigía la circuncisión de los niños varones al octavo día, y la purificación de la madre a los 40 días de haber nacido su hijo. José y María obedecieron fielmente ambas costumbres.

La ceremonia de la circuncisión simbolizaba la separación entre judíos y gentiles, y enfatizaba la especial relación que ellos tenían con Dios. Como parte de ese evento, José y María oficialmente le pusieron a su hijo por nombre Jesús, tal como Dios se los había indicado a través de sus ángeles mensajeros.

Luego del nacimiento de un hijo, según el ceremonial, durante 40 días la madre era considerada impura y no podía entrar en el templo. El día 40 los padres iban al templo a presentar al sacerdote un holocausto y una ofrenda por el pecado. La gente acomodada traía un cordero para el holocausto, y una tórtola o paloma para la ofrenda por el pecado. Y los pobres, como José y María, podían traer dos tórtolas o dos palominos. Nuevamente vemos la fidelidad de ellos al hacer lo que se exigía, sin importar el sacrificio que pudiera significar.

Ese día, Dios les confirmó el nacimiento del Mesías -como cumplimiento de su promesa- a dos personas especiales: Simeón y Ana.

Aun en los tiempos de declinación moral y espiritual, Dios tiene sus devotos seguidores. Simeón era uno de esos hombres. El Espíritu Santo le había revelado que antes de morir vería al Mesías prometido. Ese día, bajo la guía del Espíritu Santo, Simeón había ido al templo. Cuando José y María llegaron con el niño, él se encontraba en el atrio.

Aunque Simeón tomó a un niño en sus brazos, su visión profética le permitió ver en él a Aquel que nos traería la salvación. Su profecía sobre Jesús incluía estas importantes verdades:

● Que Jesús era el Salvador del mundo, y no solo de los judíos, tal como Lucas, el escritor gentil, lo remarca cuidadosamente.

● Que, si bien Jesús vino a traer la salvación al mundo entero, la respuesta del hombre determinaba quién tendría la experiencia de la salvación.

Así como Simeón, también Ana, cuyo nombre significa "llena de gracia", era una piadosa mujer, muy respetada como profetisa. Ella también reconoció en el niño Jesús al Salvador prometido. A causa de su edad y su reputación, seguramente su informe habrá tenido aún mayor credibilidad.

Reflexione unos instantes sobre la fidelidad de Dios con usted. ¿De qué manera ello afectó su vida? ¿En qué maneras usted fue y es fiel a Dios? ¿Y qué de la clase de primarios?

DESARROLLO DE LA LECCIÓN

Escoja algunas de estas actividades para ayudar a centrar la atención de los niños y prepararlos para aprender la verdad bíblica de hoy.

Escudo de armas

Antes de la clase, dibuje un escudo de armas. Haga una copia ampliada para cada estudiante.

En clase, diga: "En tiempos antiguos, las familias a menudo creaban un diseño, del estilo de una insignia o bandera, con forma de escudo, que mostraba cómo era o lo que representaba esa familia. A eso se lo llamaba escudo de armas. Hoy ustedes podrán hacer un escudo de armas para Jesús".

Que los estudiantes propongan algunas ideas de diseños que podrían ir en el escudo de armas de Jesús. (Símbolos como el pesebre, la cruz, un corazón que represente el amor, palabras como "promesa", "Salvador", o "Emanuel", una figura de Jesús, etc.).

Dé tiempo para que cada uno lo pueda diseñar. Cuando hayan terminado, pídales que lo muestren y le expliquen al resto el significado que tiene. Finalmente, cuelgue o pegue los diferentes escudos en el salón de clases.

Diga: "Durante este mes estuvimos hablando acerca del hecho de que Jesús es Dios y hombre al mismo tiempo. Como él es Dios, es en todo igual a Dios. Hoy aprenderemos acerca de una de las cualidades especiales de Dios: su fidelidad. Veremos lo que eso significa, y por qué es importante para nosotros la fidelidad de Dios.

¿Qué tiene de especial la Navidad?

Dirija la atención de los estudiantes a la primera actividad del libro del Alumno (lección 51). Divida la clase en tres grupos y asigne a cada uno de ellos, una de las preguntas acerca de la Navidad. Los primarios deben debatir sobre la pregunta y responderla.

Luego solicite que comenten sus respuestas con todo el grupo.

Respuesta a la primera pregunta: Jesús es el motivo de la Navidad. Si él no hubiera nacido para ser nuestro Salvador, ese día tan especial no existiría.

Respuesta a la segunda pregunta: Nuevamente, el significado de la Navidad viene del nacimiento de Jesús, el Salvador.

Respuesta a la tercera pregunta: Si bien Jesús se hizo hombre, él también era Dios. En Navidad celebramos la encarnación, el momento en el que Dios se hizo hombre y de esa forma vino a vivir con nosotros y fue nuestro Salvador. Eso hace que la Navidad sea diferente y más especial que cualquier otro evento importante.

Recuérdeles: "En estas tres semanas hemos recordado cómo Dios prometió, preparó e hizo posible la encarnación, o sea el nacimiento del Salvador. Vimos cómo Dios cumplió sus promesas. Hoy aprenderemos acerca de otra promesa que él cumplió".

HISTORIA BÍBLICA
La asombrosa fidelidad de Dios

Cuente la historia bíblica, usando la que se encuentra en el libro del Alumno. En el momento en que relata la parte de Simeón, muéstreles la figura en donde él sostiene en sus brazos al niño.

Luego de la historia, dígales: "El título de la historia bíblica de hoy es 'La asombrosa fidelidad de Dios'. ¿Qué significa fidelidad?" Permita que los niños respondan. Pida a los primarios que le den algunos ejemplos de fidelidad. (Los que guardan y cumplen sus promesas. Dios siempre es fiel y quiere que sus hijos sean fieles. Las personas que se presentan a un trabajo y lo hacen bien son fieles. Quienes se integran a una iglesia y viven como Dios les enseña son fieles. Los que cumplen sus promesas son fieles).

Reflexionen sobre las siguientes preguntas:

● ¿Quién fue fiel en esta historia? (Todos. José y María fueron fieles a sus deberes religiosos judíos. Simeón y Ana sirvieron fielmente a Dios. Dios cumplió fielmente su promesa de enviar un Salvador y permitirle a Simeón que lo viera antes de morir).

- ¿Es importante para nosotros que Dios sea fiel y cumpla sus promesas? (Sí, es muy importante, porque no podríamos confiar en él si las rompiera).
- Con tus propias palabras, resume lo que esta historia bíblica te enseña. (Acepte las respuestas de los estudiantes. Que Dios es fiel, y que podemos confiar en él). Aclare cualquier equivocación que tengan los niños.

Si el tiempo lo permite, indique a sus estudiantes que completen el versículo de palabras incompletas, que se encuentra en el libro del Alumno, debajo de la historia. Juan 1:14.

ACTIVIDADES

Elija algunas de estas actividades para ayudar a los primarios a conectar la verdad bíblica con sus vidas

Palabra importante: Fidelidad

Escriba la palabra y colóquela en la cartelera. Significa que Dios es fiel, porque no es variable, nunca deja de amarnos y ayudarnos, siempre lo fue y siempre lo será, nos ofrece perdón, paz, su presencia, fortaleza y esperanza. Es fiel con cada uno de nosotros.

"Grande es su fidelidad"

Antes de la clase, pida a algún miembro del equipo de alabanza de su iglesia que cante en la clase algún himno donde se hable de la fidelidad de Dios. Si es posible, pida que un músico lo acompañe con guitarra, piano u otro instrumento.

En la clase, presente a su visitante y diga: "Hoy (diga el nombre del visitante) viene a cantar a nuestra clase un himno que habla sobre la fidelidad de Dios".

Luego de la presentación, explíqueles lo que dice la letra. Si lo necesitan, aclare los términos que ellos no entienden. Permita que los niños canten también la canción, junto con el visitante.

Memorización

Pida a los primarios que pongan las estrellas con el texto del mes (Juan 1:14) "en el cielo" (cartelera/mural) para repasarlo juntos. Quite las estrellas con las palabras del texto y mézclelas bien. Luego, llame a alguno para que las vuelva a colocar de manera que el versículo quede ordenado correctamente. Cuando termine, repitan todos juntos el versículo. Realicen nuevamente la actividad permitiendo que participe un estudiante distinto cada vez. Fíjese quién puso las estrellas más rápido. Este será el ganador.

Señale la frase: "lleno de gracia y de verdad". Pregunte qué piensan que dice sobre Jesús esa frase. Diga: "En la lengua original de la Biblia, esas palabras significan 'amor y fidelidad inagotables'. Jesús está lleno de inagotable amor y fidelidad porque él es Dios".

Para terminar
Agradece la fidelidad de Dios

Guíe a sus estudiantes a la última actividad del libro del Alumno. Escoja tres voluntarios que lean las oraciones de la parte superior de la hoja. Luego dígales: "Es importante saber que Dios cumplió la promesa que le había hecho a Simeón. ¿Pero qué promesas podemos esperar que Dios cumpla para nosotros hoy?"

Realice una competencia bíblica usando los pasajes que allí aparecen.

¡Preparados! Los primarios deben tener la Biblia cerrada en su mano.

Listos. Diga el pasaje que deben buscar. Luego diga: ¡Ya! Los primarios buscarán el pasaje. El primero que lo encuentre lo lee.

Juan 3:16
Juan 6:37
1 Juan 1:9
1 Corintios 10:13
Hebreos 2:18
Judas 24

Debatan brevemente cuál es la promesa que menciona cada versículo.

Luego diga el siguiente pasaje, y así sucesivamente con todos.

Pregunte: "¿Cuál de estas promesas es la más importante para ti?" Anime a los primarios a decir lo que piensan. Cuénteles acerca de algunas promesas bíblicas que hayan sido significativas y se hayan cumplido en algunas áreas de su vida a lo largo de su caminar con el Señor.

Pregunte: "¿Qué valor tendrían estas promesas si no supiéramos que Dios es fiel? (Poco o ninguno). Tengamos la confianza de que Dios siempre cumplirá sus promesas".

Provea tiempo para que escriban su carta de agradecimiento. Luego, anímelos a que la lean.

Terminen orando juntos unos por otros pidiendo a Dios que puedan aprender a confiar en que él siempre cumple sus promesas, y a creer que a pesar de que los hombres nos fallan, Dios nunca nos defrauda.

www.ingramcontent.com/pod-product-compliance
Lightning Source LLC
Chambersburg PA
CBHW081323040426
42453CB00013B/2281